D1919149

E-Book inside.

Mit folgendem persönlichen Code
können Sie die E-Book-Ausgabe
dieses Buches downloaden.

4hcy6-p56r0-
18400-681w0

Registrieren Sie sich unter
www.hanser-fachbuch.de/ebookinside
und nutzen Sie das E-Book
auf Ihrem Rechner*, Tablet-PC
und E-Book-Reader.

Der Download dieses Buches als E-Book unterliegt gesetzlichen Bestimmungen bzw. steuerrechtlichen Regelungen, die Sie unter www.hanser-fachbuch.de/ebookinside nachlesen können.

* Systemvoraussetzungen: Internet-Verbindung und Adobe® Reader®

Künneth

Eclipse

Thomas Künneth

Eclipse

Kennenlernen. Verstehen. Effizient nutzen.

HANSER

Bibliografische Information der Deutschen Nationalbibliothek:

Die Deutsche Nationalbibliothek verzeichnet diese Publikation in der Deutschen Nationalbibliografie; detaillierte bibliografische Daten sind im Internet über http://dnb.d-nb.de abrufbar.

Lektorat: Brigitte Bauer-Schiewek
Copy editing: Petra Kienle, Fürstenfeldbruck
Umschlagdesign: Marc Müller-Bremer, München, www.rebranding.de
Umschlagrealisation: Stephan Rönigk
Gesamtherstellung: Kösel, Krugzell
Ausstattung patentrechtlich geschützt: Kösel FD 351, Patent-Nr. 0748702
Printed in Germany

Print-ISBN: 978-3-446-45466-8
E-Book-ISBN: 978-3-446-45729-4

Für Moni

Inhalt

Vorwort

Nach Callisto, Europa, Ganymede, Galileo, Helios, Indigo, Juno, Kepler, Luna, Mars, Neon und Oxygen ist am 27. Juni 2018 mit Photon das 13. Simultaneous Release von Eclipse erschienen. Mit diesem Buch möchte ich Sie praxisgerecht und ohne störendes Beiwerk in die Bedienung dieser mächtigen Entwicklungsumgebung einführen. Sie lernen Eclipse so kennen, wie es sich aktuell präsentiert. Nicht nur Eclipse entwickelt sich stetig weiter, auch Java wird kontinuierlich aktualisiert. Die Entwicklungsumgebung ist bestens für Java 10 gerüstet. Deshalb basiert mein Buch auf dieser Version.

In den letzten Jahren hat sich JavaScript zu einer der am häufigsten für den Bau von Frontends genutzten Programmiersprache entwickelt. Auch wenn Sie die Geschäftslogik Ihrer Anwendungen in Java realisieren, ist es für Sie sicher interessant zu lernen, wie Sie Eclipse auch in diesem Bereich möglichst optimal nutzen können. Deshalb zeige ich Ihnen, wie Sie JavaScript und Angular einsetzen, um die Benutzeroberfläche für den Zugriff auf einen Webservice zu implementieren.

Ich wünsche Ihnen viel Freude bei der Arbeit mit diesem Buch!

Nürnberg, Frühjahr 2019

Thomas Künneth

Einleitung

Im Laufe der Jahre hat sich Eclipse zu einer der bedeutendsten Entwicklungsumgebungen für die Java-Programmierung entwickelt. Sehr wahrscheinlich haben Sie dieses Buch zur Hand genommen, weil Sie sich für diesen Aspekt des Produkts interessieren.

Eclipse ist aber auch der Name eines Projekts, das sich ganz allgemein der Schaffung von Open-Source-Tools und -Frameworks verschrieben hat, unabhängig von bestimmten Sprachen oder Technologien. Es fasst zahlreiche Teilprojekte, die letztlich die eigentlichen Werkzeuge (beispielsweise die Java-IDE) implementieren, unter einem Dach zusammen. Die aus dem Eclipse Consortium hervorgegangene Eclipse Foundation, eine gemeinnützige Organisation, kümmert sich seit 2003 um die Weiterentwicklung von Eclipse.

Eclipse ist der Nachfolger von Visual Age for Java. Visual Age[1] war eine integrierte Entwicklungsumgebung, die für zahlreiche Plattformen und Programmiersprachen zur Verfügung stand. Die meisten Mitglieder der Visual-Age-Produktlinie wurden in Smalltalk realisiert. Die IBM-Version dieser Sprache wurde von der ehemals eigenständigen Firma Object Technology International (OTI) implementiert. OTI (die mittlerweile in IBM aufgegangen war) realisierte auch die erste Version von Eclipse. Im November 2001 wurde das bereits angesprochene Konsortium gegründet, das die Weiterentwicklung als quelloffene Software vorantreiben sollte.

In den ersten Versionen war Eclipse hauptsächlich eine durch Plug-ins erweiterbare Java-IDE. Mit der Version 3.0 wurde ein Paradigmenwechsel vollzogen. Seitdem bildet eine Implementierung der OSGi Service Platform das Fundament der Eclipse-Architektur und stellt Plug-ins als gleichberechtigte Einheiten in das Zentrum der Plattform.

Verschiedenste Projekte nutzen diese Infrastruktur und den durch die Eclipse-Plattform zur Verfügung gestellten Werkzeugkasten. Es ist einleuchtend, dass solche Abhängigkeiten zu Problemen in Form von Inkompatibilitäten führen können, wenn sich die einzelnen Teile unterschiedlich schnell entwickeln. Aus diesem Grund gibt es seit 2006 sogenannte Simultaneous Releases, die Schlüsselprojekte in miteinander kompatiblen Versionen bündeln. Die folgende Tabelle zeigt das Datum der Veröffentlichung und die Zahl der teilnehmenden Projekte.

---

[1] *http://en.wikipedia.org/wiki/VisualAge*

Bislang erschienene Eclipse-Versionen:

Name	Version	Veröffentlichungsdatum	Projekte
Callisto	3.2	30.06.2006	10
Europa	3.3	29.06.2007	21
Ganymede	3.4	25.06.2008	23
Galileo	3.5	24.06.2009	33
Helios	3.6	23.06.2010	39
Indigo	3.7	22.06.2011	62
Juno	4.2/3.8	27.06.2012	71
Kepler	4.3	26.06.2013	72
Luna	4.4	25.06.2014	76
Mars	4.5	24.06.2015	79
Neon	4.6	22.06.2016	84
Oxygen	4.7	28.06.2017	82
Photon	4.8	27.06.2018	85

Vielleicht fragen Sie sich, wie es zu den Namen der einzelnen Releases kam. Das englische Wort eclipse bedeutet Finsternis oder Verdunkelung. Die Astronomie kennt Sonnen- und Mondfinsternisse. Insofern „zwingt“ die IDE selbst fast schon dazu, Begriffe im Zusammenhang mit Planeten und Sternen zu verwenden. Kallisto, Europa und Ganymed sind Jupitermonde. Ihr Entdecker (Galileo Galilei) wird mit Eclipse 3.5 geehrt. Es folgen Helios, Indigo, Juno usw. Ab Galileo entsprechen die Anfangsbuchstaben eines Releases der Reihenfolge im Alphabet. Eine Besonderheit an Juno war übrigens, dass zum ersten Mal die Eclipse-Plattform-Version 4 ausgerollt wurde. Sie enthielt eine ganze Reihe tiefgreifender Veränderungen. Um die Kompatibilität mit bestehenden Plug-ins zu gewährleisten, stand eine Version auf der Basis von Eclipse 3.8 zum Download bereit. Mittlerweile ist die Plattform-Version 4 stabil und schnell.

Die Zahl der Projekte eines Sammel-Releases macht deutlich, wie viele Bereiche der Softwareentwicklung Eclipse abdecken kann. Vielleicht flößt diese Tatsache aber auch ein wenig Furcht ein. Ist dieser Werkzeugkasten überhaupt noch beherrschbar? Findet man sich im Dschungel der Plug-ins und Projekte noch zurecht?

Über dieses Buch

In diesem Buch stelle ich Ihnen Eclipse 4.8 als eine Entwicklungsumgebung für Java-Programmierer vor. Zwar lassen sich grundlegende Konzepte wie Perspektiven oder Sichten auch auf andere Einsatzgebiete übertragen, auf das Schreiben von Programmen in anderen Sprachen wie C oder C++ gehe ich allerdings nicht ein. Eine Ausnahme bildet das abschließende Kapitel 8, „Webanwendungen mit Angular“. Hier schlage ich den Bogen zu moderner Webentwicklung mit den dort dominierenden Sprachen JavaScript und TypeScript.

Das Ziel dieses Buchs ist, Sie in den folgenden acht Kapiteln mit den Möglichkeiten vertraut zu machen, die Ihnen die IDE bietet. Allerdings ist dieses Buch kein Java-Lehrgang. Ich werde also Konzepte wie Fehlersuche oder Refactoring nur so weit vorstellen, wie es für das weitere Verständnis erforderlich ist. Mein Hauptaugenmerk liegt darauf, Ihnen zu zeigen, wie Sie mit Eclipse effizient arbeiten können. Selbstverständlich müssen Sie kein Java-Experte sein, um meinen Erklärungen folgen zu können. Grundlegende Kenntnisse der Programmiersprache sollten Sie aber mitbringen.

Die einzelnen Kapitel bilden in sich geschlossene Einheiten. Sie müssen das Buch also nicht von Buchdeckel zu Buchdeckel durchlesen, sondern können gezielt Bereiche auswählen, über die Sie sich ausführlicher informieren möchten. Eine Ausnahme bildet *Kapitel 1, „Hands-on Eclipse“*. Hier wird beschrieben, wie Sie die Java-Laufzeitumgebung, das Java Development Kit und Eclipse auf Ihrem Rechner einrichten (jeweils für die Betriebssysteme Windows, Linux und macOS). Im zweiten Teil dieses Kapitels legen Sie Ihr erstes Projekt an, schreiben ein kleines Programm und führen es aus. Schließlich machen Sie einen kurzen Rundgang durch die IDE und lernen das Eclipse-Hilfesystem kennen.

In *Kapitel 2, „Arbeiten mit Eclipse“*, mache ich Sie mit wichtigen Grundlagen vertraut. Sie lernen die Workbench, Perspektiven und Sichten kennen. Außerdem erfahren Sie, wie Sie komfortabel Java-Programme eingeben und auch in umfangreichen Quelltexten den Überblick behalten. Mehr und mehr an Bedeutung gewinnt das sogenannte Refactoring. Was es damit auf sich hat und wie Sie Eclipse hierbei unterstützt, wird in Abschnitt 2.3, „Suchen, ersetzen und umgestalten“, beschrieben.

Auch in *Kapitel 3, „Arbeitsbereiche und Projekte“*, lernen Sie wichtige Konzepte der IDE kennen. Ich stelle Ihnen den Arbeitsbereich als eine Art Container für Projekte vor und mache Sie mit der Projektverwaltung von Eclipse vertraut. In diesem Zusammenhang lernen Sie beispielsweise auch, wie Sie externe Tools einbinden.

Praktisch genauso wichtig wie die eigentliche Implementierung sind Fehlersuche und Testen. Im gleichnamigen *Kapitel 4, „Fehlersuche und Test“*, lernen Sie daher die Architektur des Eclipse Debuggers kennen. Außerdem zeige ich Ihnen hier, wie Sie die unzähligen Möglichkeiten, die Ihnen diese Komponente bietet, effizient einsetzen, um Fehler einzukreisen und zu eliminieren. Die am leichtesten zu behebenden Fehler sind diejenigen, die gar nicht erst gemacht werden. Unit Tests helfen, schon während der Implementierung die Korrektheit einzelner Programmteile sicherzustellen. Auch diesen Themenkomplex beschreibe ich ausführlich.

In *Kapitel 5, „Im Team arbeiten“*, stelle ich Ihnen das derzeit am häufigsten eingesetzte System zur Versionsverwaltung vor: Git. Sie erfahren unter anderem, wie Sie auf bestehende Repositories zugreifen. Selbstverständlich lernen Sie auch den Umgang mit den wichtigen Konzepten Branching und Merging innerhalb von Eclipse.

Die drei letzten Kapitel dieses Buchs greifen die bisher vermittelten Grundlagen auf und beschreiben die Entwicklung eines Webservices, sowie dessen Nutzung. *Kapitel 6, „Webservices mit Spring Boot“*, zeigt Ihnen, wie Sie die mächtige Plugin-Sammlung Spring Tool Suite installieren, und mit ihrer Hilfe einen Spring-Boot-basierten Zahlenrateservice programmieren. Quasi nebenbei werfen Sie auch einen Blick auf den Test von RESTful Webservices.

Kapitel 7, „Eine JavaFX-Anwendung entwickeln“, stellt Ihnen e(fx)clipse vor, mit dessen Hilfe Sie in Eclipse JavaFX-Anwendungen erstellen und ausführen können. Sie entwickeln ein kleines Programm, das den Webservice aus Kapitel 6 konsumiert.

Im abschließenden *Kapitel 8, „Webanwendungen mit Angular“*, wenden wir uns der modernen Webentwicklung zu. Sie entwickeln auch hier eine Anwendung, die den Zahlenrateservice aus Kapitel 6 aufruft. Sie ist aber mit Angular erstellt.

Danksagung

Dieses Buch hätte ohne die freundliche Unterstützung vieler Menschen nicht entstehen können. Mein herzliches Dankeschön gebührt den Mitarbeiterinnen und Mitarbeitern des Hanser Verlags, die mir stets mit Rat und Tat zur Seite standen.

Herzlichen Dank sage ich auch meinen Kolleginnen und Kollegen Isabella Scholz, Marco Schillinger und Alexander Zeitz, die während des Schreibens nicht nur ein Auge auf meine Manuskripte geworfen haben, sondern mit viel Akribie jedes Kapitel geprüft haben. Ihre Hinweise und Tipps konnten mehr als nur die eine oder andere Kante glätten.

Außerdem danke ich meiner Familie für ihre Liebe und Unterstützung, ihr Verständnis und ihre Geduld: Meiner Ehefrau Moni danke ich für das unermessliche Glück, das sie mir jeden Tag aufs Neue schenkt; meinen Eltern, Rudolf und Gertraud, für alles, was sie mir mit auf den Weg gegeben haben; und meinem Bruder Andreas für die vielen Dinge, die er mir ermöglicht hat.

1 Hands-on Eclipse

Eclipse basiert auf Java-Technologie. Damit Sie die Entwicklungsumgebung einsetzen können, muss auf Ihrem Rechner eine möglichst aktuelle Version der Java-Laufzeitumgebung vorhanden sein. Da Eclipse im Gegensatz zu anderen IDEs seinen eigenen Compiler mitbringt, ist das Java Development Kit (JDK) nicht unbedingt erforderlich. Allerdings beinhaltet es eine Reihe wichtiger zusätzlicher Werkzeuge. Aus diesem Grund rate ich Ihnen, es in jedem Fall zu installieren.

Der erste Abschnitt zeigt Ihnen zunächst, wie Sie die Java-Laufzeitumgebung sowie das Java Development Kit installieren und optimal einrichten. Auch wenn Sie Java schon auf Ihrem Rechner haben, empfehle ich Ihnen einen kurzen Blick in den zu Ihrem Rechner passenden Unterabschnitt. Vielleicht entdecken Sie den einen oder anderen Tipp, mit dem Sie Ihre Installation optimieren können. Danach geht es um die Installation von Eclipse. Sie lernen, die Entwicklungsumgebung auf Ihrem Rechner einzurichten. Anschließend zeige ich Ihnen, wie Sie Ihre Eclipse-Installation mithilfe automatischer Aktualisierungen auf dem neuesten Stand halten. Ein erstes, eigenes Projekt bildet den Schwerpunkt des zweiten Abschnitts. Sie werden das Projekt anlegen, eine Java-Klasse erzeugen sowie das Programm bearbeiten und ausführen. Der dritte Abschnitt enthält einen Rundgang durch die Menüs und Dialoge der IDE.

1.1 Java und Eclipse installieren

Dieser Abschnitt beschäftigt sich mit der Installation von Java und Eclipse. Da dieser Vorgang vom Betriebssystem Ihres Entwicklungsrechners abhängig ist, gibt es für die drei populärsten Betriebssysteme, Windows, Linux und macOS, entsprechende Unterabschnitte.

> **HINWEIS:** Dieses Buch bezieht sich auf die 64-Bit-Versionen von Java und Eclipse

2.1.1 Installation von Java

Eclipse benötigt für die Ausführung eine möglichst aktuelle Version der Java-Laufzeitumgebung oder des Java Development Kits. Letzteres hält eine Reihe interessanter Erweiterungen (beispielsweise Java Mission Control) und zahlreiche Werkzeuge (etwa zum Signieren von Anwendungen) bereit. Diese dienstbaren Geister fehlen in der als eigenständiger Download erhältlichen Laufzeitumgebung. Aus diesem Grund verwende ich hier das JDK als Grundlage für die Eclipse-Installation.

Java unter Windows installieren

Laden Sie die aktuelle Version (zum Zeitpunkt der Drucklegung Java SE 10.0.2; jdk-10.0.2_windows-x64_bin.exe) von der Website des Java-Herstellers herunter *(https://www.oracle.com/technetwork/java/javase/downloads/index.html)*. Nach dem Start des Setup-Programms müssen Sie zunächst den Installationsumfang bestimmen und das Zielverzeichnis festlegen. Die Java-Quelltexte sollten Sie auf jeden Fall installieren. Sie können bei der Fehlersuche eine große Hilfe sein.

Nun sollten Sie durch Anpassen von Umgebungsvariablen sicherstellen, dass auch bei einer parallelen Installation mehrerer Java-Releases immer auf die gewünschte Version zugegriffen wird. Sie erreichen dies, indem Sie die Umgebungsvariable JDK_HOME definieren, die auf das JDK-Installationsverzeichnis verweist (beispielsweise C:\Program Files\Java\jdk-10.0.2). Anschließend löschen Sie alle Verweise auf Java-Installationen aus der Umgebungsvariablen PATH und setzen stattdessen eine Referenz auf %JDK_HOME%\bin als allerersten Pfad. Möchten Sie später mit einer anderen Java-Version arbeiten, reicht es, diese Umgebungsvariable zu modifizieren.

Sie können Ihre Einstellungen testen, indem Sie in der Eingabeaufforderung oder PowerShell die Befehle java -version sowie javac -version eingeben. Die beiden Programme sollten trotz der fehlenden Pfadangaben gefunden werden. Falls nicht, überprüfen Sie bitte Ihre Umgebungsvariablen.

Java unter Linux installieren

Laden Sie die aktuelle Version (zum Zeitpunkt der Drucklegung Java SE 10.0.2; jdk-10.0.2_linux-x64_bin.tar.gz) von der Website des Java-Herstellers herunter *(https://www.oracle.com/technetwork/java/javase/downloads/index.html)*. Verschieben Sie die Installationsdatei mit Administratorrechten in das Verzeichnis /opt und starten Sie den Entpackvorgang. Falls /opt nicht existiert, legen Sie das Verzeichnis vorher durch Ausführen des Befehls sudo mkdir /opt an:

```
cd <Verzeichnis, in dem jdk-10.0.2_linux-x64_bin.tar.gz liegt>
sudo mv jdk-10.0.2_linux-x64_bin.tar.gz /opt
cd /opt
sudo tar xzf jdk-10.0.2_linux-x64_bin.tar.gz
```

Die Anweisung sudo rm jdk-10.0.2_linux-x64_bin.tar.gz löscht die nun nicht mehr benötigte Setup-Datei. Das JDK befindet sich nun in einem Verzeichnis, dessen Name den aktuellen Patchlevel enthält. Um von diesem unabhängig zu sein, rate ich Ihnen, einen symbolischen Link anzulegen, der auf das eigentliche Installationsverzeichnis zeigt: sudo ln -s jdk-10.0.2 java.

Damit Sie Java ohne Pfadangaben starten können, empfehle ich Ihnen ferner, der Umgebungsvariablen JDK_HOME den absoluten Pfad des Installationsverzeichnisses zuzuweisen. Wenn Sie den zuvor beschriebenen symbolischen Link erzeugt haben, können Sie ihn in der Pfadangabe gleich verwenden. Der Wert für JDK_HOME lautet dann /opt/java. Löschen Sie alle Verweise auf Java-Installationen aus der Umgebungsvariablen PATH und setzen Sie stattdessen eine Referenz auf $JDK_HOME/bin an die allererste Stelle.

In welcher Datei Sie die Umgebungsvariablen am besten setzen, hängt von Ihrer Linux-Distribution ab. Es hat sich bewährt, die Einstellungen in .bashrc im Heimatverzeichnis des aktuellen Benutzers vorzunehmen (auch wenn die Modifikationen dann nicht systemweit gültig sind). Wenn Sie anstelle der bash eine andere Shell verwenden, tragen Sie die Anweisungen in deren Konfigurationsdatei ein.

Möchten Sie später mit einer anderen Java-Version arbeiten, müssen Sie nur die Umgebungsvariable JDK_HOME modifizieren oder den weiter oben angesprochenen symbolischen Link aktualisieren. Sie können Ihre Einstellungen testen, indem Sie in der bash (oder natürlich jeder anderen Shell) die Befehle java version und javac version eingeben. Die beiden Programme sollten trotz der fehlenden Pfadangaben gefunden werden. Ist dies nicht der Fall, überprüfen Sie ihre Umgebungsvariablen.

Java unter macOS installieren

Laden Sie die aktuelle Version (zum Zeitpunkt der Drucklegung Java SE 10.0.2; jdk-10.0.2_osx-x64_bin.dmg) direkt von der Website des Java-Herstellers herunter *(https://www.oracle.com/technetwork/java/javase/downloads/index.html)*. Öffnen Sie das Diskimage. Ein weiterer Doppelklick auf die nun sichtbare Datei (JDK 10.0.2.pkg) startet den Installationsassistenten. Folgen Sie dessen Anweisungen. Die heruntergeladene .dmg-Datei ist nun nicht mehr erforderlich. Sie können sie deshalb löschen. Beachten Sie aber, vorher das gemountete Diskimage auszuwerfen.

HINWEIS: Alle Java Development Kits werden unterhalb des Verzeichnisses /Library/Java/JavaVirtualMachines installiert. Öffnen Sie ein Terminal und wechseln Sie durch Eingabe von cd /Library/Java/JavaVirtualMachines dorthin. Lassen Sie sich mit ls den Inhalt anzeigen. Sie sollten einen Ordner mit Namen jdk-10.0.2.jdk vorfinden.

1.1.2 Installation von Eclipse

In diesem Abschnitt geht es um die Installation von Eclipse. Um optimal auf die jeweilige Zielplattform eingehen zu können, gibt es auch hier Unterabschnitte für die Betriebssysteme Windows, Linux und macOS. Diese behandeln jeweils das Einrichten auf dem Computer sowie den allerersten Start. Wie Sie Eclipse an Ihre Bedürfnisse anpassen, erfahren Sie in Abschnitt 1.1.3 , „Der erste Start", der dann wieder plattformunabhängig gehalten ist.

Für dieses Buch verwende ich Eclipse IDE for Java Developers als Grundlage. Diese Variante beinhaltet neben der Eclipse Platform die Java Development Tools, einen Git Client, Maven- und Gradle-Integration, sowie einen XML-Editor. Neben diesem für den Einstieg in die Programmierung mit Java idealen Paket bietet die Eclipse Foundation zahlreiche weitere Versionen oder Packages an, beispielsweise Eclipse IDE for PHP Developers, Eclipse IDE for C/C++ Developers und Eclipse for JavaScript and Web Developers. Eine Übersicht über die verfügbaren Pakete finden Sie unter *https://www.eclipse.org/downloads/packages/release/Photon/R/*.

Eclipse unter Windows installieren

Um Eclipse IDE for Java Developers zu installieren, genügt es, den Inhalt des Archivs eclipse-java-photon-R-win32-x86_64.zip in dem Verzeichnis zu entpacken, das Eclipse später enthalten soll. Möchten Sie die IDE beispielsweise unter C:\Programme ablegen, müssen Sie diesen Pfad als Ziel des Entpackvorgangs angeben. Ihr Archivprogramm sollte automatisch das Verzeichnis Eclipse erzeugen, sodass die Komponenten des SDKs letztlich unter C:\Programme\Eclipse zu finden sind. Damit ist die Installation eigentlich schon abgeschlossen. Um nicht für jeden Startvorgang ein Verzeichnisfenster öffnen zu müssen, ist es allerdings ratsam, im Startmenü oder auf dem Desktop eine Verknüpfung mit eclipse.exe anzulegen.

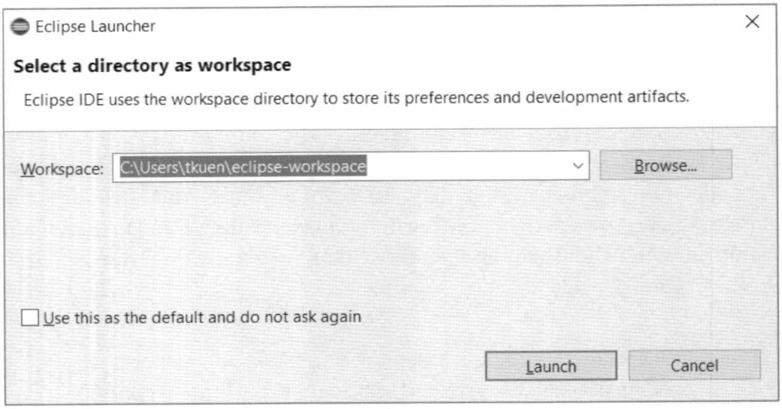

Bild 1.1 Der Dialog „Eclipse Launcher“ unter Windows

Starten Sie nun Eclipse. Sie sehen den in Bild 1.1 gezeigten Dialog *Eclipse Launcher*, in dem Sie einen sogenannten Arbeitsbereichsordner (engl. workspace folder) auswählen müssen. Vereinfacht ausgedrückt, ist der Arbeitsbereich eine Art Container für Projekte. Auf Dateisystemebene ist jedes Projekt ein Verzeichnis unterhalb des Arbeitsbereichsverzeichnisses, das Sie hier angeben müssen. Auch wenn Sie während der Arbeit mit Eclipse eher selten darauf zugreifen werden, sollten Sie den Arbeitsbereichsordner an einer bekannten Stelle ablegen oder sich die von Eclipse vorgeschlagene Position zumindest gut merken. In Abschnitt 1.1.3 zeige ich Ihnen, wie Sie Eclipse Ihren Wünschen entsprechend einrichten. Übernehmen Sie die voreingestellten Werte und schließen Sie den Dialog mit **OK**.

Eclipse unter Linux installieren

Sie finden Eclipse IDE for Java Developers für Linux unter *https://www.eclipse.org/downloads/packages/release/Photon/R/*. Um sie zu installieren, müssen Sie nur den Inhalt der Datei eclipse-java-photon-R-linux-gtk-x86_64.tar.gz in dem Verzeichnis entpacken, das

Eclipse später enthalten soll. Es hat sich bewährt, die Entwicklungsumgebung wie das Java Development Kit unter /opt abzulegen.

```
cd <Verzeichnis mit eclipse-java-photon-R-linux-gtk-x86_64.tar.gz >
sudo mv eclipse-java-photon-R-linux-gtk-x86_64.tar.gz /opt
cd /opt
sudo tar xzf eclipse-java-photon-R-linux-gtk-x86_64.tar.gz
```

Um Speicherplatz zu sparen, können Sie anschließend die Setup-Datei mit sudo rm eclipse-java-photon-R-linux-gtk-x86_64.tar.gz löschen. Außerdem bietet es sich an, eine Verknüpfung auf dem Desktop oder im Programmmenü der von Ihnen verwendeten Desktop-Umgebung anzulegen. Damit ist die Installation von Eclipse abgeschlossen.

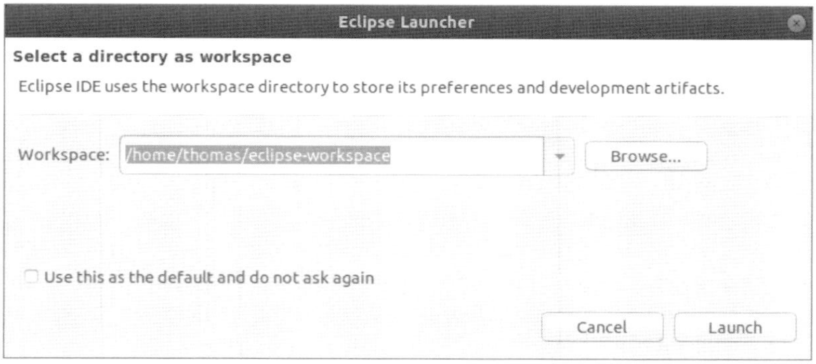

Bild 1.2 Der Dialog „Eclipse Launcher" unter Linux

Nach dem Start der IDE sehen Sie den in Bild 1.2 gezeigten Dialog *Eclipse Launcher*, in dem Sie einen sogenannten Arbeitsbereichsordner (engl. workspace folder) auswählen müssen. Vereinfacht ausgedrückt, ist der Arbeitsbereich eine Art Container für Projekte. Auf Dateisystemebene ist jedes Projekt ein Verzeichnis unterhalb des Arbeitsbereichsverzeichnisses, das Sie hier angeben müssen. Auch wenn Sie während der Arbeit mit Eclipse eher selten darauf zugreifen werden, sollten Sie den Arbeitsbereichsordner an einer bekannten Stelle ablegen oder sich die von Eclipse vorgeschlagene Position zumindest gut merken. In Abschnitt 1.1.3 zeige ich Ihnen, wie Sie Eclipse Ihren Wünschen entsprechend einrichten können. Übernehmen Sie die voreingestellten Werte und schließen Sie den Dialog mit **OK**.

Eclipse unter macOS installieren

Sie finden Eclipse IDE for Java Developers für macOS unter *https://www.eclipse.org/downloads/packages/release/Photon/R/*. Um sie zu installieren, müssen Sie zunächst den Inhalt der Datei eclipse-java-photon-R-macosx-cocoa-x86_64.dmg durch Doppelklick anzeigen und anschließend das Eclipse-Icon auf das Symbol für das Verzeichnis Programme schieben. Beide Icons sind in dem Finder-Fenster zu sehen, das sich nach dem Doppelklick auf die .dmg-Datei geöffnet hat. Damit ist die Installation eigentlich schon abgeschlossen. Um nicht für jeden Startvorgang ein Verzeichnisfenster öffnen zu müssen, ist es allerdings ratsam, auf dem Desktop ein Alias anzulegen oder das Icon der Anwendung im Dock zu behalten. Die heruntergeladene Datei ist nun nicht mehr erforderlich und kann gelöscht werden. Bitte werfen Sie vorher das durch den Doppelklick auf die .dmg-Datei gemountete Verzeichnis aus. Starten Sie nun Eclipse.

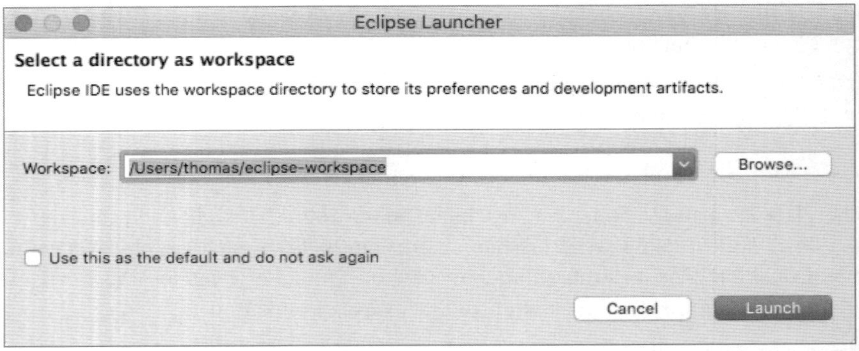

Bild 1.3 Der Dialog „Eclipse Launcher" unter macOS

Sie sehen den in Bild 1.3 dargestellten Dialog *Eclipse Launcher*, in dem Sie einen sogenannten Arbeitsbereichsordner (engl. workspace folder) auswählen müssen. Vereinfacht ausgedrückt, ist der Arbeitsbereich eine Art Container für Projekte. Auf Dateisystemebene ist jedes Projekt ein Verzeichnis unterhalb des Arbeitsbereichsverzeichnisses, das Sie hier angeben müssen. Auch wenn Sie während der Arbeit mit Eclipse eher selten darauf zugreifen werden, sollten Sie den Arbeitsbereichsordner an einer bekannten Stelle ablegen oder sich die von Eclipse vorgeschlagene Position zumindest gut merken. Übernehmen Sie die voreingestellten Werte und schließen Sie den Dialog mit **OK**. Im folgenden Abschnitt erfahren Sie, wie Sie Eclipse Ihren Wünschen entsprechend einrichten können.

1.1.3 Der erste Start

Sowohl Java als auch Eclipse sind jetzt einsatzbereit. Der Arbeit mit der IDE steht also nichts mehr entgegen. Wenn Sie es nicht bereits getan haben, sollten Sie Eclipse nun starten. Es erscheint der Dialog *Eclipse Launcher*, in dem Sie den sogenannten Arbeitsbereich oder Workspace festlegen müssen. Eclipse arbeitet auf der Grundlage von Projekten. Ein Projekt fasst Dateien und Einstellungen themenbezogen zusammen. Alle Projekte werden in einem Arbeitsbereich abgelegt. Wie Sie später noch sehen werden, sind Projekte Unterverzeichnisse des Arbeitsbereichsordners. Wo Sie diesen anlegen, ist letztlich egal. Wichtig ist nur, dass das entsprechende Verzeichnis ständig verfügbar ist. Im Hinblick auf die Arbeitsgeschwindigkeit sollten Sie den Arbeitsbereich also nach Möglichkeit nicht auf einem Netzlaufwerk anlegen.

Es ist übrigens auch im laufenden Betrieb möglich, zwischen Arbeitsbereichen umzuschalten. Von dieser Möglichkeit werden Sie wahrscheinlich Gebrauch machen, wenn sich viele Projekte angesammelt haben und Sie durch sinnvolle Gruppierungen wieder Ordnung in den Dschungel bringen müssen. Zu Beginn ist es allerdings ausreichend, für alle Projekte einen Arbeitsbereich vorzusehen. Aus diesem Grund sollten Sie vor **Use this as the default and do not ask again** ein Häkchen setzen. Dadurch wird der Dialog *Eclipse Launcher* beim nächsten Start nicht mehr angezeigt.

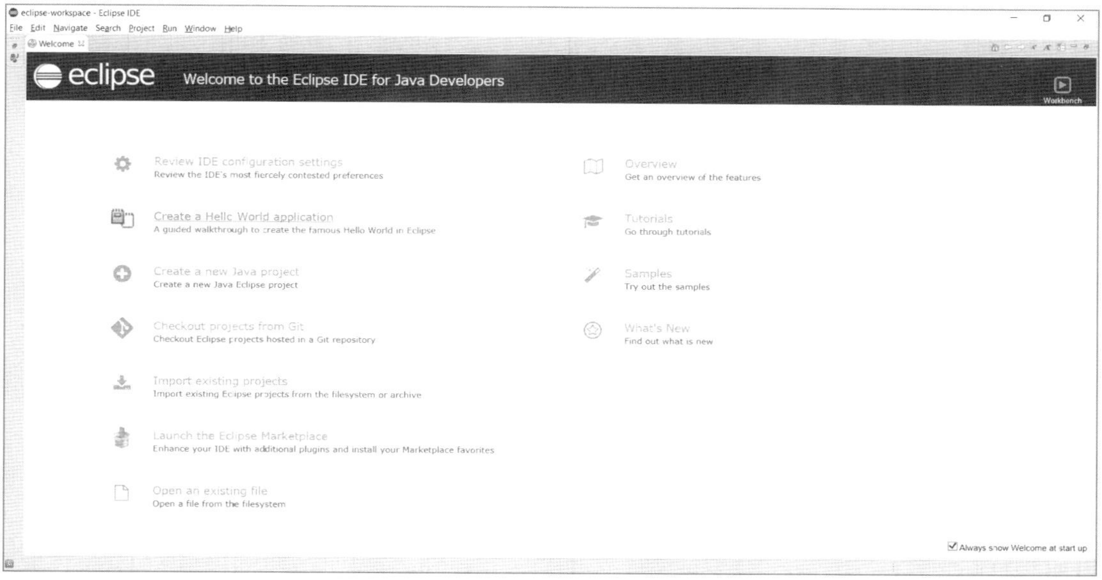

Bild 1.4 Eclipse nach dem ersten Start

Nachdem alle benötigten Komponenten geladen wurden, präsentiert Eclipse den in Bild 1.4 gezeigten Willkommensbildschirm. Er enthält eine Reihe von Links, mit denen Sie beispielsweise ein neues Java-Projekt anlegen, eine vorhandene Datei öffnen oder Projekte aus einen Git-Repository auschecken können. Das Symbol  **(Workbench)** aktiviert die sogenannte Workbench. Dort erstellen und bearbeiten Sie Ihre Projekte und Quelltexte. Über den Menüpunkt **Help/Welcome** kommen Sie übrigens jederzeit zum Willkommensbildschirm zurück.

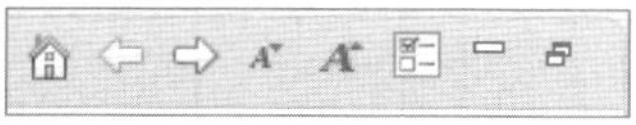

Bild 1.5 Symbolleiste des Willkommensbildschirms

Um dem Willkommensbildschirm weitere Symbole hinzuzufügen, öffnen Sie dessen Einstellungsdialog, den Sie über die in Bild 1.5 gezeigte Symbolleiste erreichen. Mit den ersten drei Symbolen navigieren Sie durch die Lernprogramme und Informationsseiten. Die folgenden beiden verkleinern bzw. vergrößern die Schrift. **Customize page** (der Name der Funktion erscheint als Tooltip, wenn Sie die Maus auf das Symbol bewegen) öffnet den Dialog *Customize*, den Sie in Bild 1.6 sehen. Fügen Sie dem Willkommensbildschirm ein neues Symbol hinzu, indem Sie ein Häkchen vor **Migrate** setzen. Jede aktivierte Root Page ist über eine eigene Registerkarte konfigurierbar. Die neuen Symbole werden sichtbar, sobald Sie den Dialog mit **OK** schließen.

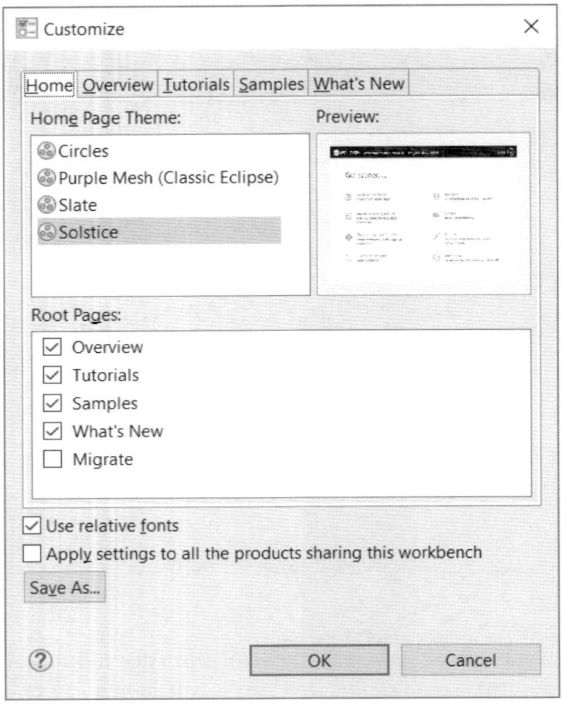

Bild 1.6 Dialog zum Einrichten des Willkommensbildschirms

Benutzervorgaben ändern

Unter Windows und Linux erreichen Sie die meisten Einstellungen, um Eclipse und die Plug-ins an Ihre Bedürfnisse anzupassen, über den Menüpunkt **Window/Preferences**. Dieser öffnet den in Bild 1.7 gezeigten gleichnamigen Dialog. macOS-Anwender finden ihn unter Eclipse/Einstellungen.

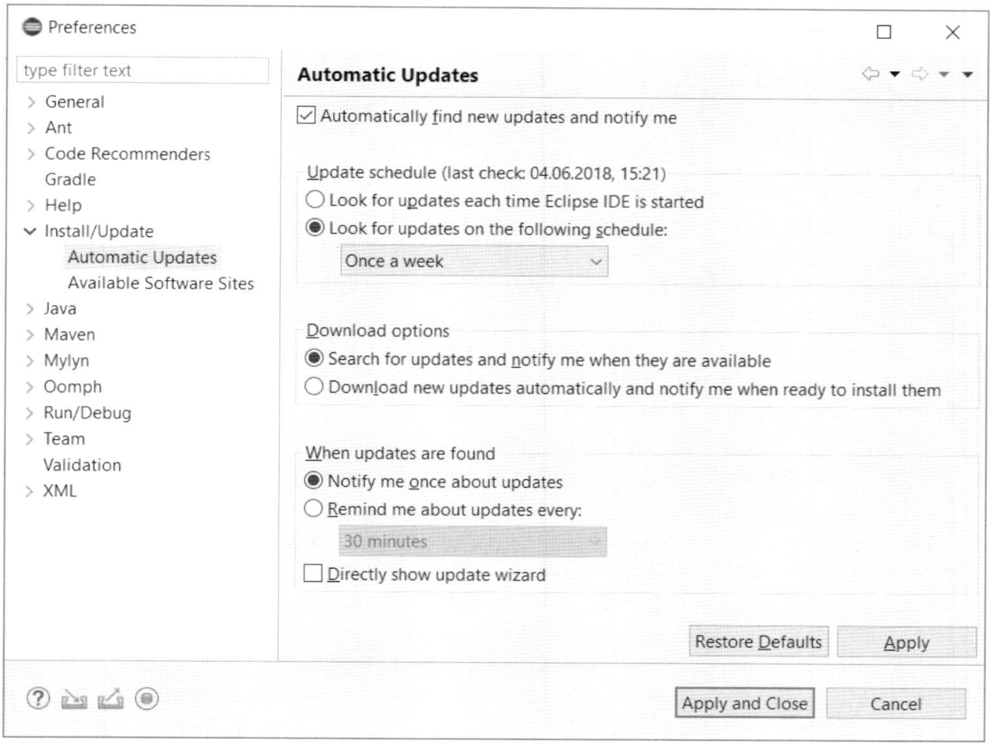

Bild 1.7 Der Dialog „Preferences"

Eine sehr interessante Option ist, Eclipse selbstständig nach Programmaktualisierungen suchen zu lassen. Sie finden die zugehörigen Einstellungen unterhalb des Knotens **Install/Update** unter **Automatic Updates**.

Eclipse aktualisieren

Öffnen Sie den Dialog *Preferences* und navigieren Sie zu der Seite Automatic Updates. Aktivieren Sie nun **Automatically find new updates and notify me** und wählen Sie dann einen der beiden Update-Pläne (Update schedule) aus. In der Einstellung Download options schließlich legen Sie fest, ob Sie über Updates nur informiert oder ob diese automatisch heruntergeladen werden sollen. Der unterste Bereich (When updates are found) steuert, wie oft Sie Eclipse über vorhandene Updates informiert. Falls Sie sich gegen automatische Aktualisierungen entscheiden, rate ich Ihnen, regelmäßig manuell nach neuen Programmversionen zu suchen.

Wenn Sie sich neugierig durch die zahlreichen Knoten des Dialogs *Preferences* geklickt haben, fühlen Sie sich von der Vielzahl der möglichen Einstellungen sehr wahrscheinlich überfordert. Ich darf Sie an dieser Stelle beruhigen. Die Grundeinstellungen von Eclipse wurden so gewählt, dass Sie hier nur sehr selten Änderungen vornehmen müssen. Sehen Sie die Einstellmöglichkeiten vielmehr als ein Angebot an den Profi, die IDE bis ins letzte Detail an seine Bedürfnisse anzupassen. Ich werde im Verlauf des Buchs noch häufiger auf diesen Dialog hinweisen.

Aufrufparameter

Sie können das Verhalten von Eclipse steuern, indem Sie der IDE beim Start Parameter übergeben. Hier gilt es, zwei Gruppen von Optionen zu unterscheiden. Die eine beeinflusst Eclipse selbst, die andere wirkt sich auf die virtuelle Maschine aus, in der Eclipse ausgeführt wird. Hierzu ein Beispiel:

eclipse -vmargs -Xmx1024m

Das Schlüsselwort -vmargs leitet die Übergabe von Optionen zur Steuerung der Java-Laufzeitumgebung ein. Das Argument -Xmx1024m setzt die Maximalgröße des sogenannten memory allocation pools (vereinfacht ausgedrückt, wie viel Speicher maximal zur Verfügung stehen soll) auf 1024 MB. Eine Aufstellung der Aufrufoptionen der Java-Laufzeitumgebung finden Sie auf der Seite *https://docs.oracle.com/javase/10/tools/java.htm#GUID-3B1CE181-CD30-4178-9602-230B800D4FAE*. Optionen, die Eclipse selbst beeinflussen, werden im Workbench User Guide unter Tasks/Running Eclipse aufgelistet. Sie erreichen ihn über **Help/Help Contents**. Weitere Informationen über das in Eclipse eingebaute Hilfesystem finden Sie übrigens in Abschnitt 1.3.1, „Die Hilfefunktionen von Eclipse".

Sie können mit -data das Verzeichnis des zu verwendenden Arbeitsbereichs angeben. Ebenfalls sehr praktisch ist -showlocation. Diese Option zeigt den Pfad des Arbeitsbereichsordners in der Fenstertitelzeile an. Mit vm <Pfad auf das bin-Verzeichnis einer Java-Laufzeitumgebung> bestimmen Sie die virtuelle Maschine, die für das Ausführen von Eclipse verwendet wird. nosplash schließlich blendet die während des Starts angezeigte Begrüßungsgrafik mit Fortschrittsbalken aus. Was sich recht praktisch anhört, will aber dennoch gut überlegt sein. Denn der Start der IDE dauert eine gewisse Weile. Dann ist es gut zu wissen, dass sich „etwas bewegt".

Sie haben nun einen ersten Einblick in die Arbeit mit Eclipse gewonnen, indem Sie die IDE in ein paar Bereichen Ihren Bedürfnissen angepasst und die Möglichkeit der automatisierten Produktaktualisierung kennengelernt haben. Sicher brennen Sie schon darauf, Ihr erstes Java-Programm mit Eclipse zu schreiben. Dies ist Gegenstand des folgenden Abschnitts.

1.2 Das erste eigene Projekt

In diesem Abschnitt möchte ich Ihnen eine kleine Java-Anwendung vorstellen und auf diese Weise erste Erfahrungen im Umgang mit Projekten vermitteln. Die Aufgabe, die das Programm lösen soll, ist unspektakulär: Es gilt, eine Liste der System-Properties auszugeben. Zu seiner Funktionsweise werde ich wenig sagen, schließlich geht es Ihnen ja nicht um eine Einweisung in Java, sondern in die Funktionsweise von Eclipse.

1.2.1 Ein neues Projekt anlegen

Nachdem Sie Eclipse gestartet haben, klicken Sie im Willkommensbildschirm auf **Create a new Java project**. Falls Sie ihn schon geschlossen haben, können Sie ihn über die Menüleiste mit **Help/Welcome** erneut anzeigen. Ein anderer Weg, den Assistenten zum Anlegen von Java-Projekten aufzurufen, ist ebenfalls über die Menüleiste: **File/New/Java Project**. In beiden Fällen sehen Sie den in Bild 1.8 dargestellten Dialog *New Java Project*.

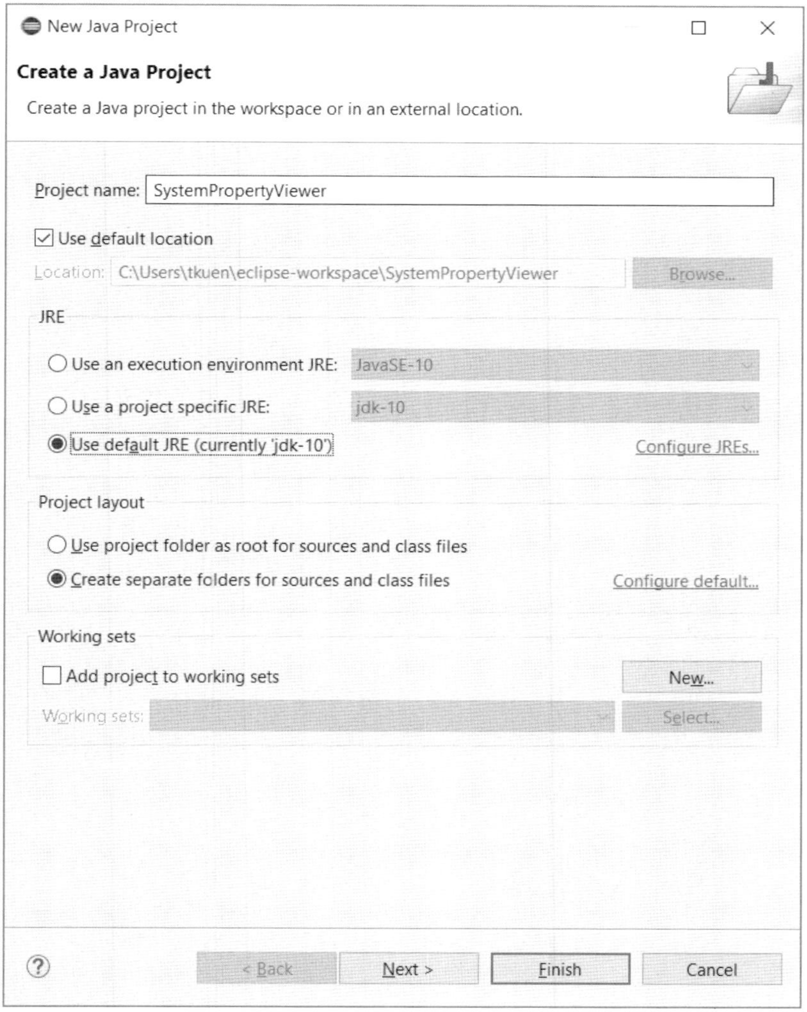

Bild 1.8 Dialog zum Anlegen neuer Projekte

Geben Sie Ihrem Projekt einen aussagekräftigen Namen, beispielsweise „SystemProperty-Viewer". Die übrigen Einstellungen sollten Sie so vornehmen, dass **Use default location**, **Use default JRE** und **Create separate folders for sources and class files** ausgewählt sind. Durch Klicken auf **Finish** schließen Sie den Dialog *New Java Project*. Wenn Sie Java 9 oder neuer verwenden, möchte Eclipse nun einen Modulnamen wissen (Bild 1.9). Module beschränken die Sichtbarkeit bzw. den Zugriff auf Packages und ermöglichen dadurch, Implementierungsdetails außerhalb des Moduls zu verbergen. Per Konvention beginnen Modulnamen mit einem Kleinbuchstaben. Da Eclipse den Projektnamen als Modulnamen vorschlägt, erscheint in meinem Beispiel ein entsprechender Warnhinweis. Ersetzen Sie einfach das „S“ durch ein „s“.

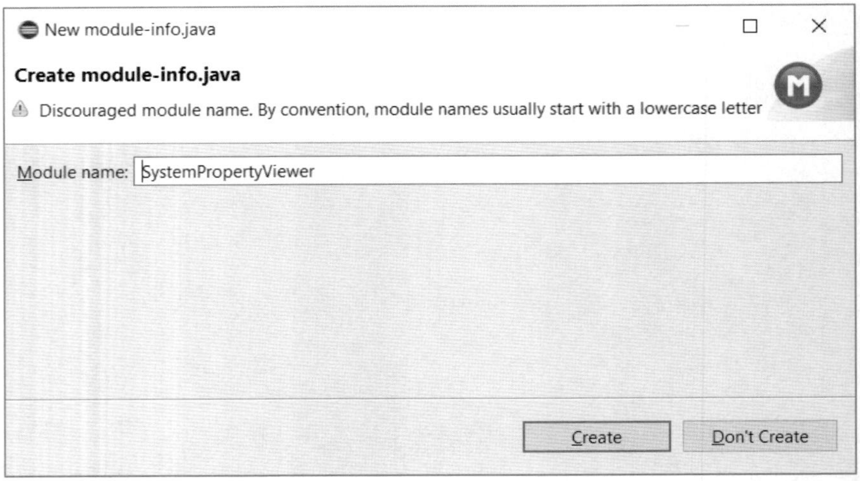

Bild 1.9 Einen Modulnamen eingeben

Ihr Eclipse-Fenster sollte nun in etwa Bild 1.10 entsprechen.

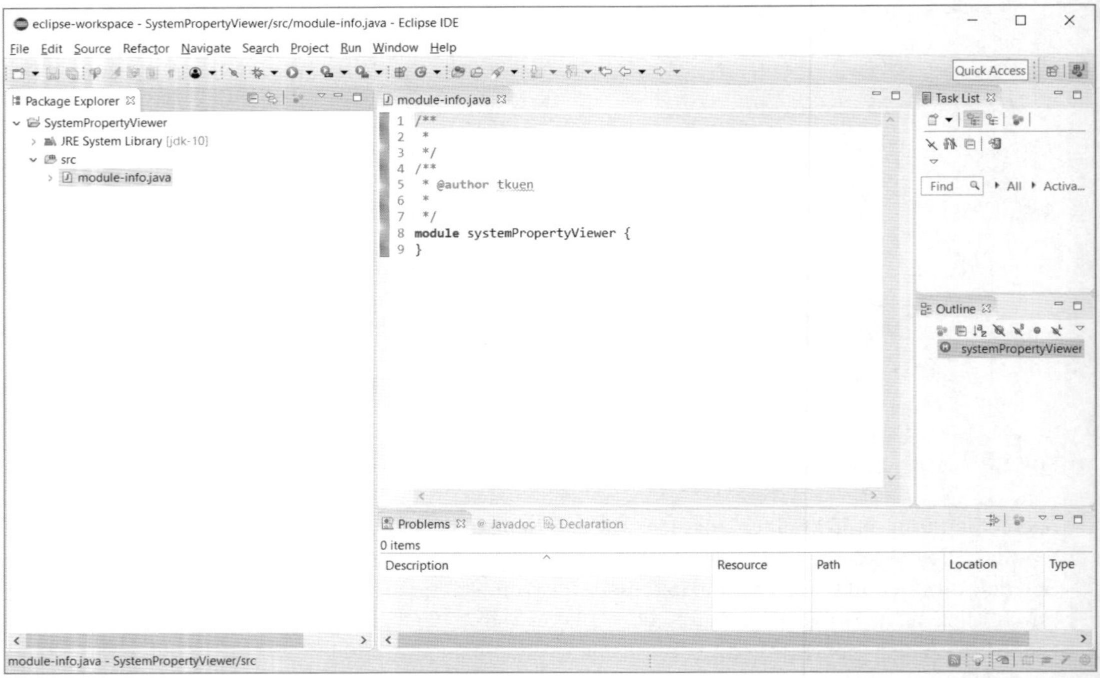

Bild 1.10 Eclipse nach Anlegen eines Projekts

Falls nicht, wechseln Sie zunächst in die sogenannte *Java*-Perspektive. Klicken Sie hierzu in der Toolbar das Icon (Open Perspective) an oder wählen Sie den Menüpunkt **Window/ Perspective/Open Perspective/Other**. In beiden Fällen sehen Sie daraufhin den Dialog *Open Perspective* (Bild 1.11). Klicken Sie zuerst auf **Java (default)**, dann auf **Open**.

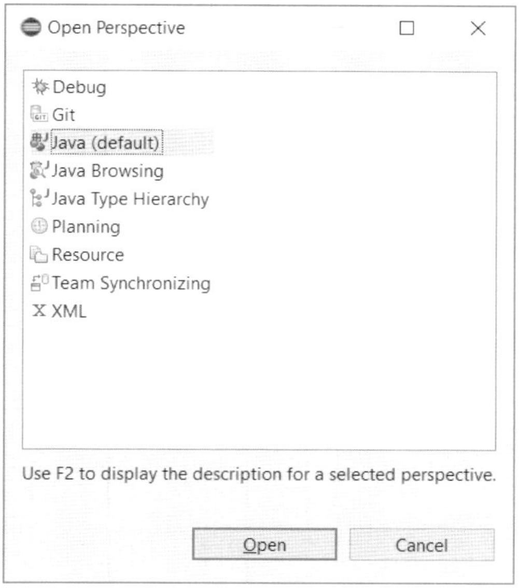

Bild 1.11 Der Dialog „Open Perspective“

Anschließend lassen Sie den Package Explorer anzeigen, indem Sie **Window/Show View/ Package Explorer** anklicken. Bitte lassen Sie sich nicht von den vielen neuen Begriffen verwirren. In Kapitel 2, „Arbeiten mit Eclipse“, werden wir uns ausführlich mit der Bedienphilosophie der IDE und den ihr zugrunde liegenden Konzepten beschäftigen. Fürs Erste wollen wir uns damit begnügen, dass der Package Explorer eine nach Paketen und Klassen gruppierte Sicht (engl. View) auf die Elemente eines Projekts ermöglicht.

Klassen hinzufügen

Fahren Sie im Package Explorer mit der Maus auf den Eintrag **SystemPropertyViewer** und öffnen Sie mit einem Rechtsklick dessen Kontextmenü. Nach Anklicken des Eintrags **New/ Class** öffnet sich der Dialog *New Java Class*, in dem Sie die Kriterien festlegen, die die neu anzulegende Klasse erfüllen soll. Bitte tragen Sie als Name `SystemPropertyViewer` und als Package `com.thomaskuenneth.systempropertyviewer` ein. Sie sollten dieses Feld nicht leer lassen, weil Klassen ohne Paketzugehörigkeit nicht gern gesehen sind. Da Ihr Java-Programm nur aus einer Klasse bestehen wird, ist es ferner nützlich, gleich den Einsprungspunkt, also die Methode `main()`, generieren zu lassen. Sie erreichen dies durch das Setzen eines entsprechenden Häkchens im Bereich Which method stubs would you like to create. In Bild 1.12 sehen Sie, wie Sie den Dialog zum Erzeugen der neuen Java-Klasse `SystemPropertyViewer` ausfüllen sollten.

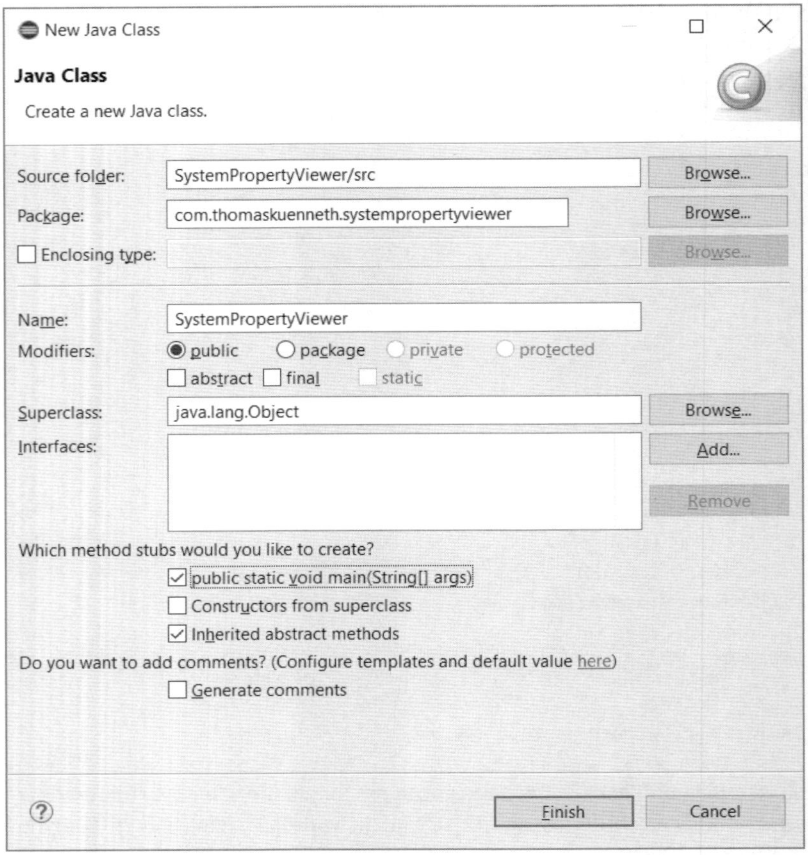

Bild 1.12 Dialog zum Anlegen einer neuen Klasse

Klicken Sie auf **Finish**. Da Sie bei Package als Wert „com.thomaskuenneth.systempropertyviewer“ eingetragen haben, hat Eclipse nicht nur die Klasse selbst, sondern auch ein entsprechend benanntes Paket erzeugt. Beides ist im Package Explorer unterhalb des Zweigs src zu sehen. Ferner hat Eclipse die Datei SystemPropertyViewer.java im eingebauten Texteditor geöffnet. Sie werden nun erste Änderungen am automatisch erzeugten Quelltext der Klasse `SystemPropertyViewer` vornehmen.

Erste Änderungen am Quelltext

Grundlegende Editierfunktionen wie das Positionieren des Cursors durch Maus oder Tastatur unterscheiden sich nicht von denen gängiger anderer Programme. Interessanter sind sprachspezifische Eingabehilfen. Positionieren Sie den Cursor in der Leerzeile unterhalb des Kommentars `// TODO Auto-generated method stub` und rücken Sie ihn durch Drücken der Tab-Taste ein. Tippen Sie nun die vier Buchstaben Prop (der erste Buchstabe ist großgeschrieben) ein und drücken Sie **Strg + Leertaste**. Das in Bild 1.13 gezeigte Popup-Fenster öffnet sich. Es enthält eine Vorschlagsliste mit Klassen- und Interfacenamen, die zu den eingetippten Buchstaben passen.

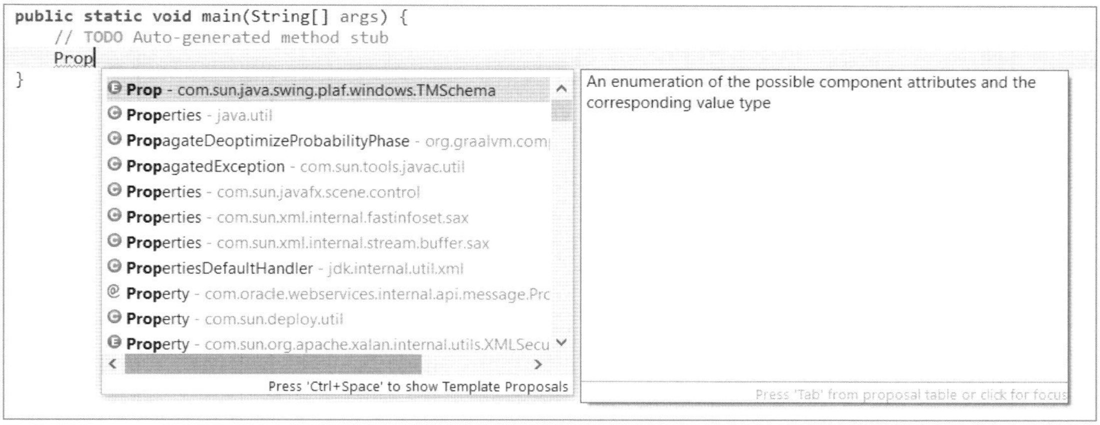

Bild 1.13 Vorschlagsliste mit Klassen- und Interfacenamen

Sie können mit den Cursor-Tasten in dieser Liste navigieren und die gewünschte Klasse durch Drücken der Enter-Taste auswählen. Die Esc-Taste schließt die Auswahl, ohne eine Klasse in den Quelltext zu übernehmen. Selektieren Sie **Properties – java.util**. Haben Sie bemerkt, dass Eclipse automatisch eine passende `import`-Anweisung eingefügt hat? Komplettieren Sie die Eingabe in der Form `Properties p = System.getProperties();` und übernehmen Sie danach die folgenden drei Zeilen:

```
Enumeration<Object> e = p.keys();
while (e.hasMoreElements()) {
    String key = (String) e.nextElement();
}
```

Eclipse ist mit Ihrer Eingabe nicht zufrieden. Die Klasse `Enumeration` kann nicht aufgelöst werden. Sie könnten den fehlenden Import von Hand nachtragen. Bequemer geht es mit dem Menübefehl **Source/Add Import**. Vor dem Aufruf müssen Sie den Cursor an eine Position innerhalb des Klassennamens bewegen. Lassen Sie uns zum Schluss noch eine Ausgabe hinzufügen. Fügen Sie oberhalb der schließenden geschweiften Klammer der `while`-Anweisung eine Leerzeile ein. Bewegen Sie den Cursor hierzu in die Zeile mit der schließenden geschweiften Klammer und drücken dann **Strg + Shift Enter**. Auf dem Mac ist dies **Command Shift Enter**. In der Leerzeile tippen Sie bitte zuerst sysout, danach **Strg + Leertaste**. Eclipse macht daraus automatisch `System.out.println();`. Ergänzen Sie die Eingabe zu

```
System.out.println(String.format("%s=%s",
    key, p.getProperty(key)));
```

Der erste Programmstart

Um das Programm zu starten, wählen Sie den Menüpunkt **Run/Run As/Java Application**. Falls Sie den Quelltext nicht bereits gespeichert haben, erscheint der Dialog *Save and Launch*, den Sie in Bild 1.14 sehen. Wenn Sie Änderungen vor dem Programmstart automatisch sichern möchten, können Sie dies durch Setzen eines Häkchens vor **Always save resources before launching** erreichen. Bestätigen Sie den Dialog nun mit **OK**.

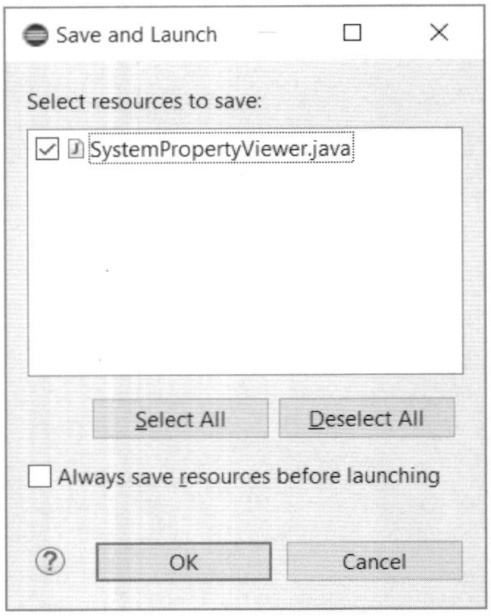

Bild 1.14
Änderungen speichern und Programm starten

Sofern Sie bei der Eingabe keine Fehler gemacht haben, wird in der Sicht *Console* eine Liste der System Properties ausgegeben. Haben Sie sich während der Eingabe vertippt, macht Eclipse Sie mit verschiedenen Symbolen am linken Rand der fehlerhaften Zeilen auf die Probleme aufmerksam. Wenn Sie mit der Maus über ein Symbol fahren, erscheint ein erklärender Tooltip (Bild 1.15).

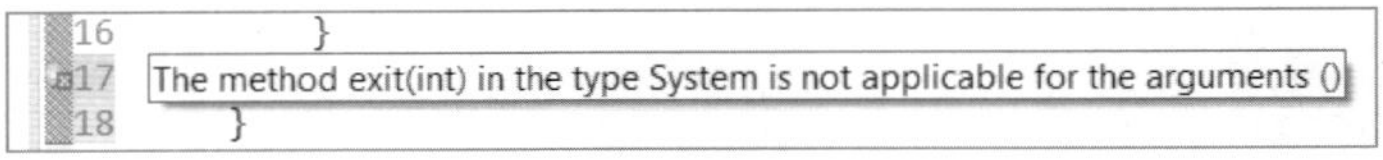

Bild 1.15 Eclipse kennzeichnet Eingabefehler

Wenn Eclipse mehrere Lösungsvorschläge hat, können Sie sich diese durch Klick mit der linken Maustaste auf das Symbol in Form eines Popups anzeigen lassen. Wie bei der Vorschlagsliste für Klassen und Interfaces können Sie auch hier mithilfe der Cursor-Tasten navigieren und den gewünschten Eintrag mit Enter selektieren. Die Taste Esc schließt die Auswahl, ohne eine Aktion auszulösen. Zusätzlich hebt Eclipse das Problem im Quelltext durch eine rote Schlangenlinie hervor. Weitere Informationen erhalten Sie, indem Sie mit der Maus über den so gekennzeichneten Bereich fahren. Um diese Funktion auszuprobieren, fügen Sie der `main`-Methode einfach die Zeile `System.exit();` hinzu (dem Methodenaufruf fehlt ein Parameter).

Tasks

Vielleicht ist Ihnen der einzeilige Kommentar `// TODO Auto-generated method stub` aufgefallen, der automatisch durch Eclipse generiert wurde. Da Sie bereits mit der Implementierung der Methode begonnen haben, ist er eigentlich überflüssig. Anstatt ihn durch Löschen der entsprechenden Zeile von Hand zu entfernen, können Sie eine Funktion in Eclipse aufrufen. Klicken Sie hierzu auf das Symbol mit dem blauen Häkchen am linken Rand des Eingabebereichs und wählen Sie im daraufhin erscheinenden Popup-Menü die Zeile **Remove task tag** durch Drücken der Taste Enter.

Sie haben hier ein äußerst praktisches Konzept von Eclipse kennengelernt, die sogenannten Aufgaben (engl. tasks). Während des Übersetzens hat die IDE in der Kommentarzeile das Schlüsselwort TODO entdeckt und daraufhin automatisch eine gleichnamige Aufgabe angelegt. Aufgaben werden in einer eigenen Sicht gesammelt, die Sie in der Menüleiste mit **Window/Show view/Tasks** öffnen können (Bild 1.16). Bevor Sie das tun, sollten Sie aber Ihre Änderung (das Löschen des Tags) rückgängig machen. Klicken Sie hierzu auf **Edit/ Undo Remove task tag**.

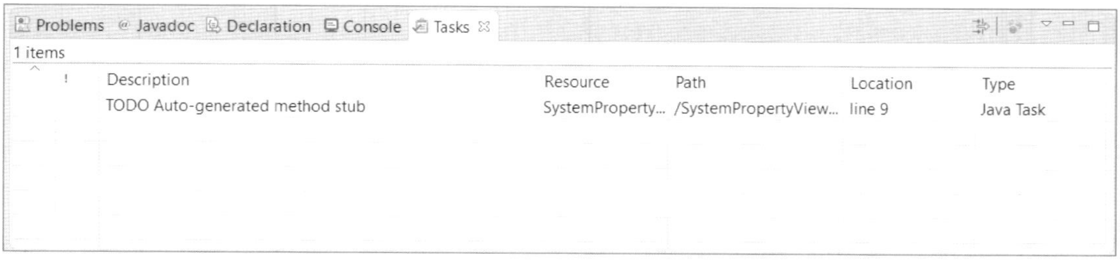

Bild 1.16 Aufgabenverwaltung in Eclipse

Neben den automatisch erzeugten Aufgaben kennt Eclipse auch solche, die durch den Benutzer angelegt werden. Klicken Sie hierzu in der gewünschten Zeile mit der rechten Maustaste in den linken Randbereich des Editors und wählen Sie im sich nun öffnenden Kontextmenü **Add Task**. Sobald Sie eine Aufgabe erfolgreich abgeschlossen haben, markieren Sie diese wie in Ihrem elektronischen Organizer oder in Outlook durch Anklicken einer Checkbox als erledigt. Diese Funktion, die im Kontextmenü der Sicht *Tasks* **Mark Completed** heißt, ist übrigens nur für Aufgaben verfügbar, die Sie als Benutzer angelegt haben. Durch das System generierte Tasks werden nicht als erledigt markiert, sondern auf die etwas weiter oben beschriebene Weise gelöscht (**Remove task tag**).

Im nächsten Abschnitt möchte ich Ihnen zeigen, wie Sie vor allem bei langen Quelltexten die Übersichtlichkeit erhöhen können. Eclipse bietet nämlich die Möglichkeit, nicht benötigte Bereiche des Quelltexts zu verbergen oder einzuklappen.

Nicht benötigte Codeabschnitte verbergen

Um das Verbergen oder Einklappen von Quelltextteilen besser üben zu können, markieren Sie in der Klasse `SystemPropertyViewer` bitte den folgenden Bereich:

```
Properties p = System.getProperties();
Enumeration<Object> e = p.keys();
while (e.hasMoreElements()) {
    String key = (String) e.nextElement();
    System.out.println(String.format("%s=%s", key, p.getProperty(key)));
}
```

Setzen Sie hierzu den Cursor vor das Wort Properties, bewegen Sie danach den Mauszeiger hinter die schließende geschweifte Klammer und drücken Sie nun bei gedrückter Shift-Taste die linke Maustaste. Wählen Sie in der Menüleiste **Refactor/Extract Method**. Sie sehen daraufhin den gleichnamigen Dialog (Bild 1.17).

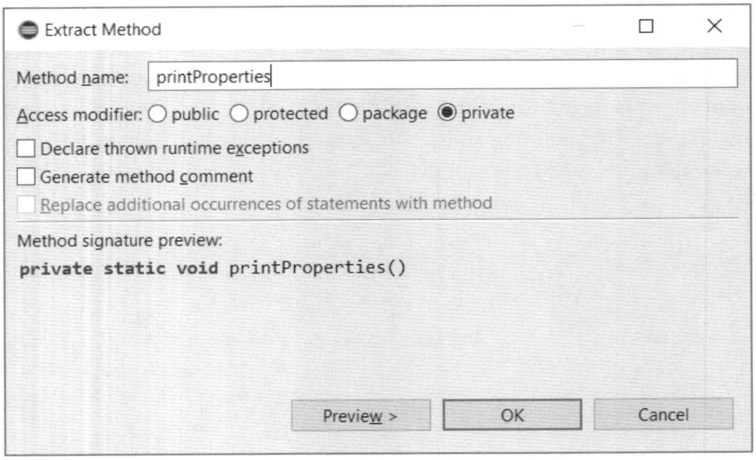

Bild 1.17 Dialog zum Auslagern von Methoden

Tragen Sie als Methodennamen `printProperties` ein und schließen Sie den Dialog mit **OK**. Eclipse lagert den vorher markierten Bereich in eine Methode aus und fügt `main()` einen entsprechenden Aufruf hinzu. Nun zu der bereits angekündigten Funktion, Teile des Quelltexts ein- und wieder aufzuklappen. Stellen, an denen dies möglich ist, markiert Eclipse mit einem kreisförmigen Symbol im linken Randbereich des Texteditors. Innerhalb des Kreises befindet sich entweder ein Plus- oder ein Minuszeichen. In Bild 1.18 sehen Sie drei solcher Faltpunkte, nämlich in der ersten Zeile der `import`-Anweisungen, sowie die jeweils erste Zeile der Methoden `main()` und `printProperties()`. Eingeklappte Bereiche verschwinden bis auf eine Zeile vollständig. Anstelle eines Minuszeichens ist ein Pluszeichen zu sehen.

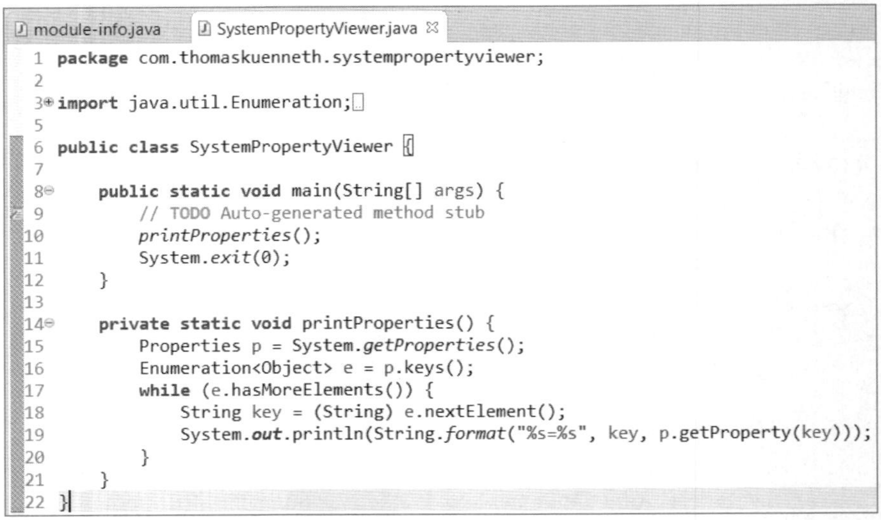

Bild 1.18 Eclipse kennzeichnet einklappbare Bereiche.

Probieren Sie die Faltfunktion nun bitte selbst aus. Um beispielsweise die Methode `printProperties()` einzuklappen, klicken Sie einfach das ihr zugeordnete Symbol einmal an. Ein weiterer Klick auf das Symbol bringt den verborgenen Inhalt wieder zum Vorschein. Das Symbol ändert sich erneut. Möchten Sie nur einen kurzen Blick auf die versteckten Inhalte werfen, genügt es, mit der Maus auf dem Symbol zu verweilen. Eclipse zeigt daraufhin einen Tooltip an, der den versteckten Text enthält.

Editor teilen

Sie können Editorfenster horizontal und vertikal teilen. Das ist praktisch, wenn Sie parallel an verschiedenen Stellen des Quelltexts arbeiten. Anstatt zwischen den vielleicht weit auseinanderliegenden Bereichen hin und her scrollen zu müssen, haben Sie stets beide im Blick. Probieren Sie es am besten selbst aus. Sie finden die beiden Menüpunkte **Toggle Split Editor (Horizontal)** und **Toggle Split Editor (Vertical)** unter **Window/Editor**. Bild 1.19 zeigt einen vertikal geteilten Java-Editor.

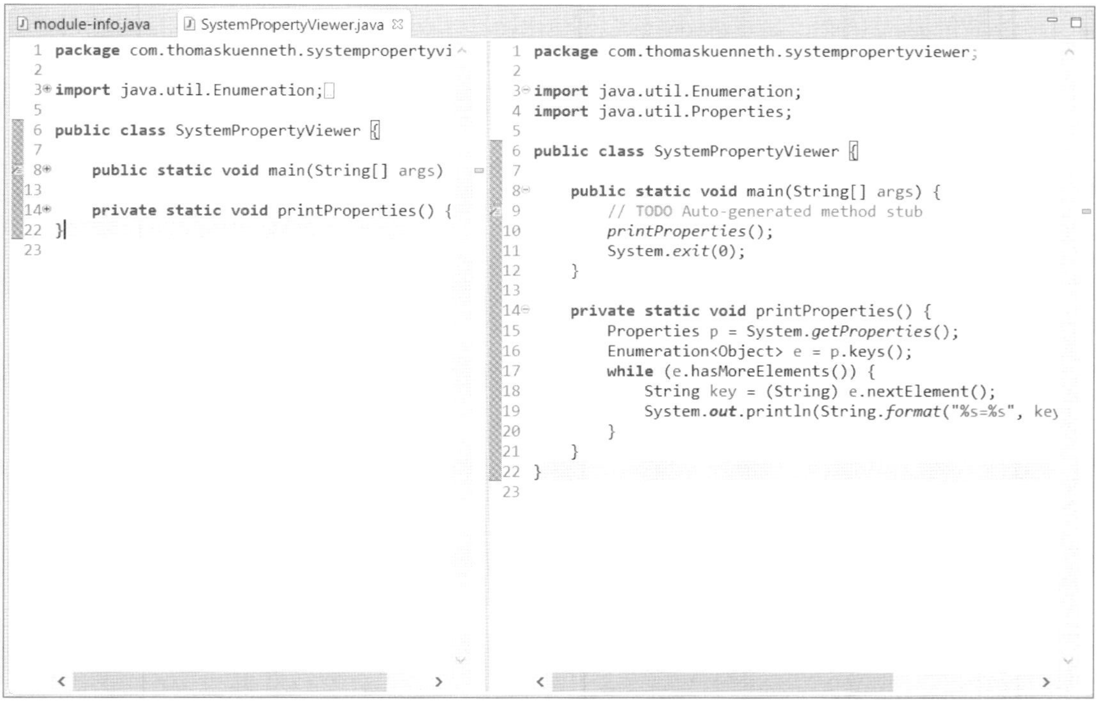

Bild 1.19 Vertikal geteilter Java-Editor

Ist Ihnen aufgefallen, dass die Funktion zum Auf- und Zuklappen von Codebereichen für jeden Teileditor individuell vorgenommen werden kann? Textänderungen wirken hingegen links und rechts gleichzeitig. Probieren Sie dies am besten aus, um sich mit dieser nützlichen Funktion vertraut zu machen. Um die Teilung aufzuheben, rufen Sie den entsprechenden Menübefehl einfach ein zweites Mal auf.

1.2.2 Ein erster Blick auf die Projektverwaltung

Sie haben bereits gesehen, wie in Eclipse Projekte angelegt werden. In diesem Abschnitt möchte ich Ihnen einige weitere Funktionen rund um das Thema Projektverwaltung vorstellen. Ausführliche Informationen hierzu finden Sie in Kapitel 3, „Arbeitsbereiche und Projekte“.

Projekt schließen

Zahlreiche projektbezogene Aufgaben lassen sich innerhalb des sogenannten Package Explorers abwickeln, den ich Ihnen schon als Sicht auf Ihre Quelltexte vorgestellt habe. Möchten Sie beispielsweise die Arbeit an einem Projekt beenden, können Sie es mithilfe des Menüpunkts **Close Project** im Kontextmenü, das Sie durch Rechtsklick auf den Projektnamen im Package Explorer erreichen, schließen. Eventuell geöffnete Dateien, die zu diesem Projekt gehören, werden von Eclipse automatisch geschlossen. Außerdem ändert sich die Darstellung des Projekts. Bild 1.20 zeigt das Projekt SystemPropertyViewer nach dem Schließen. Geschlossene Projekte lassen sich durch Doppelklick auf den Projektnamen im Package Explorer jederzeit wieder öffnen

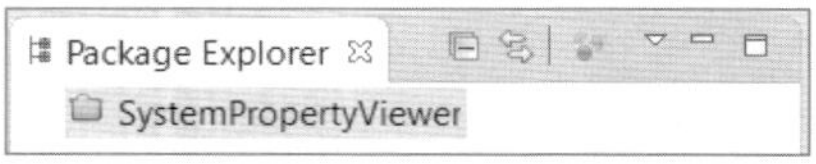

Bild 1.20 Anzeige eines geschlossenen Projekts im Package Explorer

Welche Inhalte der Package Explorer anzeigt, können Sie in weiten Grenzen konfigurieren. Klicken Sie hierzu auf den kleinen nach unten weisenden Pfeil (View Menu). Das sich nun öffnende Menü (siehe Bild 1.21) enthält unter anderem den Befehl **Filters**.

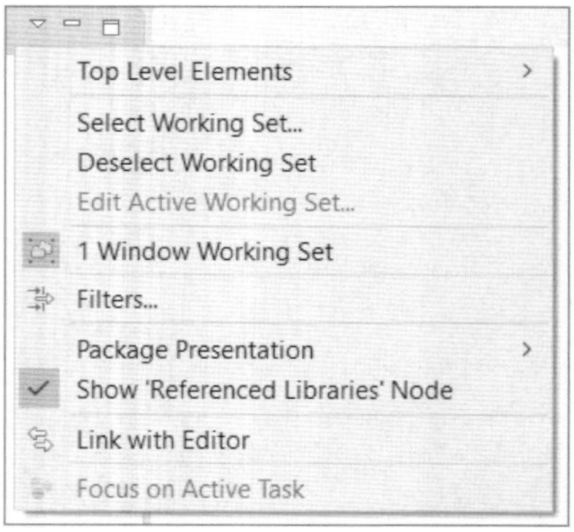

Bild 1.21 Das „View Menu“ des Package Explorers

Klicken Sie den Menüpunkt an, um den Dialog *Java Element Filters* zu öffnen. Er ist in Bild 1.22 zu sehen.

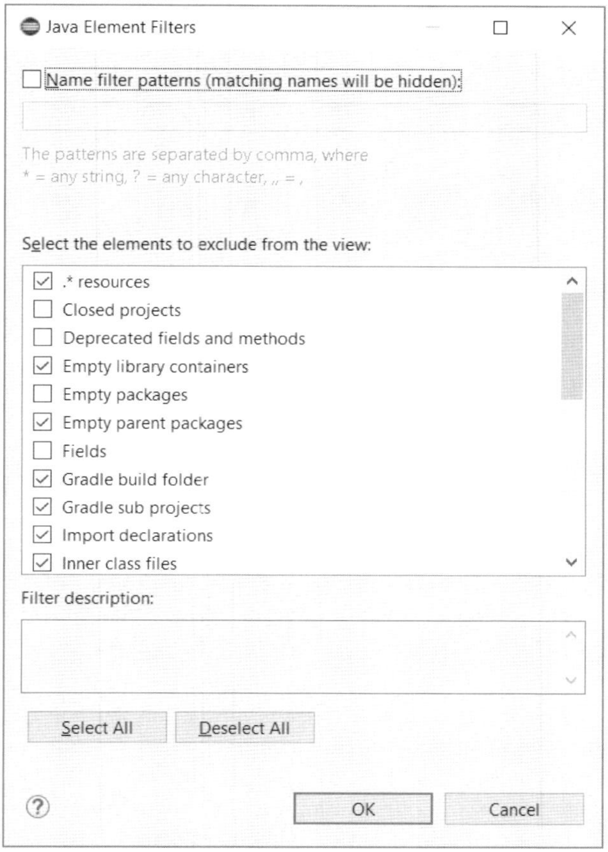

Bild 1.22 Der Dialog „Java Elements Filters"

Hier können Sie auszublendende Elemente einstellen. Um beispielsweise geschlossene Projekte nicht anzuzeigen, setzen Sie ein Häkchen vor **Closed projects**.

Projekt löschen

Um ein Projekt zu löschen, wählen Sie den Menüpunkt **Delete** im Projekt-Kontextmenü oder drücken, nachdem Sie das Projekt im Package Explorer angeklickt haben, die Taste **Entf** (auf den Tastaturen von Apples MacBook und MacBook Pro müssen Sie **Fn + Backspace** drücken). In beiden Fällen erscheint der Dialog *Delete Resources*, den Sie in Bild 1.23 sehen.

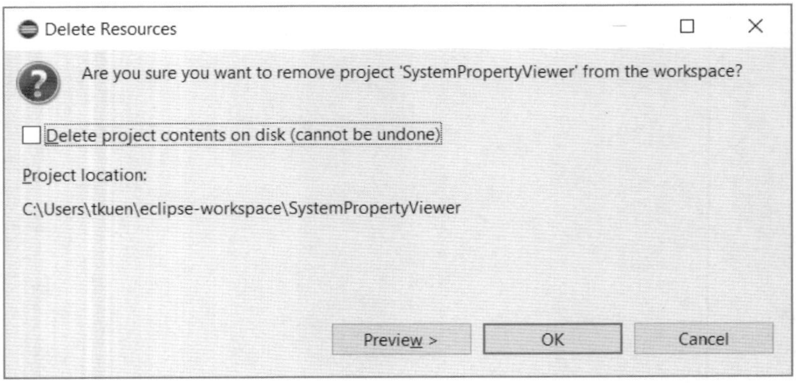

Bild 1.23 Sicherheitsabfrage vor dem Löschen eines Projekts

Hier wählen Sie aus, ob Sie das Projekt vollständig löschen oder nur aus dem Package Explorer entfernen möchten. Das vollständige Löschen (**Delete project contents on disk**) ist endgültig. Das heißt, Eclipse sieht keine Funktionen vor, Ihre Daten wiederherzustellen. Sie müssten hierzu ein Backup einspielen, was natürlich eine regelmäßige Sicherung Ihrer Daten voraussetzt. Sofern Sie kein Häkchen vor **Delete project contents on disk** setzen, löscht Eclipse keine projektbezogenen Dateien, sondern entfernt das Projekt nur aus dem Workspace. Wählen Sie nun diese Löschvariante und klicken Sie anschließend auf **OK**.

Beim Start von Programmen aus der IDE heraus können Sie die Ablaufumgebung in weiten Bereichen konfigurieren. Beispielsweise lassen sich System-Properties setzen, Argumente auf der Kommandozeile übergeben sowie Umgebungsvariablen einstellen. Wie das funktioniert, zeige ich Ihnen etwas später. Auch wenn Sie keine solchen Einstellungen vorgenommen haben, hat Eclipse doch automatisch eine Konfiguration für Ihr Programm SystemPropertyViewer erzeugt. Da Sie das zugehörige Projekt gelöscht haben, ist es sehr wahrscheinlich, dass diese Einstellungen nicht weiter benötigt werden. Ob Eclipse sie automatisch entfernt, wird in den Eclipse-Einstellungen unter **Run/Debug/Launching/Launch Configurations** eingestellt. Setzen Sie gegebenenfalls ein Häkchen vor **Delete configurations when associated resource is deleted**.

Nach dem Löschen des Projekts SystemPropertyViewer ist der Package Explorer wieder leer. Die gerade eben vorgestellte Vorgehensweise ist sinnvoll, wenn Sie absehen können, ein Projekt für geraume Zeit nicht zu benötigen. Was aber, wenn irgendwann doch Änderungen am Quelltext notwendig werden?

Projekt importieren

Sie können Projekte jederzeit wieder sichtbar machen, indem Sie sie erneut in den Arbeitsbereich importieren. Öffnen Sie hierzu den Dialog *Import*, den Sie über **File/Import** oder durch Anklicken eines freien Bereichs im Package Explorer mit der rechten Maustaste erreichen.

Markieren Sie, wie in Bild 1.24 zu sehen, **Existing Projects into Workspace** unterhalb des Knotens General und klicken Sie anschließend auf **Next**. Der Dialog bietet Ihnen nun die Optionen **Select root directory** und **Select archive file**. Wählen Sie die erstgenannte Option und klicken Sie auf die rechts platzierte Schaltfläche **Browse**. In der nun erscheinenden Ordnerauswahl des Betriebssystems markieren Sie das Arbeitsbereichsverzeichnis, das Sie in Abschnitt 1.1.2, „Installation von Eclipse“, eingestellt haben. Normalerweise ist dieses bereits ausgewählt, sodass Sie die Verzeichnisauswahl mit **OK** schließen können.

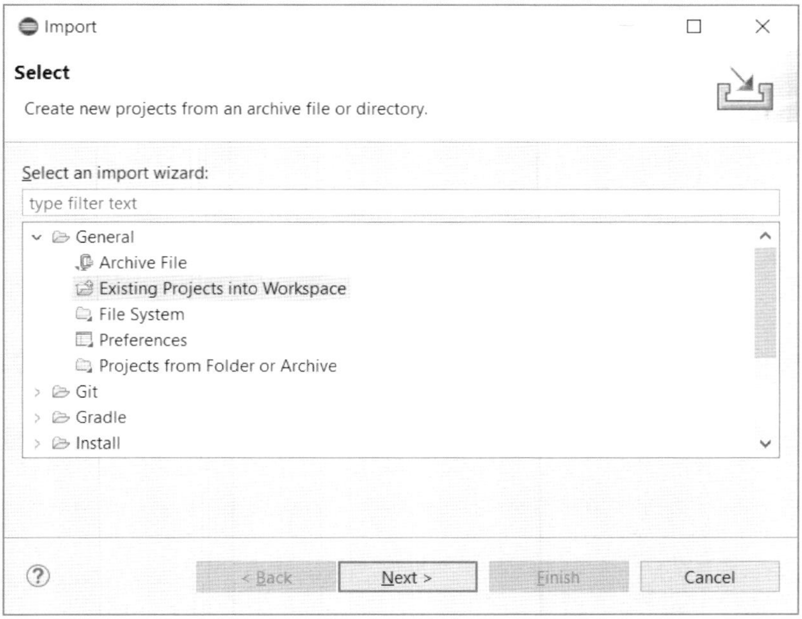

Bild 1.24 Importieren eines vorhandenen Projekts

Wie Sie in Bild 1.25 sehen, zeigt Ihnen Eclipse unter Projects alle Projekte an, die im gerade ausgewählten Arbeitsbereich gefunden wurden. Selektieren Sie SystemPropertyViewer und schließen Sie den Dialog durch Anklicken der Schaltfläche **Finish**. Das Projekt erscheint daraufhin wieder im Package Explorer.

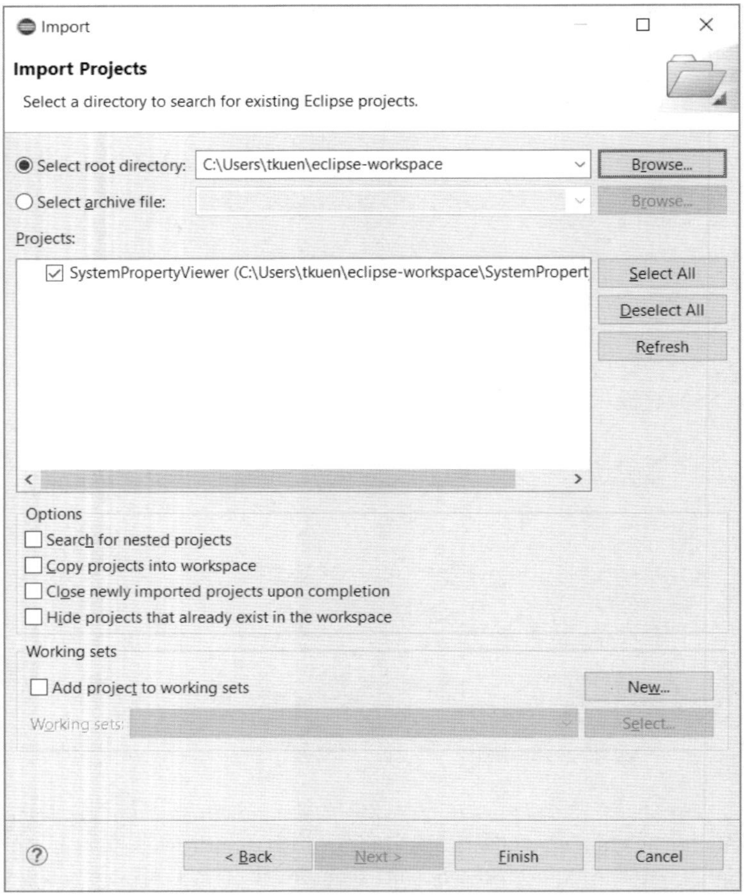

Bild 1.25 Eclipse zeigt die im Arbeitsbereich vorhandenen Projekte.

Sie haben in diesem Abschnitt ein erstes, kleines Java-Projekt angelegt und durch das Ausführen einiger projektbezogener Aufgaben erste Eindrücke von der Leistungsfähigkeit von Eclipse gewonnen. Diesen virtuellen Rundgang möchte ich auch im folgenden Abschnitt fortsetzen und Ihnen einige Bereiche der IDE vorstellen, mit denen Sie bei Ihrer Arbeit häufig zu tun haben werden.

1.3 Ein Rundgang durch die IDE

Eclipse ist eine äußerst mächtige Entwicklungsumgebung mit unzähligen Dialogen, Menüs und Fenstern. Da kann es schon einmal passieren, dass man sich im Dschungel der Funktionen verirrt. Umso wichtiger ist es, dass die IDE dem Anwender leicht zugängliche Hilfefunktionen anbietet. Wie diese aussehen und wie Sie diese anwenden, möchte ich Ihnen im Folgenden zeigen.

1.3.1 Die Hilfefunktionen von Eclipse

Alle Hilfefunktionen, die Ihnen Eclipse zur Verfügung stellt, sind zentral über das Menü Help zugänglich. Beispielsweise können Sie von hier aus den Willkommensbildschirm, den Sie in Abschnitt 1.1.3, „Der erste Start“, kennengelernt haben, erneut öffnen (**Help/Welcome**). Eine weitere sehr nützliche Funktion ist **Show active Keybindings**. Sie listet alle über die Tastatur zugänglichen Funktionen und die dazugehörenden Tastenkürzel in einem kompakten Popup-Menü auf.

Das Eclipse-Hilfesystem

Den Einstieg in das Eclipse-Hilfesystem, das Sie in Bild 1.26 sehen, erreichen Sie über **Help/Help Contents**. Das Fenster ist in zwei Hauptbereiche unterteilt: in den Contents genannten Themen- und Navigationsbereich und in die eigentliche Anzeigefläche, die den größten Teil des Hilfesystems einnimmt.

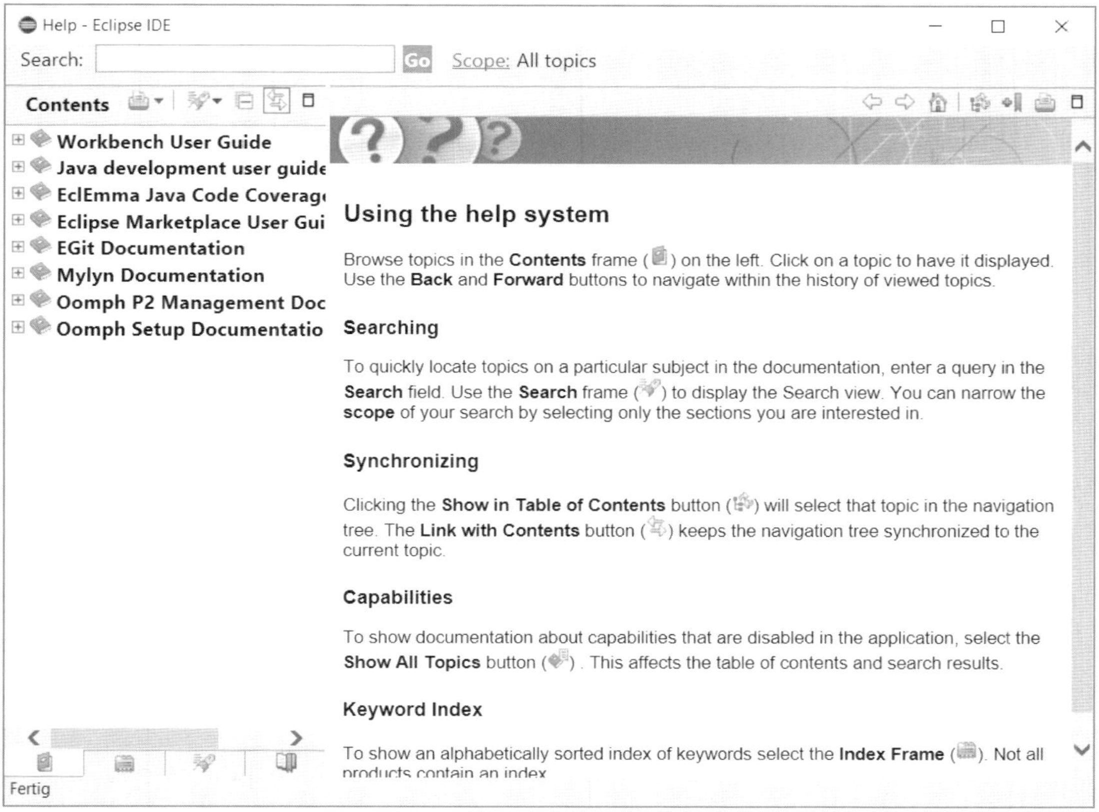

Bild 1.26 Eclipse-Hilfesystem

Der Themen- und Navigationsbereich besteht aus vier Registerkarten, die Sie jeweils durch Anklicken eines der Symbole **Contents**, **Index**, **Search Results** und **Bookmarks** am unteren Rand erreichen. Jede Registerkarte verfügt über eine eigene Symbolleiste, die sich in der rechten oberen Ecke befindet.

Contents zeigt eine Liste aller verfügbaren Hilfethemen. Jedes Thema enthält zahlreiche Knoten, die Sie durch Anklicken des zugehörigen Pluszeichens aufklappen. Ein Klick auf die Blätter dieser Baumansicht zeigt die entsprechenden Hilfeseiten an. In der Symbolleiste können Sie Teile der Hilfetexte ausdrucken (**Print selected topic** bzw. **Print selected topic and its subtopics**) und durchsuchen (**Search selected topic** bzw. **Search selected topic and its subtopics**). **Collapse All** faltet alle aufgeklappten Themenbereiche und Kapitel zusammen. Falls Sie sich im Dschungel der Hilfetexte verirrt haben, stellen Sie auf diese Weise wieder die Übersicht her. **Link with Contents** legt fest, ob der angezeigte Ausschnitt des Inhaltsverzeichnisses beim Navigieren durch das Hilfesystem angepasst bzw. aktualisiert wird. **Maximize** stellt den Navigationsbereich in voller Größe dar. Klicken Sie auf Restore, um zur ursprünglichen Größe zurückzukehren.

Die Registerkarte Index, die in Bild 1.27 zu sehen ist, enthält eine Aufstellung aller verfügbaren Indexeinträge. Klicken Sie eine Fundstelle an, um sie im Darstellungsbereich anzuzeigen.

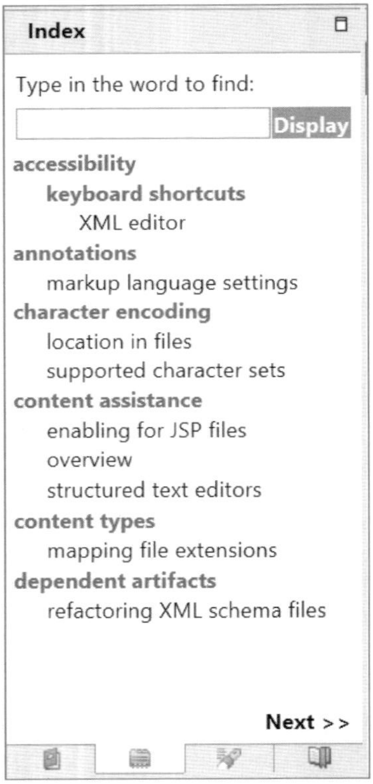

Bild 1.27
Die Registerkarte „Index"

Die Registerkarte Search Results in Bild 1.28 listet die Ergebnisse von Suchanfragen auf. Sie enthält das Ihnen bereits bekannte Symbol (**Maximize**). Mit den zusätzlichen Symbolen (**Group by categories**) und (**Show descriptions**) legen Sie fest, wie Suchergebnisse angezeigt werden sollen. Durch Ein- oder Ausschalten des entsprechenden Symbols können Sie den Namen des zugeordneten Hilfethemas sowie eine kurze Beschreibung anzeigen oder ausblenden. Die Kategorien entsprechen den auf der Registerkarte Contents angezeigten Hilfethemen. Probieren Sie das am besten aus, indem Sie zum Beispiel nach dem Begriff Workspace suchen.

Bild 1.28
Die Registerkarte „Search Results"

Verwenden Sie hierfür das Eingabefeld oberhalb des Navigationsbereichs. Durch Anklicken des Links **Change scope** (er ist erst nach einer Suche zu sehen) können Sie festlegen, in welchen Themengebieten das Hilfesystem nach Ihrem Begriff suchen soll. Es öffnet sich der Dialog *Select Scope*, den Sie in Bild 1.29 sehen. Mit ihm verwalten Sie Suchlisten und legen fest, ob Sie in einer dieser Listen oder in allen Themengebieten suchen möchten.

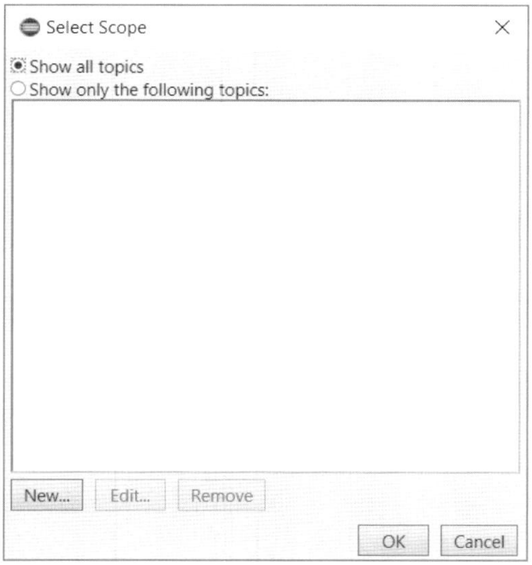

Bild 1.29
Der Dialog „Select Scope"

Durch Anklicken der Schaltfläche **New...** können Sie neue Suchlisten anlegen. Sie sehen daraufhin den Dialog *New Scope* aus Bild 1.30, in dem Sie Ihrer Suchliste einen Namen geben sowie beliebige Themen zuordnen. Nach Schließen dieses Dialogs durch **OK** erscheint die neue Suchliste im Dialog *Select Scope* unterhalb von **Show only the following topics**.

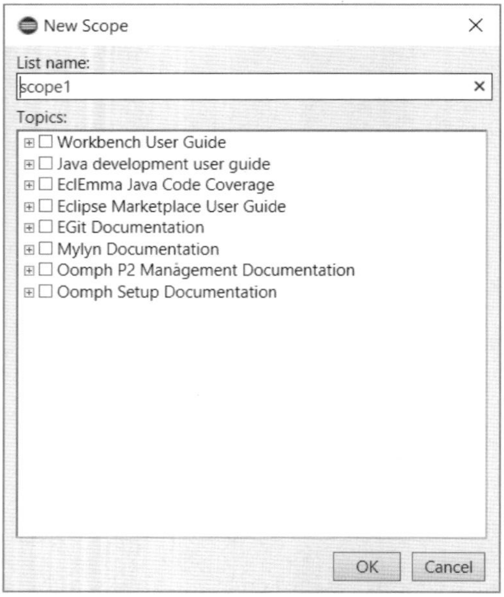

Bild 1.30
Der Dialog „New Scope"

Auf der Registerkarte **Bookmarks**, die Sie in Bild 1.31 sehen, verwalten Sie Lesezeichen. Hierbei handelt es sich um Hilfetexte, die Sie durch Setzen eines Bookmarks als interessant oder wichtig gekennzeichnet haben und auf die Sie sehr schnell zugreifen möchten.

Bild 1.31
Die Registerkarte „Bookmarks"

(**Delete Selected Bookmark**) löscht ein zuvor angelegtes Lesezeichen. (**Delete All Bookmarks**) löscht alle von Ihnen angelegten Lesezeichen. (**Maximize**) bringt den Navigationsbereich, und damit die Registerkarte **Bookmarks**, auf die maximale Größe. Das Anlegen eines Lesezeichens geschieht mithilfe der Symbolleiste oberhalb des Anzeigebereichs, die Sie in Bild 1.32 sehen.

Bild 1.32 Symbolleiste des Anzeigebereichs

Die Symbole von links nach rechts:

Go Back navigiert zu dem Hilfetext, der vor dem aktuell angezeigten zu sehen war.

Go Forward zeigt den Hilfetext an, der nach dem aktuell angezeigten aufgerufen wurde.

Home navigiert zur Einstiegsseite des Hilfesystems.

Show in Table of Contents wechselt im Navigationsbereich zur Registerkarte Contents und zeigt in der Baumdarstellung das aktuell zu sehende Dokument.

Bookmark Document fügt den aktuellen Hilfetext Ihrer Lesezeichenliste hinzu.

Print Page druckt die aktuelle Seite.

Maximize bringt den Anzeigebereich auf seine maximale Größe. Das erneute Klicken auf das Symbol (das nun Restore heißt) stellt die normale Größe wieder her.

(**Highlight Search Terms**) hinterlegt Suchausdrücke farbig. Dieses Symbol ist nur nach einer Suche vorhanden.

Tips und Tricks

Eine weitere Möglichkeit, in das Eclipse-Hilfesystem einzusteigen, bietet die über **Help/ Tips and Tricks** erreichbare Sammlung von Hilfestellungen. Sie ist in verschiedene Bereiche unterteilt, von denen Sie im Dialog *Tips and Tricks* einen auswählen müssen. Nach Anklicken eines Pakets und Schließen des Dialogs, den Sie in Bild 1.33 sehen, mit **OK** oder nach Doppelklick auf einen Paketnamen erscheint das Ihnen bereits bekannte Hilfe-Fenster, in dem Sie nach Belieben blättern und Lesezeichen anlegen können.

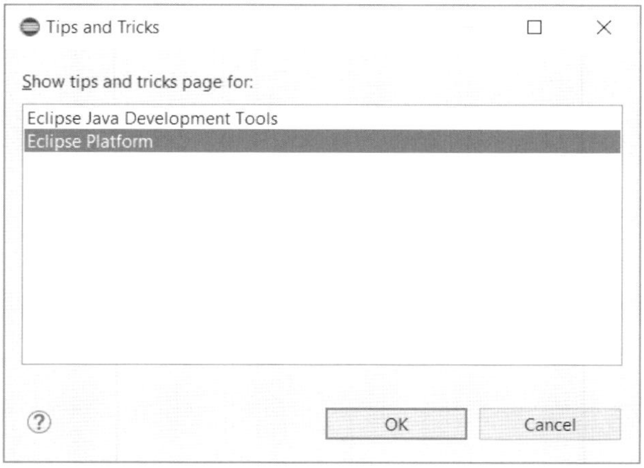

Bild 1.33
Der Dialog „Tips and Tricks“

Bisher ist das Eclipse-Hilfesystem stets als eigenständiges Fenster in Erscheinung getreten. Der Vorteil ist, dass Sie seine Lage und Größe beliebig einstellen und viel Inhalt anzeigen können. Allerdings kann es auch störend sein, ständig zwischen diesem und dem Eclipse-Hauptfenster wechseln zu müssen.

Dynamic Help

Die beiden Menüpunkte **Help/Search** und **Help/Show Contextual Help** rufen ebenfalls die Onlinehilfe auf, allerdings als sogenannte Sicht. Fürs Erste können Sie sich eine Sicht als Fenster oder Bereich innerhalb des Eclipse-Hauptfensters vorstellen. Wie ich Ihnen später noch ausführlich zeigen werde, sind Sichten optimal in die Workbench eingebunden. Sie erkennen dies beispielsweise daran, dass sich der Inhalt der in Bild 1.34 gezeigten Sicht *Help* ändert, wenn Sie zwischen Sichten umschalten.

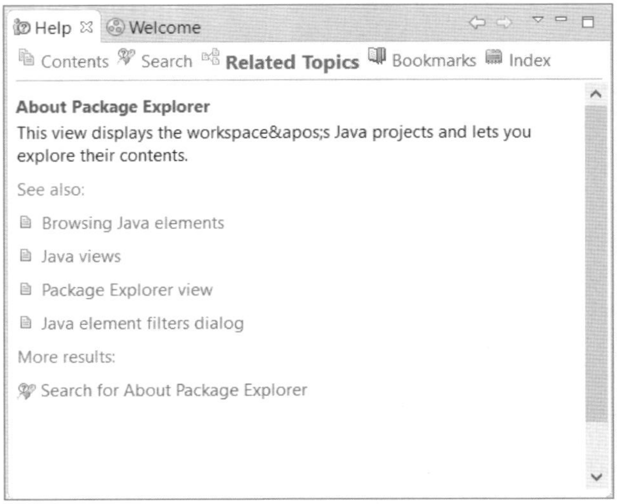

Bild 1.34 Die Sicht „Help“

Probieren Sie es doch einmal aus, indem Sie zunächst mit **Help/Show Contextual Help** die kontextbezogene Hilfe aktivieren. Öffnen Sie nun die Sicht *Problems*, indem Sie **Window/Show View/Problems** auswählen. Sie werden bemerken, dass sich der Hilfetext, den die Sicht *Help* anzeigt, ändert und nun Informationen zu der Sicht *Problems* beinhaltet. Dasselbe geschieht, wenn Sie eine weitere Sicht öffnen, beispielsweise die Ihnen bereits bekannte Sicht *Tasks*.

Cheat Sheets

Unter dem Begriff Cheat Sheet fasst Eclipse Schritt-für-Schritt-Anleitungen zusammen, die Ihnen helfen, eine bestimmte Aufgabe zu lösen. Eine Liste der verfügbaren Cheat Sheets sehen Sie nach Aufruf der Funktion durch **Help/Cheat Sheets** im Dialog *Cheat Sheet Selection*, den Bild 1.35 zeigt.

Bild 1.35 Dialog zum Auswählen einer Schritt-für-Schritt-Anleitung

Wählen Sie **Create a Hello World application** und schließen Sie den Dialog mit **OK**. Sie werden bemerken, dass sich die neue Sicht *Cheat Sheets* öffnet. Wie Sie in Bild 1.36 sehen, listet sie alle zu absolvierenden Schritte auf. Diese lassen sich nach Belieben auf- und zuklappen.

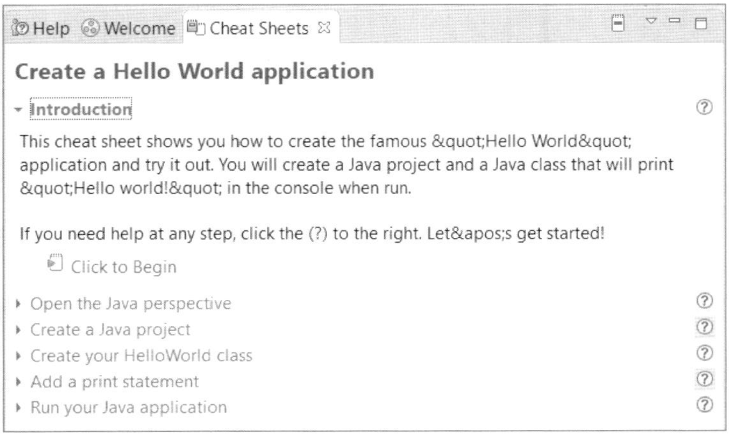

Bild 1.36 Die Sicht „Cheat Sheets"

Beginnen Sie mit der Abarbeitung des Cheat Sheets, indem Sie im ersten Schritt **Introduction** auf den Link **Click to Begin** klicken. Der zweite Schritt beinhaltet das Öffnen der Perspektive *Java*. Was es mit dem Begriff Perspektive auf sich hat, erkläre ich Ihnen in Kapitel 2, „Arbeiten mit Eclipse“. Das Cheat Sheet bietet Ihnen die Möglichkeit, diesen Schritt auszuführen sowie zur nächsten Teilaufgabe zu gehen. Lassen Sie Eclipse die *Java*-Perspektive öffnen, indem Sie **Click to perform** anklicken. Anschließend wählen Sie **Click when complete**, um zur nächsten Teilaufgabe zu gelangen.

Mit den Cheat Sheets haben Sie ein weiteres praktisches Hilfsmittel kennengelernt, mit dem Eclipse den Anwender durch komplexe Aufgaben führt. Damit wäre der Rundgang durch die Hilfefunktionen von Eclipse beendet.

1.3.2 Verfügbare Java-Laufzeitumgebungen anzeigen und bearbeiten

In diesem Abschnitt widmen wir uns erneut den zahlreichen Einstellmöglichkeiten des Dialogs *Preferences*. Sie lernen, ein nachträglich installiertes Java Development Kit in Eclipse zu integrieren.

Für den Entwicklungsprozess kann es hilfreich sein, verschiedene Versionen des Java Development Kits verfügbar zu haben. Aus Abschnitt 1.1.1, „Installation von Java“, wissen Sie, dass Sie mithilfe von Umgebungsvariablen sehr bequem festlegen können, welche Version der Java-Laufzeitumgebung Eclipse verwenden soll. Was aber, wenn unterschiedliche Projekte unterschiedliche Java-Versionen erfordern?

Installierte Java-Laufzeitumgebungen anzeigen

Unabhängig davon, mit welcher Version der virtuellen Maschine die IDE läuft, können Sie im Dialog *Preferences*, den Sie unter Windows und Linux über **Window/Preferences** erreichen (unter macOS gehen Sie über **Eclipse/Einstellungen**), eine Liste der installierten Laufzeitumgebungen einsehen und bearbeiten. Öffnen Sie den Dialog und navigieren Sie zum Knoten **Java/Installed JREs**. Ob dort, wie in Bild 1.37, nur eine JRE zu sehen ist oder mehrere, hängt vom Installationsverlauf Ihres Entwicklungsrechners ab.

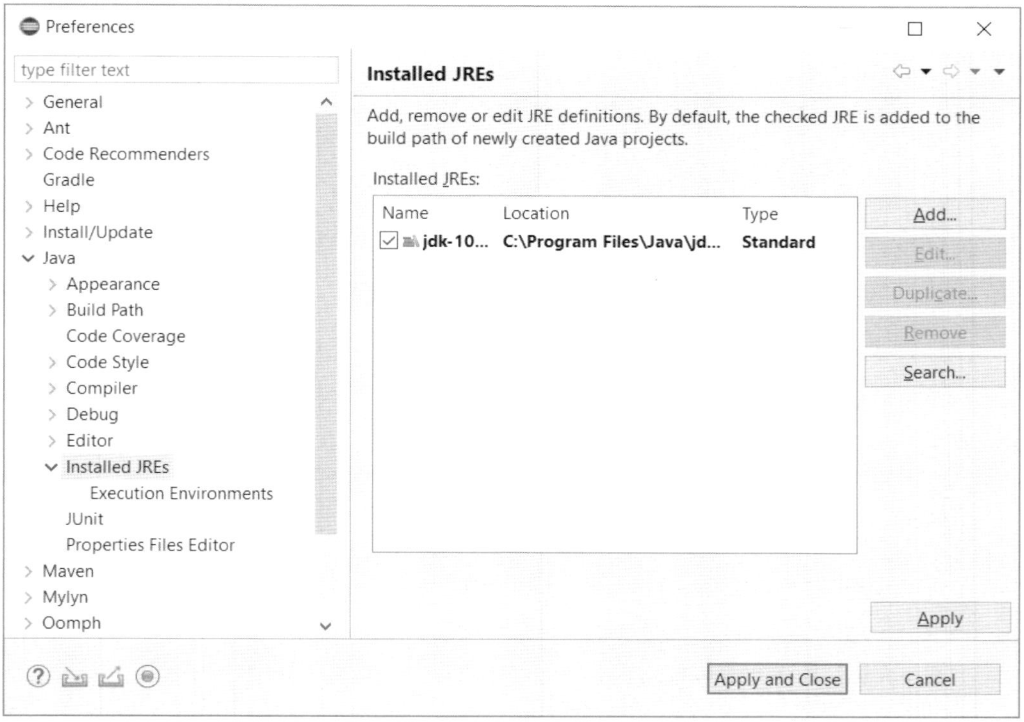

Bild 1.37 Der Dialog „Installed JREs“

Eine neue Laufzeitumgebung hinzufügen

Um eine neue Version hinzuzufügen, klicken Sie auf **Add**. Sie sehen daraufhin die erste Seite des in Bild 1.38 gezeigten Assistenten Add JRE. Falls **Standard VM** nicht vorausgewählt ist, holen Sie dies nach. Klicken Sie danach auf **Next**.

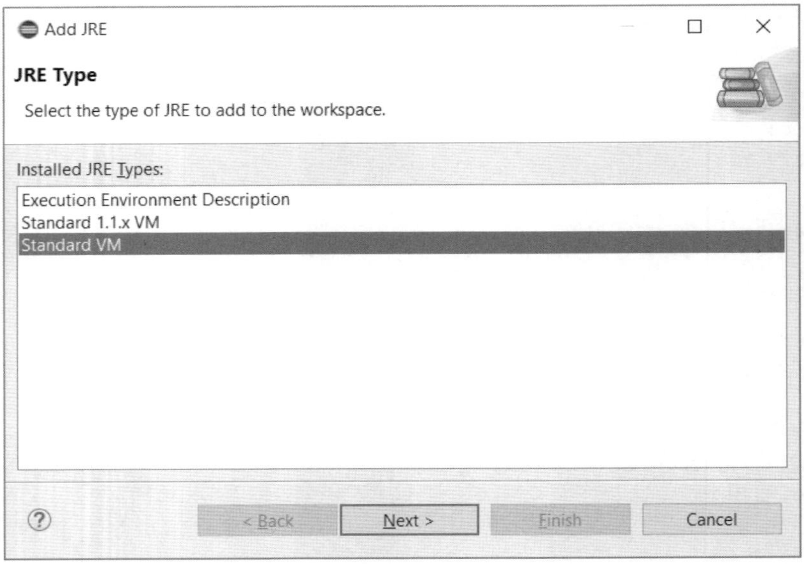

Bild 1.38 Dialog zum Hinzufügen einer Laufzeitumgebung

Lassen Sie das Feld JRE name zunächst leer und klicken Sie stattdessen auf die Schaltfläche **Directory...** rechter Hand des Eingabefelds JRE home. Wählen Sie das Basisverzeichnis des zu installierenden Java Development Kits oder der Laufzeitumgebung aus. Wie Sie in Bild 1.39 sehen, hat Eclipse automatisch einen Namen für die installierte Java-Version vergeben. Unter macOS finden sich Java-Installationen üblicherweise im Verzeichnis /Library/Java/JavaVirtualMachines.

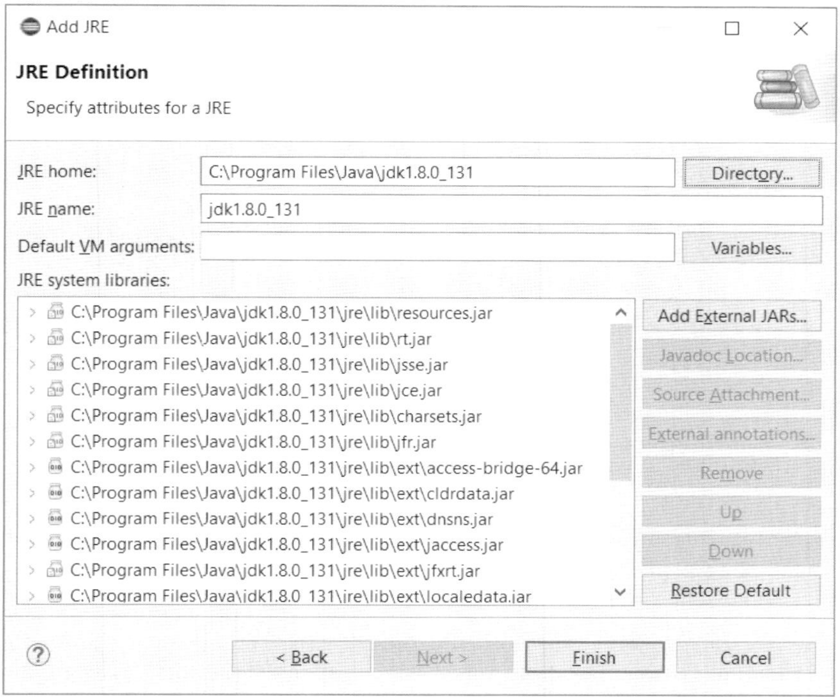

Bild 1.39 Zweite Seite des Assistenten zum Hinzufügen einer Java-Laufzeitumgebung

Falls Sie ein Java Development Kit hinzufügen möchten, kann Ihnen die IDE in noch einem wichtigen Punkt Arbeit abnehmen. Wie Sie vielleicht wissen, liefert Oracle Teile der Java-Klassenbibliothek als Quelltext aus, in Form des Archivs src.zip im Basisverzeichnis des JDK. Unter macOS finden Sie es unter Contents/Home/lib. Dies stellt eine enorme Erleichterung bei der Fehlersuche dar. Allerdings muss es natürlich eine Verknüpfung zwischen den als .jar-Dateien vorliegenden Klassenbibliotheken und den Quelltexten geben. Eclipse kann diese automatisch für Sie erstellen. Um dies zu prüfen, klicken Sie in der Liste JRE system libraries auf den Eintrag, der die Datei lib\rt.jar repräsentiert. Sie werden bemerken, dass Sie die anfangs ausgegraute Schaltfläche **Source Attachment...** nun anklicken können. Nachdem Sie das getan haben, sehen Sie den in Bild 1.40 gezeigten Dialog *Source Attachment Configuration*, in dem festgelegt wird, wo sich die Quelltexte für die Klassenbibliothekskomponente rt.jar befinden.

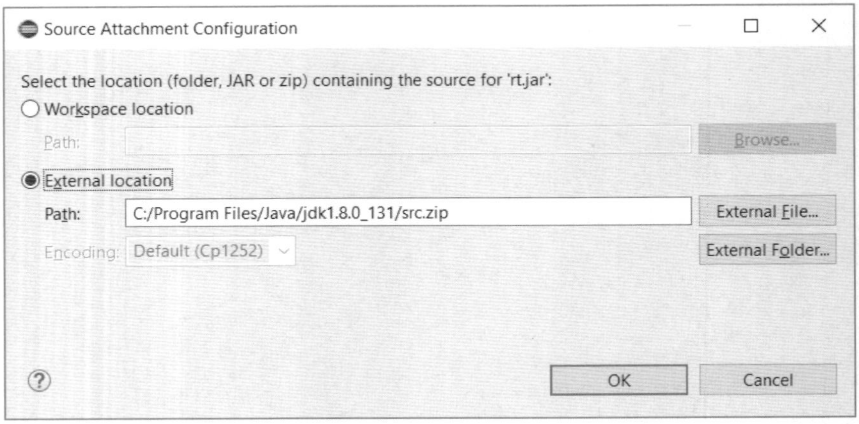

Bild 1.40 Dialog zum Hinzufügen von Quelltexten

> **HINWEIS:** Je nach Java-Version und Betriebssystem können die hier genannten Dateinamen leicht variieren.

Auf die gleiche Weise können Sie .jar-Archiven übrigens eine Java-Dokumentation zuweisen. Klicken Sie hierzu auf **Javadoc Location**. Sie sehen daraufhin den in Bild 1.41 gezeigten Dialog zum Festlegen des Verzeichnisses oder des Archivs mit einer Dokumentation zu einem bestimmten .jar-Archiv. Um anstelle der voreingestellten Onlineversion eine lokale Kopie zu verwenden, klicken Sie auf **Browse...** und navigieren in der sich daraufhin öffnenden Ordnerauswahl zu dem Verzeichnis api unterhalb des Basisverzeichnisses der Dokumentation, beispielsweise C:\Program Files\Java\jdk1.8.0\docs\api. Mit **Validate...** können Sie Ihre Auswahl überprüfen. Die genannten Verzeichnisse sind leider nicht unter jeder Java-Version bzw. jedem Betriebssystem vorhanden.

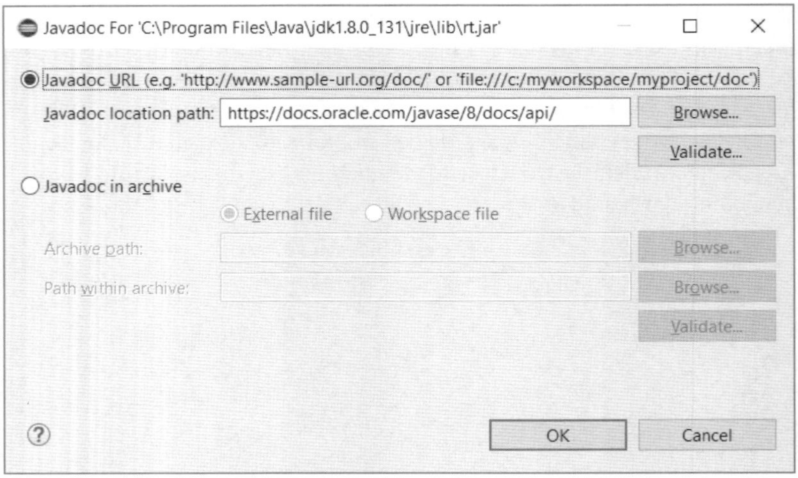

Bild 1.41 Dialog zum Festlegen des Verzeichnisses mit Dokumentation

Aus der Liste der installierten Java-Laufzeitumgebungen auf der Seite Installed JREs des Dialogs *Preferences* können Sie durch das Setzen eines Häkchens eine JRE auswählen, die beim Neuanlegen von Java-Projekten als Standardumgebung verwendet wird.

1.3.3 Ein neuer Look

Zum Abschluss unseres Rundgangs möchte ich Ihnen noch zeigen, wie Sie das Aussehen von Eclipse an Ihre Bedürfnisse anpassen können. Öffnen Sie hierzu den Dialog *Preferences* und navigieren Sie zu dem Knoten **General/Appearance**. Die gleichnamige Seite ist in Bild 1.42 zu sehen.

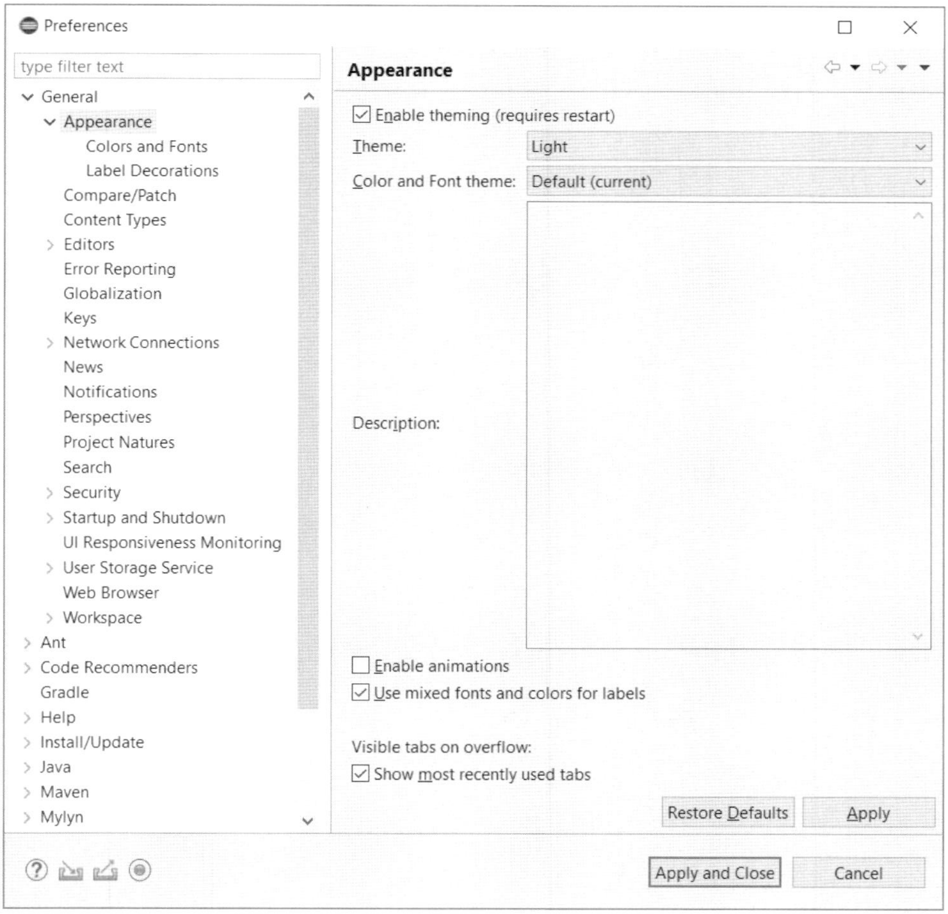

Bild 1.42 Die Seite „Appearance“ des Dialogs „Preferences“

Mit **Theme** wählen Sie ein Basisaussehen. Dieses können Sie mit **Color and Font theme** weiter beeinflussen. Welche Einstellungen hier zur Verfügung stehen, ist vom Betriebssystem Ihres Rechners abhängig.

1.4 Zusammenfassung

Sie haben in diesem Kapitel sowohl Java als auch Eclipse installiert und Ihren Anforderungen entsprechend konfiguriert. Indem Sie ein erstes Java-Projekt angelegt haben, kennen Sie nun grundlegende Arbeitsweisen und Begriffe. Im folgenden Kapitel können Sie Ihr Basiswissen vertiefen. Ich mache Sie mit wichtigen Kernkonzepten vertraut und stelle Ihnen die so wichtigen Perspektiven und Sichten genauer vor.

2 Arbeiten mit Eclipse

In Kapitel 1, „Hands-on Eclipse“, wurden bereits zahlreiche Aspekte der Arbeit mit Eclipse gestreift. Das Ziel dieser Einführung war, Ihnen einen möglichst schnellen Start zu ermöglichen. Denn nichts ist ermutigender als ein erstes Erfolgserlebnis. Allerdings setzt die routinierte Arbeit mit der IDE ein profundes Verständnis der Kernideen und Konzepte voraus. Dieses Wissen möchte ich Ihnen in diesem Kapitel vermitteln. Im ersten Abschnitt stelle ich Ihnen Perspektiven, Sichten und Editoren vor und zeige Ihnen, wie diese Konzepte in der Workbench ineinandergreifen. Anschließend widmen wir uns dem Java-Editor. Sie lernen dessen vielfältige Komfortfunktionen kennen – Funktionen, die die Erfassung und Pflege umfangreicher Projekte erst ermöglichen. Der dritte Abschnitt, „Suchen, ersetzen und umgestalten“, erläutert wichtige Hilfsmittel zur Suche in Quelltexten, Dateien und auf Workspace-Ebene. Außerdem zeige ich Ihnen, wie Sie schnell und unkompliziert Quelltextbereiche umstrukturieren, Bezeichner ändern und neue Elemente einführen.

2.1 Perspektiven, Sichten und Editoren

Bei Ihren ersten Experimenten haben Sie mit einer Reihe von sogenannten Sichten (Views) gearbeitet. Dabei habe ich die Frage, was sich konzeptionell dahinter verbirgt, ganz bewusst außen vor gelassen. Irgendwie erinnern Sichten an die untergeordneten Fenster eines Programmhauptfensters. Lange Zeit wurde von Microsoft eine solche, oftmals Multiple Document Interface (MDI) genannte Darstellungsform als Benutzeroberfläche für Windows-Programme empfohlen. Heute findet man sie nur noch selten. Außerdem hinkt der Vergleich. Sichten sind nämlich, wie Sie später noch sehen werden, normalerweise nicht beliebig auf dem Bildschirm oder innerhalb des Hauptfensters verschiebbar. Ferner ist Eclipse keine MDI-Anwendung. Im Zusammenhang mit den sogenannten Perspektiven bilden Sichten und Editoren aber das Kontrollzentrum für die Arbeit mit der IDE.

2.1.1 Die Workbench

In frühen Versionen war Eclipse in erster Linie eine durch Plug-ins erweiterbare Java-IDE. Mit Version 3 wurde die sogenannte Eclipse Rich Client Platform als mächtiger Rahmen für die Entwicklung von Rich-Client-Anwendungen zum neuen Fundament. Mithilfe dieser Basis lassen sich alle möglichen Arten von Programmen realisieren. Die Java-IDE ist also, wenn Sie so möchten, nur eine Anwendung dieses Frameworks. Die Technik der Eclipse Rich Client Platform ist aber nicht Gegenstand dieses Buchs. Wichtig ist an dieser Stelle der Begriff Workbench, weil er ein grundlegendes Instrument der Architektur beschreibt. Die Workbench integriert alle Bestandteile einer Anwendung innerhalb eines Hauptfensters. Wenn Sie Eclipse starten, wird eine Workbench angezeigt. Mit **Window/New Window** öffnen Sie weitere.

Elemente der Workbench

Neben der Menüleiste enthält die Workbench sogenannte Perspektiven. Eine Perspektive wiederum beinhaltet Editoren und Sichten. Als Sie Eclipse das erste Mal gestartet haben, war die Java-Perspektive aktiv und zeigte genau eine Sicht, nämlich den Willkommensbildschirm. Welche Perspektive gerade geöffnet ist, kann Eclipse in der Titelzeile des Hauptfensters anzeigen. Allerdings ist dies nicht mehr die Standardeinstellung. Um den Namen der Perspektive in der Titelzeile anzuzeigen, navigieren Sie im Einstellungsdialog zu General/ Workspace und setzen ein Häkchen vor **Show perspective name**.

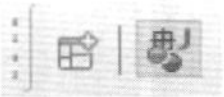

Bild 2.1 Schneller Zugriff auf geöffnete Perspektiven

Mithilfe der Zugriffsleiste im rechten oberen Bereich der Workbench, die Sie in Bild 2.1 sehen, können Sie neue Perspektiven öffnen und zwischen bereits geöffneten umschalten. Das Symbol (**Open Perspective**) öffnet einen Dialog, in dem Sie die gewünschte Perspektive auswählen können. Sie erkennen die aktive Perspektive an einer anderen Hintergrundfarbe sowie an einem Rahmen. Falls Sie den Namen der Perspektive anzeigen oder ausblenden wollen, klicken Sie mit der rechten Maustaste auf eine Perspektive und setzen bzw. entfernen Sie dann das Häkchen vor **Show Text**. Sie können die Reihenfolge, in der Perspektiven angezeigt werden, durch Drag & Drop an die persönlichen Wünsche anpassen.

Eine Perspektive entspricht also einer Gruppe von Sichten und Editoren innerhalb eines Workbench-Fensters. Dieses wiederum kann eine oder auch mehrere Perspektiven enthalten. Jede Perspektive eines Fensters kann unterschiedliche Sichten beinhalten, allerdings teilen sich alle Perspektiven dieselbe Anzahl Editoren. Hierzu ein Beispiel: Sie können den Package Explorer sowohl in der Perspektive Java als auch in Debug öffnen. Schließen Sie diese Sicht in der einen Perspektive, hat dies keinen Einfluss auf die andere. Anders verhält es sich mit einer geöffneten Java-Quelltextdatei. Diese wird in einem Editor angezeigt. Schließen Sie diesen, wirkt sich das auf alle Perspektiven des entsprechenden Workbench-Fensters aus.

Sichten und Editoren sind visuelle Komponenten der Workbench. Sichten werden in der Regel verwendet, um Eigenschaften anzuzeigen oder durch baumartige Strukturen zu navigieren. Änderungen in einer Sicht werden sofort gespeichert. Im Gegensatz dazu folgen Editoren dem Prinzip Öffnen – Speichern – Schließen. Sie müssen den Speichervorgang also explizit veranlassen und können im Gegenzug das ungewollte Übernehmen von Änderungen verhindern. Sichten und Editoren haben einige Gemeinsamkeiten. Sie können beispielsweise aktiv oder inaktiv sein. Aktive Sichten oder Editoren haben hervorgehobene Titelzeilen. In Bild 2.2 ist beispielsweise Help aktiv, die Sichten Welcome und Cheat Sheets hingegen nicht.

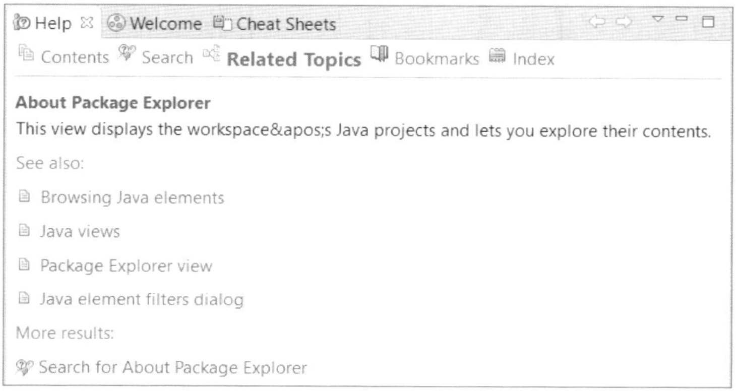

Bild 2.2 Aktive und inaktive Sichten

Aktive Elemente sind Ziel gebräuchlicher Aktionen wie Ausschneiden, Kopieren oder Einfügen. Und sie bestimmen den Inhalt der Statuszeile des Workbench-Fensters. Ist beispielsweise der Java-Editor aktiv, zeigt die Statuszeile unter anderem die Cursor-Position an. Wenn Sie hingegen den Package Explorer aktivieren, zeigt sie das dort zuletzt angeklickte Element an.

Darstellungsbereiche

In der Einleitung dieses Kapitels habe ich geschrieben, dass Sichten keine echten Fenster sind, weil sie sich nicht frei positionieren lassen. Die Workbench stellt aber eine Reihe von sogenannten Darstellungsbereichen (engl. panes) zur Verfügung, an die Sichten und Editoren angedockt werden können. Die Größe einer Sicht oder eines Editors richtet sich also nach der Größe des Bereichs, in dem die Komponente abgelegt wurde. Sie positionieren eine Sicht oder einen Editor, indem Sie ihre bzw. seine Titelzeile anklicken und bei gedrückter Maustaste im Workbench-Fenster umherfahren. Der Bereich, der die zu verschiebende Komponente beim Loslassen der Maustaste aufnehmen wird, ist mit einem Rahmen gekennzeichnet. Wie das aussehen kann, ist in Bild 2.3 dargestellt.

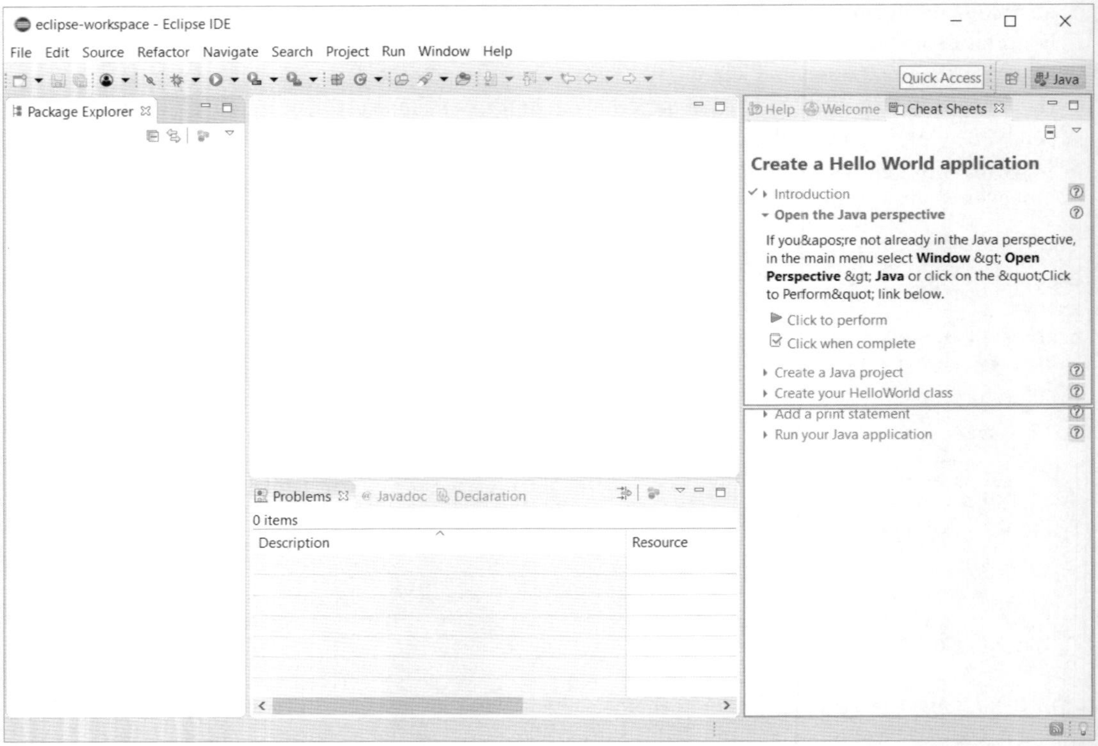

Bild 2.3 Positionieren von Sichten und Editoren

Während des Verschiebevorgangs ändert sich die Form des Mauszeigers. Auf diese Weise zeigt Ihnen Eclipse, an welcher Stelle relativ zum Element unter dem Mauszeiger die zu verschiebende Sicht andocken wird. Beispielsweise bedeutet ein durchgestrichener roter Kreis, dass an dieser Stelle das Element nicht angedockt werden kann. Möchten Sie einen Verschiebevorgang abbrechen, müssen Sie vor dem Loslassen der Maustaste nur die Taste Esc drücken. Um die Größe eines Darstellungsbereichs zu verändern, fahren Sie mit der Maus an den Rand des Bereichs, den Sie vergrößern oder verkleinern möchten. Wenn eine Größenanpassung an dieser Stelle möglich ist, zeigt Eclipse Ihnen dies durch eine entsprechende Änderung der Mauszeigerform an.

Sie haben in diesem Abschnitt den Zusammenhang zwischen der Workbench, Sichten und Editoren kennengelernt. In den folgenden zwei Abschnitten beschäftigen wir uns ausführlicher mit den beiden Gruppen visueller Komponenten. Sie erhalten Informationen zum Stapeln von Sichten und zur Nutzung von Darstellungsbereichen.

2.1.2 Sichten

Sichten werden häufig verwendet, um die Informationen in der Workbench zu ordnen oder zu gruppieren. Beispielsweise stellt der Package Explorer die Dateien und Elemente eines

Java-Projekts als baumartige Struktur dar. Andere Sichten enthalten Detailinformationen zu Objekten innerhalb eines Editors. So können Sie im Quelltext einer Klasse nach Doppelklick auf einen Klassennamen und Drücken der Taste F4 in der Sicht *Type Hierarchy* die Vererbungshierarchie dieser Klasse ablesen.

Sichten stapeln und ihre Größe verändern

Sichten können das einzige Element eines Darstellungsbereichs sein oder ihn sich mit anderen Sichten teilen. Die englische Dokumentation nennt diese Präsentationsform durch Registerkarten tabbed notebook. Mehrere Sichten werden hierbei gestapelt. In Bild 2.4 sehen Sie die drei Sichten Problems, Javadoc und Declaration als Registerkarten. Sie können alle Sichten eines Tabbed Notebooks auf einmal verschieben, indem Sie die Maus über den leeren Bereich auf der rechten Seite der Register bewegen und dort eine Drag-&-Drop-Aktion beginnen.

Bild 2.4 Drei Sichten als Tabbed Notebook

Die beiden Symbole am rechten Rand der Abbildung gehören übrigens nicht unmittelbar zu den Sichten, sondern sind streng genommen Bedienelemente des Darstellungsbereichs. Mit ihnen minimieren bzw. maximieren Sie seine Größe. Nach dem Maximieren (diese Funktion können Sie alternativ auch mit einem Doppelklick auf den Namen einer Sicht auslösen) ändert sich das Symbol zu (**Restore**). Probieren Sie es einfach einmal aus. Der erste Doppelklick maximiert die Sicht, der zweite stellt ihre ursprüngliche Größe wieder her. Auch Editoren bieten entsprechende Funktionen an.

Klappmenüs

Sichten haben ein Menü, das im Englischen View Menu genannt wird. Es enthält sichtspezifische Befehle. Die zur Verfügung stehenden Menüpunkte variieren also von Sicht zu Sicht. Sie beziehen sich normalerweise auf die Sicht als Ganzes oder auf alle angezeigten Informationen, nicht jedoch auf einzelne Elemente. Typische Beispiele sind Filter-, Sortier- und Gruppierungsfunktionen. Bild 2.5 zeigt das Klappmenü der Sicht *Problems*. Um es zu öffnen, klicken Sie auf das Symbol , das sich links neben den Elementen zum Minimieren bzw. Maximieren der Sicht befindet.

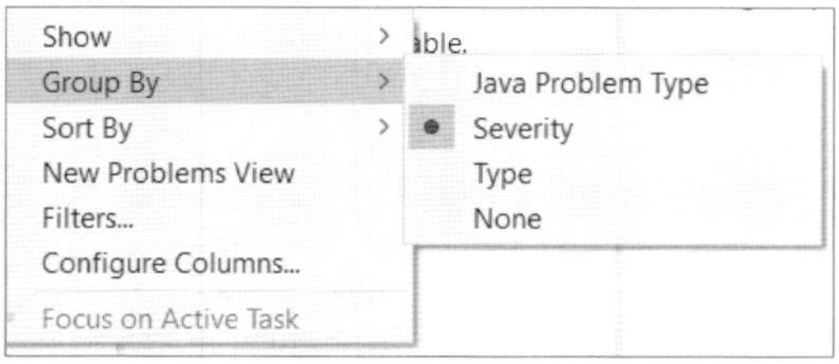

Bild 2.5 Klappmenü der Sicht „Problems"

Außer über Menüs lassen sich Sichten auch über Symbole steuern. Welche Symbole zur Verfügung stehen, variiert von Sicht zu Sicht. Bild 2.6 zeigt die Sicht *Console* mit ihren zahlreichen Symbolen. Grundsätzlich werden diese linkerhand der beiden Symbole zum Minimieren bzw. Maximieren der Sicht sowie, falls vorhanden, des Symbols zum Öffnen des Klappmenüs dargestellt.

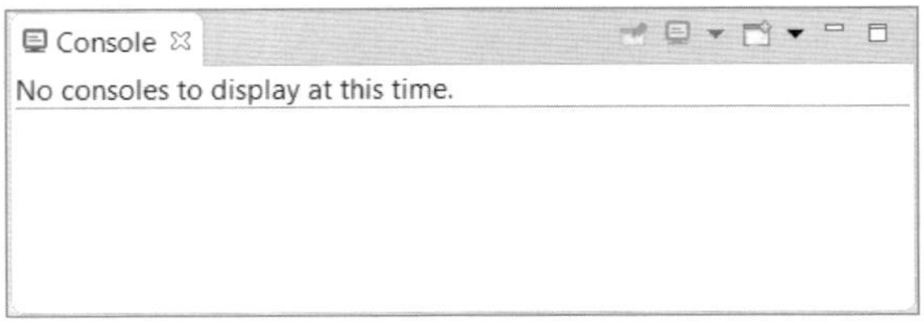

Bild 2.6
Die Sicht „Console"

Falls der Platz hierfür nicht ausreicht, rutschen die Symbole der Reihe nach in eine neue Zeile. Wenn ein Darstellungsbereich mehrere gestapelte Sichten enthält, werden die Symbole der jeweils aktiven Sicht angezeigt.

2.1.3 Editoren

In diesem Abschnitt möchte ich Ihnen die Editoren als weitere visuelle Komponenten der Workbench vorstellen. Wie Sie gleich sehen werden, haben auch diese einige Highlights zu bieten, die den Bedienkomfort für Sie als Entwickler deutlich erhöhen. Generell verwenden Sie Editoren, um Ressourcen zu bearbeiten oder zu durchsuchen. Anders als bei Sichten werden Änderungen in einem Editor nicht unmittelbar gesichert, sondern erst nach expliziter Aufforderung durch den Benutzer oder Eclipse. Sie erkennen nicht gesicherte Modifikationen an einem „*" vor dem Titel des betreffenden Editors. Ein weiterer wesentlicher Unterschied ist, dass Sie mehrere Instanzen eines Editors öffnen können.

Editoren stapeln

Wie Sichten können Editoren einen Darstellungsbereich für sich allein haben oder sich diesen mit anderen Editoren teilen. Dabei kommen die Ihnen schon bekannten Registerkarten zum Einsatz. Bild 2.7 zeigt zwei sichtbare Editoren sowie die beiden zum Darstellungsbereich gehörenden Symbole zum Minimieren und Maximieren des Darstellungsbereichs.

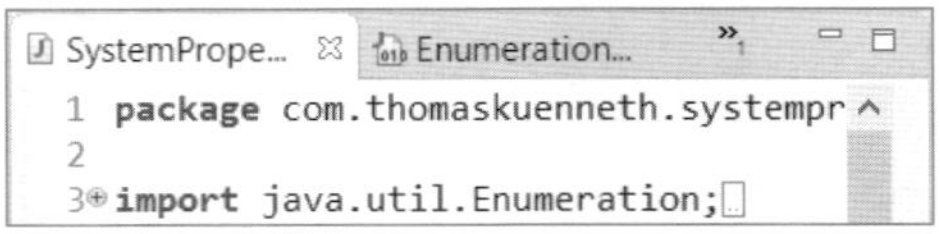

Bild 2.7
Gestapelte Editoren

Durch Anklicken des Editortitels und Festhalten der Maustaste können Sie Editoren genau wie Sichten in andere Bereiche der Workbench verschieben. Hierbei zeigt Ihnen Eclipse durch unterschiedliche Mauszeigerformen, wo Sie den Editor andocken können. Die Verschiebefunktion ist übrigens auch nützlich, um die Reihenfolge der Registerkarten Ihren Wünschen entsprechend zu sortieren. Dies funktioniert nicht nur bei Editoren, sondern auch bei Sichten. Haben Sie das Symbol neben der rechten Registerkarte in Bild 2.7 bemerkt? Wenn die Breite eines Darstellungsbereichs nicht ausreicht, um alle Registerkarten anzuzeigen, werden die rechts liegenden Reiter verdeckt. Die Zahl im Innern des

Symbols gibt an, wie viele Editoren momentan nicht zu sehen sind. Ein Klick auf dieses Symbol öffnet das in Bild 2.8 gezeigte Menü.

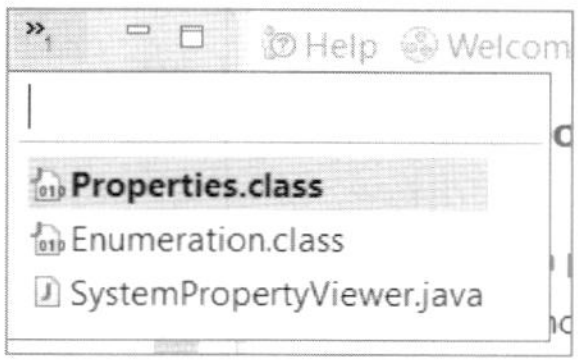

Bild 2.8
Auswählen von Registerkarten

Über dieses können Sie gezielt zu einem Editor wechseln. Halbfette Einträge kennzeichnen nicht sichtbare Editoren. Die Eingabezeile im oberen Randbereich des Menüs ist übrigens ein Filter. Tippen Sie beispielsweise ein „S“, verschwinden alle Einträge, die nicht mit diesem Buchstaben beginnen. Das Symbol steht übrigens auch bei Sichten zur Verfügung.

Kontextmenüs

Editoren und Sichten bieten ein Kontextmenü an, das sich nach einem Klick mit der rechten Maustaste auf den Titel des Editors bzw. der Sicht öffnet. Es ist in Bild 2.9 zu sehen. Sehr praktisch ist sicherlich die Möglichkeit, alle Editoren bzw. Sichten außer dem oder der aktiven zu schließen. Die Befehle **Close All** und **Close Others** stehen allerdings nur dann zur Verfügung, wenn der korrespondierende Darstellungsbereich mindestens zwei parts (so nennt die englische Dokumentation Editoren und Sichten) enthält. Ebenfalls nicht immer sichtbar sind die Befehle **Close Tabs to the Left** und **Close Tabs to the Right**. Das hängt von der Position im Stapel ab.

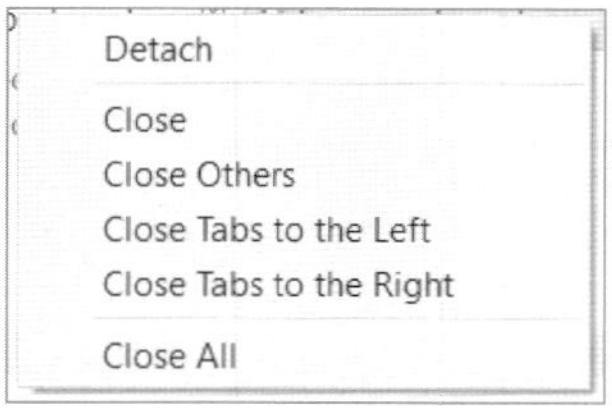

Bild 2.9
Kontextmenü eines Editors

Mit dem Menübefehl **Window/Editor/Clone** klonen Sie den aktuellen Editor. Sie bearbeiten dieselbe Datei, können in den beiden Editoren aber an unterschiedlichen Positionen arbeiten. So behalten Sie auch in großen Dateien den Überblick, weil Sie nicht ständig zwischen zwei weit auseinanderliegenden Bereichen hin- und herscrollen müssen. Allerdings ist es hierbei ratsam, den zweiten Editor in einen anderen Darstellungsbereich zu verschieben, um nicht zwischen den beiden Registerkarten wechseln zu müssen. Eine andere Möglichkeit, parallel an verschiedenen Bereichen einer Datei zu arbeiten, habe ich Ihnen bereits in Kapitel 1, „Hands-on Eclipse“, vorgestellt. Das Untermenü **Window/Editor** enthält die beiden Befehle **Toggle Split Editor (Horizontal)** und **Toggle Split Editor (Vertical)**. Wenn Sie es noch nicht getan haben, probieren Sie sie am besten einfach aus.

Ist Ihnen aufgefallen, dass ich stets von Editoren geschrieben habe, obwohl Sie bisher nur mit einem, nämlich dem Java-Editor, gearbeitet haben? Im folgenden Abschnitt lernen Sie, welche anderen Editoren die IDE zur Verfügung stellt.

Interne und externe Editoren

Bisher haben Sie Dateien immer im Rahmen eines Projekts bearbeitet. Da dessen Klassen im Package Explorer zu sehen sind, müssen Sie sich nicht merken, wo Sie die Dateien physisch abgelegt haben. Allerdings kann es notwendig sein, einen Quelltext zu editieren, der keinem Projekt zugeordnet wurde oder dessen Projekt Sie geschlossen haben. Mit dem Menüeintrag **File/Open File** können Sie solche Dateien öffnen. Um diese Funktion auszuprobieren, schließen Sie zunächst das Projekt SystemPropertyViewer mit **Close Project** im Kontextmenü des Projekts im Package Explorer, falls Sie es noch geöffnet haben.

Wählen Sie nun **File/Open File** und suchen Sie die Datei SystemPropertyViewer.java in der Dateiauswahl. Sie müssen hierzu in den Arbeitsbereichsordner wechseln, den Sie beim allerersten Start von Eclipse angegeben haben. Das Projekt SystemPropertyViewer ist ein Unterverzeichnis von ihm. Dieses Unterverzeichnis wiederum enthält src. Hierin befinden sich die Quelltexte des Projekts. Denken Sie daran, dass die Java-Paketstruktur auf Dateisystemebene durch Unterverzeichnisse abgebildet wird. Das Paket `com.thomaskuenneth.systempropertyviewer` entspricht also dem Verzeichnis ...\com\thomaskuenneth\systempropertyviewer.

TIPP: Falls Sie sich nicht mehr an den Ablageort des Arbeitsbereichsordners erinnern, brechen Sie die Dateiauswahl zunächst ab. Rufen Sie anschließend **File/Switch Workspace/Other** auf. Sie sehen daraufhin den Dialog *Eclipse Launcher*, der den Speicherort preisgibt.

Eine andere Möglichkeit ist, den vollständigen Pfad des Workspaces in der Titelzeile des Hauptfensters anzuzeigen. Setzen Sie hierzu auf dem Unterknoten **General/Workspace** im Einstellungsdialog ein Häkchen vor **Show full workspace path**.

Haben Sie SystemPropertyViewer.java ausgewählt, wird die Datei im Ihnen bereits bekannten Java-Editor angezeigt. Auf diese Weise können Sie jede beliebige Datei öffnen. Sofern Eclipse deren Inhalt anhand der Dateiendung oder des MIME-Typs erkennt, wird ein passender interner Editor verwendet. Was in allen anderen Fällen geschieht, können Sie auf der Seite **General/Editors/File Associations** (Bild 2.10) des Einstellungsdialogs konfigurieren. Ich empfehle die Einstellung **Ask via pop-up**.

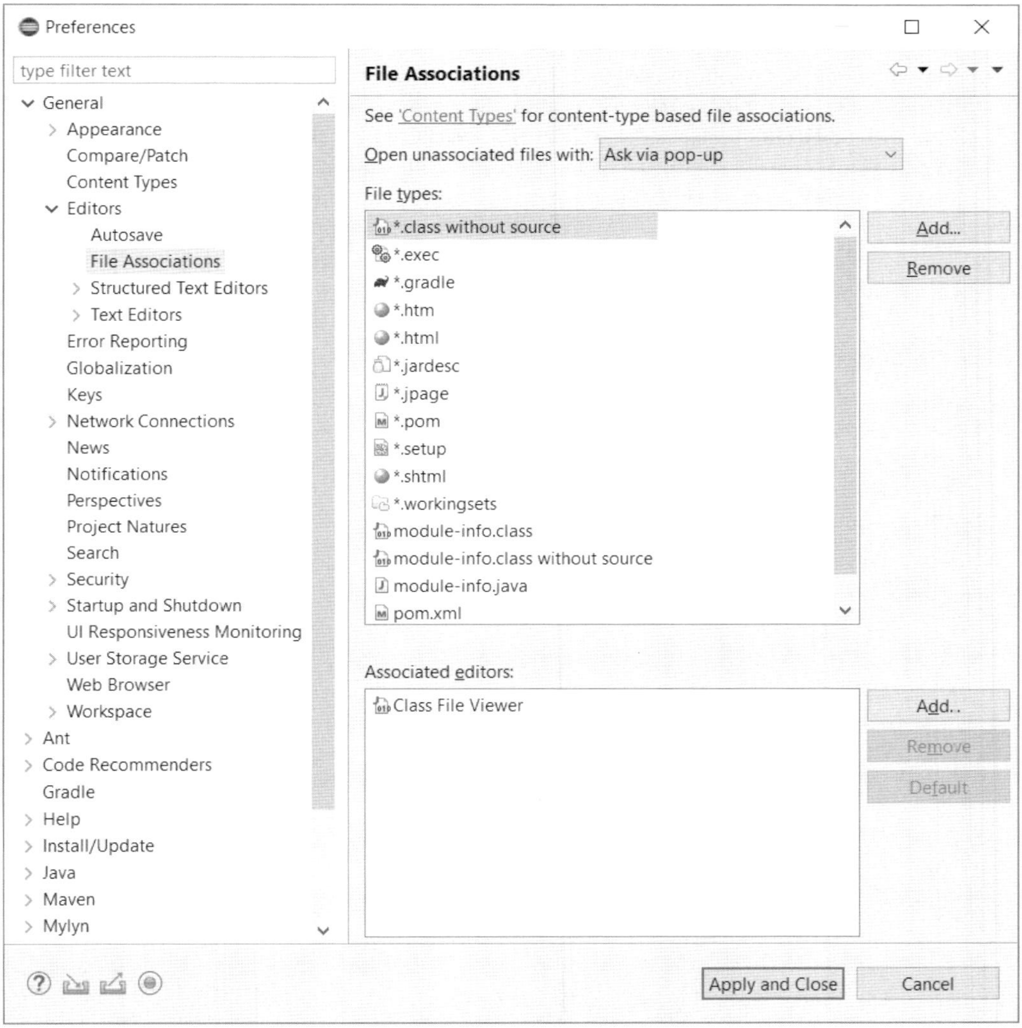

Bild 2.10 Verhalten bei unbekannten Dateitypen einstellen

Nachdem Sie Editoren und Sichten im Detail kennengelernt haben, stelle ich Ihnen im folgenden Abschnitt die Perspektiven ausführlicher vor.

2.1.4 Perspektiven

Wie Sie bereits wissen, bestehen Perspektiven aus Editoren und Sichten. Es liegt auf der Hand, dass sich aus der Auswahl der vorhandenen Sichten ein bestimmter Blickwinkel auf die mithilfe der Workbench dargestellten Informationen ergibt.

Hierzu ein Beispiel: Die Sichten Package Explorer, Problems und Tasks werden Sie vor allem während der Eingabe von Java-Programmen benötigen. Denn der bereits bekannte Package Explorer zeigt Ihnen die Struktur Ihrer Anwendung und die Sicht *Problems* weist auf Mängel wie fehlende oder nicht auffindbare Importe sowie Syntaxfehler im Quelltext hin. Hingegen sind Console, Breakpoints und Variables vor allem während der Fehlersuche interessant, weil Sie mit diesen Sichten einen Einblick in das gerade ablaufende Programm erhalten. Perspektiven helfen Ihnen also bei Ihrer Arbeit, indem sie diejenigen Sichten ausblenden, die für die Bewältigung einer bestimmten Aufgabe unnötig sind. Anders formuliert: Während Ihrer Arbeit schalten Sie immer auf diejenige Perspektive um, die für eine bestimmte Aufgabe besonders gut geeignet ist.

Perspektiven öffnen und schließen

Der Zugriff auf Perspektiven erfolgt über das Untermenü **Window/Perspective** der Menüleiste. **Open Perspective** enthält häufig benötigte Perspektiven, die Sie durch einen Klick auf den entsprechenden Eintrag öffnen. Falls die benötigte Perspektive nicht im Menü angezeigt wird, klicken Sie auf **Other** und wählen im Dialog *Open Perspective*, den Bild 2.11 zeigt, die gewünschte Perspektive aus.

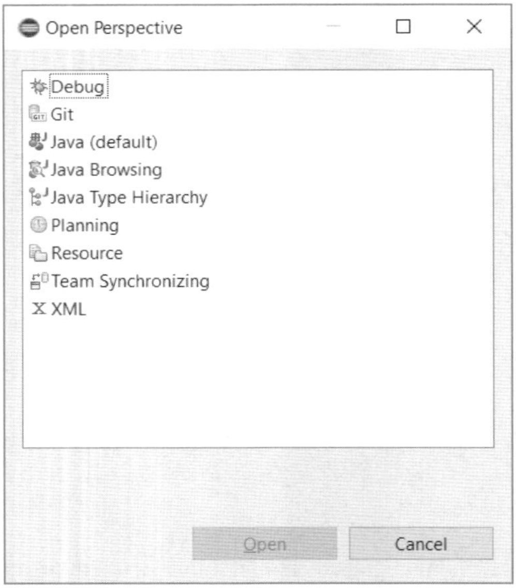

Bild 2.11
Dialog zum Auswählen einer Perspektive

Über die Ihnen bereits bekannte Zugriffsleiste im rechten oberen Bereich der Workbench schalten Sie zwischen geöffneten Perspektiven hin und her. Dies funktioniert übrigens auch durch Drücken der Tastenkombinationen **Strg + F8** bzw. **Strg + Shift + F8**. Auf dem Mac verwenden Sie anstelle von **Strg** die Taste **Command**. Mit **Window/Perspective/Close Perspective** schließen Sie diese. Um alle Perspektiven zu schließen, verwenden Sie **Window/Perspective/Close All Perspectives**. Um die Reihenfolge, in der Perspektiven angezeigt werden, Ihren Wünschen entsprechend anzupassen, klicken Sie eine Perspektive an und verschieben sie mit der Maus, während Sie die linke Maustaste gedrückt halten.

Einige Funktionen sind nicht nur über das Menü **Window/Perspective** erreichbar. Wenn Sie in der Zugriffsleiste für Perspektiven mit der rechten Maustaste auf den Namen einer Perspektive klicken, öffnet sich das Kontextmenü, das Sie in Bild 2.12 sehen. Es bietet die Möglichkeit, sie zu schließen, zurückzusetzen und unter einem anderen Namen zu speichern. Ich werde auf diesen Punkt gleich noch ausführlicher eingehen. Außerdem können Sie die Namen der Perspektiven ein- und wieder ausblenden, indem Sie das Häkchen vor **Show Text** setzen bzw. entfernen.

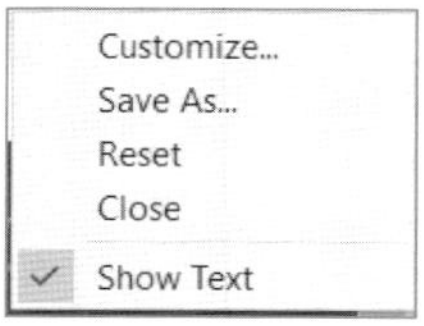

Bild 2.12
Kontextmenü einer Perspektive in der Zugriffsleiste

In jeder Perspektive sind bestimmte Sichten standardmäßig geöffnet. Ferner hat jede Perspektive ein Grundlayout. Es legt fest, welcher Darstellungsbereich welche Sicht(en) beinhaltet, wie groß diese Bereiche sind und wo innerhalb der Workbench sie angeordnet werden. Der Kontextmenübefehl **Reset** stellt diesen Zustand jederzeit wieder her. Machen Sie sich bitte mit dem Öffnen und Schließen von Perspektiven vertraut, indem Sie einige Perspektiven öffnen und schließen. Probieren Sie hierbei auch die Funktion **Close All Perspectives** aus. Ihr Workbench-Fenster sollte dann Bild 2.13 entsprechen.

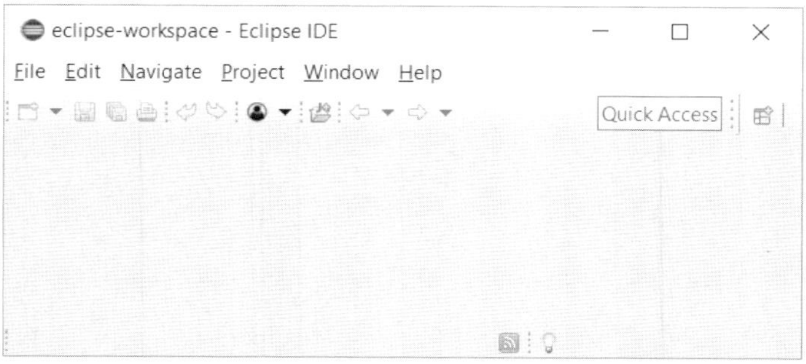

Bild 2.13 Workbench-Fenster ohne geöffnete Perspektiven

Wenn Sie Änderungen am Layout (also von Lage und Größe der Darstellungsbereiche) einer Perspektive vornehmen, bleiben diese auch bei nachfolgenden Programmstarts wirksam. Wie Sie bereits wissen, können Sie beliebig viele weitere Sichten öffnen. Auch diese werden bei späteren Sitzungen automatisch geöffnet. Beides gilt allerdings nur bis zum Schließen einer Perspektive. Nach erneutem Öffnen sind die zusätzlichen Sichten ebenso wie Änderungen am Layout verschwunden. Stattdessen gelten wieder die zuvor angesprochenen Grundeinstellungen. Zu diesen können Sie auch im laufenden Betrieb zurückkehren, indem Sie **Window/Prespective/Reset Perspective...** oder **Reset** im Kontextmenü der Perspektive aufrufen und die anschließende Rückfrage bestätigen.

Eigene Perspektiven erstellen

Was aber, wenn Sie Anpassungen an einer Perspektive dauerhaft speichern möchten? Haben Sie sich beispielsweise an die Sicht *Tasks* gewöhnt, ist es lästig, sie nach dem Öffnen einer Perspektive von Hand aufrufen zu müssen. In diesem Fall ist **Window/Perspective/ Save Perspective As...** äußerst nützlich. Mit dieser Funktion können Sie nämlich benutzerdefinierte Perspektiven erzeugen und Änderungen an Standardperspektiven dauerhaft sichern. Um dies zu testen, wechseln Sie in die Java-Perspektive bzw. öffnen diese. Fügen Sie der Perspektive nun eine Sicht Ihrer Wahl hinzu und positionieren Sie diese nach Belieben auf der Workbench. Öffnen Sie anschließend den in Bild 2.14 gezeigten Dialog, indem Sie **Window/Perspective/Save Perspective As...** aufrufen.

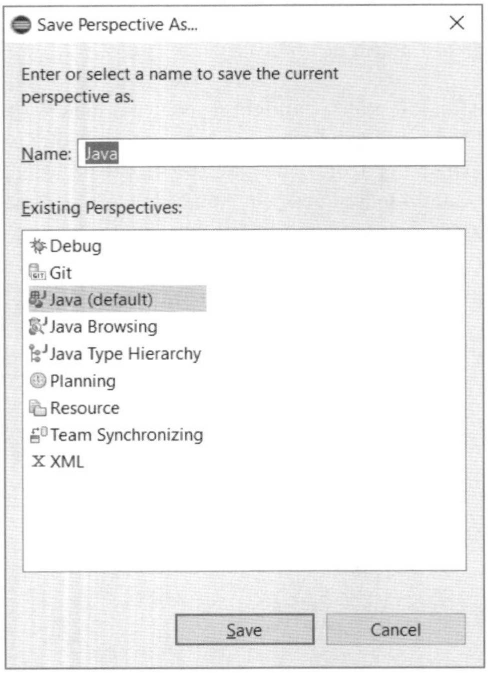

Bild 2.14 Dialog zum Speichern von Perspektiven

Sie haben die Möglichkeit, Ihrer Perspektive einen eigenen Namen zu geben oder einen bestehenden zu überschreiben. Klicken Sie hierzu in der Liste der Perspektiven auf **Java (default)** und schließen Sie den Dialog durch Klicken auf **Save**. Eclipse wird Sie nun darauf aufmerksam machen, dass es bereits eine Perspektive mit dem eingegebenen Namen gibt. Klicken Sie auf **Yes**, um das Überschreiben dieser Perspektive zu bestätigen. Rufen Sie den Dialog *Save Perspective As...* erneut auf, wählen Sie dieses Mal aber einen eigenen, noch nicht vorhandenen Namen, zum Beispiel „meine Java Perspektive". Nach dem Schließen des Dialogs mit **Save** erscheint der Name in der Zugriffsleiste für Perspektiven. Außerdem wird Ihre eigene Perspektive im Dialog *Open Perspective* aufgeführt, den Sie durch Anklicken von **Window/Perspective/Open Perspective/Other** erreichen. Löschen können Sie eigene Perspektiven übrigens im Dialog *Preferences*, in dessen Zweig **General/Perspectives**.

Sie können nun eigene Perspektiven erstellen oder Änderungen an bestehenden vornehmen. Allerdings haben wir uns bisher auf Sichten und auf das Layout innerhalb der Workbench beschränkt. Eclipse bietet jedoch weiter reichende Einstellmöglichkeiten auf Perspektiven. Mit diesen wollen wir uns nun beschäftigen.

Perspektiven anpassen

Die Wahl einer Perspektive hat nicht nur Einfluss darauf, wie Ihnen Informationen präsentiert werden, sondern auch darauf, welche Funktionen in der Menüleiste und in der Toolbar am oberen Rand der Workbench verfügbar sind. Ihnen ist vielleicht aufgefallen, dass die Inhalte der Menüs **Window/Perspective/Open Perspective** und **Window/Show View** abhängig von der gerade aktiven Perspektive sind. Welche Menüpunkte zu sehen sind, stellen Sie im Dialog *Customize Perspective* ein, den Sie in Bild 2.15 sehen. Er ist über den gleichnamigen Menübefehl erreichbar. Auf der Registerkarte **Shortcuts** gibt es den Bereich Submenus, in dem Sie den Menüs **New**, **Open Perspective** und **Show View** weitere Elemente hinzufügen können. Jedes dieser Elemente ist einer Kategorie zugeordnet.

Hierzu ein Beispiel: Für das Menü **Show View** gibt es unter anderem die Kategorie **Java**, zu der beispielsweise die Elemente **Package Explorer**, **JUnit** und **Javadoc** gehören. Standardmäßig sind **Declaration**, **Javadoc**, **Type Hierarchy** und **Package Explorer** mit einem Häkchen versehen. Die entsprechende Sicht erscheint also, wenn Sie das Menü in der Menüleiste aufklappen. **JUnit** hingegen ist nicht zu sehen. Um auch diese Sicht anzuzeigen, müssen Sie das gleichnamige Häkchen setzen.

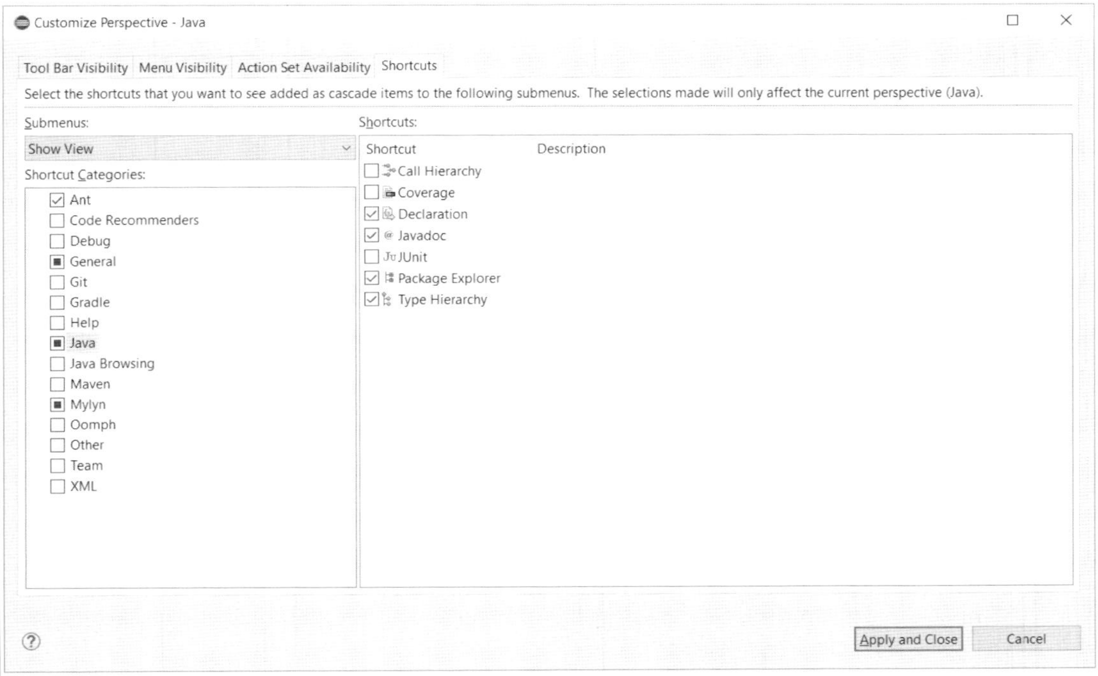

Bild 2.15 Dialog zum Anpassen von Perspektiven

Neben Menüs beeinflussen Sie mit dem Dialog *Customize Perspective* auch, welche Elemente in der Toolbar am oberen Rand der Workbench und in der Menüleiste angezeigt werden. Wechseln Sie hierzu auf die Registerkarte **Action Set Availability**, die Sie in Bild 2.16 sehen.

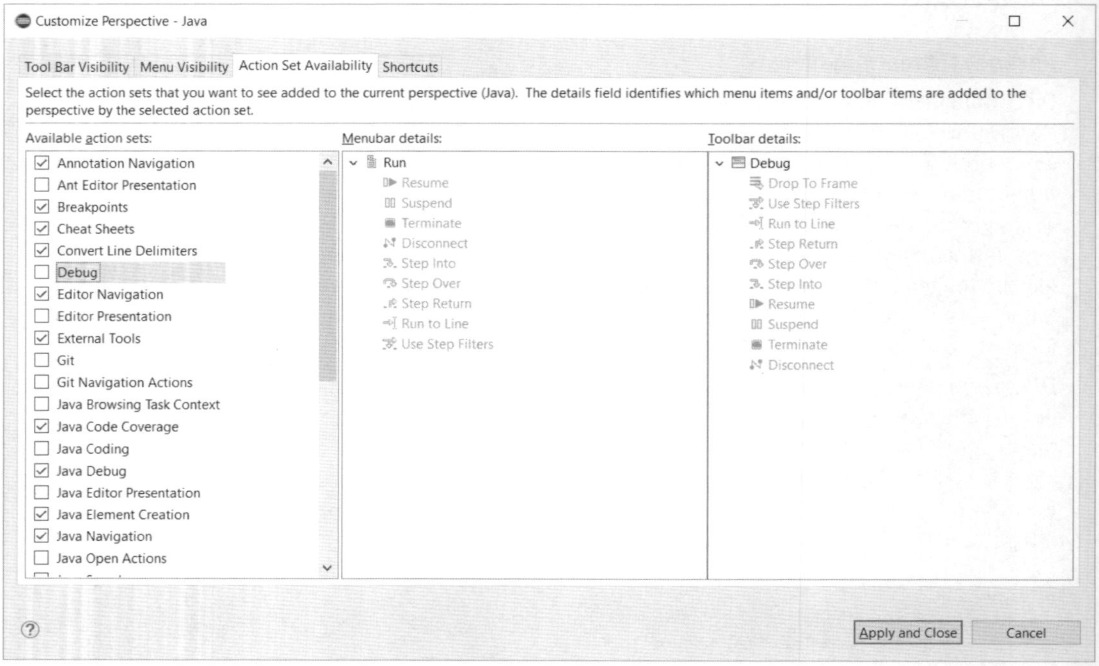

Bild 2.16 Die Registerkarte „Action Set Availability"

Sie ist in die drei Bereiche Available Action Sets, Menubar details und Toolbar details unterteilt. Action Sets fassen Menüpunkte und Toolbar-Elemente zusammen, die eine Sinneinheit ergeben. Beispielsweise gehören zu Debug alle Menüeinträge und Symbole, die sich auf Funktionen zur Fehlersuche beziehen. Standardmäßig ist dieses Action Set in der *Java*-Perspektive deaktiviert. Um es einzuschalten, setzen Sie ein Häkchen vor Debug. Durch Anklicken eines Action Sets legen Sie also fest, ob die ihm zugeordneten Menü- und Toolbar-Einträge angezeigt werden, falls die betreffende Perspektive aktiv ist. Das gezielte Ein- oder Ausblenden bestimmter Elemente einer solchen Gruppe ist übrigens nicht möglich. Auch die beiden Registerkarten **Tool Bar Visibility** und **Menu Visibility** beeinflussen die Struktur der Menüleiste und der Toolbar. Anders als auf der Registerkarte **Action Set Availability** können Sie allerdings ganz gezielt Menü- bzw. Toolbar-Befehle anzeigen oder ausblenden. Hierzu darf aber kein Häkchen vor **Filter by action set** gesetzt sein.

Nach dieser Einführung in die Bedeutung und Funktionsweise von Perspektiven wende ich mich im nächsten Abschnitt dem Java-Editor zu. Ich zeige Ihnen, wie Sie ihn an Ihre Bedürfnisse anpassen und seine fortgeschrittenen Funktionen nutzen, um effizient Java-Quelltexte einzugeben und zu bearbeiten.

2.2 Java-Programme eingeben und bearbeiten

Die Eingabe und Pflege von Java-Quelltexten bildet einen Schwerpunkt Ihrer Arbeit mit Eclipse. Aus diesem Grund ist ein routinierter Umgang mit dem Java-Editor wichtig. Die hierfür notwendigen Grundlagen möchte ich Ihnen in diesem Abschnitt vermitteln. Wichtig ist, dass Sie die erlernten Funktionen kontinuierlich einsetzen und üben.

2.2.1 Einstellungen vornehmen

Sie haben in Kapitel 1, „Hands-on Eclipse", bereits ein Java-Programm geschrieben. Die ersten Schritte mit dem Java-Editor liegen also schon hinter Ihnen. Nun erfahren Sie, wie Sie ihn an Ihre Bedürfnisse anpassen können.

Zeilennummern einblenden

Eclipse blendet am unteren Rand der Workbench eine Statuszeile ein – sie ist in Bild 2.17 zu sehen. Dort können Sie unter anderem die Cursor-Position ablesen, sofern ein Editor geöffnet und aktiv ist. Die erste Zahl gibt in diesem Fall die aktuelle Zeilennummer an. Die zweite Zahl nennt die Spalte, in der sich der Cursor gerade befindet.

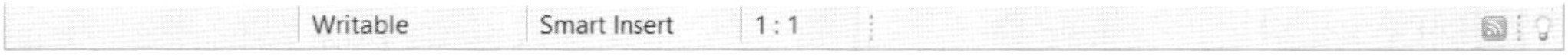

Bild 2.17 Statuszeile mit Anzeige der Cursor-Position

Noch mehr Übersicht erhalten Sie, wenn Sie die Zeilennummern unmittelbar im Eingabebereich anzeigen lassen. Öffnen Sie hierzu den Einstellungsdialog, und navigieren Sie zum Knoten **General/Editors/Text Editors**. Setzen Sie jeweils ein Häkchen vor **Show Line Numbers** und **Show whitespace characters**. Wie Sie in Bild 2.18 sehen, erleichtert die zweite Funktion das Auffinden von nicht druckbaren Zeichen, beispielsweise Tabstopps und Zeilenumbrüchen. Sie können die Anzeige von Zeilennummern auch direkt im Java-Editor ein- und ausschalten. Klicken Sie hierzu im linken (je nach Betriebssystem und eingestellten Farbschema leicht eingefärbten) Randbereich des Editors mit der rechten Maustaste und setzen bzw. entfernen Sie im sich daraufhin öffnenden Kontextmenü das Häkchen vor **Show Line Numbers**. Das Ein- und Ausblenden von nicht druckbaren Zeichen ist zusätzlich über **Window/Editor/Show Whitespace Characters** möglich.

Bild 2.18 Java-Editor mit Zeilennummern und nicht druckbaren Zeichen

Um während der Eingabe zu einer bestimmten Zeile zu springen, rufen Sie **Navigate/Go to Line** auf oder drücken die Tasten **Strg + L** (bzw. **Command + L** auf dem Mac). Im nächsten Abschnitt zeige ich Ihnen, wie Sie die Formatierung des Quelltexts an Ihre Bedürfnisse anpassen.

Quelltext formatieren

Es gibt unzählige Meinungen und Konventionen, wie ein Java-Quelltext formatiert werden sollte. Dies beginnt bei relativ einfachen Fragestellungen, etwa ob die Tabweite zwei oder vier Leerzeichen entspricht. Gerne diskutiert wird auch, ob die öffnenden geschweiften Klammern von Methodenrümpfen in der Zeile der Methodensignatur oder separat stehen müssen. Wenn Sie keine Mitstreiter haben, ist es letztlich eine Frage des Geschmacks, für welche der unzähligen Varianten Sie sich entscheiden. Anders verhält es sich bei der Arbeit im Team. Hier sind feste Vorgaben unerlässlich. Zum einen ist es ärgerlich, ständig sich ändernde Schreibweisen vorzufinden. Zum anderen behindern diese die Arbeit mit Werkzeugen zur Versionsverwaltung. Für solche Tools macht es nämlich einen großen Unterschied, wenn sich die Lage von geschweiften Klammern ändert. Sie als Entwickler haben dann mit Unterschieden in Dateien zu kämpfen, die letztlich gar keine sind.

Wie üblich nehmen Sie die entsprechenden Einstellungen im Einstellungsdialog vor. Navigieren Sie dafür zu **Java/Code Style/Formatter**. Die Formatierung geschieht auf Basis von Profilen. Wie sich ein solches Profil auf den Quelltext auswirkt, können Sie, wie Bild 2.19 zeigt, in der Vorschau unterhalb der Klappliste **Active profile** sehen. Um ein Gefühl für die Möglichkeiten zu bekommen, probieren Sie die vorhandenen Profile einfach aus.

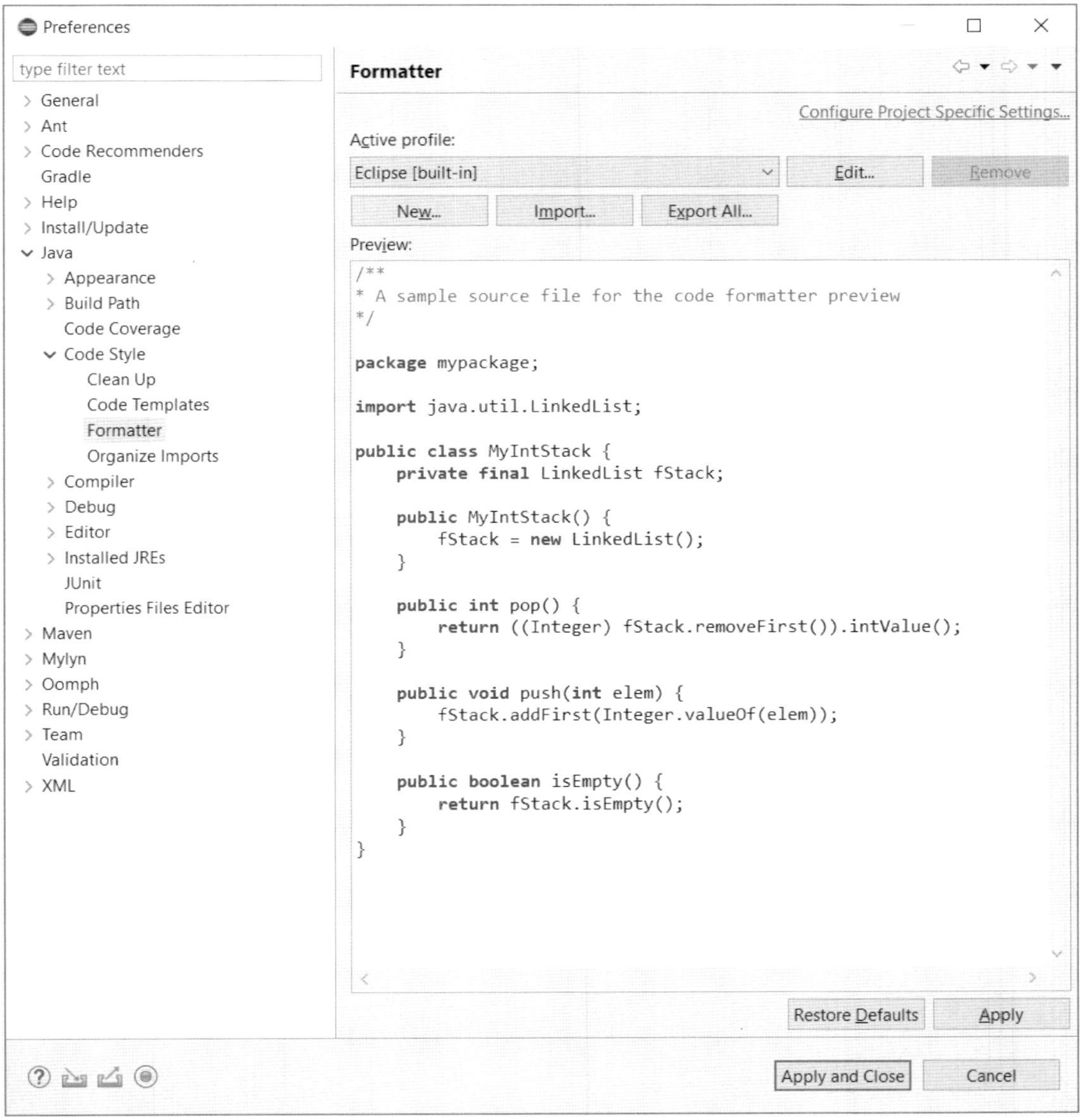

Bild 2.19 Die Seite „Formatter" des Dialogs „Preferences"

Wenn Sie Änderungen vornehmen möchten, überlegen Sie zunächst, welches der vorhandenen Profile Ihren Vorstellungen am ehesten entspricht. Klicken Sie anschließend auf **New...**, woraufhin sich der Dialog *New Profile* öffnet. Er ist in Bild 2.20 zu sehen. Nachdem Sie einen Profilnamen vergeben und das Profil ausgewählt haben, auf dem Ihre Einstellungen basieren sollen, schließen Sie den Dialog durch Klicken auf **OK**. Achten Sie aber darauf, dass **Open the edit dialog now** mit einem Häkchen versehen ist.

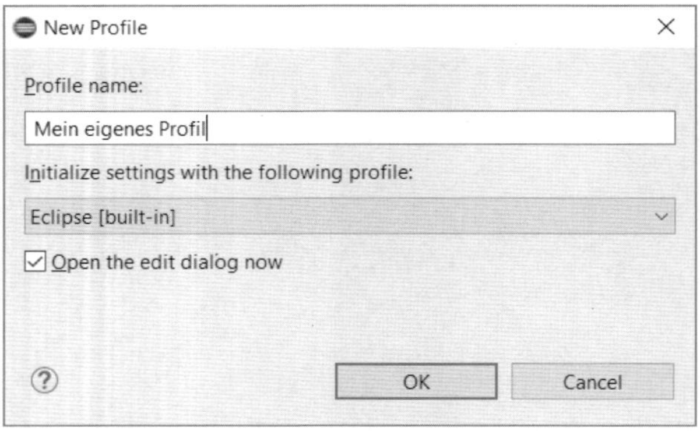

Bild 2.20 Dialog zum Anlegen eines neuen Profils

Auf den ersten Blick wirkt der Dialog zum Bearbeiten eines Profils in Bild 2.21 sicher beeindruckend. Aber bedenken Sie, dass Ihr eigenes Profil auf einer soliden Grundlage aufbaut, sodass Sie vermutlich nur an wenigen Einstellungen Änderungen vornehmen werden. Ein paar davon möchte ich Ihnen nun zeigen.

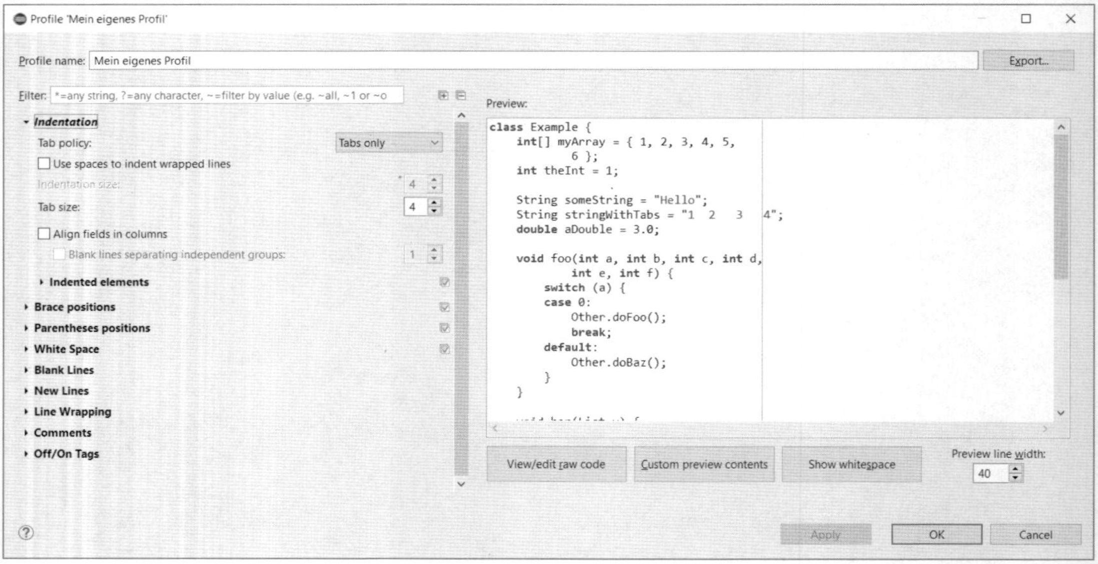

Bild 2.21 Dialog zum Bearbeiten eines Profils

Die angesprochene Tabulatorbreite, also wie viele Leerzeichen einem Tabstopp entsprechen, stellen Sie unterhalb des Knotens **Indentation** ein. Als Tab policy wählen Sie **Tabs only**. Der Wert, den Sie bei Tab size eingeben, wird nach kurzer Verzögerung automatisch in der Vorschau dargestellt. Probieren Sie dies einmal aus. Wie Klammern angeordnet werden, stellen Sie unterhalb des Knotens **Brace Position** ein. Um beispielsweise die Klammern in der Zeile unter dem ersten Modifier einer Methodensignatur erscheinen zu lassen, wählen Sie für Method declaration den Wert **Next line**.

Wie so oft, gilt auch im Zusammenhang mit Formatierungen das Prinzip „weniger ist mehr“. Falls es keine abweichenden firmen- oder teaminternen Konventionen gibt, rate ich Ihnen, die Vorgaben so weit wie möglich beizubehalten. Und gerade bei der Arbeit im Team ist es wichtig, sich auf ein gemeinsames Profil zu verständigen. Sie können dieses durch Anklicken der Schaltfläche **Export** im Dialog zum Bearbeiten eines Profils exportieren und den Teammitgliedern zur Verfügung stellen. Ihre Kollegen importieren das Profil anschließend, indem sie die Schaltfläche **Import** auf der Seite Formatter des Einstellungsdialogs anklicken.

Um die Formatierungseinstellungen auf Ihren Quelltext anzuwenden, rufen Sie die Menüfunktion **Source/Format** auf oder drücken die Tastenkombination **Strg** + **Shift** + **F**. Auf dem Mac verwenden Sie anstelle von **Strg** die Taste **Command**. Sofern Sie einen Bereich markiert haben, wirkt sich die Formatierung nur auf diesen aus, andernfalls auf den kompletten Quelltext. Das Formatieren eines Elements ohne vorherige Markierung ist mit **Source/Format Element** möglich.

2.2.2 Der Java-Editor

Sie haben in Kapitel 1, „Hands-on Eclipse“, bereits erste Erfahrungen im Umgang mit dem in Eclipse eingebauten Java-Editor gemacht. Allerdings habe ich dort bewusst viele interessante Aspekte ausgeklammert, auf die ich nun ausführlicher eingehen möchte. Damit Sie diese Ausführungen am Bildschirm nachvollziehen können, öffnen Sie das Projekt SystemPropertyViewer (das Sie in den Materialien zum Buch unter *https://github.com/tkuenneth/eclipse_book* finden, falls Sie es nicht im Rahmen des letzten Kapitels angelegt haben) und legen eine leere Klasse `Test` an. Klicken Sie dazu mit der rechten Maustaste auf die Wurzel des Projekts und wählen Sie dann **New/Class**. Die im Dialog *New Java Class* voreingestellten Werte können Sie weitgehend beibehalten. Setzen Sie aber je ein Häkchen vor **Generate comments** und **public static void main(String[] args)**. Geben Sie als Namen für die Klasse Test ein und schließen Sie den Dialog mit **Finish**. Die neue Klasse wird im Package Explorer angezeigt und in einem Darstellungsbereich geöffnet.

Syntax-Highlighting

Wenn Sie einen Blick auf den Quelltext der Klasse Test werfen, fallen Ihnen sicher sofort die unterschiedlichen Farben der einzelnen Codebestandteile auf. Beispielsweise sind normale Kommentare (//) standardmäßig in Grün, Javadoc-Kommentare (/** */) dagegen in Blautönen dargestellt. Java-Schlüsselwörter wiederum erscheinen in einem dunklen Rot. Selbstverständlich können Sie diese Farbgebung Ihren Wünschen entsprechend anpassen. Öffnen Sie dazu den Einstellungsdialog und navigieren Sie zum Knoten **Java/Editor/Syntax Coloring**.

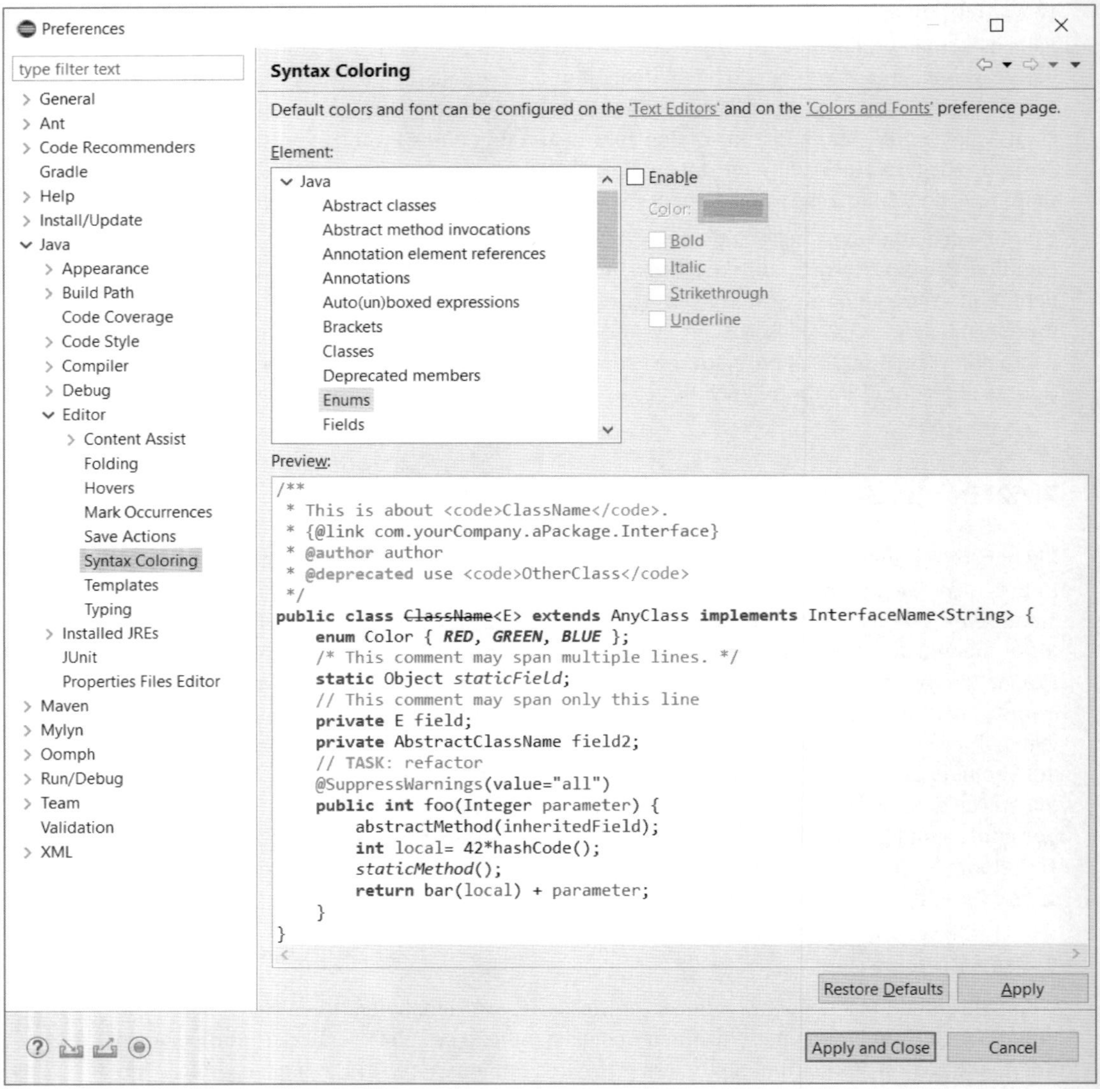

Bild 2.22 Die Seite „Syntax Coloring" des Einstellungsdialogs

Wie Sie in Bild 2.22 sehen, können Sie anhand einer Vorschau prüfen, wie sich Ihre Änderungen auswirken. Um beispielsweise das Aussehen eines `enum` zu ändern, setzen Sie zunächst ein Häkchen vor **Enable**. Anschließend können Sie die Farbe austauschen oder die Textauszeichnung auf **Bold** und **Italic** stellen. Mit **Apply** übernehmen Sie Ihre Änderungen. **Restore Defaults** stellt den ursprünglichen Zustand wieder her. Wie schon bei der Formatierung des Quelltexts rate ich Ihnen aber auch hier, die Voreinstellungen möglichst beizubehalten. Haben Sie sich an Ihr individuelles Farbschema gewöhnt, wird Ihnen die Darstellung in Standardinstallationen ungewohnt erscheinen.

Unterstützung bei der Texteingabe

Eclipse bietet eine Reihe von Funktionen an, die Sie bei der Erstellung von Quelltext unterstützen. Diese sind im Menü **Source** zusammengefasst. Einige davon möchte ich Ihnen jetzt vorstellen. Mit **Toggle Comment** können Sie die Zeile, in der sich der Cursor befindet, zu einer Kommentarzeile machen. Rufen Sie die Funktion erneut auf, werden die Kommentarzeichen wieder entfernt. Probieren Sie dies aus, indem Sie den Cursor in die Zeile `// TODO Auto-generated method stub` bewegen und anschließend die Tastenkombination **Strg + /** (**Command + /** auf dem Mac) drücken. **Toggle Comment** wirkt übrigens auch auf Bereiche. Jede markierte Zeile wird beim ersten Aufruf mit // versehen. Bevorzugen Sie Blockkommentare, steht Ihnen hierfür **Add Block Comment** zur Verfügung. **Remove Block Comment** entfernt einen Blockkommentar.

Ebenfalls äußerst praktisch ist die Möglichkeit, bestimmte Elemente wie Konstruktoren, Variablendeklarationen und Methoden mit Kommentarblöcken zu versehen. Hierzu ein Beispiel: Fügen Sie der Klasse Test eine Methode `test()` hinzu, die einen `int`-Wert entgegennimmt und `boolean` zurückliefert. Nachdem Sie die öffnende Klammer des Methodenrumpfs eingegeben haben, drücken Sie die Taste Enter. Eclipse wird automatisch die schließende Klammer hinzufügen und den Cursor in einer leeren Zeile platzieren. Tippen Sie `return true;` ein, um den Fehlerhinweis bzgl. des fehlenden `return`s verschwinden zu lassen. Rufen Sie nun **Source/Generate Element Comment** auf oder drücken Sie die Tastenkombination **Alt + Shift + J** (**Alt + Command + J** auf dem Mac). Die IDE erzeugt daraufhin oberhalb der Zeile mit der Methodensignatur einen mehrzeiligen Kommentar.

Die Funktionen des Menüs **Source** lassen sich verschiedenen Kategorien zuordnen. Eine, die sich der Behandlung von Kommentaren widmet, haben Sie gerade kennengelernt. Die zweite Kategorie beschäftigt sich mit der Formatierung des Quelltexts. Auch diese kennen Sie bereits. Die dritte Kategorie fasst Funktionen zum automatischen Erzeugen von Methoden und Konstruktoren zusammen. Um die Funktionen auszuprobieren, stellen Sie zunächst sicher, dass Ihre Klasse `Test` nur noch aus der Klassendeklaration besteht, indem Sie alle anderen Bestandteile löschen. Fügen Sie nun folgende Zeile ein: `private int modus;`. Rufen Sie anschließend **Source/Generate Getters and Setters** auf. Sie sehen den in Bild 2.23 gezeigten Dialog *Generate Getters and Setters*. Hier können Sie einstellen, für welche Variablen entsprechende Methoden erzeugt und wo diese im Quelltext platziert werden. Sofern **modus** nicht mit einem Häkchen versehen war, holen Sie dies bitte nach und schließen den Dialog durch Klicken auf **Generate**. Eclipse fügt der Klasse `Test` die beiden Methoden `getModus()` und `setModus()` hinzu.

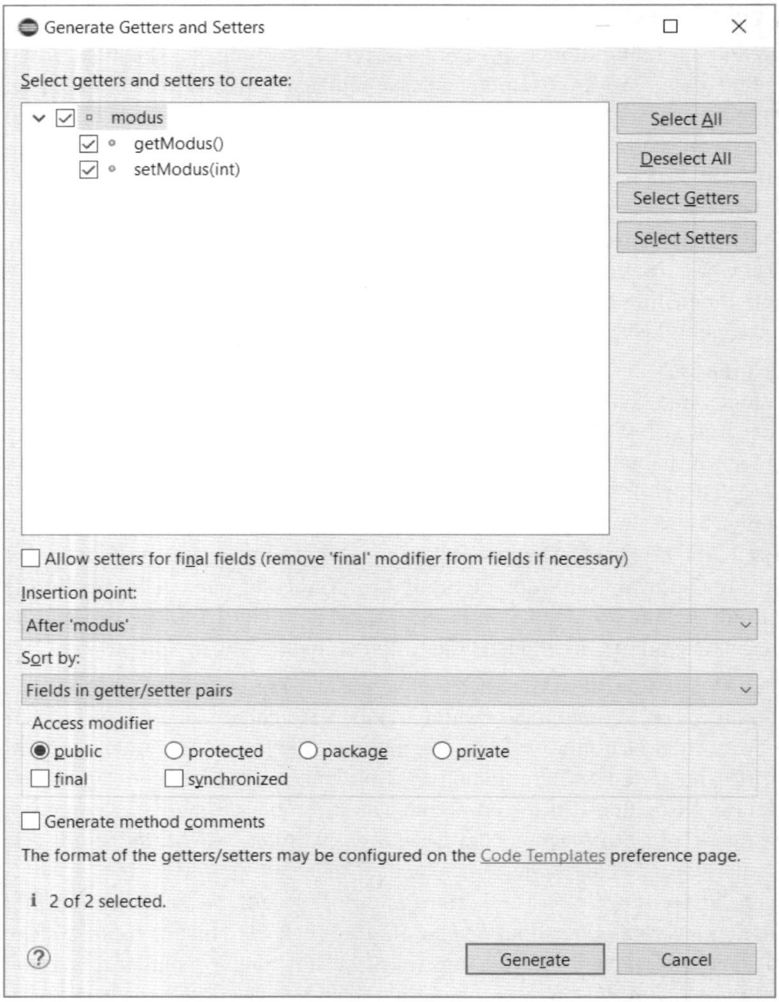

Bild 2.23 Dialog zum Anlegen von Gettern und Settern

Da jede Eigenschaft einer Klasse in deren Konstruktor initialisiert werden sollte, fügen Sie Test einen solchen hinzu. Auch hierbei ist Ihnen die IDE behilflich. Rufen Sie die Funktion **Source/Generate Constructor using Fields** auf. Sie sehen den in Bild 2.24 gezeigten Dialog *Generate Constructor using Fields*. Da Konstruktoren normalerweise vor Methoden stehen, wählen Sie als Insertion point den Wert **After 'modus'**. Und da `Test` keine explizite Elternklasse braucht, setzen Sie ein Häkchen vor **Omit call to default constructor super()**. Wenn Sie möchten, können Sie einen Kommentar erzeugen lassen, der dem Konstruktor vorangestellt wird. Schließen Sie dann den Dialog durch Klicken auf **Generate**.

Bild 2.24 Dialog zum Erzeugen eines Konstruktors

Wie Sie sehen, lassen sich mit Eclipse eine Reihe von häufig wiederkehrenden Aufgaben automatisieren. Hierzu gehört auch das Einfügen von Quelltext-Bestandteilen wie zum Beispiel `try-catch`-Blöcken, Schleifen, `if`-Anweisungen und `synchronized`-Blöcken. Sie finden die entsprechenden Befehle im Untermenü **Source/Surround with**. Dies ist allerdings nur zu sehen, wenn im Editor ein Bereich markiert wurde. Im folgenden Abschnitt möchte ich Ihnen noch die Funktion **Externalize Strings** vorstellen, die Texte in separate Dateien auslagert.

Texte auslagern

Die Auslagerung von Texten in separate Dateien ist vor allem im Hinblick auf die Übersetzung in andere Sprachen sinnvoll. Sie kann aber auch zu einer Reduzierung des benötigten Speicherplatzes führen, indem sie der Mehrfachdeklaration von Texten vorbeugt. Darüber hinaus entstehen auf diese Weise übersichtlichere Quelltexte. Um diese Funktion auszuprobieren, fügen Sie der Klasse Test die folgende Zeile hinzu:

```
private String meldung = "Herzlich Willkommen";
```

Öffnen Sie nun den in Bild 2.25 gezeigten Dialog *Externalize Strings*, indem Sie **Source/ Externalize Strings** aufrufen. Ausgelagerte Texte werden über sogenannte Schlüssel angesprochen. In der Tabelle Strings to externalize legen Sie fest, welcher Schlüssel zu welchem Text gehört. Mit den Schaltflächen **Externalize**, **Ignore** und **Internalize** steuern Sie, wie die IDE mit Texten, die sie in Ihrem Quelltext gefunden hat, umgehen soll. Beispielsweise könnten Sie einen bereits ausgelagerten Text wieder in den Quelltext übernehmen (**Internalize**) oder eine Meldung vom Auslagern ausnehmen (**Ignore**). Der Text „Herzlich Willkommen" muss mit einem Häkchen versehen sein, damit er ausgelagert wird. Er kann später über den Schlüssel `Test.0` angesprochen werden. Sie können jeden Schlüssel automatisch mit einem Präfix versehen lassen, das standardmäßig dem Namen der Klasse entspricht. Möchten Sie ohne ein Präfix arbeiten, lassen Sie das entsprechende Feld einfach leer. Sie haben auch die Möglichkeit, Schlüsselnamen vollkommen individuell zu vergeben. Klicken Sie nun auf **Next**. Eclipse weist Sie darauf hin, dass die Datei messages.properties, die die Texte aufnehmen wird, noch nicht existiert. Die IDE legt die Datei später jedoch automatisch an. Klicken Sie erneut auf **Next**.

Bild 2.25 Dialog zum Auslagern von Texten

Der Dialog *Externalize Strings* zeigt Ihnen nun eine Vorschau der Änderungen, die an Ihrem Quelltext vorgenommen werden, wenn Sie auf **Finish** klicken. Sie ist in Bild 2.26 zu sehen.

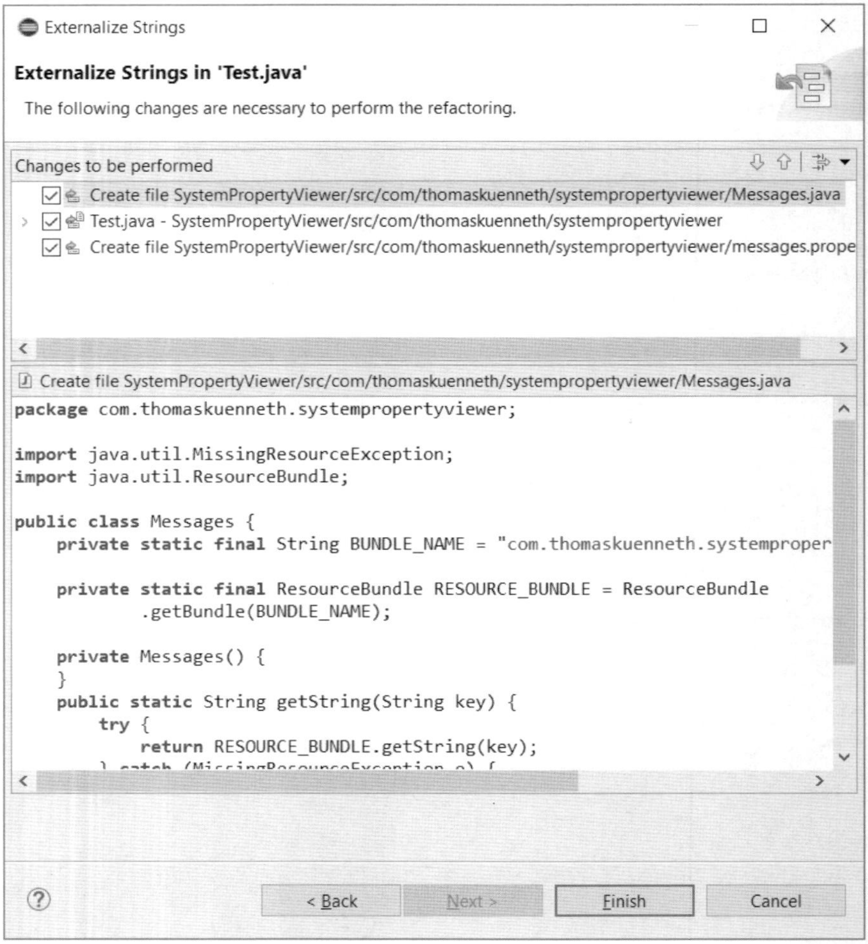

Bild 2.26 Vorschau der Änderungen am Quelltext

Um zu prüfen, ob die beiden genannten Dateien tatsächlich angelegt wurden, werfen Sie einen Blick in den Package Explorer. Die Klasse `Messages` sowie die Datei messages.properties finden Sie in demselben Paket wie `Test`.

TIPP: Nach dem Auslagern von Strings enthält Ihr Quelltext folgende Kommentare: `//$NON-NLS-1$`

Bitte entfernen Sie diese nicht. Hierbei handelt es sich um Hinweise für Eclipse und den Eclipse-eigenen Java-Compiler, die Strings als nicht internationalisierbar kennzeichnen. Den eigentlichen mehrsprachigen Text haben Sie ja bereits ausgelagert.

Sie haben bisher zahlreiche Funktionen kennengelernt, die Ihnen dabei helfen, Java-Quelltext komfortabel zu erfassen und zu bearbeiten. Voraussetzung für flüssiges Arbeiten ist aber auch das schnelle Bewegen im Code. Im folgenden Abschnitt geht es deshalb um die Navigation innerhalb des Quelltexts, aber auch um das Umschalten zwischen mehreren Editoren.

2.2.3 Navigation

Diesen Abschnitt möchte ich mit einer Frage beginnen: Was bedeutet eigentlich Navigation? Grundsätzlich versteht man darunter das Bewegen im Quelltext mithilfe der Cursor-Tasten oder durch direktes Anspringen einer Position per Mauszeiger und Linksklick. Eine weitere Möglichkeit, gezielt zu bestimmten Bereichen eines Programms zu gelangen, habe ich Ihnen mit **Navigate/Go to Line** vorgestellt. Nicht in den Bereich Navigation hingegen fällt das Verschieben des sichtbaren Ausschnitts eines Editors. Denn Sie sehen zwar einen anderen Teil Ihres Programms, allerdings passt sich die Cursor-Position nicht an. Sie können dies prüfen, indem Sie einen Blick auf die Statuszeile werfen. Sobald Sie eine beliebige Taste drücken, wird der sichtbare Bereich auch wieder der Cursor-Position angeglichen. Eine weitere Form der Navigation möchte ich Ihnen im Folgenden zeigen. Auch hier geht es um das unmittelbare Anspringen eines Abschnitts im Quelltext. Eclipse bietet Ihnen nämlich zwei Listen, in denen Sie solche Sprungziele definieren können: Aufgaben und Lesezeichen.

Aufgaben (Tasks)

In Abschnitt 1.2.1, „Ein neues Projekt anlegen“, habe ich Ihnen die Sicht *Tasks* bereits kurz vorgestellt. Sie zeigt Aufgaben, die entweder automatisch durch Eclipse oder explizit von Ihnen angelegt wurden. Welche Aufgaben das System selbstständig erzeugt, steuern Sie über die Seite **Java/Compiler/Task Tags** des Einstellungsdialogs, die in Bild 2.27 zu sehen ist. Hierzu weisen Sie einem Schlüsselwort eine Priorität zu. Beispielsweise haben Aufgaben, die das Wort FIXME enthalten, eine hohe Priorität, wohingegen TODO-Aufgaben mit normaler Priorität gekennzeichnet sind.

Probieren Sie das Anlegen von Aufgaben durch Eclipse aus, indem Sie in Ihrer Klasse `Test` mehrere Kommentare anlegen, die die Wörter FIXME und TODO enthalten. Sobald Sie den Quelltext speichern, wird die Sicht *Tasks* entsprechend aktualisiert. Falls sie nicht geöffnet ist, rufen Sie **Window/Show View/Tasks** auf. Aufgaben mit hoher Priorität werden mit einem roten Ausrufezeichen gekennzeichnet. Um zu der Zeile im Quelltext zu navigieren, die eine Aufgabe enthält, können Sie auf die betreffende Zeile der Sicht doppelklicken. Ein Klick mit der rechten Maustaste hingegen öffnet das Kontextmenü der Aufgabe. Es enthält unter anderem den Menüpunkt **Go To**, der dieselbe Funktion ausführt. In beiden Fällen wird der Bereich der Zeile markiert, der dem Beschreibungstext der Aufgabe entspricht.

Die Sicht *Tasks* ist übrigens unabhängig von einem Editor verwendbar. Sie sehen also auch solche Aufgaben, deren Quelltext im Moment nicht geöffnet ist. Ein Doppelklick öffnet die Datei und positioniert den Cursor an die Stelle, welche die Aufgabe enthält. Interessant ist die Funktion **Show In/Package Explorer** des Kontextmenüs, die die betreffende Klasse in der Sicht *Package Explorer* zeigt.

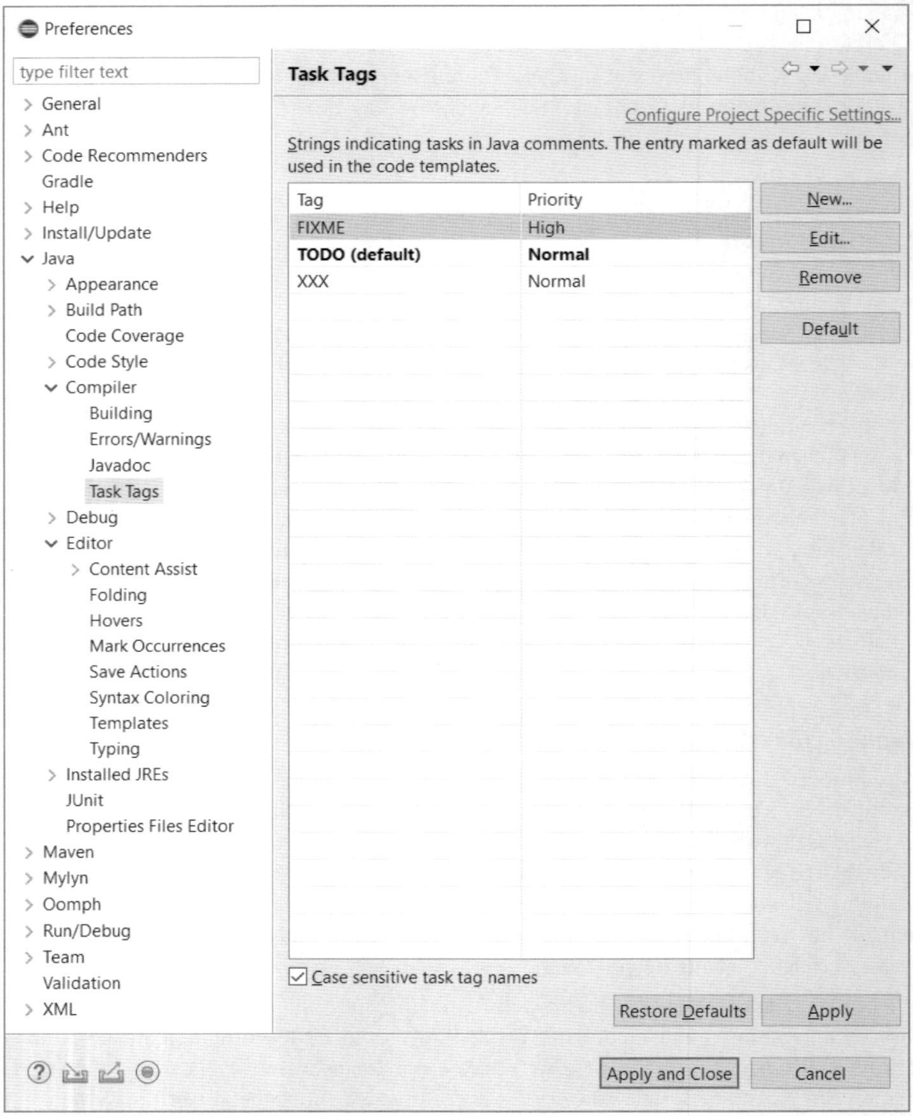

Bild 2.27 Dialog zum Anlegen und Bearbeiten von „Task Tags"

Im Gegensatz zu durch das System erzeugten Aufgaben müssen solche, die Sie selbst anlegen, keinen Bezug zu einem Quelltext haben. Sie können dies testen, indem Sie **Add Task** des Kontextmenüs aufrufen. Die Felder **On element**, **In folder** und **Location** des in Bild 2.28 gezeigten Dialogs *Add Task* sind leer und nicht anwählbar. Geben Sie einen beliebigen Aufgabentext ein und schließen Sie den Dialog mit **Add**. Erwartungsgemäß bleibt ein Doppelklick auf die neue Aufgabe ergebnislos.

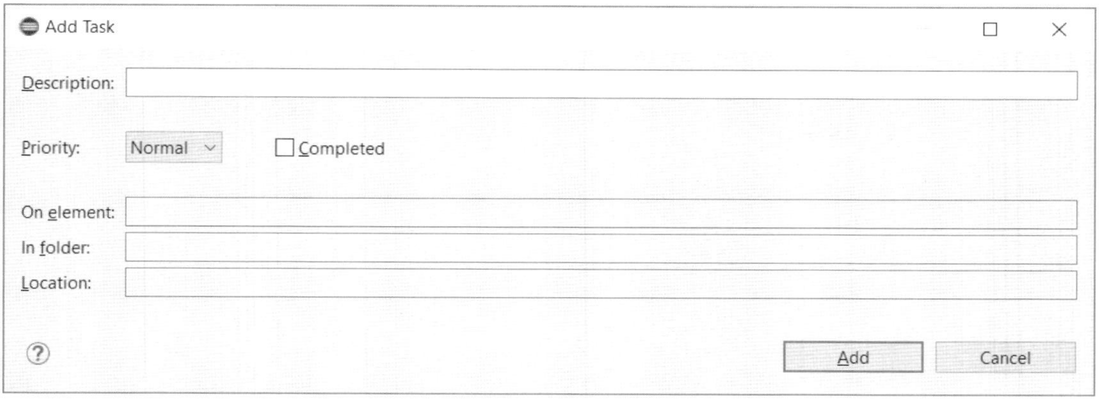

Bild 2.28 Anlegen einer neuen Aufgabe

Natürlich können Sie auch Aufgaben erstellen, die sich auf eine Zeile Ihres Quelltexts beziehen. Fahren Sie hierzu mit der Maus in den linken (leicht eingefärbten) Randbereich des Editors und drücken Sie die rechte Maustaste. Daraufhin öffnet sich ein Kontextmenü, das unter anderem die Funktion **Add Task** enthält. Sie öffnet den gerade eben vorgestellten Dialog *Add Task*. Allerdings sind nun die Felder **On element**, **In folder** und **Location** mit dem Namen der Datei, deren Verzeichnis und der aktuellen Zeilennummer vorbelegt.

Aufgaben, die Sie selbst angelegt haben, können Sie jederzeit durch Setzen eines Häkchens in der Spalte mit einem Häkchensymbol als erledigt markieren. Solche beendeten Aufgaben lassen sich einzeln oder komplett löschen. Öffnen Sie hierzu das Kontextmenü einer Aufgabe und wählen Sie **Delete** oder **Delete Completed Tasks**. Durch Eclipse erzeugte Aufgaben lassen sich derzeit nur durch Löschen des betreffenden Kommentars entfernen.

Lesezeichen (Bookmarks)

Aufgaben sind also eine Art von Sprungmarken, mit denen Sie Teile Ihres Quelltexts, an denen Sie noch Korrekturen vornehmen müssen, in schnellem Zugriff haben. Auch Lesezeichen sind Verweise auf Zeilen im Quelltext und werden wie Aufgaben mit einem Befehl des Kontextmenüs im linken (leicht eingefärbten) Randbereich des Java-Editors erzeugt (**Add Bookmark**). Beim Anlegen eines Lesezeichens müssen Sie einen Namen vergeben, der es möglichst knapp beschreiben sollte. Eclipse schlägt hier den Inhalt der betreffenden Zeile (bzw. bei sehr langen Zeilen einen Teil davon) vor. Sie sollten abwägen, ob Sie auf diese Weise das Lesezeichen eindeutig zuordnen können oder gegebenenfalls einen alternativen Namen vergeben.

Wie auch Aufgaben speichern Lesezeichen einen Dateinamen, das Verzeichnis der Datei und eine Zeilennummer. Diese Informationen werden in der Sicht *Bookmarks* in Bild 2.29 angezeigt. Um diese zu öffnen, wählen Sie **Window/Show View/Other**. Sie sehen nun den Dialog *Show View*. Die Sicht *Bookmarks* finden Sie unterhalb des Knotens **General**. Denken Sie daran, dass Sie Perspektiven speichern können, um häufig benötigte Sichten nicht jedes Mal erneut öffnen zu müssen. Quelltextzeilen, denen ein Lesezeichen zugewiesen wurde, erkennen Sie an einem blauen Symbol im linken Randbereich des Java-Editors. Um ein Lesezeichen zu entfernen, öffnen Sie dessen Kontextmenü, indem Sie das Symbol mit der rechten Maustaste anklicken und **Remove Bookmark** wählen. Alternativ ist dies auch über ein Menü möglich, das sich nach Rechtsklick auf das Lesezeichen in der Sicht *Bookmarks* öffnet. Dort heißt die Funktion **Delete**.

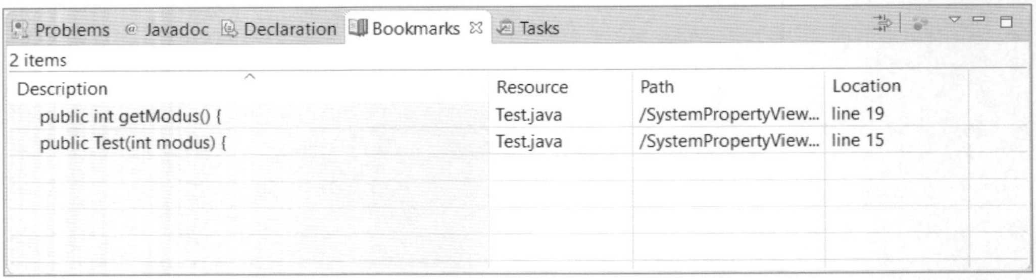

Bild 2.29 Die Sicht „Bookmarks“

Wie aber unterscheiden sich Lesezeichen von Aufgaben? Oder anders gefragt: Wann nehmen Sie die einen, wann die anderen? Schließlich erlauben beide die Navigation im Quelltext. Aufgaben helfen Ihnen dabei, Ihre Arbeit zu strukturieren, und erinnern Sie an Dinge, die Sie an Ihrem Programm noch ändern müssen. Konsequenterweise erfolgt das Anlegen auch sehr flüssig durch Eingabe eines Schlüsselworts innerhalb eines Kommentars. Lesezeichen hingegen sollten Sie einsetzen, wenn Sie oft in unterschiedlichen Bereichen Ihres Quelltexts arbeiten. Denn Lesezeichen sind, anders als die durch Eclipse automatisch erzeugten Aufgaben, nicht an Zeilen mit Kommentar gebunden. Dies trifft zwar auch auf solche Aufgaben zu, die Sie als Entwickler angelegt haben. Allerdings haben Aufgaben durch die ihnen zugewiesene Priorität eindeutig einen temporären Charakter. Irgendwann müssen sie erledigt sein. Lesezeichen hingegen behalten in der Regel ihre Gültigkeit.

Komfortabel navigieren

Wenn Sie mehrere Java-Quelltexte geöffnet haben, können Sie zwischen den verschiedenen Editoren umschalten, indem Sie die betreffende Registerkarte anklicken. Allerdings empfinden es viele Entwickler als störend, deshalb von der Tastatur zur Maus wechseln zu müssen. Windows-MDI-Anwendungen kennen für das Umschalten zwischen Programmunterfenstern das Tastenkürzel **Strg + F6**. Glücklicherweise übernimmt Eclipse diese äußerst praktische Funktion. Haben Sie also mehrere Editorinstanzen geöffnet, können Sie zwischen diesen blättern, indem Sie **Strg + F6** drücken. Solange Sie die Taste **Strg** festhalten, sehen Sie eine Liste vergleichbar mit Bild 2.30, die die Namen der geöffneten Dateien zeigt. Mit **F6** blättern Sie einen Eintrag weiter, mit **Shift + F6** in die andere Richtung. Wenn Sie die Taste **Strg** loslassen, wird derjenige Editor aktiv, dessen Eintrag mit einem andersfarbigen Hintergrund versehen ist. Auf dem Mac drücken Sie anstelle von **Strg** die Taste **Command**.

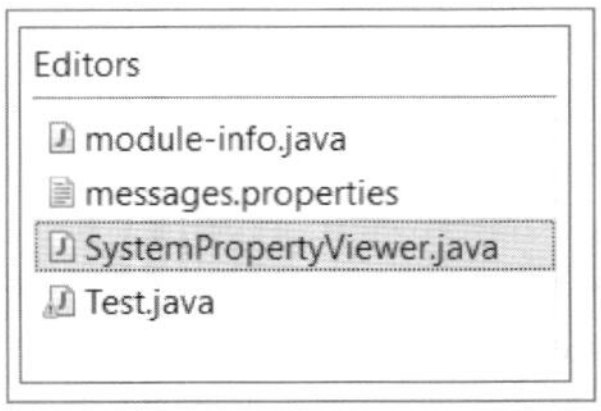

Bild 2.30
Liste der geöffneten Editoren

Ein weiteres recht praktisches Tastenkürzel ist übrigens **Strg + F4** (auf dem Mac **Command + W**), das Eclipse ebenfalls von Windows-Anwendungen übernommen hat. Hiermit schließen Sie den derzeit aktiven Editor. Selbstverständlich werden Sie über etwaige nicht gespeicherte Änderungen informiert.

Ich möchte nun einige Befehle ansprechen, die zum Teil über die Menüleiste und zum Teil über die Toolbar am oberen Rand der Workbench aufgerufen werden. Welche Funktionen dort verfügbar sind, hängt unter anderem von der aktiven Perspektive ab. Wie Sie bereits wissen, können Sie durch **Window/Perspective/Customize Perspective** Symbole bzw. Funktionen ein- und ausblenden.

Die beiden Symbole (**Next Annotation** und **Previous Annotation**) helfen Ihnen, zu wichtigen Positionen innerhalb eines Quelltexts zu navigieren. Jeder Klick setzt den Cursor an die jeweils nächste oder vorhergehende geeignete Anmerkung (abhängig davon, in welche Richtung Sie blättern). Welche Anmerkungen Eclipse hierbei berücksichtigen soll, stellen Sie ein, indem Sie auf den kleinen, nach unten weisenden Pfeil rechts neben den beiden Symbolen klicken. Sie sehen daraufhin die in Bild 2.31 gezeigte Auswahlliste, in der Sie durch Anklicken beliebig Häkchen setzen und entfernen können. Möchten Sie die beiden Symbole **Next Annotation** und **Previous Annotation** beispielsweise dazu verwenden, der Reihe nach alle Lesezeichen Ihrer Quelltexte aufzusuchen, müssen Sie alle Häkchen des Auswahlmenüs mit Ausnahme von **Bookmarks** entfernen.

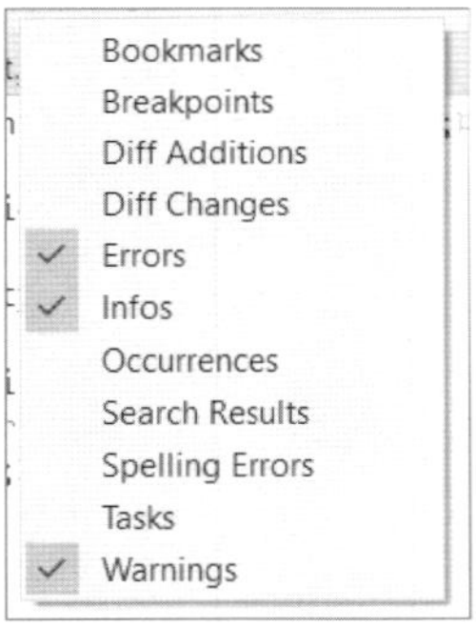

Bild 2.31
Liste der zu berücksichtigenden Anmerkungen

Eine weitere äußerst nützliche Funktion ist **Navigate/Last Edit Location**. Sie ist auch über das Tastenkürzel **Strg + Q** und die Toolbar verfügbar. Mit ihr gelangen Sie zu der Stelle im Quelltext, an der Sie zuletzt Änderungen vorgenommen haben. Ebenfalls über das Menü **Navigate** sowie die Toolbar erreichen Sie die beiden Funktionen (**Back** und **Forward**). Damit blättern Sie durch die Ressourcen, die in einem Editor angezeigt werden, wie durch die Seiten in einem Webbrowser. Ein Klick auf den nach unten zeigenden Pfeil öffnet eine Auswahl, in der Sie gezielt zu Dateien springen können.

Brotkrümelnavigation

Eine äußerst praktische Form der Navigation ist die Brotkrümelnavigation. Die diesem Bedienkonzept zugrunde liegende Idee ist, in einer Leiste die Stationen von einem Ausgangspunkt zum aktuellen Standort anzuzeigen. In der Regel kann jede Station Aktionen auslösen. Sie kennen diese Form der Navigation von zahlreichen Webseiten. Aber auch Windows, macOS und Linux nutzen sie zum Bewegen durch das Dateisystem. Die Brotkrümelnavigation im Java-Editor von Eclipse zeigt das Element an der aktuellen Cursor-Position sowie seine Elternelemente an. Sie lässt sich mit dem Toolbar-Symbol (**Toggle Breadcrumb**) ein- und ausblenden. In Bild 2.32 befindet sich der Cursor in Zeile 20 innerhalb des Worts `modus`, also in der Methode `getModus()`. Sie ist das aktuelle Element, das in der Brotkrümelnavigationsleiste am weitesten rechts angezeigt wird.

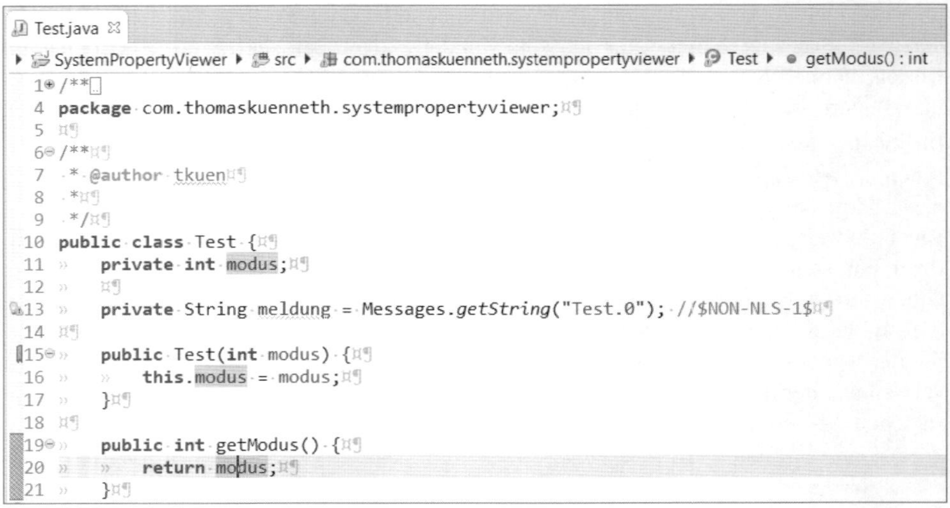

Bild 2.32 Java-Editor mit eingeblendeter Brotkrümelnavigation

Sie können jedes Element mit der rechten Maustaste anklicken, woraufhin sich ein Kontextmenü öffnet. Die linke Maustaste hingegen zeigt eine in Bild 2.33 dargestellte Liste mit möglichen Sprungzielen.

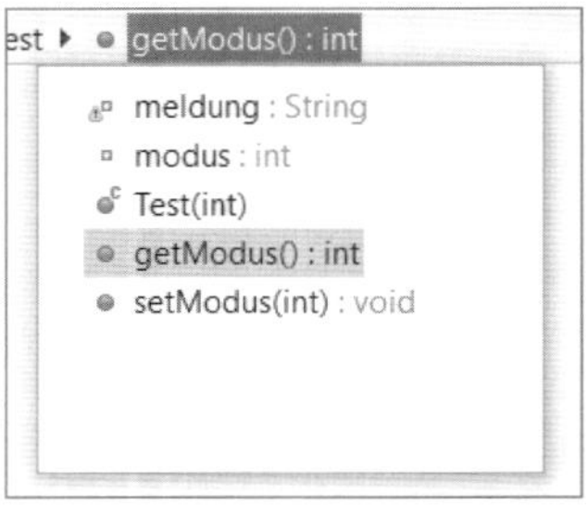

Bild 2.33
Liste mit Sprungzielen

Die Brotkrümelleiste lässt sich auch mit der Tastatur bedienen. Drücken Sie zunächst **Alt + Shift + B** (**Command + Alt + B** auf dem Mac) und bewegen Sie sich anschließend mit den Cursor-Tasten zum gewünschten Element. Drücken Sie die Pfeil-runter-Taste, um das Menü mit den Sprungzielen zu öffnen. In diesem können Sie wie gewohnt mit den Pfeiltasten navigieren. **Enter** springt zum ausgewählten Ziel. **Esc** schließt das Menü. Die Brotkrümelnavigation ermöglicht das Öffnen von Klassen und Dateien, die in einem eigenen Editorfenster dargestellt werden.

Im folgenden Abschnitt geht die Erkundung der IDE weiter. Sie lernen einige wichtige Sichten ausführlicher kennen und verwenden das sogenannte Scrapbook sowie die Local History.

2.2.4 Komfortabel arbeiten

Sicher haben Sie sich schon einmal gewünscht, eine kurze Befehlssequenz ausprobieren zu können, ohne mühsam eine Klasse anlegen, das Programm übersetzen und starten zu müssen. Seit Version 9 ist die JShell Bestandteil des JDK. Sie erlaubt das unmittelbare Eingeben und Ausführen von Anweisungen und Ausdrucken. Hierfür hat sich der Begriff Read-Evaluate-Print-loop etabliert. Etwas ganz Ähnliches bietet Eclipse in Form des Scrapbooks. Mit dessen Hilfe können Sie Java-Anweisungen und Ausdrücke eingeben und sofort ausführen.

Das Scrapbook

Um das Scrapbook zu verwenden, fügen Sie Ihrem Arbeitsbereich am besten ein neues Java-Projekt hinzu (**File/New/Java Project**). Wichtig ist dabei, dass Sie den Projektassistenten keine module-info.java-Datei erzeugen lassen. **Create module-info.java file** darf also nicht mit einem Häkchen versehen sein. Um diesem Projekt eine Scrapbook-Seite hinzuzufügen, öffnen Sie das Kontextmenü des Projekts (im Package Explorer mit der rechten Maustaste auf den Namen des Projekts klicken und **New/Other** auswählen). Im nun erscheinenden Dialog navigieren Sie zum Knoten **Java/Java Run/Debug** und klicken auf **Scrapbook Page**. Etwas schneller kommen Sie ans Ziel, wenn Sie in der Eingabezeile unterhalb des Worts „Wizards" den Text „scrap" eingeben. Der Dialog zeigt automatisch den Eintrag **Scrapbook Page**. Sofern er nicht selektiert ist, klicken Sie ihn bitte an. Mit **Next** gelangen Sie auf die zweite Seite des Dialogs, die Sie in Bild 2.34 sehen.

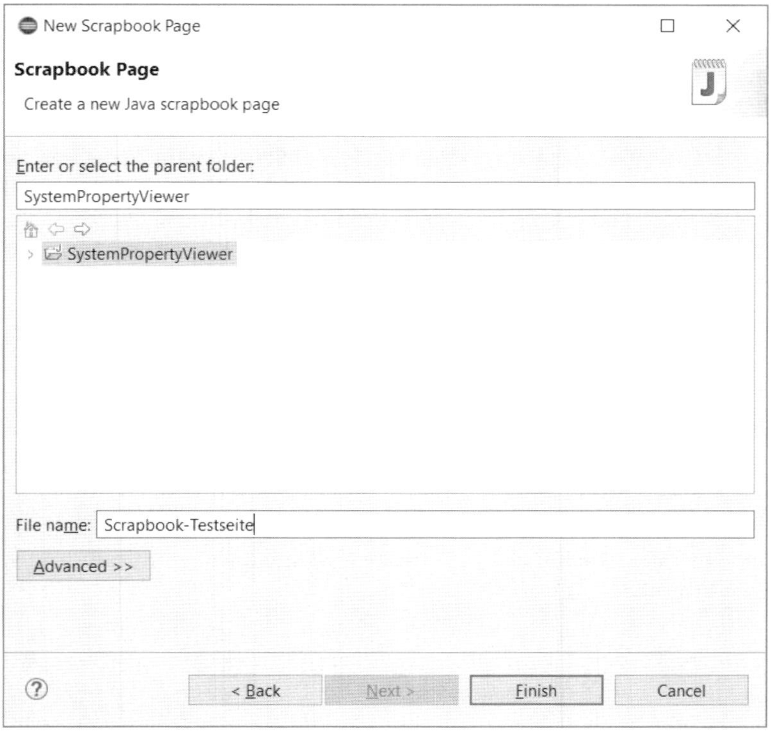

Bild 2.34 Anlegen einer Scrapbook-Seite

Geben Sie der Scrapbook-Seite einen Namen, beispielsweise „Scrapbook-Testseite“, und schließen Sie den Dialog durch einen Klick auf **Finish**. Die neu angelegte Datei mit der Endung .jpage wird im Package Explorer angezeigt und in einem Editor geöffnet. Geben Sie nun einen beliebigen Java-Ausdruck ein, zum Beispiel:

```
System.out.println("Hallo, Welt");
```

Um ein Quelltextfragment auszuführen, müssen Sie es zunächst markieren. Da der Editor bisher nur Ihre eben gemachte Eingabe enthält, geht dies am schnellsten, indem Sie **Strg + A** (auf dem Mac ist dies **Command + A**) drücken. Dieses Tastenkürzel entspricht übrigens **Edit/Select All**. Anschließend klicken Sie auf das Toolbar-Symbol (**Execute the Selected Text**). Der Text „Hallo, Welt“ wird in der Sicht *Console* ausgegeben. Vereinfacht ausgedrückt, sammelt diese alle Ausgaben in die Streams `out` und `err`. Ändern Sie den eben eingegebenen Ausdruck so um, dass die Meldung in den `err`-Stream geschrieben wird, und führen Sie die Anweisung erneut aus. Sie werden bemerken, dass die Meldung nun in roter Schrift erscheint. Falls die Console nicht sichtbar ist, können Sie diese mit **Window/Show View/Console** öffnen. Löschen Sie nun den Inhalt des Editors und geben Sie dann `Math.PI` ein. Nachdem Sie den Text markiert haben, klicken Sie erneut auf **Execute the Selected Text.** Sie werden feststellen, dass der gewünschte Wert nicht in der Console ausgegeben wird. Versuchen Sie es nun mit dem Symbol (**Display Result of Evaluating Selected Text**). Wie Sie in Bild 2.35 sehen, wird der Ausdruck ausgewertet und das Ergebnis der Auswertung im Editor eingefügt.

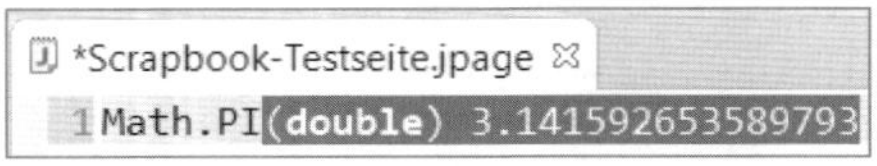

Bild 2.35 Auswerten eines Ausdrucks

Dieser Text ist markiert, kann also durch Drücken der Taste Rückschritt gelöscht werden (Entf funktioniert nicht, wenn der Cursor am Ende der Zeile steht). Dies ist praktisch, weil der gesamte Ausdruck nun nicht mehr ohne Fehler ausgewertet werden kann. Probieren Sie das einmal aus, indem Sie zunächst **Strg + A** drücken und anschließend **Display Result of Evaluating Selected Text** anklicken. Eclipse wird die Fehlermeldung

Syntax error on token "(", (expected after this token

einfügen und markieren. Falls Sie die Ergebnisse der Auswertungen nicht löschen möchten, können Sie am Ende Ihres Ausdrucks einen einzeiligen Kommentar beginnen. Auch hierzu ein Beispiel. Löschen Sie den Inhalt des Editors und geben Sie anschließend ein:

```
System.getProperty("user.name") //
```

Anschließend drücken Sie **Strg + A** und klicken erneut auf das Symbol **Display Result of Evaluating Selected Text**. Das Ergebnis der Auswertung wird unmittelbar hinter die beiden Kommentarzeichen geschrieben.

Sowohl **Display Result of Evaluating Selected Text** als auch **Execute the Selected Text** werten Ausdrücke aus. Bei Letzterem wird das Ergebnis der Auswertung verworfen, wohingegen es bei **Display Result of Evaluating Selected Text** in den Editor übernommen wird. **Execute the Selected Text** bietet sich an, wenn die auszuführende Befehlssequenz entweder keine Ausgaben tätigt oder ohnehin in einen der beiden Ausgabeströme schreibt. Dann sehen Sie das Ergebnis in der Sicht *Console*.

Eine spannende Frage ist, in welcher Laufzeitumgebung das Scrapbook eigentlich ausgeführt wird. Wenn Sie im Package Explorer mit der rechten Maustaste auf Ihre Scrapbook-Seite klicken und im daraufhin erscheinenden Kontextmenü **Properties** auswählen, sehen Sie den in Bild 2.36 gezeigten Dialog. Auf dessen Seite **Scrapbook Runtime** können Sie nicht nur das Arbeitsverzeichnis einstellen und Parameter an die virtuelle Maschine übergeben, sondern auch auswählen, welche Java-Version Sie für das Scrapbook verwenden möchten. Sie wird beim Auswerten des ersten Ausdrucks gestartet. Um diese virtuelle Maschine wieder zu beenden, klicken Sie auf das Toolbar-Symbol (**Stop the Evaluation**). Mit dem Symbol (**Sets the Import Declarations for Running Code**) schließlich legen Sie fest, welche Klassen und Pakete in Ihre Scrapbook-Seite importiert und damit ohne ausdrückliche Nennung eines Paketnamens gefunden werden.

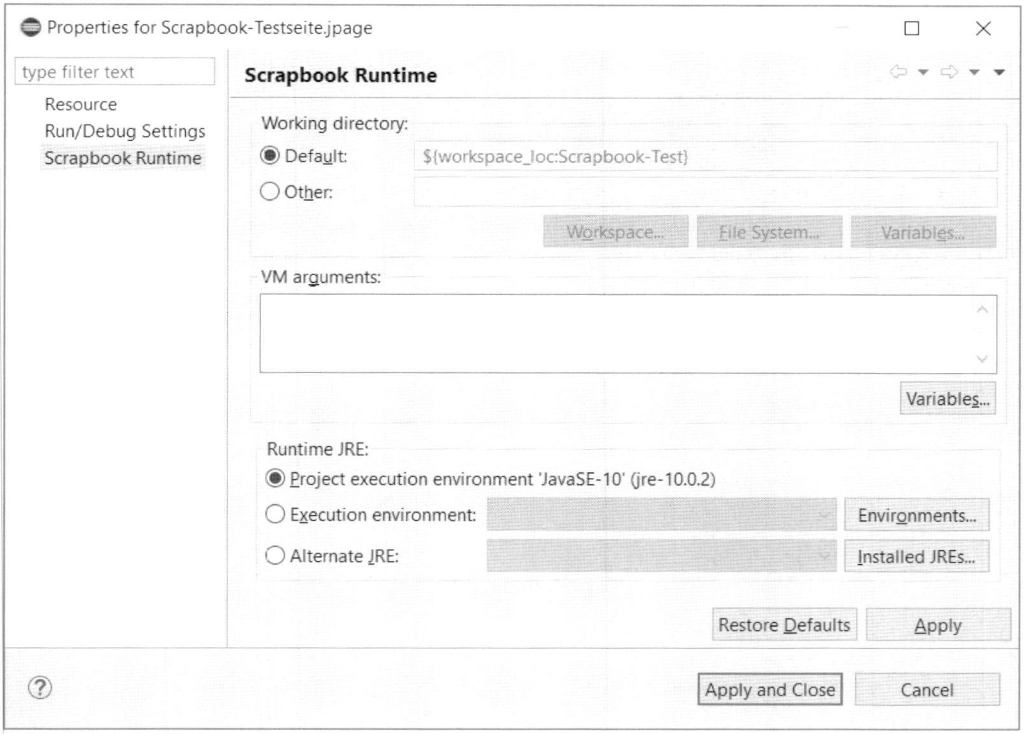

Bild 2.36 Eigenschaften einer Scrapbook-Seite

Das Scrapbook bietet eine äußerst komfortable Möglichkeit, schnell und unkompliziert Quelltextfragmente einzugeben und zu testen. Im nächsten Abschnitt beschäftigen wir uns mit der Frage, wie Sie versehentliche Änderungen an Ihren Programmen rückgängig machen können. Neben dem gängigen Undo-Redo-Paradigma bietet Eclipse nämlich einen weiteren praktischen Helfer, die sogenannte Local History. Hierbei handelt es sich, wie Sie gleich sehen werden, um eine Art Versionsverwaltung auf Dateiebene.

Undo, Redo und Local History

Beginnen möchte ich diesen Abschnitt mit den beiden Menüeinträgen **Edit/Undo** und **Edit/Redo**. Sie implementieren die aus vielen Programmen bekannten Funktionen Zurücknehmen einer Änderung und Wiederherstellen der Änderung nach einem Undo. Um das Verhalten von Eclipse zu testen, öffnen Sie einen beliebigen Editor. Sie können hierzu die Scrapbook-Seite aus dem vorherigen Abschnitt oder beispielsweise die Klasse `Test` verwenden. Bewegen Sie den Cursor in eine beliebige Zeile und geben Sie `// ein Test` ein. Drücken Sie nun die Tastenkombination **Strg + Z** (**Command + Z** auf dem Mac) oder wählen Sie **Edit/Undo**. Erwartungsgemäß ist der von Ihnen eingegebene Text verschwunden. Um ihn wiederherzustellen, rufen Sie **Edit/Redo** auf oder drücken **Strg + Y** (auf dem Mac ist dies **Command + Shift + Z**). Der Text erscheint an seiner ursprünglichen Position, bleibt aber markiert. Ein versehentlicher Tastendruck würde also zu einem Überschreiben führen.

> **HINWEIS:** Sicherlich ist Ihnen aufgefallen, dass die Menübefehle, sofern sie anwählbar sind, nicht nur Undo bzw. Redo lauten, sondern beispielsweise Undo Typing. Die IDE gibt Ihnen auf diese Weise einen Hinweis darauf, welche Operation betroffen ist.

Die beiden Funktionen sind nämlich keineswegs auf reine Textoperationen beschränkt. Auch dies möchte ich Ihnen an einem Beispiel demonstrieren: Öffnen Sie das Projekt SystemPropertyViewer und klappen Sie alle Einträge auf, bis der Package Explorer in etwa Bild 2.37 entspricht. Klicken Sie nun mit der rechten Maustaste auf die `main()`-Methode und wählen Sie dann **Refactor/Rename**.

Bild 2.37
main()-Methode im Package Explorer

Sie sehen daraufhin den in Bild 2.38 gezeigten Dialog *Rename Method*. Geben Sie der Methode `main()` nun den neuen Namen `test_main` und klicken Sie auf **OK**. Nachdem Eclipse alle Änderungen an Ihrem Quelltext abgeschlossen hat, sehen Sie im Package Explorer die umbenannte Methode. Welche weiteren Möglichkeiten Ihnen die IDE bietet, Ihre Quelltexte durch Refactoring umzustellen, zeige ich Ihnen in Abschnitt 2.3.3, „Refactoring".

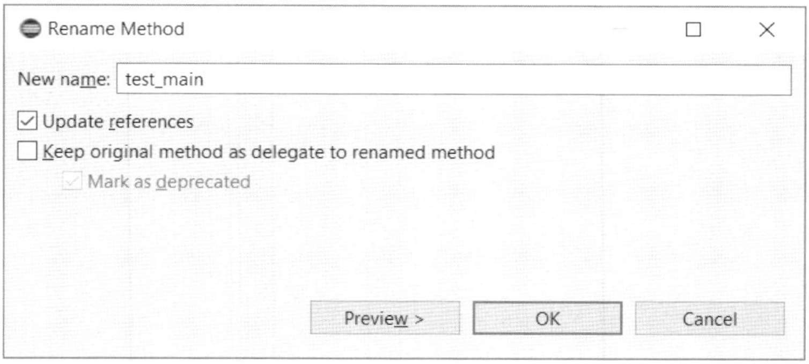

Bild 2.38 Dialog zum Umbenennen von Methoden

Wichtig ist an dieser Stelle, dass Sie diese doch recht umfassenden Änderungen mit minimalem Aufwand zurücknehmen können. Werfen Sie einen Blick in das Menü **Edit**. Ganz oben finden Sie **Undo Rename Method**. Tun Sie genau dies. Der Quelltext hat wieder seinen vorherigen Stand. Ein erneuter Blick in das Menü **Edit** zeigt, dass Sie mit **Redo Rename Method** die Methode `main()` erneut umbenennen könnten, wobei natürlich keine Eingaben in einem Dialog nötig sind. Wie viele Undo-Schritte möglich sind, legen Sie im Einstellungsdialog auf der Seite Text Editors fest. Navigieren Sie hierzu zum Knoten **General/Editors/Text Editors** und tragen Sie den gewünschten Wert bei **Undo history size** ein.

Undo und Redo wirken unmittelbar im Texteditor. Änderungen an gespeicherten Dateien lassen sich auf diese Weise nicht rückgängig machen. Hierzu ein Beispiel: Öffnen Sie die Klasse `Test`, löschen Sie deren kompletten Inhalt und speichern Sie diese Änderung. Danach schließen Sie den Editor. Was geschieht, wenn Sie eine solch gravierende Änderung zurücknehmen müssen? Ein Blick in das Menü **Edit** zeigt schnell, dass keine entsprechende Operation zur Verfügung steht. Eine Möglichkeit ist sicherlich, ein Backup einzuspielen. Dies setzt allerdings die regelmäßige Erstellung solcher Sicherungen und deren Verfügbarkeit im Schadensfall voraus. Eclipse bietet für solche Situationen die sogenannte Local History. Jedes Mal, wenn Sie (signifikante) Änderungen an einer Datei vornehmen und speichern, erzeugt die IDE eine Kopie. Sie können zu jedem Zeitpunkt die aktuelle Version durch eine frühere Version aus der Local History ersetzen. Auf diese Weise lassen sich sogar gelöschte Dateien wiederherstellen. Wie Sie später noch sehen werden, können Sie auch Versionsstände miteinander vergleichen.

Klicken Sie im Package Explorer mit der rechten Maustaste auf die Klasse `Test` und wählen Sie **Restore from Local History**. Wenn Eclipse das wiederherzustellende Element selbstständig ermitteln kann, erhalten Sie die ursprüngliche Fassung ohne weitere Rückfrage. Andernfalls erscheint der Dialog *Restore Java Element from Local History*, den Sie in Bild 2.39 sehen. Er enthält für jedes historisierte Java-Element eine Liste der Versionsstände und zeigt an, wann die Änderungen stattgefunden haben. Anhand einer Vorschau können Sie sehr schön erkennen, welche Version dem gewünschten Stand entspricht. Setzen Sie jeweils ein Häkchen vor die Java-Elemente, die wiederhergestellt werden sollen. Klicken Sie danach auf **Restore**, um die markierte Fassung als neue Version der Datei zu übernehmen.

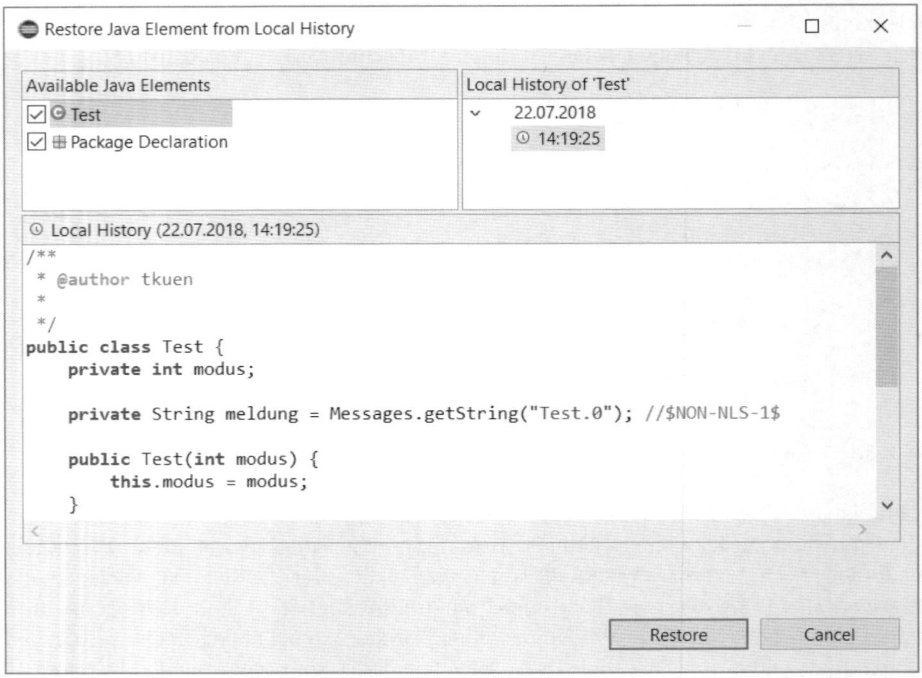

Bild 2.39 Wiederherstellen aus der Local History

Wie Sie gleich noch sehen werden, gibt es für das Rückgängigmachen von weniger „destruktiven" Änderungen eine eigene Funktion. Das gerade vorgestellte **Restore from Local History** setzen Sie ein, wenn Sie komplette Dateien wiederherstellen müssen. Haben Sie beispielsweise eine Datei im Package Explorer gelöscht, können Sie sie auf diese Weise retten. Um dies auszuprobieren, klicken Sie mit der rechten Maustaste auf die Klasse `Test` und wählen Sie **Delete**. Bestätigen Sie die nun erscheinende Rückfrage mit **OK**. Sofern Sie die Datei in einem Editor geöffnet haben, wird dieser geschlossen. Auch der Package Explorer zeigt Test nicht mehr an. Klicken Sie mit der rechten Maustaste auf sein Wurzelelement und wählen Sie erneut **Restore from Local History**. Im nun erscheinenden Dialog *Restore from Local History* können Sie diejenige Datei auswählen, die Sie wiederherstellen möchten.

Um weitere Funktionen der Local History kennenzulernen, fügen Sie der Klasse `Test` einige Elemente hinzu. Positionieren Sie den Cursor hierzu auf dem Namen Test der Konstruktordeklaration und rufen Sie dann **Refactor/Introduce Factory** auf. Im Dialog *Introduce Factory*, den Sie in Bild 2.40 sehen, fragt Eclipse den Namen der zu generierenden Methode sowie der Factory-Klasse ab. Außerdem können Sie festlegen, ob der bestehende Konstruktor als `private` deklariert werden soll. Schließen Sie den Dialog mit einem Klick auf **OK**.

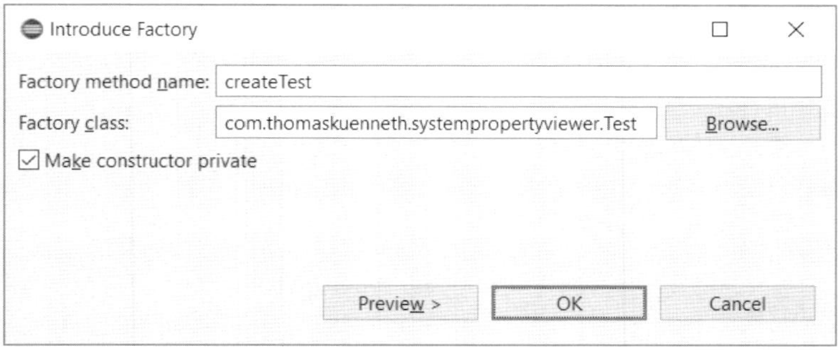

Bild 2.40 Dialog zum Erzeugen von Factory-Methoden

Auch das Erzeugen von Factory-Methoden ist ein Aspekt beim Refactoring von Java-Quelltexten. Informationen zum Thema Refactoring finden Sie im gleichnamigen Abschnitt 2.3.3. Im Hinblick auf die Erklärungen zur Local History ist es wichtig, dass die Klasse `Test` in zwei Punkten modifiziert wurde: Zum einen gibt es die neue Methode `createTest()`, zum anderen ist der Konstruktor von außen nicht mehr zugänglich. Was den aktuellen Stand eines Quelltexts von seinen Vorgängerversionen unterscheidet, können Sie sehr schön mit **Compare With/Local History** herausfinden. Sie erreichen diese Funktion über das Kontextmenü, das Sie per Rechtsklick auf die Klasse `Test` im Package Explorer öffnen. Bitte tun Sie dies nun.

Bild 2.41 Die Sicht „History"

Eclipse öffnet daraufhin die Sicht *History*, die Sie in Bild 2.41 sehen. Den größten Raum nimmt eine Liste mit Versionsständen ein, die Sie in ähnlicher Form bereits vom Dialog *Restore from Local History* her kennen. Ein Doppelklick auf einen der Einträge öffnet die entsprechende Version in einem Editor. Was hierbei genau geschieht, ist vom Status des Symbols (**Compare Mode**) abhängig. Ist dieser Vergleichsmodus nicht aktiv, wird jede Version in einer eigenen schreibgeschützten Editorinstanz angezeigt. Möchten Sie aber Versionsstände miteinander vergleichen, klicken Sie das Symbol **Compare Mode** an. Doppelklicks auf Versionsstände zeigen dann eine spezielle Vergleichsansicht, die Sie in Bild 2.42 sehen.

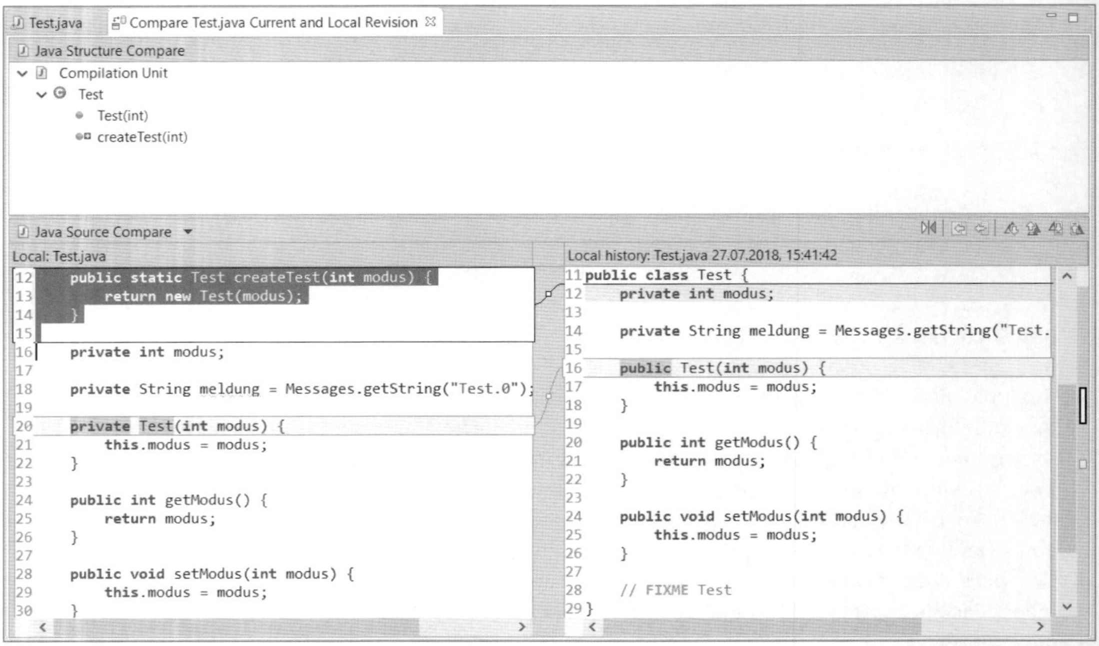

Bild 2.42 Vergleich zweier Versionsstände

Diese Vergleichsansicht besteht aus zwei Bereichen. **Java Structure Compare** zeigt Ihnen beispielsweise mit einem Plussymbol an, dass die Methode `createTest()` neu hinzugefügt wurde. Sie erhalten dadurch einen Überblick über Änderungen an der Struktur eines Quelltexts. **Java Source Compare** hingegen stellt alle Änderungen detailliert gegenüber. Sie sehen hier nicht nur die neue Methode `createTest()`, sondern auch die Änderung der Sichtbarkeit des Konstruktors. Mit den Symbolen des Vergleichseditors können Sie gezielt zu Änderungen navigieren sowie Bereiche einer früheren Version in die aktuelle Fassung übernehmen. Dies ist besonders praktisch, wenn Sie eine Methode gelöscht haben und später feststellen, dass Sie diese doch noch benötigen.

Die Sicht *History* öffnet für jeden Versionsstand nach Rechtsklick auf dessen Eintrag ein Kontextmenü, das Sie in Bild 2.43 sehen. Der Menüpunkt **Open** stellt die ausgewählte Version in einem eigenen, schreibgeschützten Editor dar, auch wenn der Vergleichsmodus aktiv ist. **Compare Current with Local** öffnet den eben beschriebenen Vergleichseditor. Haben Sie in der Sicht *History* zwei Einträge markiert, erscheint stattdessen **Compare with Each Other**. Dies funktioniert auch dann, wenn Sie den Vergleichsmodus gar nicht aktiviert haben. Zwei beliebige Versionen lassen sich mit **Compare with Each Other** vergleichen. Klicken Sie vor dem Öffnen des Kontextmenüs die zweite Version einfach bei gedrückter Taste **Strg** (**Command** auf dem Mac) an. Der Befehl **Get Contents** übernimmt die ausgewählte Version vollständig als neue Fassung.

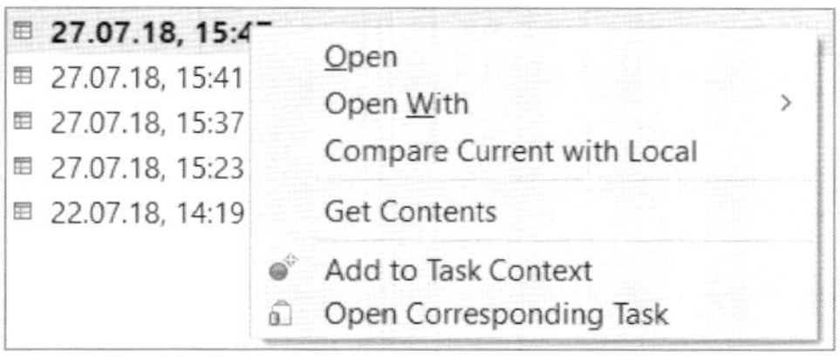

Bild 2.43
Kontextmenü eines Versionsstands

Mithilfe der Vergleichsfunktion können Sie also sehr komfortabel Änderungen zwischen verschiedenen Versionsständen nachvollziehen und gegebenenfalls ältere Fassungen wiederherstellen. Wie viele Änderungen in der Local History vorgehalten werden und wie lange ältere Versionsstände verfügbar sind, stellen Sie auf der Seite Local History des Einstellungsdialogs ein. Navigieren Sie hierzu zum Knoten **General/Workspace/Local History**. Im folgenden Abschnitt möchte ich Ihnen mit Navigator und Outline zwei weitere wichtige Sichten vorstellen, die Sie bei Ihrer Arbeit mit Eclipse unterstützen.

Die Sichten „Navigator" und „Outline"

Die Sicht *Navigator* stellt Ressourcen des Arbeitsbereichs hierarchisch dar. Ihre Projekte erscheinen als Äste eines Baums, was auf den ersten Blick stark an den Ihnen bereits bekannten Package Explorer erinnert. Wenn Sie die Elemente, die die beiden Sichten anzeigen, miteinander vergleichen, werden Sie allerdings schnell feststellen, dass der Navigator auch solche Ressourcen anzeigt, die im Package Explorer verborgen bleiben. Beispiele hierfür sind die in Bild 2.44 gezeigten Dateien .classpath und .project, sowie das Verzeichnis bin. Der Navigator zeigt Ihnen die physikalische Struktur von Projekten, wohingegen der Package Explorer diese aus Java-Sicht darstellt..

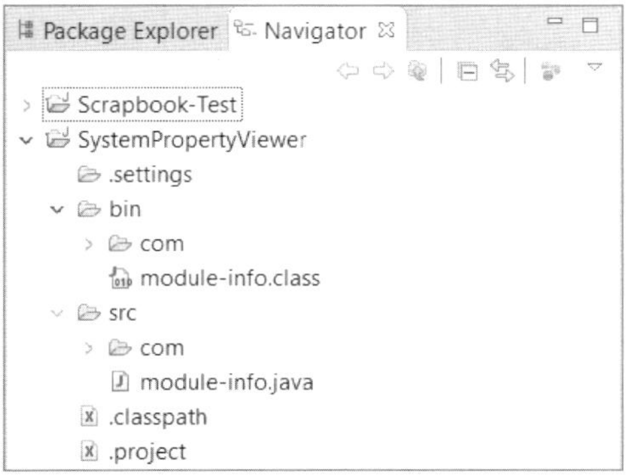

Bild 2.44
Die Sicht „Navigator"

Wie im Package Explorer können Sie auch im Navigator Dateien durch Doppelklick öffnen. Um ein Kontextmenü aufzurufen, das die zu der Ressource passenden Funktionen wie Kopieren, Verschieben und Vergleichen anbietet, klicken Sie mit der rechten Maustaste auf die Ressource. Das Symbol (**Link with Editor**) verbindet den Navigator mit dem aktiven Editor. Wenn Sie zwischen verschiedenen Instanzen eines Editors wechseln, passt sich die Sicht automatisch an und markiert die in diesem Editor angezeigte bzw. bearbeitete Ressource. Hierzu ein Beispiel: Öffnen Sie die beiden Dateien Test.java und .classpath, nachdem Sie Link with Editor aktiviert haben. Wechseln Sie nun zwischen den beiden Editorinstanzen hin und her. Beachten Sie dabei die Anzeige im Navigator. Sie werden feststellen, dass die im aktiven Editor angezeigte Datei im Navigator markiert ist. Die Möglichkeit, den Inhalt einer Sicht an einen Editor zu binden, steht für sehr viele Sichten zur Verfügung. So finden Sie auch im Package Explorer das Symbol **Link with Editor**. Auch die Sicht *Outline*, die ich Ihnen nun vorstellen möchte, kann ihren Inhalt an die aktive Editorinstanz anpassen. Das Symbol ist allerdings nicht unmittelbar zu sehen, sondern über das Klappmenü der Sicht zugänglich.

Generell stellt Outline strukturierte Dateien in Form einer Übersicht oder Gliederung dar. Was genau die Sicht anzeigt, ist also von der Art der Datei abhängig. Von Java-Quelltexten sehen Sie beispielsweise die Konstruktoren, Methoden und Variablen. Prüfen Sie zunächst, ob Sie die Funktion **Link with Editor** in der Sicht *Outline* aktiviert haben. Falls nicht, tun Sie dies bitte. Die Funktion ist im Klappmenü der Sicht versteckt. Öffnen Sie nun die Klasse Test. Ihre Sicht sollte in etwa Bild 2.45 entsprechen. Um im Editor zu einem bestimmten Element zu gelangen, können Sie es in Outline anklicken. Der umgekehrte Weg ist ebenfalls möglich. Das bedeutet, wenn Sie im Quelltext navigieren, wird das aktuelle Element in Outline markiert. In der Symbolleiste der Sicht können Sie einstellen, welche Elemente Sie anzeigen möchten. Beispielsweise lassen sich statische Variablen und Methoden verbergen. Die Reihenfolge der Elemente in Outline entspricht deren Auftreten im Quelltext, sofern Sie die Sortierfunktion nicht eingeschaltet haben.

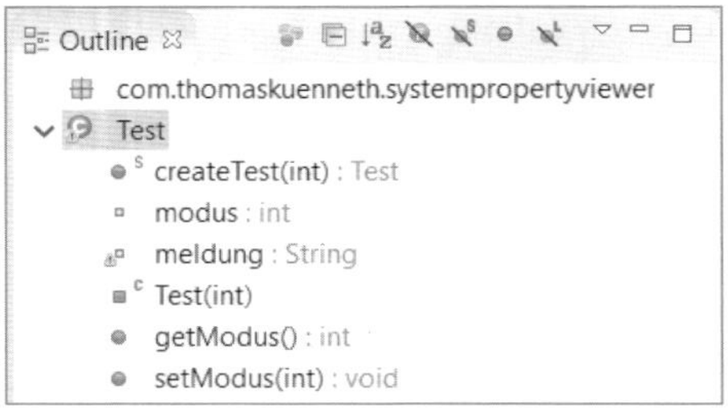

Bild 2.45
Die Sicht „Outline“

Übrigens können Sie durch Verschieben von Elementen in der Sicht deren Position im Quelltext ändern. Haben Sie beispielsweise eine Methode an der falschen Stelle eingefügt, lässt sich dies auf einfache Weise beheben. Klicken Sie hierzu auf den Methodennamen und schieben Sie das Element mit gedrückter Maustaste an seine neue Position.

Im folgenden Abschnitt stelle ich Ihnen die sogenannten Working Sets vor. Hierbei handelt es sich um eine Art Filtermechanismus, mit dem Sie unter anderem steuern können, welche Elemente in den Navigationssichten der Workbench angezeigt werden.

Working Sets

Ganz allgemein fassen Working Sets Elemente in Gruppen zusammen. Für bestimmte Sichten können Sie dann festlegen, dass diese nur noch diejenigen Elemente anzeigen, die zu einem bestimmten Working Set gehören. Dies ist nützlich, wenn Sie die Zahl der angezeigten Elemente eingrenzen möchten. Working Sets können aber auch dazu verwendet werden, Aktionen auf mehrere Elemente gleichzeitig anzuwenden. Öffnen Sie den Package Explorer und klappen Sie sein Menü auf, indem Sie den kleinen, nach unten weisenden Pfeil anklicken. Nachdem Sie **Select Working Set** aufgerufen haben, öffnet sich der gleichnamige Dialog, den Sie in Bild 2.46 sehen. Klicken Sie auf **New**, um ein neues Working Set anzulegen. Was es mit den Elementen dieses Dialogs auf sich hat, erkläre ich ein bisschen später.

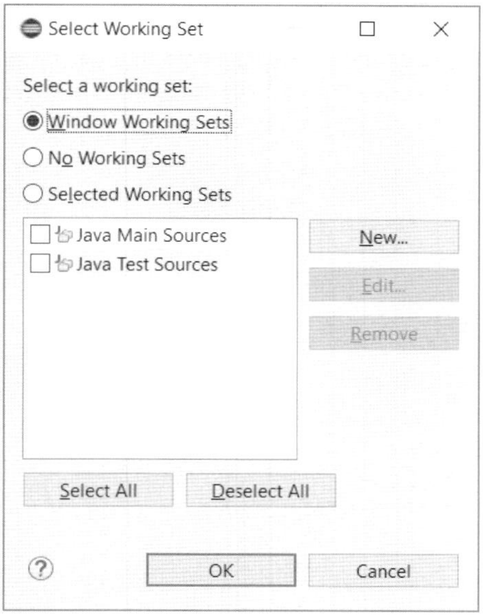

Bild 2.46 Dialog zum Auswählen von Working Sets

Im daraufhin erscheinenden Dialog *New Working Set* (Bild 2.47) wählen Sie als Erstes den Typ des anzulegenden Working Sets aus. Markieren Sie den Eintrag **Java** und klicken Sie anschließend auf **Next**.

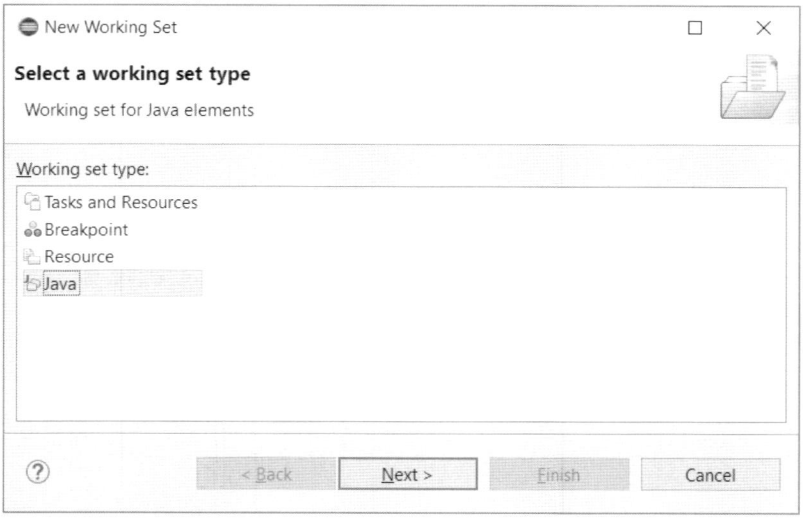

Bild 2.47 Dialog zum Anlegen von Working Sets

Auf der zweiten Seite des Assistenten, die Sie in Bild 2.48 sehen, geben Sie dem Working Set einen Namen (beispielsweise „Test-Working-Set") und legen fest, welche Elemente Sie ihm zuordnen möchten. Markieren Sie hierzu in der Spalte Workspace content die Dateien .classpath, .project sowie Ihre Scrapbook-Seite und klicken Sie dann auf die Schaltfläche **Add**. Die Einträge werden daraufhin in die rechte Spalte Working set content verschoben. Schließen Sie den Dialog mit **Finish**. Falls die linke Spalte keine Einträge enthält, markieren Sie in der rechten der Reihe nach alle Wurzelelemente und klicken anschließend auf **Remove**.

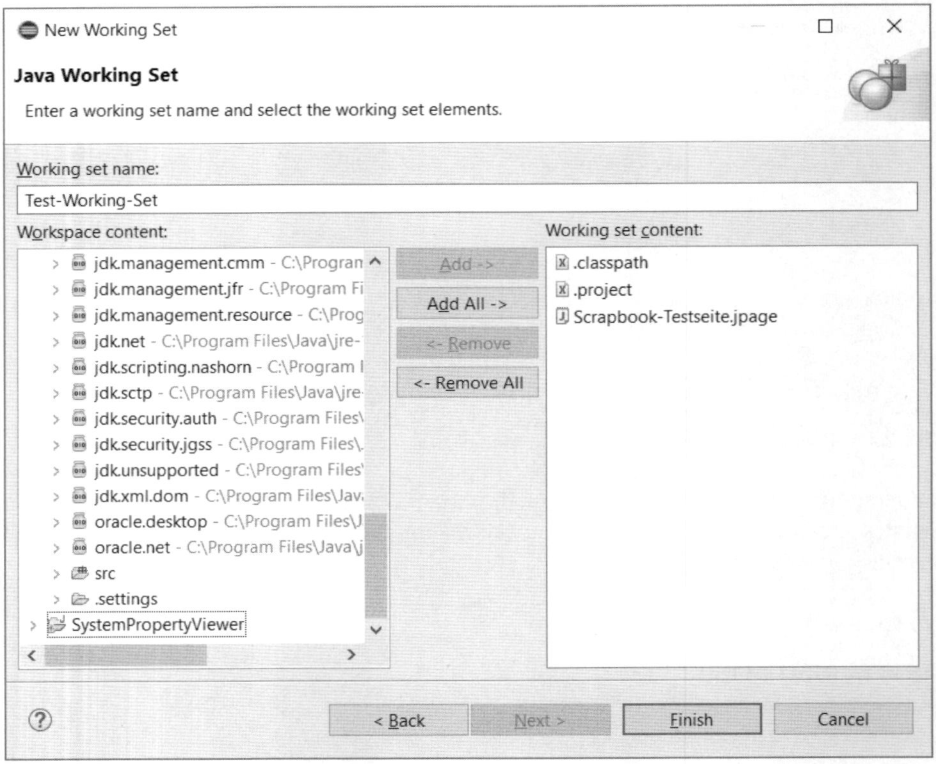

Bild 2.48 Zweite Seite des Assistenten zum Anlegen von Working Sets

Der Dialog *Select Working Set* zeigt nun Ihr neu angelegtes Working Set an. Wenn Sie den Eintrag mit einem Häkchen versehen (bitte achten Sie darauf, dass zusätzlich **Selected Working Sets** aktiv ist) und den Dialog mit **OK** schließen, werden im Package Explorer nur noch Elemente angezeigt, die zu dem neu angelegten Working Set Test-Working-Set gehören. Welche Wurzelelemente der Package Explorer anzeigt, können Sie in dessen Klappmenü einstellen. Wählen Sie hierzu **Top Level Elements/Projects** oder **Top Level Elements/ Working Sets**.

HINWEIS: Ihnen ist wahrscheinlich aufgefallen, dass unter Test-Working-Set nur Ihre Scrapbook-Seite zu finden ist, nicht aber die beiden ebenfalls zum Working Set gehörenden Dateien .classpath und .project. Der Grund ist, dass der Package Explorer stets eine logische Sicht auf Java-Projekte bietet und bestimmte Dateien immer ausblendet.

Um die Wirkung von Working Sets auf andere Sichten auszuprobieren, öffnen Sie nun den Navigator und wählen **Select Working Set** in dessen Klappmenü. Es öffnet sich der Dialog *Select Working Set* mit drei Auswahlmöglichkeiten: **Window Working Sets**, **No Working Sets** und das von Ihnen bereits verwendete **Selected Working Sets**. Falls es nicht bereits aktiv ist, klicken Sie bitte auf **Selected Working Sets**. Danach wählen Sie **Test-Working-Set**. Beenden Sie anschließend den Dialog mit **OK**. Sie werden feststellen, dass der Navigator nur noch die drei Dateien .project, .classpath und Ihre Scrapbook-Seite anzeigt. Um die Filterung durch Working Sets aufzuheben, wählen Sie im Klappmenü die Funktion **Deselect Working Set**.

Working Sets helfen Ihnen also dabei, nicht benötigte Elemente auszublenden. Anstatt Projekte im Package Explorer zu schließen, legen Sie zwei Working Sets an. Eines enthält die auszublendenden Elemente, das zweite diejenigen, mit denen Sie aktuell arbeiten. Sie können Working Sets übrigens auch dazu verwenden, den Build-Vorgang Ihrer Projekte zu optimieren. Im Untermenü **Project/Build Working Set** in der Menüleiste wählen Sie das Working Set aus, dessen Elemente Sie neu erzeugen möchten. Informationen zum Thema Projektverwaltung finden Sie in Kapitel 3, „Arbeitsbereiche und Projekte".

2.3 Suchen, ersetzen und umgestalten

Es gibt unzählige Situationen, in denen Sie nach Schlüsselwörtern oder Bezeichnern in Ihren Quelltexten oder projektbegleitenden Dateien suchen müssen. Beispielsweise kann es nötig sein, alle Referenzen auf einen bestimmten Datentyp zu finden. Oder Sie möchten gerne wissen, wie oft eine Methode aufgerufen wird. Sehr häufig kommt es auch vor, dass Sie Elemente einfach umbenennen müssen. All dies hat irgendwie mit Suchen und Ersetzen zu tun. Eclipse bietet für verschiedene Problemstellungen in diesem Bereich spezielle Hilfsmittel. Welche dies sind und wie Sie sie einsetzen, sehen Sie im Folgenden.

2.3.1 In und nach Dateien suchen

Grundlage für die folgenden Erklärungen ist ein kleines Programm, das ich UIProperties genannt habe. Es erzeugt eine Textdatei, die Schlüssel aus der Swing-Klasse `UIDefaults` enthält. Sie benötigen diese Schlüssel, wenn Sie bestimmte Eigenschaften von Swing-Komponenten abfragen möchten.

Das Programm UIProperties

Legen Sie mit **File/New/Java Project** ein neues, leeres Java-Projekt mit dem Namen UIProperties an und fügen Sie die Klasse `UIProperties` hinzu, indem Sie im Package Explorer mit der rechten Maustaste die Projektwurzel anklicken und **New/Class** wählen. Falls das neue Projekt nicht angezeigt wird, müssen Sie noch die Filterung durch Working Sets, wie im letzten Abschnitt beschrieben, aufheben. Sie sehen nun den Dialog *New Java Class*, in dem Sie als Paketnamen `com.thomaskuenneth.uiproperties` eingeben. Nachdem Sie den Dialog mit **Finish** geschlossen haben, ergänzen Sie die Klasse `UIProperties` entsprechend dem folgenden Listing: Sofern Sie im Projekt-Assistenten **Create module-info.java file** mit einem Häkchen versehen haben, müssen Sie in dieser Datei die Zeile

```
requires java.desktop;
```

einfügen

Listing 2.1 Die Klasse UIProperties

```
package com.thomaskuenneth.uiproperties;

import java.io.FileWriter;
import java.io.IOException;
import java.util.Enumeration;
import javax.swing.UIDefaults;
import javax.swing.UIManager;

public class UIProperties {

  public static void main(String[] args) {
    UIDefaults uiDefaults = UIManager.getDefaults();
    Enumeration<Object> keys = uiDefaults.keys();
    String datei = "ausgabe.txt";
    try (FileWriter fw = new FileWriter(datei)) {
      while (keys.hasMoreElements()) {
        String key = keys.nextElement().toString();
        if ((args.length == 0) || (key.indexOf(args[0]) >= 0)) {
          fw.write(key.toString() + "\n");
        }
      }
    } catch (IOException e) {
      System.err.println(e);
    }
  }
}
```

Um UIProperties zu starten, markieren Sie die Klasse im Package Explorer und wählen **Run/Run As/Java Application**. Eclipse erstellt daraufhin automatisch eine neue Konfiguration für Ihr Programm und führt es anschließend aus. Die Konfiguration können Sie im Dialog *Run Configurations*, den Sie über den Menüpunkt **Run/Run Configurations** erreichen, einsehen und ändern. Ausführliche Informationen zur Arbeit mit Konfigurationen finden Sie übrigens in Kapitel 3, „Arbeitsbereiche und Projekte“.

Nach Dateien suchen

Während der Eingabe des Quelltexts ist Ihnen sicher aufgefallen, dass `UIProperties` die Datei ausgabe.txt erzeugt. Da ich keinen absoluten Pfad angegeben habe, stellt sich die Frage, in welchem Verzeichnis sie abgelegt wird. Für die Suche nach Dateien bietet Eclipse eine eigene Funktion, die Sie über **Search/File** erreichen. Sie sehen dann den in Bild 2.49 gezeigten Dialog *Search*.

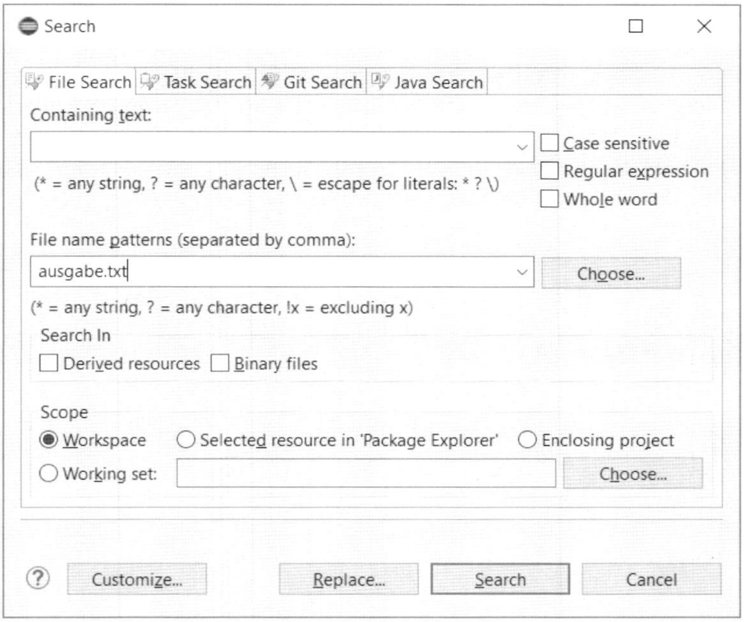

Bild 2.49 Dialog zum Suchen nach Dateien und Texten

Auf der Registerkarte **File Search** tragen Sie unter File name patterns den Namen der gesuchten Datei ein, also „ausgabe.txt". Das Feld Containing text lassen Sie leer. Wo Sie suchen möchten, stellen Sie unter Scope ein. Solange Sie nur wenige Projekte verwalten, ist **Workspace** eine gute Wahl. Bei umfangreichen Projekten mit vielen Quelltexten kann es sich allerdings lohnen, ein eigenes Working set anzulegen und die Suche darauf zu beschränken. Sie starten die Suche, indem Sie auf die Schaltfläche Search klicken. Die Liste mit Fundstellen wird in einer eigenen Sicht *Search* dargestellt, die Sie in Bild 2.50 sehen. Falls sie sich nicht automatisch geöffnet hat, können Sie die Sicht über **Window/Show View/Search** aktivieren.

Bild 2.50 Die Sicht „Search"

Wie Sie bereits wissen, ist der Arbeitsbereich eine Art Container, in dem Projekte und Metainformationen abgelegt werden. Er wird von Eclipse verwaltet. Wenn die IDE selbst Änderungen am Arbeitsbereich vornimmt, beispielsweise weil Sie als Anwender eine Datei hinzufügen oder löschen, kann sie ihre Verwaltungsinformationen entsprechend aktualisieren. Anders verhält es sich, wenn andere in den Arbeitsbereich schreiben, so wie es UIProperties tut. In diesem Fall bemerkt Eclipse unter Umständen nicht sofort, dass der Arbeitsbereich eine neue Datei namens ausgabe.txt enthält – Ihre Suche liefert dann keine Treffer. Falls dies passiert, können Sie Eclipse auf die Sprünge helfen, indem Sie im Navigator die Projektwurzel mit der rechten Maustaste anklicken und anschließend **Refresh** auswählen. Führen Sie dann die Suche noch einmal aus. Dazu müssen Sie nicht den Suche-Dialog öffnen. Klicken Sie in der Sicht *Search* einfach auf das Symbol (**Run the Current Search Again**), oder drücken Sie die Taste F5. Hierfür muss die Sicht *Search* allerdings aktiv sein. Eine weitere interessante Funktion bietet **Show previous Searches**. Ein Klick auf das Symbol öffnet den Dialog *Previous Searches*, den Sie in Bild 2.51 sehen.

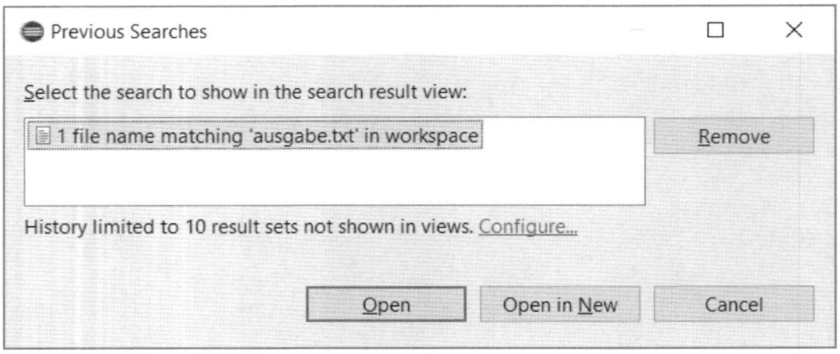

Bild 2.51 Der Dialog „Previous Searches"

Mit ihm verwalten Sie Suchanfragen und führen diese gegebenenfalls erneut aus. Wählen Sie hierzu die gewünschte Suche aus und klicken Sie anschließend auf **Open**. Nicht mehr benötigte Anfragen lassen sich nach dem Markieren mit der Schaltfläche **Remove** entfernen. Der kleine, nach unten weisende Pfeil rechts neben dem Symbol **Show previous Searches** öffnet ein Klappmenü, das Sie in Bild 2.52 sehen. Mit ihm können Sie Ihre früheren Suchanfragen ohne Umweg über den Dialog *Previous Searches* erneut starten.

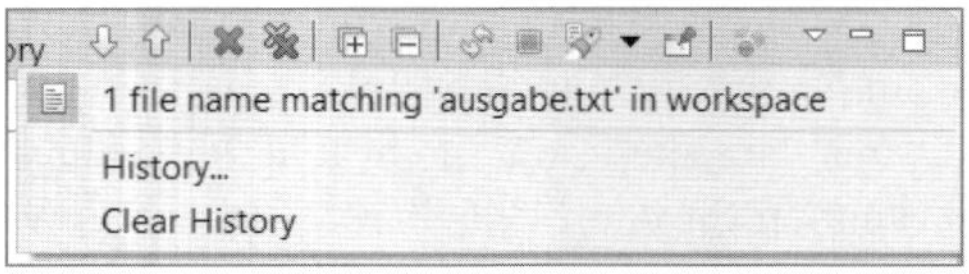

Bild 2.52 Klappmenü des Symbols „Show Previous Searches"

Mit einem Doppelklick auf ihren Namen in der Sicht *Search* können Sie die Datei ausgabe.txt in einem Editor bearbeiten. Bei einem Klick der rechten Maustaste öffnet sich dagegen ein Kontextmenü, in dem Sie die Datei beispielsweise in den Sichten Package Explorer und Navigator anzeigen können.

Die Suche nach ausgabe.txt lieferte erwartungsgemäß nur einen Treffer. In der Regel werden Sie bei Suchanfragen aber mehrere Fundstellen erhalten. Probieren Sie dies aus, indem Sie eine neue Suche starten, die alle Java-Quelltexte im Arbeitsbereich findet. Im Dialog *Search* tragen Sie hierzu im Feld File name patterns den Wert „*.java" ein. Die Sicht

Search stellt alle gefundenen Dateien nach Projekten geordnet dar. Mit den beiden Symbolen ⇩ ⇧ **Show Next Match** und **Show Previous Match** können Sie die Dateien in einer Editorinstanz der Reihe nach ansehen bzw. bearbeiten.

In Dateien suchen

Ihnen ist im Dialog *Search* sicher das Feld Containing text aufgefallen. Wenn Sie hier etwas eintragen, gilt dies als zusätzliches Suchkriterium. Es werden also nur diejenigen Dateien gefunden, die den eingetragenen Text enthalten und dem angegebenen Namensmuster entsprechen. Probieren Sie es aus, indem Sie als Namensmuster „*“ wählen und Eclipse nach dem Text „UI“ in allen Projekten suchen lassen. Achten Sie aber darauf, dass Unterschiede in der Groß- und Kleinschreibung ignoriert werden. Das Häkchen vor **Case sensitive** darf also nicht gesetzt sein. Eclipse wird eine ganze Reihe von Treffern präsentieren, die sich nicht nur auf Java-Quelltexte beziehen. Auch die Datei .project enthält den von Ihnen eingegebenen Suchtext. Um die Fundstellen zu überprüfen, öffnen Sie sie nun. Eclipse hat „UI“ also auch als Bestandteil von Wörtern erkannt, beispielsweise in `<buildSpec>` und in `</buildCommand>`. Anstelle von festen Zeichenfolgen können Sie übrigens auch nach regulären Ausdrücken suchen, indem Sie den entsprechenden Schalter setzen. Beispiele dazu finden Sie im folgenden Abschnitt.

2.3.2 Suchen und Ersetzen im Quelltext

Wenn eine Editorinstanz aktiv ist, stehen Ihnen im Menü **Edit** zahlreiche Funktionen zum Suchen und Ersetzen von Text zur Verfügung. Sie steuern den Suchvorgang über den Dialog *Find/Replace*, den Sie in Bild 2.53 sehen. Um ihn aufzurufen, wählen Sie **Edit/Find/Replace** oder drücken die Tastenkombination **Strg + F** (**Command + F** auf dem Mac). Der Dialog wird sowohl zur reinen Suche als auch zum Ersetzen von Zeichenketten verwendet. Im ersten Fall können Sie das Feld Replace with leer lassen. Dies gilt auch, wenn Sie Zeichenfolgen löschen, also durch nichts ersetzen möchten.

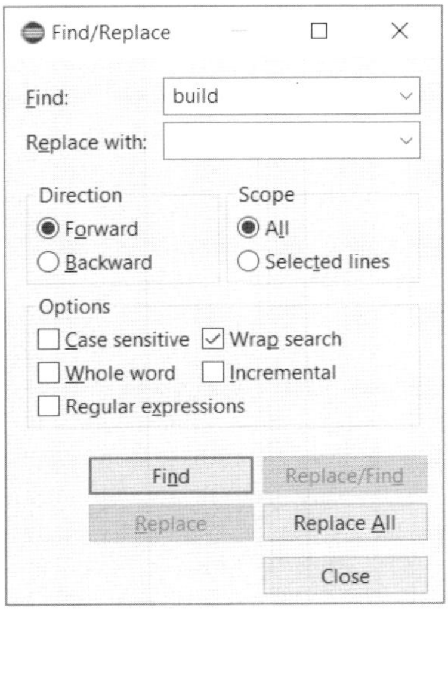

Bild 2.53
Dialog zum Suchen und Ersetzen von Zeichenfolgen

Sie können das Suchen und Ersetzen über zahlreiche Optionen steuern. Beispielsweise lässt sich Eclipse anweisen, Unterschiede in der Groß- und Kleinschreibung zu beachten oder die Suche am Beginn der Datei fortzusetzen, wenn das Ende erreicht wurde. Außerdem können Sie entweder in der gesamten Datei oder nur im markierten Bereich suchen sowie die Suchrichtung bestimmen. Probieren Sie die Suchfunktion aus, indem Sie die Datei .project eines Projekts, beispielsweise UIProperties, öffnen und anschließend **Find/Replace** aufrufen.

> **HINWEIS:** Der Editor für .project-Dateien beinhaltet am unteren Rand zwei Tabs, mit denen Sie zwischen **Design** und **Source** umschalten können. Die folgenden Erklärungen beziehen sich auf diesen Modus.

Suchen Sie nach „build“, wobei Sie alle Optionen außer **Wrap search** deaktiviert lassen. Jeder Klick auf die Schaltfläche **Find** springt im Editor zur jeweils nächsten Fundstelle. Wie Sie in Bild 2.54 sehen, werden Treffer farblich hervorgehoben. Die Zeile, die die aktuelle Fundstelle enthält, ist zusätzlich mit einer anderen Hintergrundfarbe versehen.

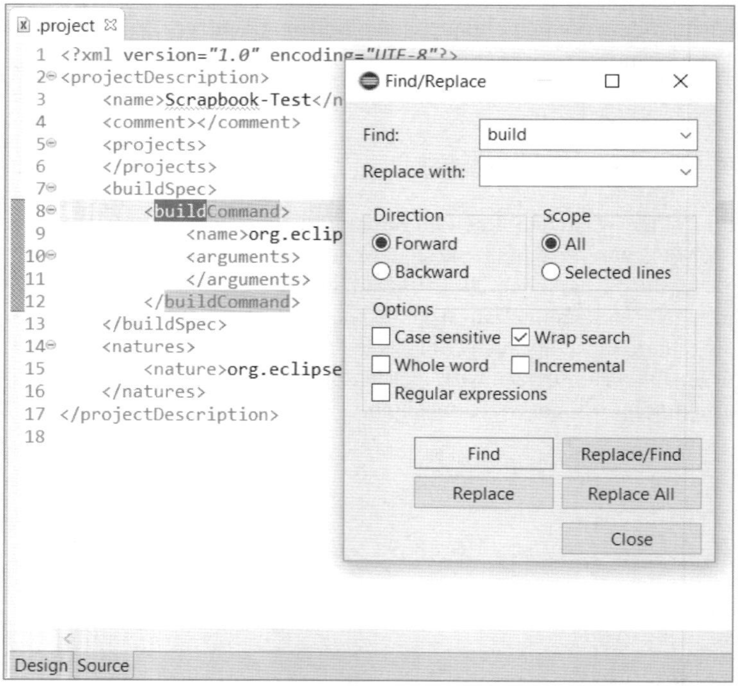

Bild 2.54 Markierung von Fundstellen im Texteditor

Bitte schließen Sie den Dialog mit **Close**. Möchten Sie noch einmal nach „build“ suchen, wäre es umständlich, den Dialog erneut öffnen zu müssen. Stattdessen können Sie mit **Find Next** bzw. **Find Previous** im Menü **Edit** oder durch Drücken der korrespondierenden Tastenkürzel unmittelbar zur nächsten bzw. vorherigen Fundstelle springen. Hatten Sie **Wrap search** aktiviert, wird die Suche automatisch am Anfang bzw. Ende der Datei fortgesetzt. Ein akustisches Signal macht Sie darauf aufmerksam. Eine weitere äußerst praktische

Funktion ist die inkrementelle Suche, die Sie im Dialog *Find/Replace* oder über das Menü **Edit** aktivieren können.

Inkrementelles Suchen

Um die inkrementelle Suche zu testen, öffnen Sie die Datei ausgabe.txt und wählen anschließend **Edit/Incremental Find Next** oder drücken die Tastenkombination **Strg + J** (**Command + J** auf dem Mac). Sie sehen in der Statuszeile den Hinweis „Incremental Find". Er weist Sie darauf hin, dass Sie die inkrementelle Suche aktiviert haben. Angenommen, Sie möchten wissen, welche Schlüssel den Namensbestandteil „table" enthalten. Geben Sie hierzu die Buchstaben „t" und „a" ein. Die Zeile, die die erste Fundstelle enthält, wird mit einer besonderen Hintergrundfarbe gekennzeichnet. Außerdem erscheinen die bereits eingegebenen Buchstaben markiert. Sehr wahrscheinlich ist die Fundstelle Teil eines „falschen" Schlüssels, zum Beispiel `TabbedPane.textIconGap`. Geben Sie deshalb zwei weitere Buchstaben ein, „b" und „l". Nun wird eine Zeile mit passendem Schlüssel gefunden, beispielsweise `Table.dropCellBackground`. Jetzt können Sie mit den beiden Tasten Pfeil-runter und Pfeil-hoch zur nächsten bzw. zur vorherigen Fundstelle springen. Die Reihenfolge, in der `UIManager`-Eigenschaften geliefert werden, hängt von zahlreichen Faktoren ab. Sollten Sie deshalb beim Suchen auf andere Einträge stoßen, ist das völlig in Ordnung.

Suchen mit regulären Ausdrücken

Eclipse bietet in den meisten Suchdialogen die Möglichkeit, nach regulären Ausdrücken anstelle von festen Zeichenfolgen zu suchen. Dies ist beispielsweise nützlich, wenn Sie nur den Anfang und das Ende eines Worts kennen. Öffnen Sie die Datei ausgabe.txt und rufen Sie den Dialog *Find/Replace* auf. Aktivieren Sie anschließend die Suche nach regulären Ausdrücken. Sobald Sie den Cursor in das Suchfeld bewegen, zeigt Ihnen das Symbol Content Assist available in Gestalt einer kleinen Glühbirne die Verfügbarkeit des sogenannten Content Assists an. Um diesen aufzurufen, drücken Sie die Tastenkombination **Strg + Leertaste**. Wie Sie in Bild 2.55 sehen, gibt Ihnen Content Assist einen Überblick, wie Sie reguläre Ausdrücke zusammensetzen.

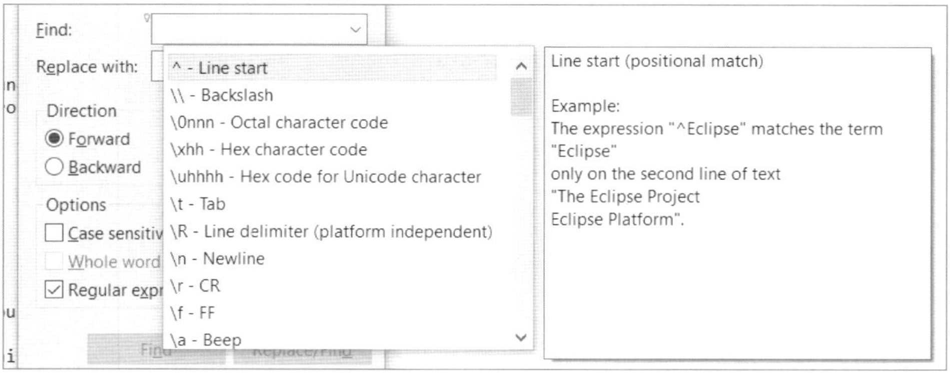

Bild 2.55 Content Assist

Beispielsweise ist der Punkt (`.`) ein Platzhalter für ein beliebiges Zeichen. Der Asterisk (*) gibt an, dass das ihm vorangestellte Zeichen beliebig oft vorkommen kann. Die beiden Ausdrücke lassen sich kombinieren, um beliebige Wortbestandteile zu finden. Möchten Sie also alle Zeilen von ausgabe.txt finden, die mit „split“ beginnen und auf „color“ enden, können Sie den einfachen regulären Ausdruck `split.*color` verwenden.

2.3.3 Refactoring

Der Begriff Refactoring wird in Zusammenhang mit der Verbesserung der Struktur eines Programms verwendet, wobei sich das bestehende Verhalten der Anwendung nicht ändert. Eine solche „Umgestaltung“ des Quelltexts kann maschinell oder von Hand erfolgen. Ziel des Refactorings ist, die Lesbarkeit, Wartbarkeit und Verständlichkeit der Software zu verbessern. Dies wiederum führt idealerweise zu einer Reduzierung des Aufwands für die Fehleranalyse, aber auch für die Erweiterung des Funktionsumfangs. Populär wurde das Refactoring als Bestandteil des Programmiermodells Extreme Programming, wenngleich seine Ursprünge bis in das Jahr 1990 zurückreichen. In diesem Abschnitt möchte ich Ihnen anhand einiger Beispiele zeigen, wie Eclipse Sie beim Umstrukturieren Ihrer Quelltexte unterstützt. Zwei weitere Einsatzmöglichkeiten haben Sie bereits in Abschnitt 2.2.4, „Komfortabel arbeiten“, kennengelernt. Wenn Sie tiefer in die Ideen und Konzepte des Refactorings eintauchen möchten, empfehle ich Ihnen, sich entsprechende weiterführende Literatur zu besorgen. Hinweise hierzu finden Sie in der Zusammenfassung in Abschnitt 2.4.

Umbenennen und Verschieben

Fast alle Befehle, die sich auf das Refactoring beziehen, sind über das Menü **Refactor** erreichbar. Auch das Kontextmenü einer Datei, das Sie beispielsweise im Package Explorer per Rechtsklick öffnen können, enthält ein solches Untermenü. Duplizieren Sie die Datei UIProperties.java, indem Sie deren Kontextmenü öffnen und **Copy** wählen. Klicken Sie nun die Projektwurzel UIProperties mit der rechten Maustaste an und wählen Sie **Paste**. Sie haben auf diese Weise eine Kopie der Datei erzeugt, die allerdings nicht in einem Quelltextverzeichnis abgelegt wurde, sondern auf derselben Ebene liegt wie ausgabe.txt.

Refactoring sieht vor, bei Bedarf Klassen in andere Pakete zu verschieben. Sie können sich dies zunutze machen, um die Datei in ein Quelltextverzeichnis zu bewegen. Klicken Sie die eben erzeugte Kopie UIProperties.java im Package Explorer an und wählen Sie in der Menüleiste **Refactor/Move**. Sie sehen daraufhin den in Bild 2.56 gezeigten Dialog zum Verschieben einer Klasse. In ihm legen Sie deren Zielpaket fest. Wenn Sie die Wurzel UIProperties aufklappen, finden Sie das Verzeichnis src mit mehreren Unterpaketen. Da wir die Datei keinem Paket zuordnen wollen, klicken Sie bitte auf **src** und schließen den Dialog mit **OK**.

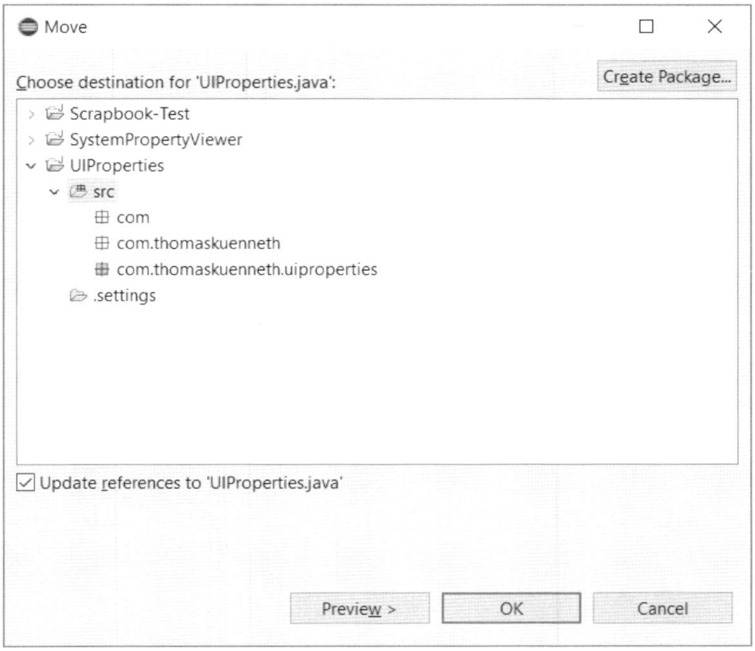

Bild 2.56 Dialog zum Verschieben einer Klasse

Der Package Explorer zeigt die Kopie der Klasse UIProperties nun ebenfalls unterhalb des Knotens src (im Standardpaket) an. Wenn Sie diese mit einem Doppelklick öffnen, wird Eclipse allerdings einen Fehler melden. Der Grund hierfür liegt in der Zeile

```
package com.thomaskuenneth.uiproperties;
```

Der Quelltext liegt in einem anderen Verzeichnis, als er (aufgrund dieser Anweisung) eigentlich liegen müsste. Eclipse hat ihn nicht angepasst, weil der Ursprung der Verschiebeaktion kein Quelltextverzeichnis war. Um das Problem zu beheben, könnten Sie die betreffende Zeile einfach löschen. Rufen Sie stattdessen den Dialog *Move* erneut auf, wie eben beschrieben. Klicken Sie dann auf die Schaltfläche **Create Package**. Der in Bild 2.57 gezeigte Dialog zum Anlegen neuer Java-Pakete öffnet sich. Geben Sie in der Zeile Name einen Paketnamen in der üblichen Java-Notation an, beispielsweise „com.thomaskuenneth.uiproperties.kopie“ und setzen Sie ein Häkchen vor **Create package-info.java**. Sie können in diesem Dialog komplett neue Hierarchien aufbauen oder aber für bestehende Pakete Subpakete anlegen. Nachdem Sie den Dialog mit Finish geschlossen haben, legt Eclipse die (Unter-)Pakete an und zeigt sie im Package Explorer an. Auch der noch geöffnete Dialog *Move* enthält nun **com.thomaskuenneth.uiproperties.kopie**. Klicken Sie das Paket an und schließen danach den Dialog mit **OK**. Sehen Sie sich nun die Klasse `com.thomaskuenneth.uiproperties.kopie.UIProperties` an. Die `package`-Anweisung enthält nun das richtige Paket. Sollten Sie versuchen, die Klasse `UIProperties` in das Paket `com.thomaskuenneth.uiproperties` zu verschieben, weist Eclipse Sie darauf hin, dass es dort schon eine Klasse mit demselben Namen gibt. Auf diese Weise wird ein ungewolltes Überschreiben verhindert.

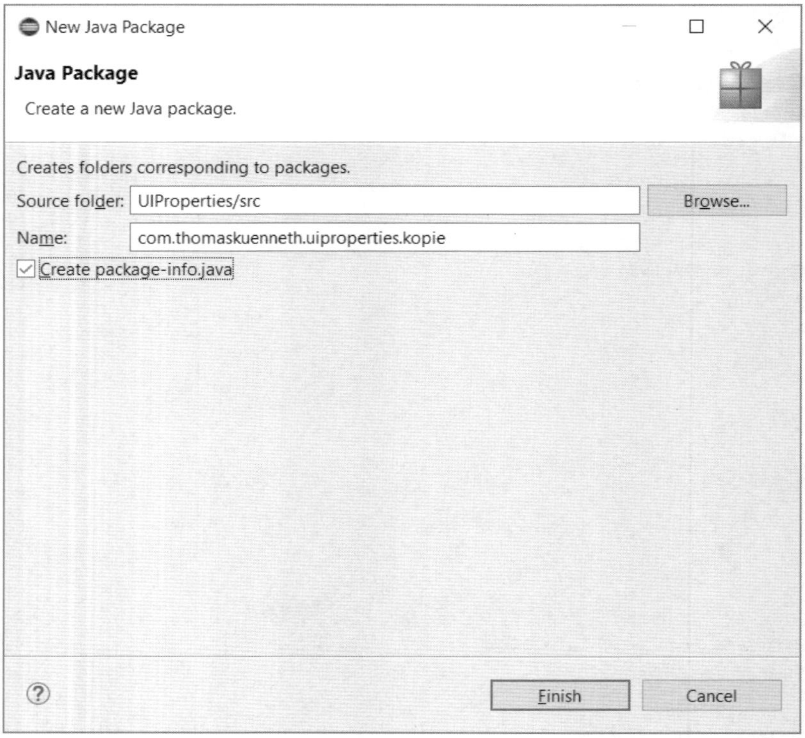

Bild 2.57 Dialog zum Anlegen eines neuen Pakets

Ein weiterer Aspekt des Refactorings ist das Umbenennen von Klassen oder Bezeichnern. Klicken Sie im Package Explorer eine der beiden Klassen UIProperties mit der rechten Maustaste an und wählen Sie **Refactor/Rename**. Sie sehen daraufhin den in Bild 2.58 gezeigten Dialog *Rename Compilation Unit*, in dem Sie im Feld New name einen neuen Namen eintragen können. Zahlreiche Schalter beeinflussen, welche Teile des Quelltexts gegebenenfalls angepasst werden. Wenn Sie beispielsweise in Javadoc-Kommentaren Bezug auf eine umzubenennende Klasse nehmen, sollten Sie ein Häkchen vor **Update textual occurrences in comments and strings** setzen. Klicken Sie auf **Finish**, um den Vorgang abzuschließen.

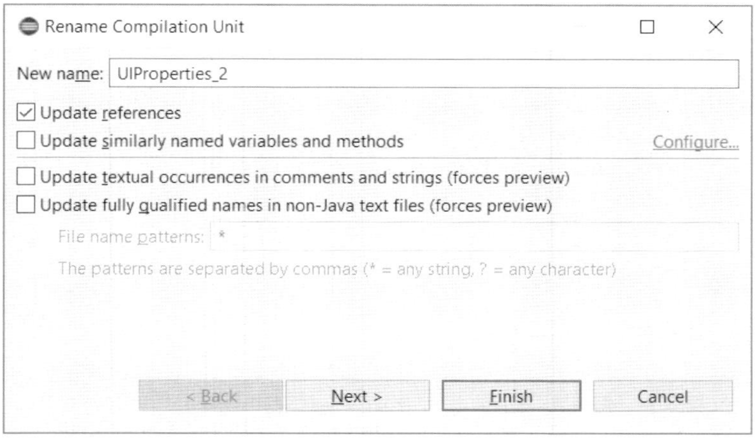

Bild 2.58 Dialog zum Umbenennen einer Klasse

Eclipse macht Sie nun auf ein mögliches Problem aufmerksam. Wie solche Hinweise aussehen können, sehen Sie in Bild 2.59. Die Klasse `UIProperties` enthält nämlich eine `main()`-Methode, könnte also durch Skripte oder andere Klassen gestartet werden. Durch das Ändern des Klassennamens würden diese Aufrufer die Klasse nicht mehr finden. Da dies in diesem Beispiel nicht der Fall ist, können Sie den Hinweis ignorieren und den Dialog durch Klicken auf **Finish** schließen.

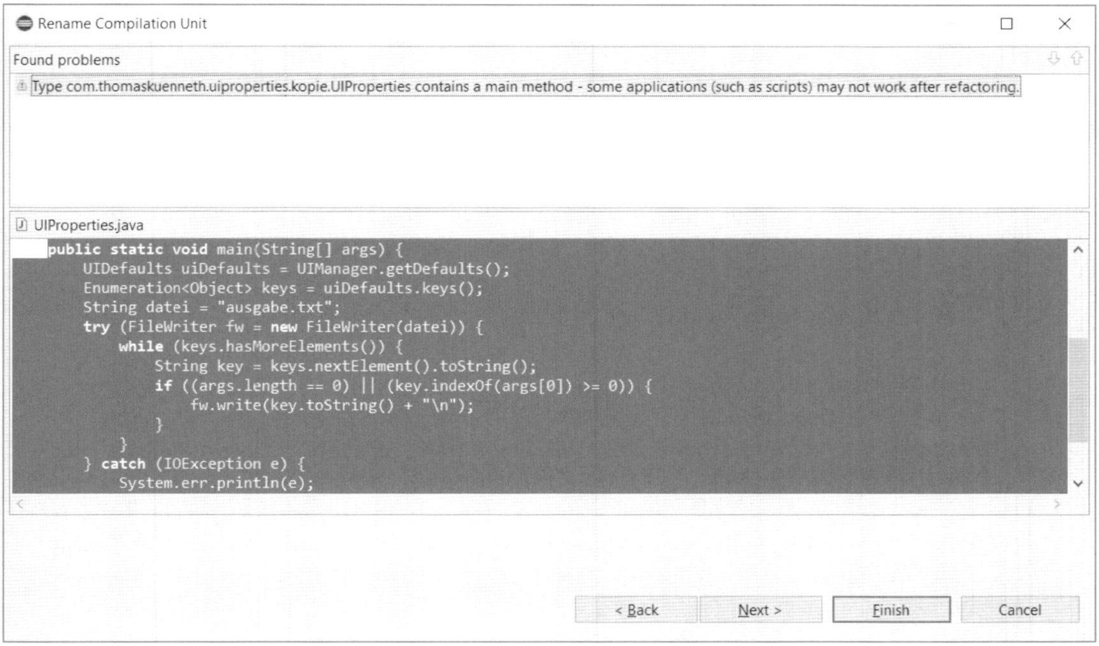

Bild 2.59 Hinweis auf ein mögliches Problem nach dem Refactoring

Eclipse erlaubt nicht nur das Umbenennen von Klassen, sondern auch von Variablen. Um dies auszuprobieren, öffnen Sie die Klasse `UIProperties` und markieren, wie in Bild 2.60 zu sehen, die Variable `args`, den einzigen Parameter der Methode `main()`. Anschließend öffnen Sie per Rechtsklick das Kontextmenü des Java-Editors oder wählen in der Menüleiste **Refactor/Rename**. Der schnellste Weg ist wahrscheinlich, die entsprechende Tastenkombination **Alt + Shift + R** (**Command + Alt + R** auf dem Mac) zu verwenden.

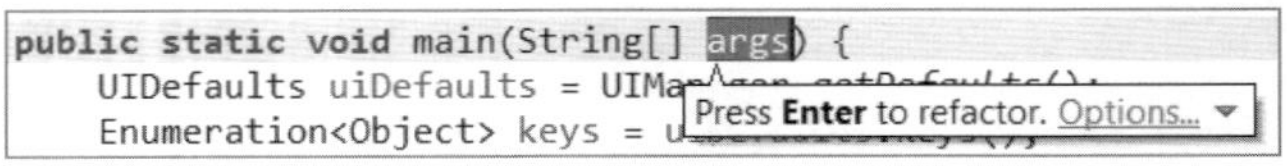

Bild 2.60 Umbenennen einer Variablen unmittelbar im Java-Editor

Anschließend müssen Sie nur den neuen Variablennamen eintragen und die Taste Enter drücken. Haben Sie bemerkt, dass der Tooltip einen kleinen blauen Pfeil enthält? Wenn Sie diesen anklicken, öffnet sich ein Menü, das weitere Funktionen zur Verfügung stellt. Beispielsweise können Sie mit **Open Rename Dialog** den in Bild 2.61 gezeigten Dialog *Rename Local Variable* öffnen.

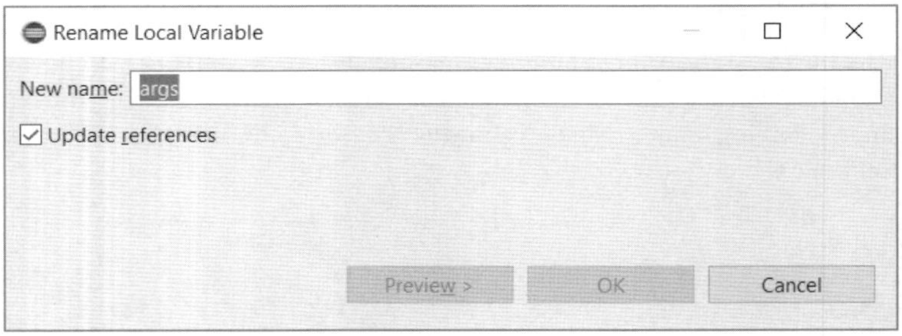

Bild 2.61 Umbenennen einer lokalen Variablen

Mit den beiden Funktionen zum Umbenennen und Verschieben lässt sich auf sehr komfortable Weise die Struktur einer Anwendung verändern. Im folgenden Abschnitt stelle ich Ihnen weitere Werkzeuge vor, mit denen Sie Ihre Programme modifizieren können.

Weitere Werkzeuge für das Refactoring

Im Abschnitt „Texte auslagern" in Abschnitt 2.2.2 habe ich Ihnen eine Möglichkeit vorgestellt, Zeichenketten in externe Dateien zu verschieben. Mit der Funktion **Extract Constant** können Sie Konstanten, die Sie in Ihrem Quelltext verwenden, automatisch einem Bezeichner zuweisen. Werfen Sie einen Blick auf die Klasse `UIProperties`. Sie enthält die Zeile `String datei = "ausgabe.txt";`. Die Zeichenkette könnte stattdessen auch als Konstante definiert werden. Markieren Sie "ausgabe.txt" oder setzen Sie den Cursor an eine beliebige Stelle zwischen den beiden Anführungszeichen. Wählen Sie anschließend **Refactor/Extract Constant**. Sie sehen daraufhin den in Bild 2.62 gezeigten Dialog *Extract Constant*, in dem Sie der zu erstellenden Konstante einen Namen geben und ihre Sichtbarkeit festlegen.

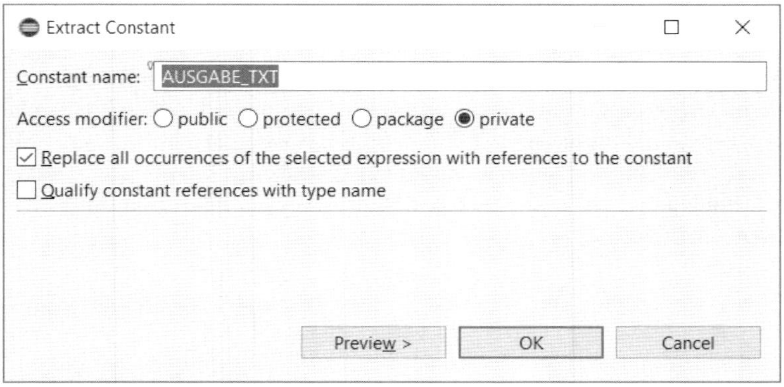

Bild 2.62 Dialog zum Extrahieren einer Konstanten

Ein Klick auf **Preview** öffnet eine Vorschau, in der Sie die Änderungen vor ihrem Wirksamwerden überprüfen können. Sie ist in Bild 2.63 zu sehen. Klicken Sie auf **OK**, um den Vorgang abzuschließen. Eclipse wird die Änderungen am Quelltext nun vornehmen.

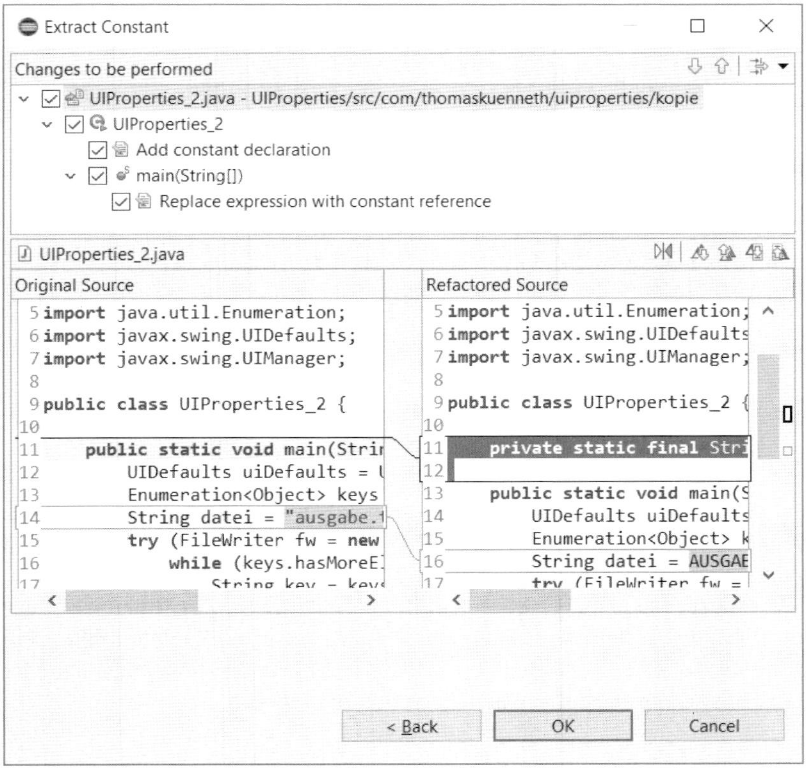

Bild 2.63 Vorschau der Auslagerung in eine Konstante

Eine weitere äußerst praktische Funktion ist, aus Bereichen des Quelltexts eine eigene Methode zu erzeugen. Dies kann aus verschiedenen Gründen sinnvoll sein. Zum einen können Sie auf diese Weise lange und damit vermutlich schlecht lesbare Methoden entzerren. Ein anderes Einsatzgebiet ergibt sich, wenn Sie in Ihrem Code ähnliche oder identische Fragmente entdecken. Diese sind klassische Kandidaten für das Refactoring. Markieren Sie die vollständige `while()`-Schleife der Methode `main()` und klicken Sie anschließend auf **Refactor/Extract Method**. Sie sehen daraufhin den in Bild 2.64 gezeigten Dialog zum Extrahieren von Methoden.

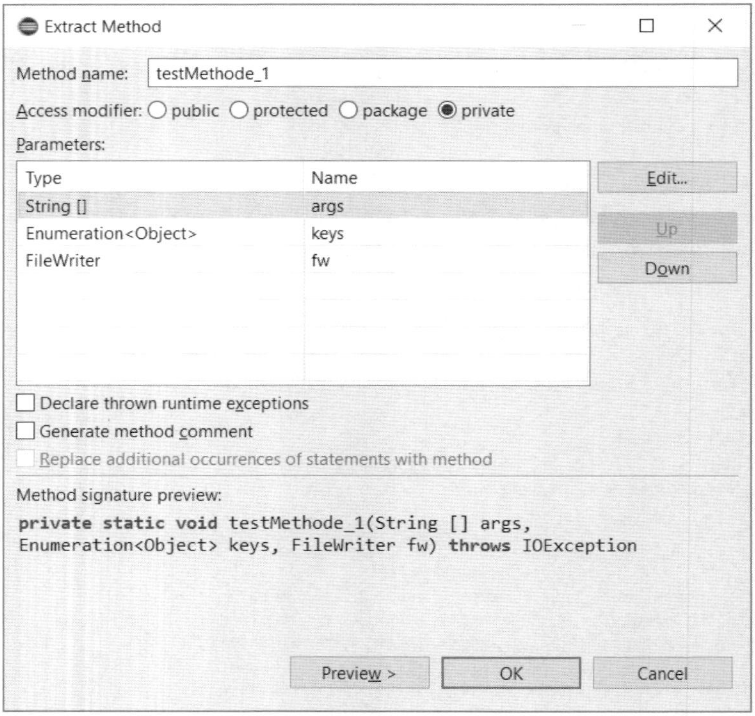

Bild 2.64 Dialog zum Extrahieren von Methoden

n diesem Dialog legen Sie die Parameter und den Namen der neu anzulegenden Methode fest. Sie können auch hier mit **Preview** den Quelltext anzeigen, den die IDE generiert, wenn Sie den Dialog mit **OK** schließen. Wie Sie in Bild 2.65 sehen, listet Eclipse unter Changes to be performed alle Änderungen auf. Sie können einzelne Änderungen durch Entfernen des entsprechenden Häkchens aufheben. Anhand der Vergleichsansicht, die den größten Teil des Dialogs einnimmt, können Sie sehr genau nachvollziehen, wo Quelltext eingefügt oder gelöscht wird. Klicken Sie auf **OK**, um die neue Methode zu erzeugen.

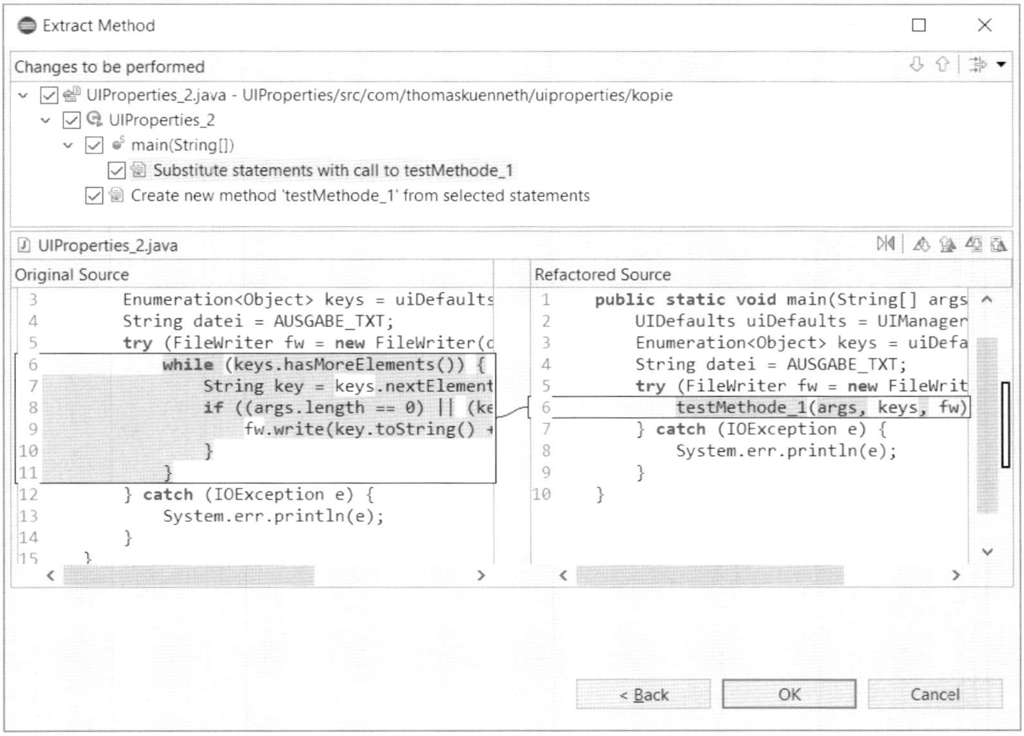

Bild 2.65 Vorschau des generierten Quelltexts

Das Menü **Refactor** bietet zahlreiche weitere Funktionen, mit denen Sie die Struktur Ihrer Programme verändern können. Probieren Sie diese anhand kleiner Beispielanwendungen aus.

2.4 Zusammenfassung

Sie haben in diesem Kapitel sehr viel über komfortables Arbeiten mit Eclipse erfahren. Ihnen sind nun wichtige Konzepte wie Sichten und Perspektiven vertraut. Im nächsten Kapitel möchte ich Ihnen das Arbeiten mit Projekten sowie den Umgang mit dem Arbeitsbereich näherbringen. Wenn Sie sich ausführlicher mit dem spannenden Thema Refactoring auseinandersetzen möchten, empfehle ich Ihnen das englische Standardwerk „Refactoring: Improving the Design of Existing Code“ von Martin Fowler, einem ausgewiesenen Experten auf diesem Gebiet. Ebenfalls sehr empfehlenswert ist das englische „Refactoring Workbook“ von William C. Wake. Eine weitere Alternative liefert die deutsche Ausgabe von Robert C. Martins „Clean Code – Refactoring, Patterns, Testen und Techniken für sauberen Code“. Die vollständigen bibliografischen Angaben finden Sie im Literaturverzeichnis im Anhang.

3 Arbeitsbereiche und Projekte

Die Organisation Ihrer Quelltexte in Projekten bildet die Grundlage für die Arbeit mit Eclipse. Vereinfacht ausgedrückt, fasst ein Projekt alle Elemente zusammen, die zum Erstellen eines Programms erforderlich sind. Neben den Klassen gehören hierzu beispielsweise Grafiken, Sounds und Texte. Aber auch Verweise auf benötigte Bibliotheken, die verwendete Java-Version, Übergabeparameter beim Start einer Anwendung sowie Umgebungsvariablen werden als projektbezogene Einstellungen gespeichert. Projekte werden im Arbeitsbereich abgelegt. Für jede Eclipse-Sitzung gibt es stets nur einen aktiven Arbeitsbereich. Sie können aber sowohl beim Start der IDE als auch im laufenden Betrieb zwischen verschiedenen Arbeitsbereichen umschalten. Wie dies funktioniert und warum es hilfreich sein kann, mit unterschiedlichen Arbeitsbereichen zu arbeiten, zeige ich Ihnen im ersten Abschnitt. Dort erfahren Sie auch, wie Sie Arbeitsbereiche anlegen und löschen. Die folgenden zwei Abschnitte beschäftigen sich mit Projekten und deren Verwaltung. Sie lernen beispielsweise, welche Arten von Projekten es gibt, wie Sie diese anlegen und wie Sie mit ihnen umgehen. In Abschnitt 3.4, „Maven und externe Tools“, schließlich wird erklärt, wie Sie den Prozess vom Projekt zum fertigen Produkt automatisieren können.

3.1 Der Arbeitsbereich

Sie haben in den vorangegangenen Kapiteln dieses Buchs bereits Bekanntschaft mit dem Arbeitsbereich (engl. workspace) gemacht und ihn als eine Art Container für Projekte kennengelernt. Im Folgenden zeige ich Ihnen, wie Sie Arbeitsbereiche einsetzen und welche Möglichkeiten sie Ihnen bieten.

3.1.1 Arbeitsbereiche anlegen und wechseln

Beim ersten Start von Eclipse mussten Sie einen Arbeitsbereichsordner angeben, der auf Dateisystemebene das übergeordnete Verzeichnis für Projekte und Metainformationen bildet. Er enthält den bzw. entspricht dem Arbeitsbereich. Während einer Eclipse-Sitzung können Sie nach Belieben zwischen verschiedenen Arbeitsbereichen wechseln. Das Untermenü **File/Switch Workspace** listet Arbeitsbereiche auf, die Sie zuletzt verwendet haben. Klicken Sie auf **Other**, erscheint der in Bild 3.1 gezeigte Dialog *Eclipse Launcher*, in dem Sie nicht nur zu bestehenden Arbeitsbereichen wechseln, sondern auch neue anlegen können.

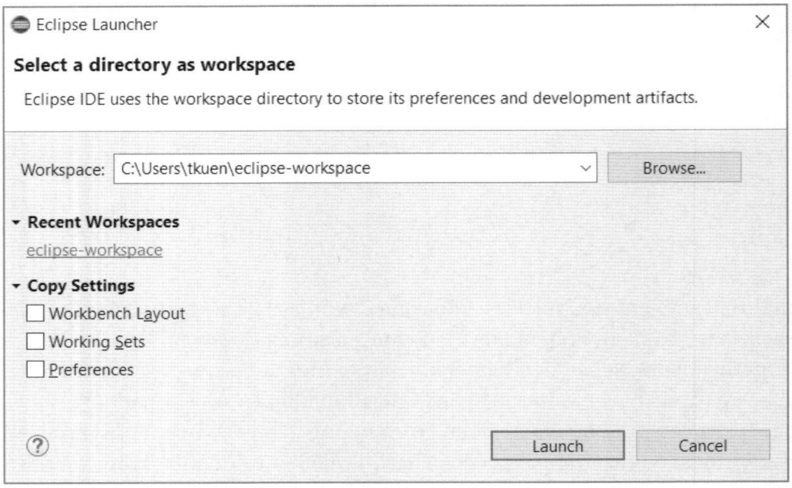

Bild 3.1 Der Dialog „Eclipse Launcher“ mit erweiterten Einstellungen

Klicken Sie auf die Schaltfläche **Browse**, um die Verzeichnisauswahl des Betriebssystems zu öffnen. In diesem Dialog können Sie zu bestehenden Arbeitsbereichsordnern navigieren oder mit der Schaltfläche **Neuen Ordner erstellen** ein neues Verzeichnis anlegen und als Arbeitsbereich übernehmen.

Einstellungen kopieren

Mit den **Copy Settings** haben Sie die Möglichkeit, das Layout der Workbench, also Lage und Größe von Darstellungsbereichen, geöffnete Sichten und Perspektiven sowie Working Sets in den neuen Arbeitsbereich zu übernehmen. Das ist sehr praktisch, weil das Anpassen der Workbench an die eigenen Bedürfnisse erfahrungsgemäß eine gewisse Zeit benötigt. Ob Sie auch Working Sets übernehmen möchten, ist davon abhängig, ob Sie in den verschiedenen Arbeitsbereichen mit denselben Projekten arbeiten oder aber Ihre Projekte auf unterschiedliche Workspaces verteilen.

Wenn Sie zu einem anderen Arbeitsbereich wechseln, wird das Workbench-Fenster geschlossen und Eclipse anschließend neu gestartet. Um den Arbeitsbereich beim Start von Eclipse zu setzen, übergeben Sie der IDE beim Aufruf den Parameter `-data`. Unter Windows könnte dies folgendermaßen aussehen:

```
eclipse.exe -data C:\Users\Administrator\workspace
```

Unter macOS klicken Sie das Eclipse-Programmsymbol mit der rechten Maustaste an und wählen dann **Paketinhalt zeigen**. Im Unterverzeichnis Contents/Eclipse befindet sich die Datei eclipse.ini. Ihr fügen Sie die beiden Zeilen

```
-data
<Pfad/des/Arbeitsbereichs>
```

hinzu. Wenn Sie häufiger unmittelbar beim Start von Eclipse andere Arbeitsbereiche auswählen müssen, kann es sinnvoll sein, den Eclipse Launcher standardmäßig anzeigen zu lassen. Die entsprechende Konfiguration nehmen Sie im Einstellungsdialog unter **General/ Startup and Shutdown/Workspaces** vor. Setzen Sie hierzu ein Häkchen vor **Prompt for workspace on startup**. Auf dieser Seite können Sie auch die Liste der zuletzt verwendeten Arbeitsbereiche verwalten, also zum Beispiel Verweise auf nicht mehr benötigte Workspaces aus der Liste entfernen. Löschen können Sie Arbeitsbereiche mit Eclipse-Bordmitteln allerdings nicht. Hierfür bietet die DIE keine Funktion an. Wenn Sie sich sicher sind, einen Arbeitsbereich nicht mehr zu benötigen, können Sie das Basisverzeichnis oder dessen Inhalt mit den Mitteln des Betriebssystems löschen. An dieser Stelle sei aber eine deutliche Warnung ausgesprochen: Sofern Sie nicht mit einem Backup-Programm eine Sicherung durchgeführt haben, ist es nach dem Löschen aufwendig bis unmöglich, einen Arbeitsbereichsordner wiederherzustellen. Sie sollten einen „stillgelegten" Arbeitsbereich erst eine gewisse Zeit ruhen lassen, bevor Sie ihn physisch entfernen.

Im folgenden Abschnitt werfen wir einen kurzen Blick darauf, was in einem Arbeitsbereich an Informationen abgelegt wird und wie die Daten strukturiert werden.

3.1.2 Im Arbeitsbereich abgelegte Informationen

Ganz allgemein ist ein Arbeitsbereich eine Sammlung von Ressourcen. Aus der Sicht des Entwicklers handelt es sich hierbei um Projekte, Verzeichnisse und Dateien, wobei Projekte aus einer beliebigen Anzahl der beiden zuletzt genannten Elemente bestehen. Im Gegensatz zu „einfachen" Verzeichnissen lassen sich Projekte innerhalb des Arbeitsbereichs allerdings nicht schachteln. Alle Elemente des Arbeitsbereichs werden mit den Mitteln der Workbench angezeigt und manipuliert. Beispielsweise erlauben die Sichten die Navigation im Arbeitsbereich. Mit Editoren bearbeiten Sie die dort abgelegten Dateien.

Logische Struktur eines Arbeitsbereichs

Arbeitsbereiche entsprechen baumartigen Strukturen. Beliebig viele Projekte bilden die oberste Ebene, an der Verzeichnisse und Dateien hängen können. Ein Arbeitsbereich lässt sich durch sein Basisverzeichnis eindeutig identifizieren. Normalerweise entspricht seine logische Struktur - die beispielsweise die Sicht *Navigator* darstellt - auch der physischen Anordnung von Dateien und Verzeichnissen auf der Festplatte. Die Projekte eines Arbeitsbereichs (oder Teile davon) können prinzipiell aber an unterschiedlichen Positionen im Dateisystem abgelegt werden. Möglich wird dies durch sogenannte verknüpfte Ressourcen.

Mit solchen Verknüpfungen binden Sie Elemente in den Arbeitsbereich ein, die physisch an anderer Stelle abgelegt wurden. Hierzu ein Beispiel: Angenommen, eine Anwendung generiert Java-Quelltexte. Anstatt dieses Programm direkt in den Arbeitsbereich schreiben zu lassen, können Sie dessen Ausgabeverzeichnis als verknüpfte Ressource einbinden. Sie erreichen so eine saubere Trennung zwischen Ihrem Projekt und der Generatoranwendung. Verknüpfte Ressourcen lassen sich übrigens auch dazu verwenden, die während des Build-Vorgangs erzeugten .class-Dateien von den Quelltexten zu trennen. Ausführliche Informationen zum Umgang mit verknüpften Ressourcen finden Sie in Abschnitt 3.1.3, „Verknüpfte Ressourcen".

Arbeitsbereiche und das Dateisystem

Um die logische Struktur des Arbeitsbereichs, die Ihnen beispielsweise der Navigator anzeigt, mit der physischen Ablage im Dateisystem vergleichen zu können, öffnen Sie den Arbeitsbereich mithilfe des Windows-Explorers, des Finders, GNOME Files oder eines anderen Dateimanagers für das Betriebssystem Ihres Rechners. Welches Verzeichnis dem Arbeitsbereich entspricht, können Sie beispielsweise dem Dialog *Eclipse Launcher* entnehmen, der nach Aufruf von **File/Switch Workspace/Other** erscheint. Wie die Verzeichnisstruktur eines Arbeitsbereichs aussehen kann, sehen Sie in Bild 3.2.

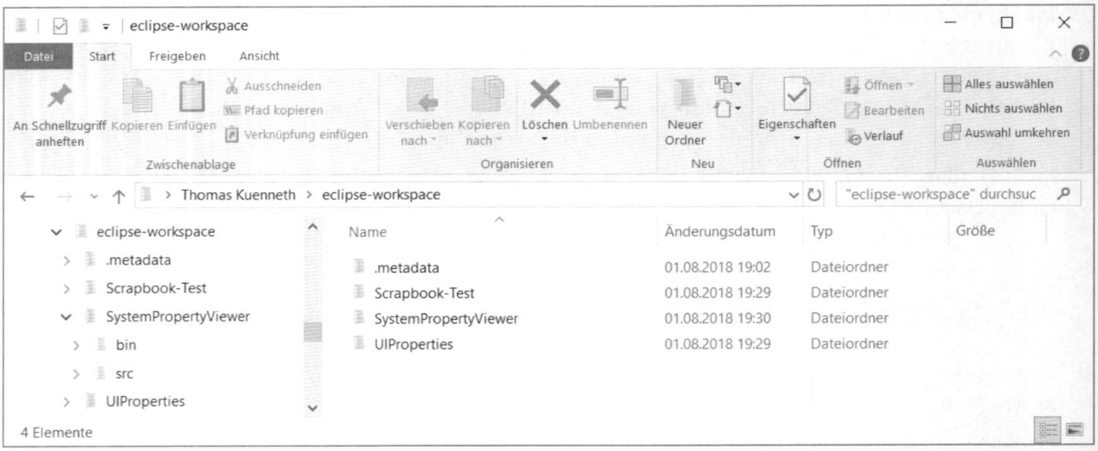

Bild 3.2 Arbeitsbereich im Windows-Explorer

Das Verzeichnis .metadata enthält unter anderem wichtige Einstellungen, die verschiedene Plug-ins während einer Eclipse-Sitzung dort ablegen, beispielsweise Ihre Working Sets. Da Sie die IDE praktisch vollständig über entsprechende Dialogseiten konfigurieren können, rate ich von Änderungen an den Dateien und Unterverzeichnissen in jedem Fall ab. Die Verzeichnisstruktur auf Projektebene wird beim Anlegen eines neuen Projekts bestimmt. Dies betrifft unter anderem die Frage, wo übersetzte Klassen abgelegt werden. Ausführliche Informationen hierzu finden Sie in Abschnitt 3.2, „Die Projektverwaltung“. Bestimmte Elemente von Projekten, beispielsweise Dateien und Verzeichnisse, werden also letztlich physisch im Dateisystem Ihres Rechners abgelegt. Die gesamte Infrastruktur von Eclipse kennt aber nur die logische Sichtweise des Arbeitsbereichs. Hieraus ergeben sich einige Konsequenzen:

- Der Arbeitsbereich ist eine eigene Datenstruktur, die regelmäßig mit dem Dateisystem abgeglichen werden muss.
- Sie sollten deshalb Änderungen an Dateien, Verzeichnissen und Projekten, soweit möglich, nur innerhalb von Eclipse vornehmen.
- Falls externe Tools direkt in den Arbeitsbereichsordner schreiben, entdeckt Eclipse die Änderungen unter Umständen nicht automatisch. Externe Tools sollten daher Verzeichnisse außerhalb des Arbeitsbereichs nutzen. Diese können in Form von Verknüpfungen in die Projekthierarchie eingebettet werden.
- Nach der Arbeit mit externen Werkzeugen sollten Sie den Projektteilbaum in der Sicht *Navigator* aktualisieren.

Um etwaige Änderungen durch externe Programme in Eclipse zu übernehmen, klicken Sie mit der rechten Maustaste in der Sicht *Navigator* auf denjenigen Knoten, der das betreffende Verzeichnis repräsentiert. Wählen Sie anschließend den Kontextmenüpunkt **Refresh**. Dies ist übrigens auch dann erforderlich, wenn Sie eine Datei, die Sie in Eclipse erstellt haben, mit einem Programm außerhalb der IDE bearbeiten. Öffnen Sie in diesem Fall aber nicht das Kontextmenü des übergeordneten Verzeichnisses, sondern klicken Sie mit der rechten Maustaste direkt auf die veränderte Datei. Eclipse kann den Arbeitsbereich auch automatisch mit dem Dateisystem abgleichen. Im folgenden Abschnitt zeige ich Ihnen, wie Sie diese Funktion aktivieren.

Anpassungen vornehmen

Der Einstellungsdialog bietet auf mehreren Seiten arbeitsbereichsbezogene Konfigurationsmöglichkeiten. Nach dem Öffnen wechseln Sie zunächst zur Seite **General/Workspace** (Bild 3.3).

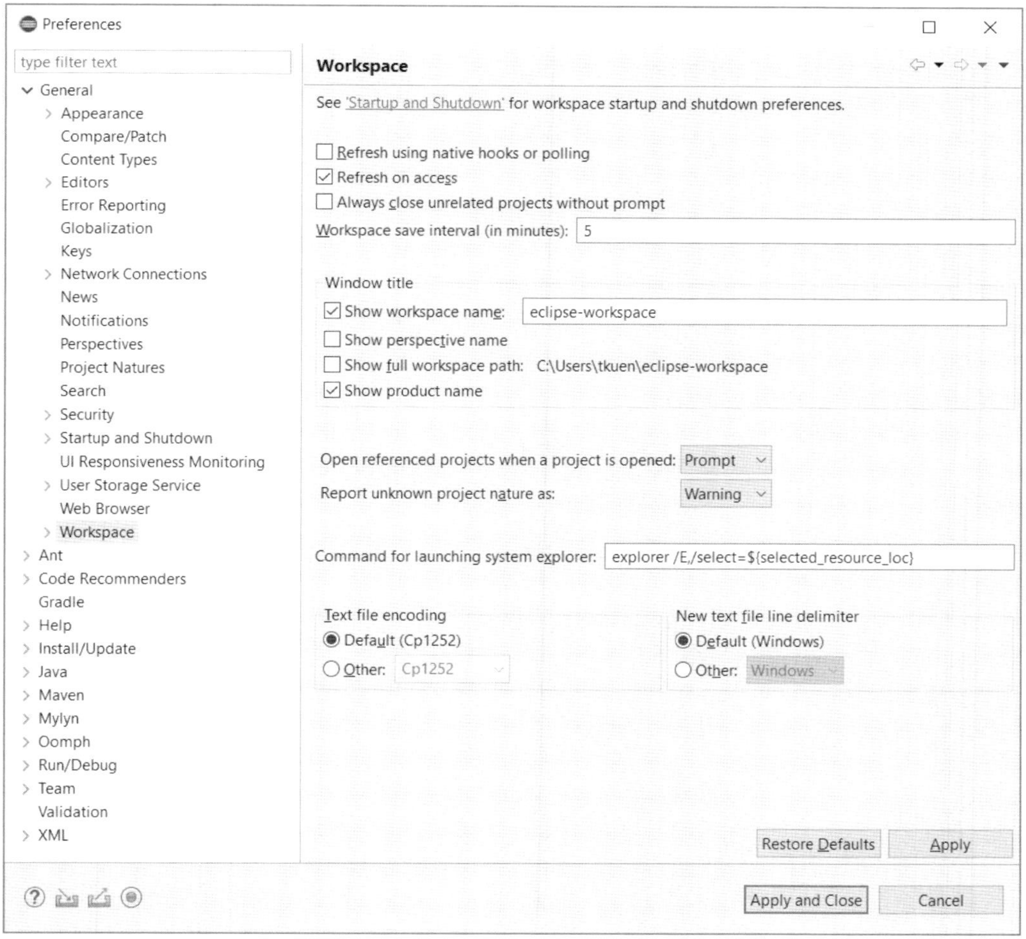

Bild 3.3 Die Seite „Workspace" des Einstellungsdialogs

Um den Arbeitsbereich automatisch mit dem Dateisystem abzugleichen (was bei häufigem Einsatz von externen Werkzeugen sehr nützlich sein kann), setzen Sie ein Häkchen vor **Refresh using native hooks or polling**. Wie oft Arbeitsbereichsinformationen gespeichert werden, lässt sich bei **Workspace save interval** angeben. Hiermit hat es folgende Bewandtnis: Wenn Sie den Inhalt eines Editors speichern, wird dieser sofort auf der Festplatte abgelegt. Arbeitsbereichsinformationen hingegen nur in bestimmten Intervallen. Benutzerdefinierte Working Sets oder Plug-in-Einstellungen hingegen hält Eclipse zunächst nur im Arbeitsspeicher. Stürzt die IDE vor dem Schreiben dieser Daten ab, sind die Informationen verloren. Indem Sie das Intervall zwischen zwei Schreibvorgängen heruntersetzen, können Sie diesen Schaden unter Umständen begrenzen. Da es sich hierbei aber nicht um projektrelevante Informationen handelt, können Sie den voreingestellten Wert auch problemlos unverändert lassen. Die Angabe eines Workspace Name in der Titelzeile kann nützlich sein, wenn Sie häufiger zwischen Arbeitsbereichen wechseln. Dann fällt die Orientierung leichter. Die beiden Schalter **Build automatically** und **Save automatically before build** beeinflussen das Erzeugen von übersetzten Klassendateien. Sie können steuern, ob das Projekt nach dem Speichern neu gebaut wird oder ob vor dem Bau eines Projekts noch nicht gesicherte Dateien automatisch gespeichert werden. Ausführliche Informationen zum sogenannten Build-Vorgang finden Sie in Abschnitt 3.2, „Die Projektverwaltung".

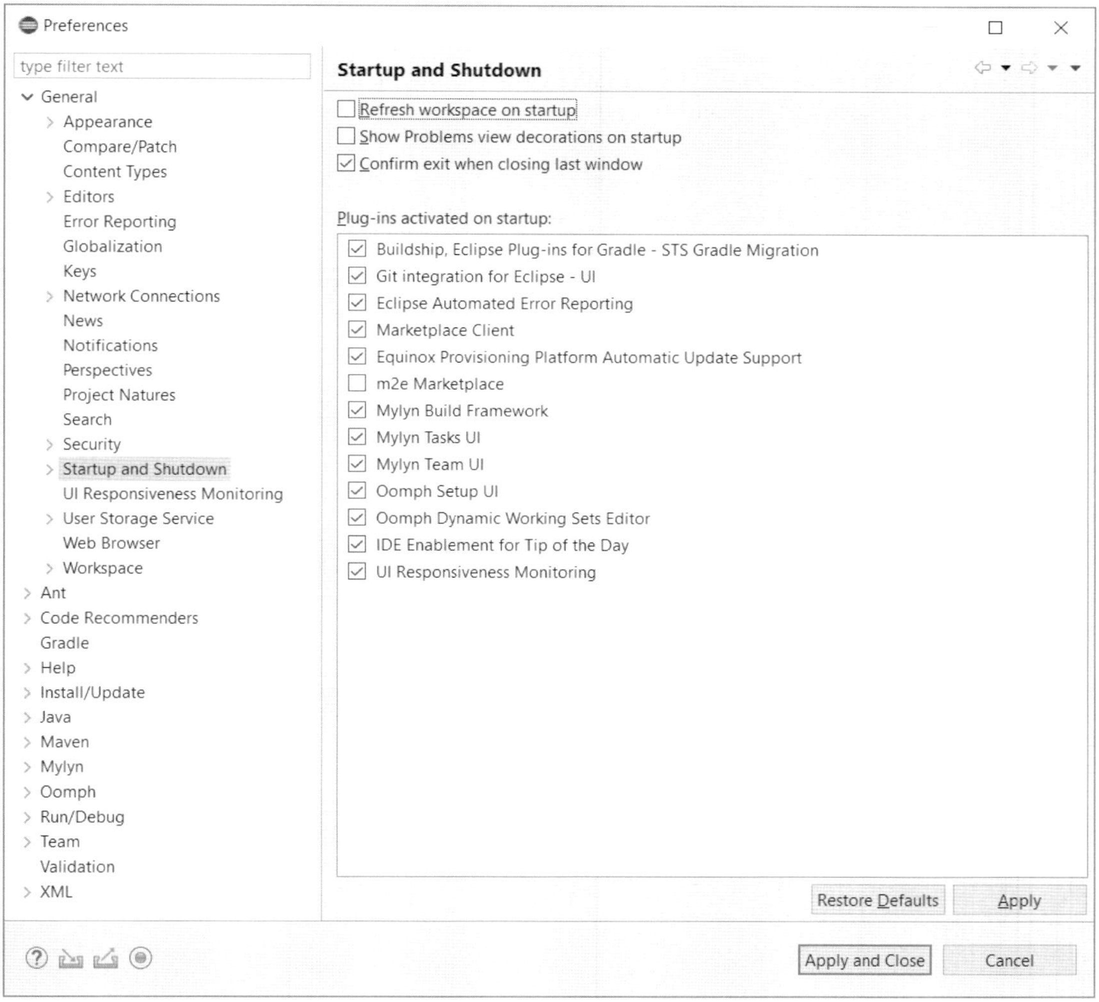

Bild 3.4 Die Seite „Startup and Shutdown" des Einstellungsdialogs

Die Seite „Startup and Shutdown" des Einstellungsdialogs (Bild 3.4) enthält eine weitere interessante Einstellmöglichkeit zum Arbeitsbereich. Um sie anzuzeigen, navigieren Sie zu **General/Startup and Shutdown**. Sie können einen Abgleich des Arbeitsbereichs mit dem Dateisystem während des Starts von Eclipse erzwingen. Falls Sie dies möchten, setzen Sie ein Häkchen vor **Refresh workspace on startup**.

TIPP: Mit dem Schalter **Prompt for workspace on startup** steuern Sie, ob der Auswahldialog für Arbeitsbereiche während des Starts angezeigt wird. Er befindet sich auf der Unterseite Workspaces des Einstellungsdialogs. Falls sie nicht sichtbar ist, klappen Sie den Knoten **Startup and Shutdown** auf. ■

3.1.3 Verknüpfte Ressourcen

Verknüpfte Ressourcen sind Dateien oder Verzeichnisse, die außerhalb des Arbeitsbereichsordners gespeichert werden. In diesem Abschnitt zeige ich Ihnen, wie Sie diese anlegen und einsetzen.

Im Einstellungsdialog können Sie auf der Seite **General/Workspace/Linked Resources** (Bild 3.5) Datei- und Verzeichnisverknüpfungen verwalten. Stellen Sie zunächst sicher, dass der Schalter **Enable linked resources** mit einem Häkchen versehen ist. Diese Einstellung wirkt auf den gesamten Arbeitsbereich, ist also nicht projektbezogen. Falls Sie die Funktion ausschalten, können Sie auf bestimmte Dateien oder Verzeichnisse innerhalb eines Projekts nicht zugreifen, sofern es sich um verknüpfte Ressourcen handelt. Verknüpfte Ressourcen werden über Pfadvariablen angesprochen. Standardmäßig ist diese Liste Defined path variables leer.

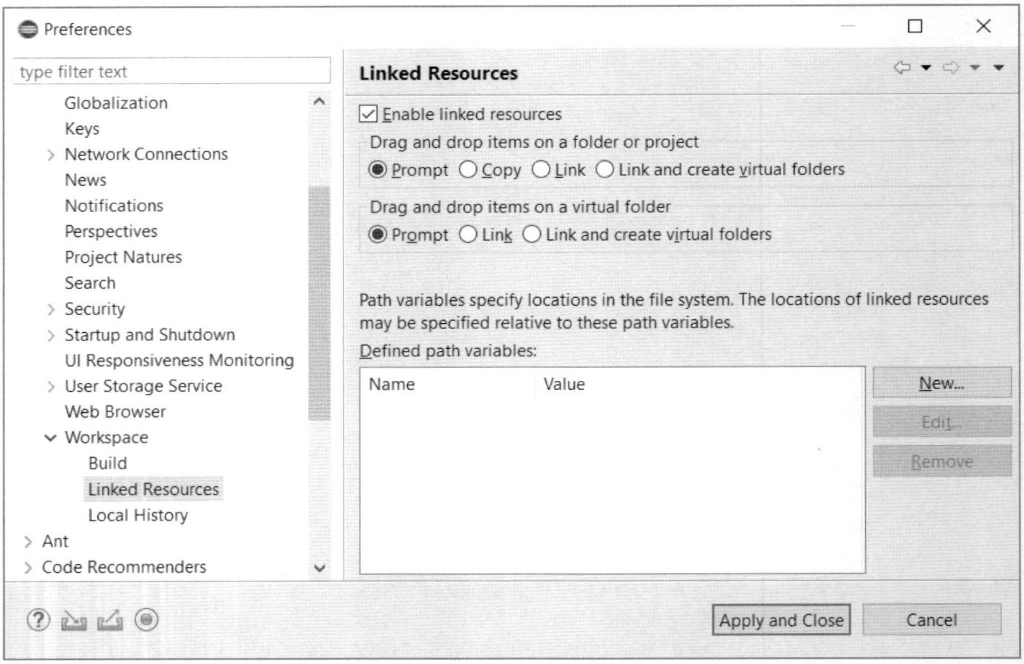

Bild 3.5 Die Seite „Linked Resources" des Einstellungsdialogs

Um eine neue verknüpfte Ressource anzulegen, klicken Sie auf **New**. Sie definieren nun eine Pfadvariable. Dies geschieht im Dialog *New Variable*, den Sie in Bild 3.6 sehen. Hier wählen Sie ein Element aus, das Sie als verknüpfte Ressource in den Arbeitsbereich einbinden möchten. Dabei kann es sich um eine Datei oder ein Verzeichnis handeln. Die Ressource wird über einen Namen, den Sie ebenfalls in diesem Dialog eingeben, identifiziert.

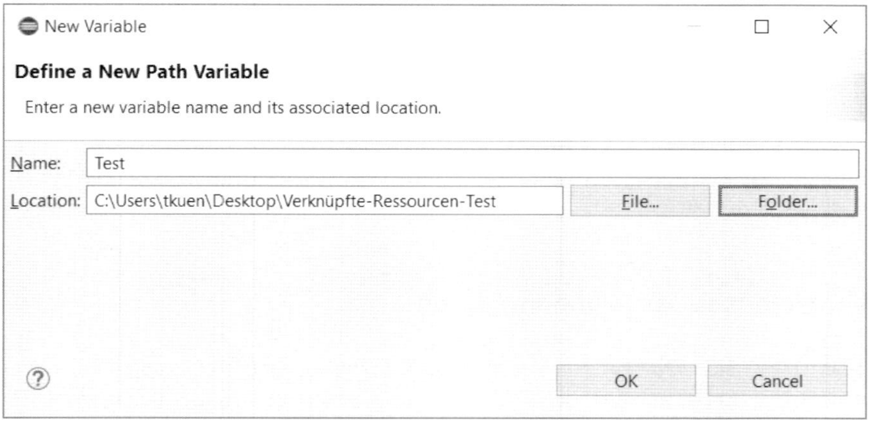

Bild 3.6 Der Dialog „New Variable“

Um das Anlegen von verknüpften Ressourcen zu testen, erzeugen Sie an beliebiger Stelle außerhalb des Arbeitsbereichsordners ein neues Verzeichnis, beispielsweise Verknüpfte-Ressourcen-Test. Klicken Sie hierzu auf **Folder** und navigieren Sie in der nun erscheinenden Verzeichnisauswahl des Betriebssystems zu der Position, an der Sie das neue Verzeichnis erstellen möchten. Legen Sie dort den Ordner Verknüpfte-Ressourcen-Test an, indem Sie auf **Neuer Ordner** klicken. Anschließend markieren Sie den neu angelegten Ordner und schließen die Verzeichnisauswahl mit **OK**. Je nach Betriebssystem kann die Vorgehensweise leicht variieren. Geben Sie der Variablen im Dialog *New Variable* noch einen Namen, beispielsweise „Test“, und schließen Sie ihn danach mit **OK**. Sie finden Ihre neu angelegte verknüpfte Ressource nun in der Liste unterhalb von Defined path variables.

Mit den beiden Schaltflächen **Edit** und **Remove** können Sie vorhandene Pfadvariablen bearbeiten und löschen. Wenn Sie verknüpfte Ressourcen in Projekten verwenden, sollten Sie das betreffende Projekt vorher schließen oder vor Änderungen überprüfen, ob das Projekt auch nach den Modifikationen noch übersetzbar ist. Wie Sie dabei vorgehen und wie Sie mit verknüpften Ressourcen und Projekten arbeiten, lernen Sie im folgenden Abschnitt.

3.2 Die Projektverwaltung

In diesem Abschnitt beschäftigen wir uns ausführlich mit der Projektverwaltung in Eclipse. Die grundlegenden Konzepte habe ich Ihnen bereits in den ersten beiden Kapiteln vorgestellt. Darauf aufbauend, zeige ich Ihnen nun die verschiedenen von der IDE angebotenen Projekttypen.

3.2.1 Verschiedene Arten von Projekten

Wenn Sie mit **File/New/Project** den Dialog zum Anlegen neuer Projekte aufrufen, öffnet sich zunächst eine Seite, auf der Sie die Art des anzulegenden Projekts bestimmen. Sie sollten bei der Auswahl sorgfältig vorgehen, denn der Projekttyp legt nicht nur fest, wie das Projekt organisiert ist, sondern auch, welche Funktionen Sie ausführen können. Beispielsweise können Sie einem allgemeinen Projekt normalerweise keine Java-Quelltexte hinzufügen.

Allgemeine Projekte anlegen

Um ein komplett leeres Projekt zu erzeugen, wählen Sie **General/Project**. Klicken Sie anschließend auf **Next**. Sie sehen die in Bild 3.7 gezeigte zweite Seite des Dialogs New Project, auf der Sie zunächst einen Namen für das anzulegende Projekt vergeben. Wenn Sie das Häkchen vor **Use default location** entfernen, wird das Projekt nicht im Arbeitsbereich, sondern an einem beliebigen, von Ihnen bestimmbaren Ort erzeugt. Beachten Sie hierbei, dass Eclipse in diesem Fall für das Projekt kein neues Verzeichnis mit dem Projektnamen anlegt, was bei Projekten innerhalb des Arbeitsbereichs der Fall ist. Die Datei .project, die wichtige Projektinformationen enthält, findet sich also unmittelbar in dem bei Location angegebenen Ordner.

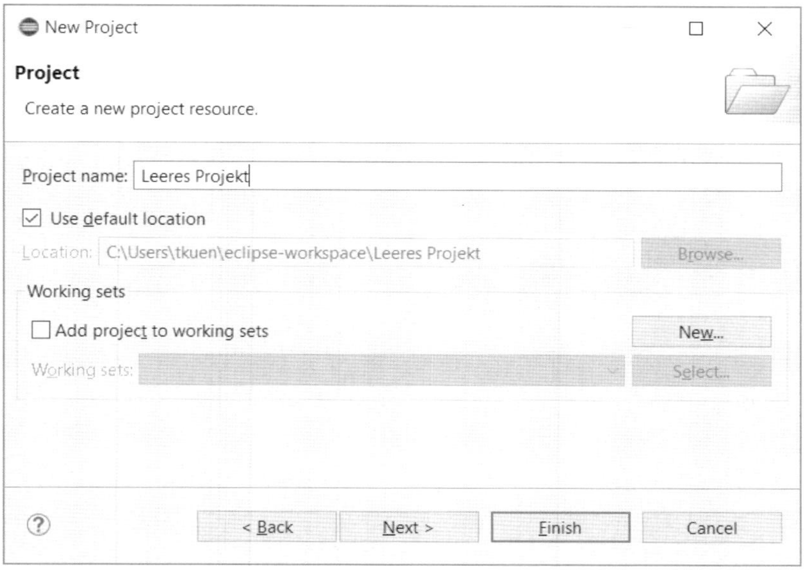

Bild 3.7 Dialog zum Anlegen eines allgemeinen, leeren Projekts

Eine weitere Konsequenz ist übrigens, dass Sie in diesem Verzeichnis kein weiteres Projekt anlegen können, weil Eclipse in diesem Fall eine Überschneidung mit dem schon bestehenden moniert. Um dies zu verhindern, können Sie mit den Mitteln des Betriebssystems vor dem Anlegen des Projekts entsprechende Verzeichnisse erzeugen. Lassen Sie das Häkchen vor **Use default location** gesetzt. Um das Anlegen des leeren Projekts abzuschließen, klicken Sie auf **Finish**.

TIPP: Ich habe eben bereits geschrieben, dass Sie allgemeine Projekte besser nicht zum Bearbeiten von Java-Quelltexten verwenden sollten. Sie eignen sich aber hervorragend, um beispielsweise projektbegleitende Dokumente wie Hilfetexte oder Produktbeschreibungen zu sammeln. ■

Java-Projekte anlegen

Wie Sie ein leeres Java-Projekt anlegen und diesem eine Klasse hinzufügen, habe ich Ihnen in Abschnitt 1.2.1, „Ein neues Projekt anlegen", gezeigt. Auch das Übernehmen von bestehenden Quelltexten in ein neues Projekt ist mit Eclipse schnell erledigt. Wählen Sie hierzu **File/New/Project** und geben Sie dann „java" ein. Der Dialog *New Project* zeigt Ihnen nun alle Projekttypen, mit denen Sie Java-Quelltexte bearbeiten können. Wählen Sie **Java/Java Project** und klicken Sie auf **Next**. Auf der zweiten Seite des Dialogs, die Sie in Bild 3.8 sehen, vergeben Sie zunächst einen Projektnamen. Anders als in Kapitel 1, „Hands-on Eclipse", entfernen Sie hier das Häkchen vor **Use default location**. Klicken Sie auf **Browse**, um das Verzeichnis mit den vorhandenen Quellen festzulegen. Der hier angegebene Ordner enthält nicht nur die .java-Dateien, sondern bildet auch die Wurzel des Projekts.

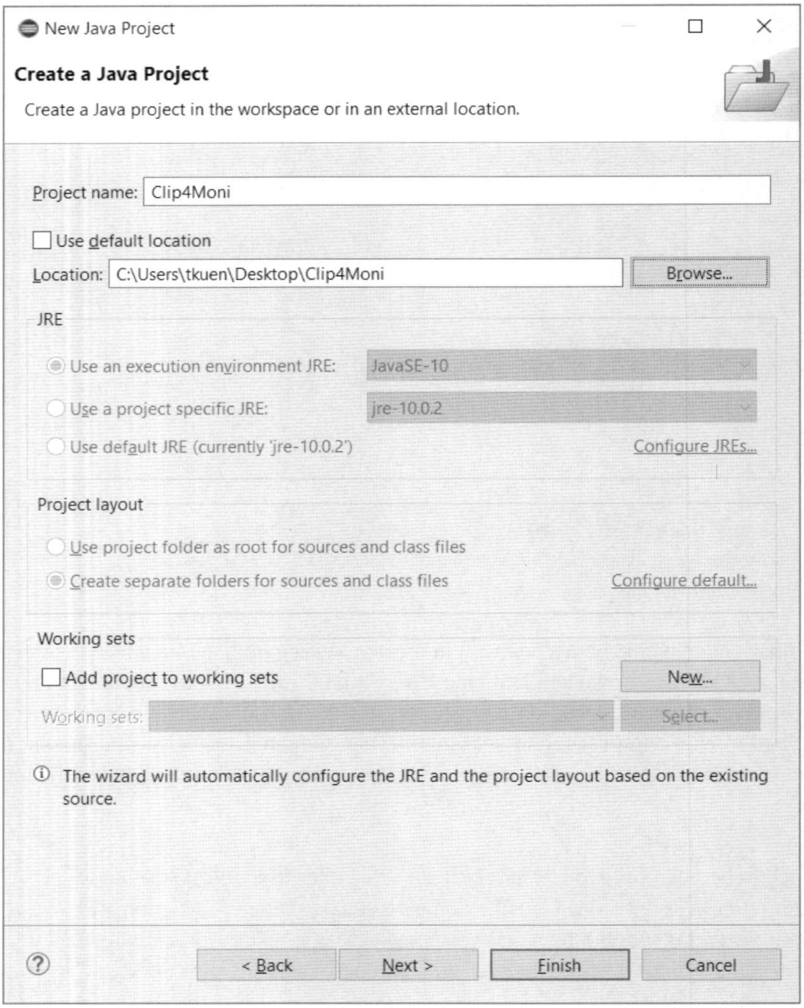

Bild 3.8 Anlegen eines neuen Java-Projekts

Die Projektbeschreibungsdatei .project wird ebenfalls hier abgelegt. Haben Sie keinen Projektnamen angegeben, wird übrigens automatisch der Name des ausgewählten Verzeichnisses übernommen. Um das zu testen, kopieren Sie das Verzeichnis Clip4Moni aus den Begleitmaterialien zum Buch (zu finden unter *downloads.hanser.de*) an eine beliebige Stelle auf Ihrer Festplatte. Geben Sie diesen Ort bei Location an und schließen Sie den Dialog *New Java Project* mit **Finish**. Das Projekt erscheint nun unter dem von Ihnen angegebenen Namen im Package Explorer.

HINWEIS: Bitte beachten Sie, dass die Projektdaten nicht im Arbeitsbereich abgelegt werden. Wenn Sie sich angewöhnt haben, diesen regelmäßig zu sichern, werden die Quelltexte des soeben angelegten Projekts nicht miterfasst.

Auch im folgenden Abschnitt geht es um das Importieren bestehender Quelltexte. In diesem Fall liegen sie aber nicht lokal vor, sondern wurden in einem sogenannten Repository abgelegt.

Projekte aus Repositories importieren

Git und Subversion (SVN) sind Versionsverwaltungssysteme, mit denen Quelltexte sowie andere zu einer Software gehörenden Artefakte verwaltet und versioniert werden. Die Dateien werden unter Subversion zentral auf einem Server in einem Repository vorgehalten und können bei Bedarf ausgecheckt werden. Nach dem Herunterladen haben Sie auf Ihrem Rechner lokale Kopien der Dateien auf dem Server. Der übliche Arbeitsablauf ist nun, diese zu bearbeiten und anschließend als neue Version auf dem Server abzulegen. Eine Rechteverwaltung sorgt dafür, dass Gäste Dateien zwar herunterladen, jedoch keine Modifikationen einspielen können.

Git arbeitet verteilt. Zwar werden auch hier die Dateien eines Projekts auf den Entwicklungsrechner übertragen. Durch das sogenannte Klonen entstehen allerdings vollständige, eigenständige Abbilder eines Repositorys. Üblicherweise wird das lokale Repository regelmäßig mit einem sogenannten Remote synchronisiert. Seit mehreren Jahren ist Git das am häufigsten eingesetzte Versionsverwaltungssystem. Im Folgenden zeige ich Ihnen, wie Sie ein bestehendes Git-Repository mit Eclipse klonen und in Ihren Arbeitsbereich importieren. Ich verwende hierfür die auf GitHub gehosteten Begleitmaterialien zu diesem Buch. Bitte rufen Sie als Erstes mit **File/Import** den Assistenten zum Anlegen von Projekten aus vorhandenen Quellen auf und tippen in der Filterzeile git ein. Stellen Sie sicher, dass, wie in Bild 3.9 dargestellt, **Git/Projects from Git** markiert ist. Klicken Sie dann auf **Next**. Sie befinden sich auf der Seite Select Repository Source. Selektieren Sie **Clone URI** und klicken Sie erneut auf **Next**.

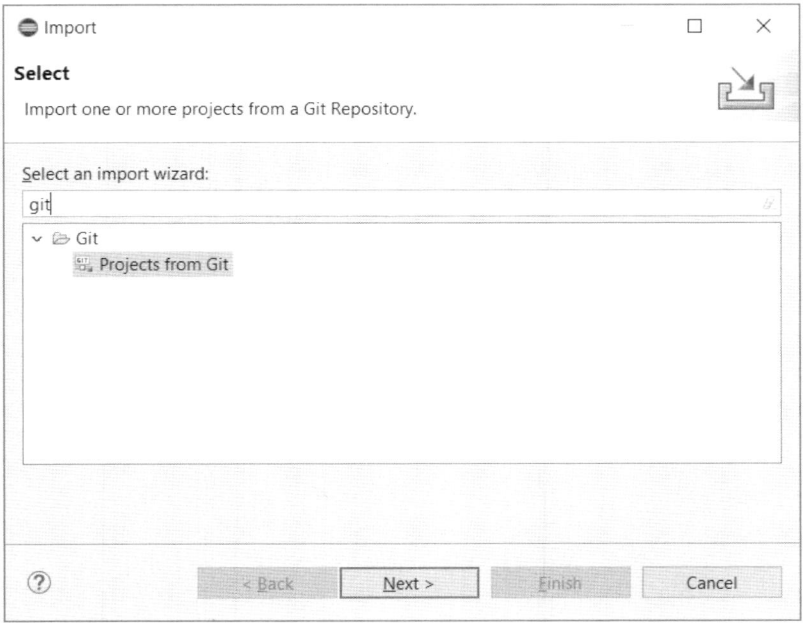

Bild 3.9 Projekte aus Git importieren

Sie befinden sich nun auf der Seite Source Git Repository. Geben Sie im Bereich Location als URI die Adresse *https://github.com/tkuenneth/eclipse_book.git* ein. Die Felder Host und Repository path werden daraufhin automatisch gefüllt. Alle anderen Einstellungen können Sie unverändert lassen. Bevor Sie mit **Next** auf die nächste Seite wechseln, vergleichen Sie Ihre Eingaben bitte mit Bild 3.10.

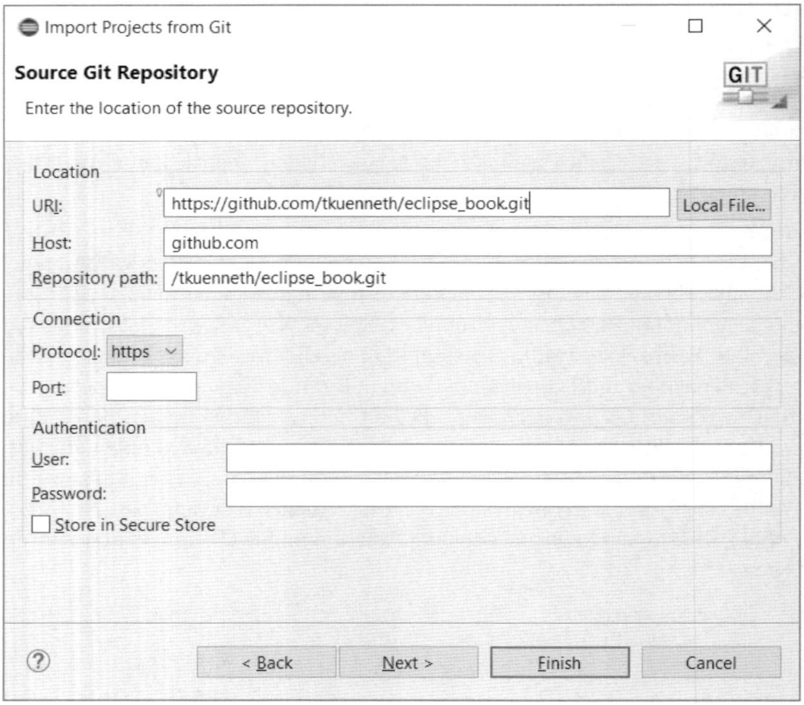

Bild 3.10 Quelle eines Git-Repositorys eingeben

Auf der Seite Branch Selection (Bild 3.11) wählen Sie die Branches aus, die beim Klonen heruntergeladen werden. Branches dienen unter anderem dazu, zwischen unterschiedlichen Entwicklungslinien, Funktionen und Bearbeitungsständen zu unterscheiden. Beispielsweise werden Fehler in einem eigenen Branch gefixt und nach erfolgreich absolvierten Tests in den Hauptzweig integriert. Ausführliche Hinweise zu diesem Thema finden Sie im Abschnitt 5.3 von Kapitel 5, „Im Team arbeiten". Stellen Sie sicher, dass das Häkchen vor **master** gesetzt ist und klicken Sie danach auf **Next**.

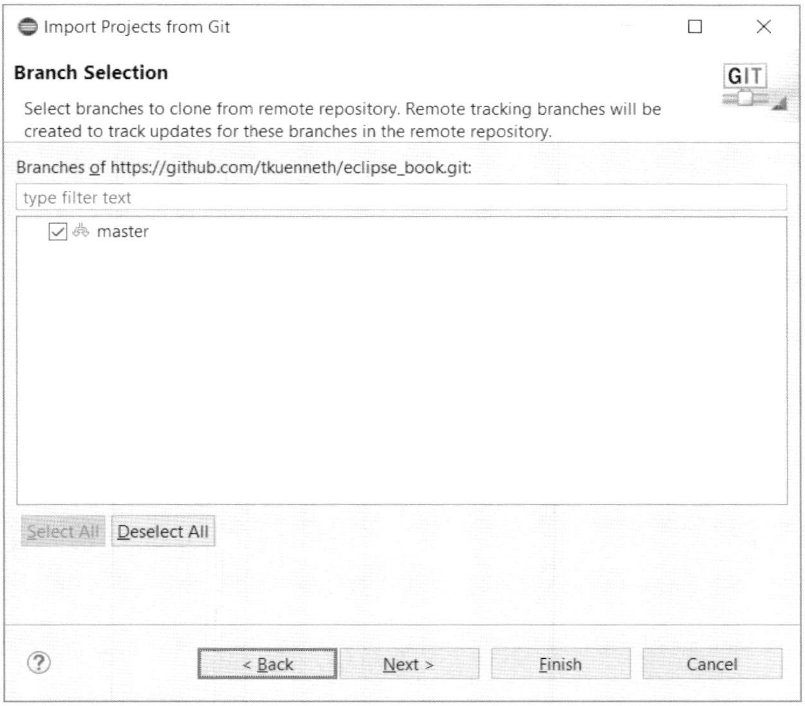

Bild 3.11 Die zu klonenden Branches auswählen

Auf der Seite Local Destination (Bild 3.12) legen Sie fest, wo die heruntergeladenen Dateien und Verzeichnisse abgelegt werden. Außerdem wählen Sie den initialen Branch aus und geben Sie den Namen des entfernten Repositorys an. Ist Ihnen aufgefallen, dass das Verzeichnis nicht Bestandteil Ihres Arbeitsbereichs ist? Warum das so ist, erkläre ich Ihnen ausführlich im Abschnitt 5.2 von Kapitel 5, „Im Team arbeiten“. Mit **Browse** können Sie den Pfad ändern. Bitte klicken Sie abermals auf **Next**.

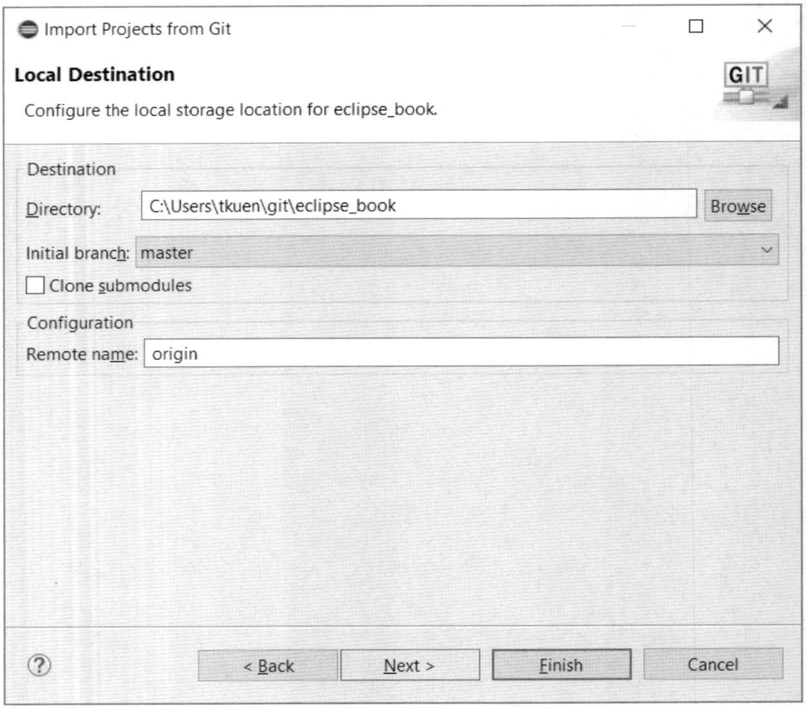

Bild 3.12 Den lokalen Speicherort festlegen

Nachdem Eclipse alle Dateien des Master-Branches heruntergeladen hat, befinden Sie sich auf der Seite Select a wizard to use for importing projects. Sie ist in Bild 3.13 zu sehen. Hier entscheiden Sie, wie Eclipse den Inhalt des Repositorys in den Arbeitsbereich importiert.

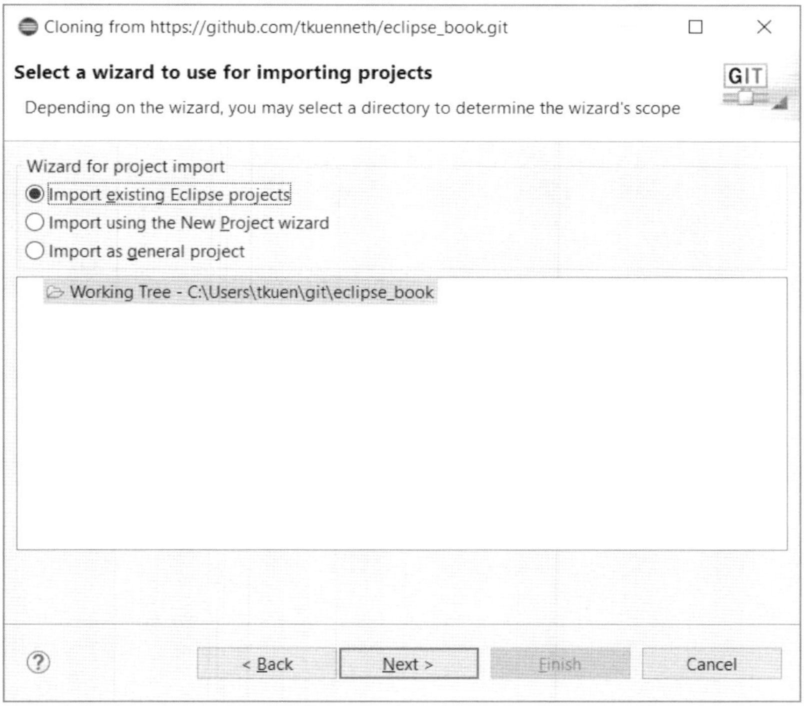

Bild 3.13 Import-Methode auswählen

Die IDE kann in der Einstellung **Import existing Eclipse projects** nach vorhandenen Eclipse-Projekten suchen. Die anderen beiden Varianten **Import using the New Project Wizard** und **Import as general project** verwenden Sie, wenn die zu importierenden Repositories keine Eclipse-Projekte enthalten, vor der Nutzung zusätzliche Einstellungen nötig sind oder nicht aus Java-Quelltexten bestehen. Da die Begleitmaterialien Eclipse-Projekte enthalten, wählen Sie **Import existing Eclipse projects** und klicken Sie dann auf **Next**.

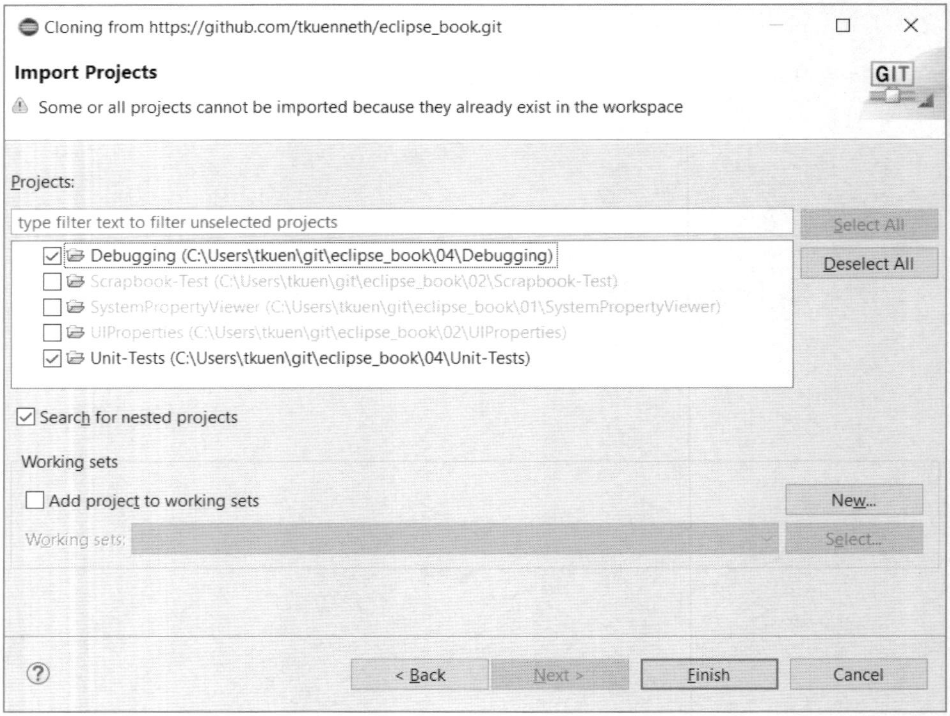

Bild 3.14 Die Seite Import Projects

Auf der Seite Import Projects (Bild 3.14) wählen Sie aus den gefundenen Projekten diejenigen aus, die Sie Ihrem Arbeitsbereich hinzufügen möchten. Bereits vorhandene Projekte sind ausgegraut und können nicht markiert werden. Schließen Sie den Assistenten mit **Finish**. Sie können nun in die Sicht *Package Explorer* wechseln und sich die importierten Projekte ansehen. In diesem Abschnitt habe ich Ihnen mehrere Möglichkeiten gezeigt, wie Sie neue Projekte anlegen können. Im Folgenden lernen Sie, diese zu verwalten. Außerdem stelle ich Ihnen das Menü **Project** ausführlicher vor. Es dient als Kontrollzentrum beim Bauen von Anwendungen.

3.2.2 Projekte verwalten

Die Verwaltung von Projekten hat zahlreiche Facetten. Wie Sie bereits wissen, können Sie einem Arbeitsbereich im Prinzip beliebig viele Projekte hinzufügen. Allerdings wird mit zunehmender Anzahl geöffneter Projekte die Darstellung im Package Explorer unübersichtlich. Hier bietet es sich an, nicht benötigte Projekte zeitweise zu schließen. Wie Sie dabei vorgehen, wurde in Kapitel 1, „Hands-on Eclipse“, beschrieben. Geschlossene Projekte können bis zu einem erneuten Öffnen nicht in der Workbench bearbeitet oder angezeigt werden. Allerdings benötigen sie weniger Speicher und werden bei den weiter unten beschriebenen Build-Vorgängen nicht berücksichtigt, was sich positiv auf die Dauer auswirken kann.

Projekte umbenennen und verschieben

Falls Sie einem Projekt einen anderen Namen geben möchten, klicken Sie im Package Explorer mit der rechten Maustaste auf dessen Namen und wählen Sie anschließend **Refactor/ Rename** oder drücken stattdessen die Tastenkombination **Alt + Shift + R** (**Command + Alt + R** auf dem Mac). Sie sehen nun den Dialog *Rename Java Project*, in dem Sie neben dem neuen Namen auch festlegen müssen, ob Referenzen auf dieses Projekt angepasst werden sollen. Ausführliche Informationen zu Projektreferenzen finden Sie in Abschnitt 3.3.1, „Der Build Path".

Die Funktion zum Verschieben von Projekten befindet sich ebenfalls im Projektkontextmenü unter **Refactor**. Um sie zu testen, klicken Sie auf die Wurzel eines Projekts und drücken anschließend **Alt + Shift + V** (**Command + Alt + V** auf dem Mac). Sie sehen daraufhin den in Bild 3.15 gezeigten Dialog *Move Project*. Damit Sie ein neues Basisverzeichnis für das Projekt angeben können, entfernen Sie zunächst das Häkchen vor **Use default location** und klicken anschließend auf **Browse**. Nachdem Sie den neuen Ordner ausgewählt haben, beenden Sie den Dialog mit **OK**. Beachten Sie bitte, dass Sie auf diese Weise ein Projekt nicht ohne Weiteres in einen anderen Arbeitsbereich verschieben können, selbst wenn Sie ihn als Basisverzeichnis angegeben haben. Das Projekt bleibt weiterhin dem aktuellen Arbeitsbereich zugeordnet. Um dies zu ändern, müssen Sie das Projekt löschen. Achten Sie aber darauf, dass nur das Projekt aus dem Arbeitsbereich entfernt wird, nicht jedoch die Dateien. Anschließend können Sie in den neuen Arbeitsbereich wechseln und das Projekt dort importieren.

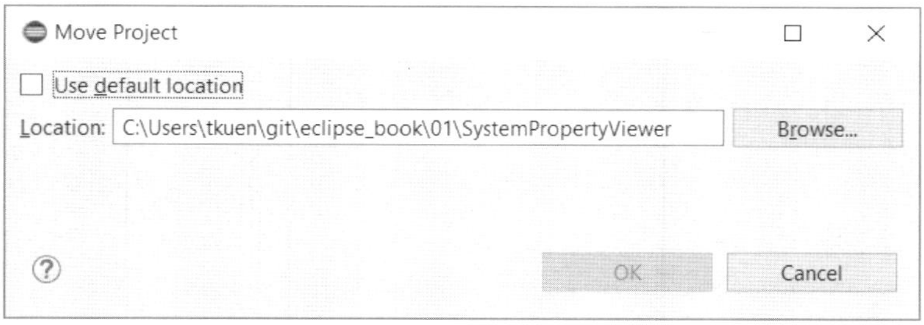

Bild 3.15 Dialog zum Verschieben von Projekten

HINWEIS: Vor umfassenden Änderungen an der Struktur von Projekten oder Arbeitsbereichen sollten Sie eine Sicherungskopie der beteiligten Arbeitsbereiche erstellen.

Projektdetails

Detaillierte Informationen zu einem Projekt erhalten Sie, indem Sie es im Package Explorer anklicken und dann die Menüfunktion **Project/Properties** aufrufen. Es öffnet sich der in Bild 3.16 gezeigte Dialog. Auf der Seite Refactoring History können Sie nachvollziehen, welche Umstrukturierungen Sie an einem Projekt schon vorgenommen haben. Sofern das Projekt Bestandteil eines Git-Repositorys ist, enthält er beispielsweise auf der Seite Git eine

Zusammenfassung aller Repository-bezogenen Einstellungen und Informationen. Die Seite Project References zeigt Ihnen, ob das angezeigte Projekt andere Projekte referenziert. Diese Informationen sind wichtig, falls Sie ein anderes Projekt schließen oder löschen möchten.

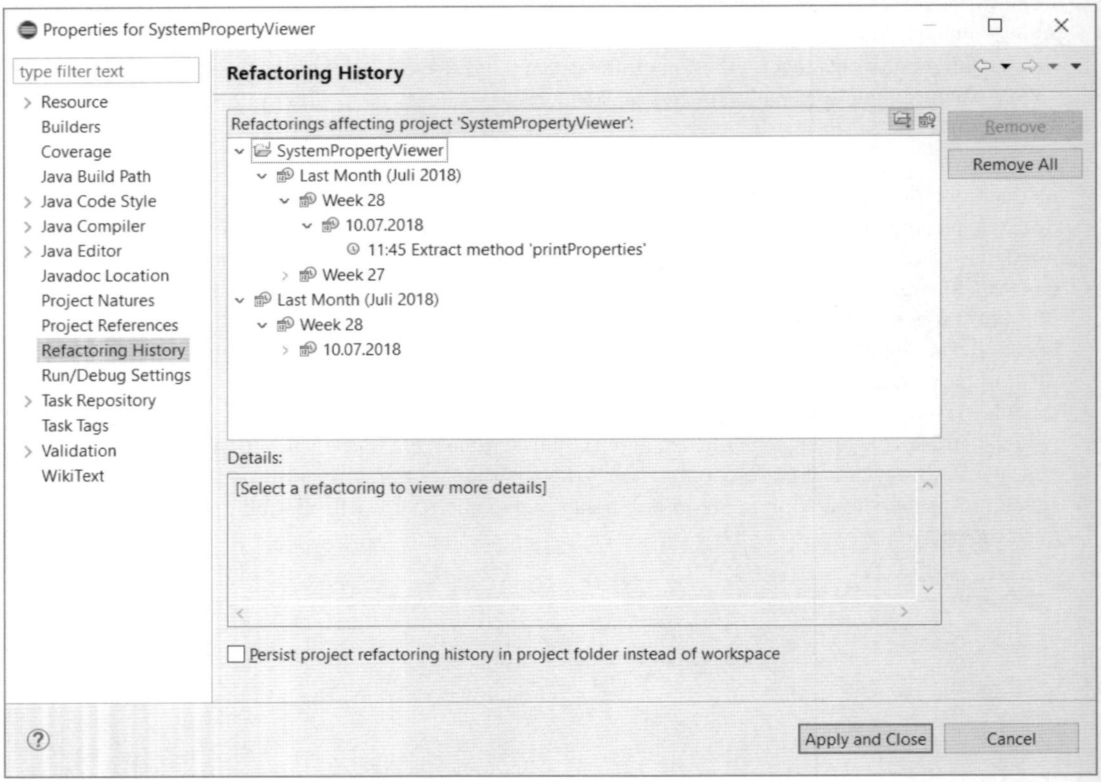

Bild 3.16 Projekteigenschaften

Die Seite Java Build Path bietet einen umfassenden Überblick darüber, in welchen Verzeichnissen projektbezogene Quelltexte liegen und welche anderen Projekte und Bibliotheken für die Übersetzung und den Bau des Projekts benötigt werden. Ausführliche Informationen zur Verwendung von Bibliotheken finden Sie in Abschnitt 3.3.2, „Bibliotheken“.

Auf der Seite Javadoc Location schließlich können Sie das Basisverzeichnis für die Javadoc-Dokumentation des Projekts festlegen. Um die Funktion zu testen, wechseln Sie auf diese Seite. Der Javadoc location path ist standardmäßig leer. Klicken Sie auf **Browse** und navigieren Sie zum Wurzelverzeichnis des Projekts. Schließen Sie die Verzeichnisauswahl mit **OK** und klicken Sie anschließend auf die Schaltfläche **Validate** des Eigenschaftendialogs. Eclipse wird Sie darauf hinweisen, dass der angegebene Ort möglicherweise ungültig ist, da bestimmte Dateien nicht vorhanden sind. Diese werden beim ersten Erzeugen der Dokumentation generiert. Wie dies funktioniert und wie Sie mit der automatisch aus Quelltexten generierten Dokumentation arbeiten, sehen Sie im folgenden Abschnitt. Schließen Sie den Eigenschaften-Dialog nicht mit **OK**, sondern klicken Sie auf **Cancel**.

3.2.3 Das Menü „Project"

Neben den Funktionen zum Öffnen und Schließen von Projekten sowie dem Anzeigen von Projekteigenschaften enthält das Menü Project mehrere Einträge, die sich dem sogenannten Build-Vorgang widmen, also dem Übersetzen und Bauen von Projekten. Zunächst möchte ich Ihnen aber zeigen, wie Javadoc-Dokumentationen erzeugt werden. Legen Sie hierzu ein neues Java-Projekt an und nennen es ProjektDemo. Fügen Sie dem Projekt eine Klasse hinzu, der Sie den Namen `ProjektDemoMain` geben. Bitte achten Sie darauf, dass eine `main()`-Methode erzeugt wird (im Bereich Which method stubs would you like to create? ein Häkchen vor **public static void main(String [] args)**). Setzen Sie auch ein Häkchen vor **Generate comments**.

Rufen Sie nun **Project/Generate Javadoc** auf. Sie sehen den in Bild 3.17 gezeigten Dialog *Generate Javadoc*.

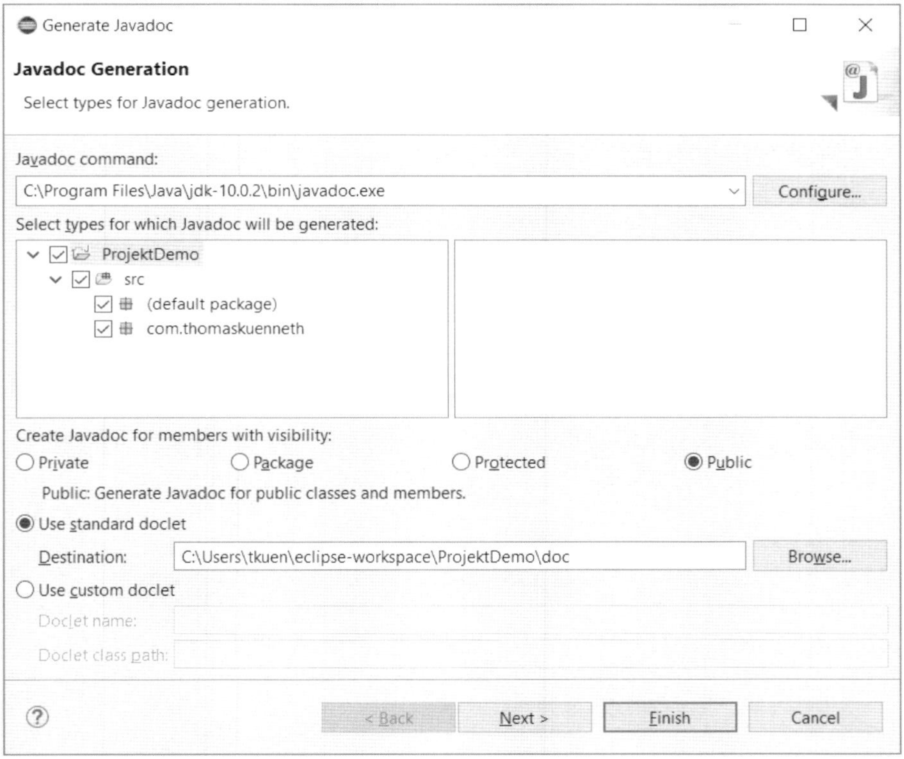

Bild 3.17 Erste Seite des Dialogs „Generate Javadoc"

Wenn Sie diesen das erste Mal aufrufen, müssen Sie möglicherweise das Javadoc-Kommando auswählen, das Sie zum Generieren verwenden möchten. Es ist Bestandteil des Java Development Kits. Klicken Sie auf **Configure** und navigieren Sie zu dem Ordner bin unterhalb des Wurzelverzeichnisses Ihrer JDK-Installation. Hier finden Sie das Programm javadoc, das Sie durch einen Doppelklick übernehmen.

Als Nächstes müssen Sie auswählen, aus welchen Quelltexten die Dokumentation erzeugt werden soll. Markieren Sie **ProjektDemo** mit allen untergeordneten Elementen. Achten Sie darauf, dass als Zielverzeichnis (Destination) der Ordner doc unterhalb des Projekt-Wurzelverzeichnisses angezeigt wird. Falls nicht, klicken Sie auf die Schaltfläche **Browse**, navigieren zu dem Projekt-Wurzelverzeichnis und legen dort durch Anklicken von **Neuer Ordner** das Unterverzeichnis doc an. Sie könnten jetzt die Generierung beeinflussen, indem Sie auf **Next** klicken. Tun Sie dies zunächst jedoch nicht, sondern schließen Sie den Dialog mit **Finish**. Falls die in Bild 3.18 gezeigte Rückfrage erscheint, ob Eclipse den neuen Speicherort des Javadoc-Verzeichnisses übernehmen soll, bestätigen Sie dies mit **Yes**. Wurde der Speicherort schon im Projekteigenschaften-Dialog eingetragen, entfällt die Rückfrage. Wie Sie sicherlich bemerkt haben, wurden während der Generierung zahlreiche Meldungen in der Sicht *Console* protokolliert. Beispielsweise können Sie dort ablesen, welche Dateien das Tool javadoc erzeugt hat. Um sich das Ergebnis anzusehen, klicken Sie die Datei index.html mit der rechten Maustaste an und wählen **Open With/Web Browser**. **Open With/System Editor** zeigt die Dokumentation im Standard-Browser Ihres Betriebssystems an.

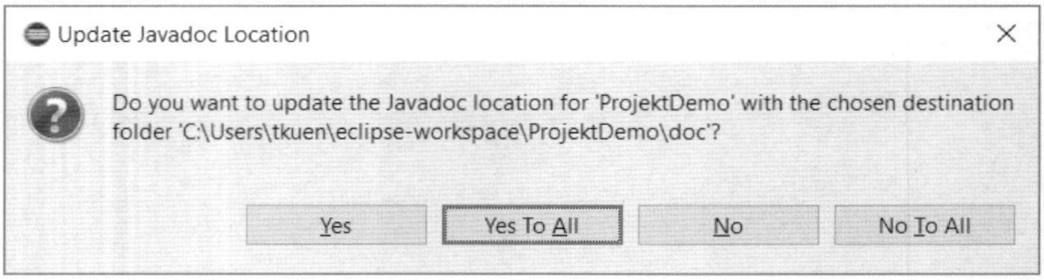

Bild 3.18 Rückfrage, ob Eclipse den neuen Speicherort des Javadoc-Verzeichnisses übernehmen soll

Auf der zweiten Seite des Dialogs Generate Javadoc können Sie in bestimmten Grenzen Einfluss auf den Inhalt der erzeugten Dokumente nehmen. Um dies auszuprobieren, rufen Sie den Dialog erneut auf. Da sich Eclipse die zuletzt vorgenommenen Einstellungen gemerkt hat, können Sie gleich auf die zweite Seite wechseln. Diese sehen Sie in Bild 3.19.

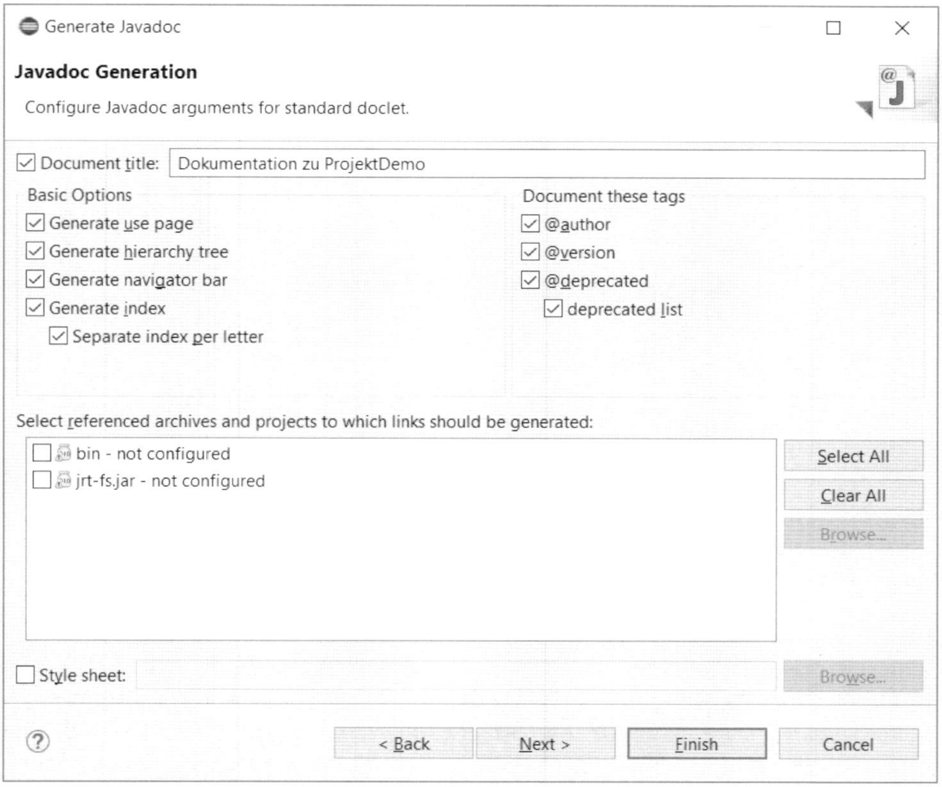

Bild 3.19 Zweite Seite des Dialogs „Generate Javadoc"

Um der Dokumentation einen aussagekräftigen Titel zu geben, setzen Sie ein Häkchen vor **Document title** und geben einen passenden Namen ein, beispielsweise „Dokumentation zu ProjektDemo". Unter Basic Options können Sie festlegen, welche Standardseiten generiert werden sollen. Beispielsweise ließe sich hier das Erzeugen des Index ausschalten. Im Bereich **Document these tags** legen Sie fest, ob zum Beispiel Autoren- und Versionsinformationen in die generierten Dokumente übernommen werden sollen.

Javadoc-Dokumente sind verlinkte HTML-Seiten. Insofern ist es möglich, die Dokumentationen verschiedener Projekte miteinander zu verzahnen. Haben Sie beispielsweise eine eigene Klassenbibliothek entwickelt und beziehen Sie sich in der Beschreibung eines anderen Projekts auf eine derer Klassen, so kann dieser Verweis in Form eines Hyperlinks auf die Originalstelle der Dokumentation erfolgen. Für welche referenzierten Archive und Projekte javadoc entsprechende Links erzeugen soll, teilen Sie dem Tool in der Auswahlliste Select referenced archives and projects ... mit. Setzen Sie jeweils ein Häkchen vor den gewünschten Eintrag. Wenn bei dessen Name der Hinweis not configured erscheint, müssen Sie Eclipse noch das Verzeichnis oder Archiv nennen, das die zugehörige Dokumentation von Javadoc enthält. Klicken Sie in diesem Fall auf den Eintrag und anschließend auf **Browse**. Sie sehen nun den in Bild 3.20 gezeigten Dialog *Configure Javadoc Location*. In ihm können Sie die gewünschte Dokumentation im Dateisystem oder innerhalb eines Archivs auswählen. Es ist ratsam, die Pfadauswahl vor dem Schließen dieses Dialogs durch einen Klick auf **Validate** zu prüfen.

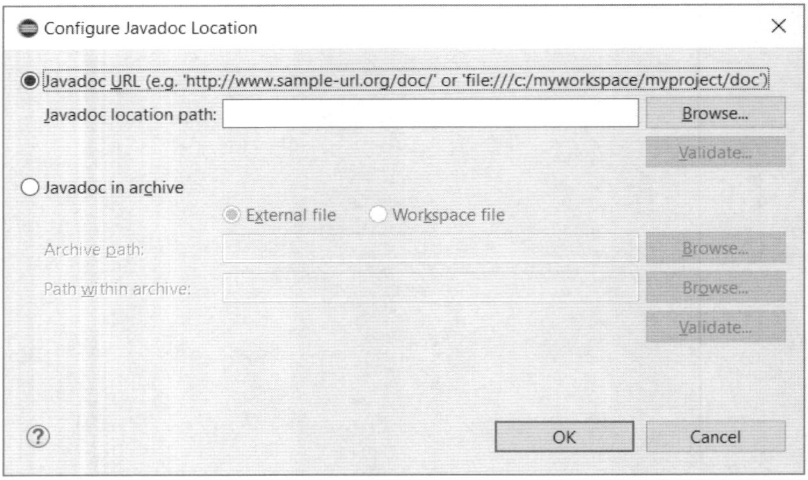

Bild 3.20 Der Dialog „Configure Javadoc Location“

Mit **Next** gelangen Sie zur dritten Seite des Dialogs Generate Javadoc. Dort können Sie der Dokumentation eine Übersichtsseite hinzufügen (setzen Sie dazu ein Häkchen vor **Overview** und klicken Sie auf **Browse**, um eine vorhandene .html-Seite auszuwählen) und die Kompatibilitätsstufe des Quelltexts (**JRE source compatibility**) festlegen. Zudem haben Sie die Möglichkeit, die in diesem Dialog gemachten Einstellungen als Ant-Skript zu exportieren. Speichern Sie die Dialogeinstellungen deshalb in der Datei javadoc.xml im Projektverzeichnis ab. Der entsprechende Pfad ist bereits voreingestellt, sodass Sie nur das Häkchen vor **Save the settings of this Javadoc Export as an Ant script** setzen müssen.

Damit Sie sich die neue Version der Dokumentation gleich ansehen können, sollten Sie noch ein Häkchen vor **Open generated index file in browser** setzen. Schließen Sie nun den Dialog, indem Sie auf Finish klicken. Eclipse weist Sie darauf hin, dass das Tool javadoc in einem der in der Umgebungsvariablen PATH eingetragenen Verzeichnisse vorhanden sein muss, um das erzeugte Ant-Skript starten zu können. Wenn Sie Java, wie in Kapitel 1, „Hands-on Eclipse“, beschrieben, installiert haben, ist dies automatisch der Fall.

Wie Sie bereits wissen, können Sie die Javadoc-Dokumentation jederzeit im Browser anzeigen, indem Sie in die Sicht *Package Explorer* (oder *Navigator*) wechseln und die Datei index.html mit der rechten Maustaste anklicken. Im anschließend erscheinenden Kontextmenü wählen Sie **Open with/Web Browser**. Zusätzlich stellt die Sicht *Javadoc* Teile davon kontextbezogen dar. Um dies auszuprobieren, öffnen Sie die Sicht mit **Window/Show View/Javadoc**. Wechseln Sie nun in den Package Explorer und klicken Sie verschiedene Einträge an. Falls die Dokumentation Informationen dazu enthält, werden diese in der Sicht *Javadoc* angezeigt. Bei Klassen sehen Sie eine kurze Beschreibung sowie ggf. den Namen des Programmierers. Öffnen Sie die Klasse `ProjektDemoMain` mit einem Doppelklick auf ihren Eintrag im Package Explorer. Ihre Methoden werden in der Sicht *Outline* angezeigt. Falls sie geschlossen ist, öffnen Sie die Sicht. Klicken Sie dann auf den Eintrag **main(String []): void**. Die Methode `main()` wird im Java-Editor und in der Sicht Javadoc angezeigt. Damit dies funktioniert, muss im Klappmenü der Sicht *Outline* ein Häkchen vor **Link with Editor** gesetzt sein.

Die meisten Einträge des Menüs **Project** befassen sich mit dem sogenannten Build-Vorgang. Bevor wir uns jedoch ausführlich damit beschäftigen, möchte ich Ihnen das Konzept der Builder näherbringen. Ganz allgemein erzeugen und verändern Builder die Ressourcen des Workspaces. Dies geschieht für gewöhnlich in Abhängigkeit zum Status anderer Ressourcen. Rufen Sie sich in diesem Zusammenhang in Erinnerung, dass Eclipse nicht in erster Linie eine Java-IDE ist, sondern einen Rahmen für Anwendungen zur Verfügung stellt. Beispielsweise greifen die Java Development Tools das Konzept der Builder auf, indem sie aus Quelltexten, die als .java-Dateien vorliegen, Klassendateien erzeugen.

Builder

Welche Builder in einem Projekt zur Verfügung stehen, können Sie auf der Seite Builders des Projekteigenschaften-Dialogs einstellen, die Sie in Bild 3.21 sehen. Neben dem standardmäßig vorhandenen Java Builder finden Sie dort den Builder Javadoc erzeugen, den ich dem Projekt hinzugefügt habe. Er ruft bei jedem Build-Vorgang das Ant-Skript javadoc.xml aus dem vorangegangenen Abschnitt auf.

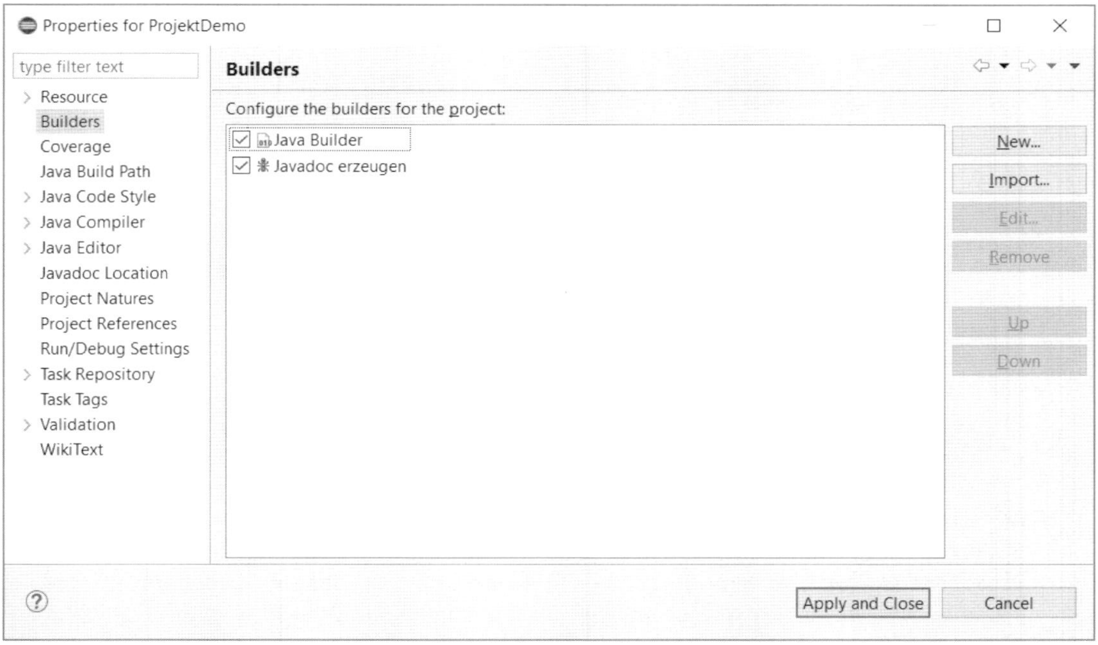

Bild 3.21 Die Seite „Builders“ der Projekteigenschaften

Um einen solchen benutzerdefinierten Builder anzulegen, klicken Sie auf **New**. Sie sehen daraufhin den Dialog *Choose configuration type*, in dem Sie dann **Ant Builder** auswählen. Nachdem Sie den Dialog mit **OK** geschlossen haben, öffnet sich der in Bild 3.22 gezeigte Dialog *Edit Configuration*. Geben Sie dem neuen Builder als Erstes einen Namen, beispielsweise „Javadoc erzeugen“, und wählen Sie anschließend auf der Registerkarte **Main** das zu verwendende Buildfile aus. Klicken Sie dazu auf **Browse Workspace** und selektieren Sie im nun erscheinenden Dialog *Choose Location* die Datei javadoc.xml. Alle übrigen Einstellungen des Dialogs Edit Configuration können Sie unverändert übernehmen. Schließen Sie ihn mit **OK**.

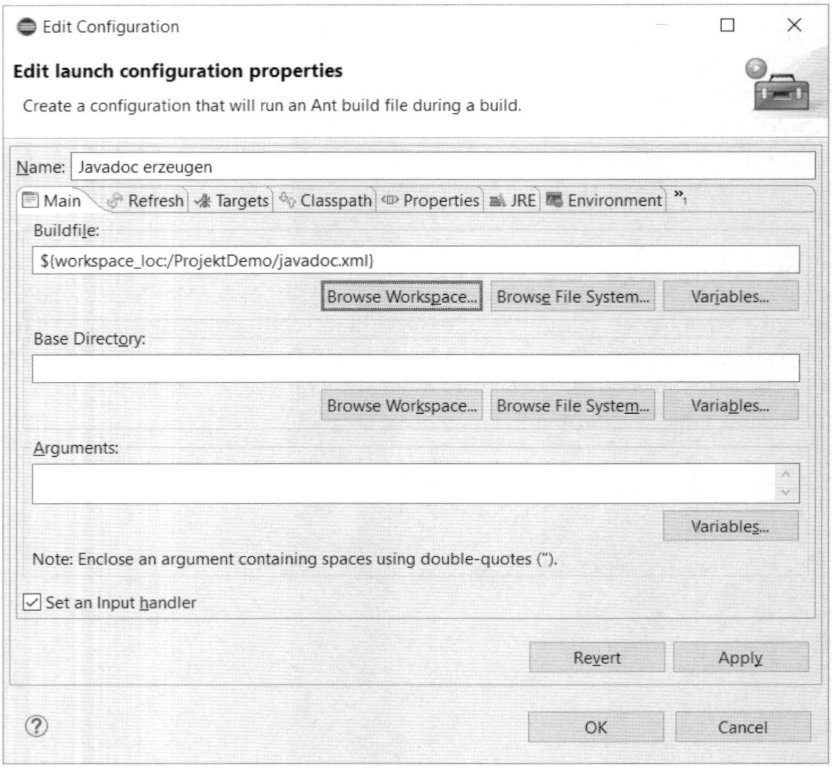

Bild 3.22 Dialog zum Anlegen oder Bearbeiten eines Builders

Der neue Builder erscheint nun auf der Seite Builders. Beenden Sie den Projekteigenschaften-Dialog mit **Apply and Close**. Indem Sie einem Projekt eigene Builder hinzufügen, können Sie während des Baus des Projekts beliebige Aktionen ausführen. Sie müssen hierfür nicht zwingend Ant-Skripte verwenden. Wenn Sie im Dialog *Choose configuration type* nämlich anstelle von **Ant Builder** den Eintrag **Program** auswählen, können Sie eine beliebige Startkonfiguration angeben. Wie Sie bereits wissen, legen Sie hier fest, welches Programm gestartet werden soll und welche Parameter Eclipse ihm übergeben soll. Weitere Informationen zu diesen sogenannten Launch Configurations finden Sie in Abschnitt 3.3.3, „Launch Configurations“.

TIPP: Sie können die Reihenfolge, in der Builder abgearbeitet werden, mithilfe der beiden Schaltflächen **Up** und **Down** verändern. Klicken Sie hierzu den zu verschiebenden Builder an, und bringen Sie ihn in die gewünschte Position. Um einen Builder zu bearbeiten, klicken Sie auf **Edit**. Mit **Remove** entfernen Sie ihn aus der Liste. ■

Sie haben in diesem Abschnitt Builder als Bausteine zum Erzeugen von Projektartefakten kennengelernt. Hierauf aufbauend, stelle ich Ihnen im Folgenden die dazugehörenden Funktionen des Menüs **Project** vor.

Projekte bauen

Sie erinnern sich: Der Java Builder erzeugt aus Quelltexten Klassendateien. Auf der Seite **General/Workspace/Build** des Einstellungsdialogs können Sie einstellen, wann dies geschieht. Der Schalter **Build automatically** legt fest, ob Eclipse einen Build-Vorgang startet, wenn die IDE Änderungen an Ressourcen entdeckt. Er findet sich übrigens auch im Menü **Project**. Wenn Sie dies möchten, kann also das Speichern einer Datei den Bau des Projekts auslösen. Was bedeutet aber eigentlich „ein Projekt bauen"? Oder anders gefragt: Was sind Builds? Es handelt sich hierbei um Prozesse, in deren Verlauf neue Ressourcen auf Basis von bestehenden erzeugt oder bestehende Ressourcen aktualisiert werden. Hierzu ruft die IDE die Ihnen bereits bekannten Builder auf. Man unterscheidet in diesem Zusammenhang zwei Arten von Builds: Inkrementelle Builds bauen auf einem vorherigen Zustand auf. Sie werden nur auf Ressourcen angewendet, die sich seit dem letzten Build geändert haben. Clean Builds hingegen verwerfen einen etwaigen vorherigen Zustand. In beiden Fällen werden alle Ressourcen mit den jeweils geeigneten Buildern transformiert. Um einen Clean Build einzuleiten, rufen Sie **Project/Clean** auf. Sie sehen den in Bild 3.23 gezeigten Dialog *Clean*. Hier legen Sie fest, welche Projekte bereinigt werden sollen. Im Anschluss daran wird Eclipse einen neuen Build starten, sofern **Build automatically** mit einem Häkchen versehen war.

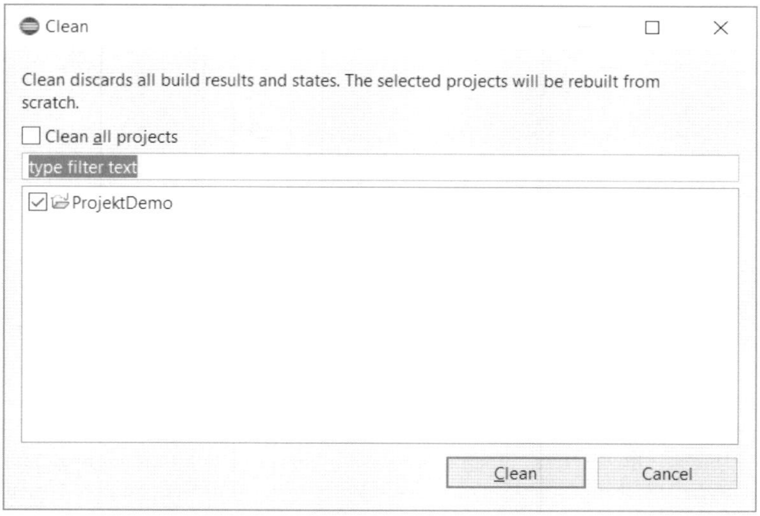

Bild 3.23 Dialog zum Bereinigen von Projekten

Beide Build-Arten können entweder auf ein Projekt, die Projekte eines Working Sets oder den kompletten Workspace angewendet werden. Einzelne Dateien oder Verzeichnisse lassen sich hingegen nicht bauen. Automatische Builds sind stets inkrementell und umfassen immer den gesamten Workspace. Manuelle Builds hingegen starten nur auf Anforderung durch den Entwickler durch Auswahl des entsprechenden **Project**-Menüpunkts **Build All**,

Build Project oder **Build Working Set**. Automatische Build-Vorgänge sind ohne Zweifel eine große Arbeitserleichterung – können sich aber als nachteilig erweisen, wenn Sie vor dem Bau umfangreiche Änderungen (an mehreren Quelltexten) als Block abschließen möchten. In diesem Fall entfernen Sie das Häkchen vor **Build automatically**. Sie müssen dann aber selbst daran denken, den Build-Vorgang zu starten, wenn Sie beispielsweise Ihr Programm aufrufen oder die Klassendateien mit externen Tools weiterbearbeiten möchten.

Standardmäßig ermittelt Eclipse die Build-Reihenfolge auf Basis von Projektreferenzen bzw. -abhängigkeiten. Sie können diese Reihenfolge auch explizit angeben. Öffnen Sie dazu den Einstellungsdialog, navigieren zu der Seite **General/Workspace/Build** (Bild 3.24) und entfernen Sie das Häkchen vor **Use default build order**. Anschließend können Sie die Reihenfolge der Projekte ändern, indem Sie das Projekt anklicken und es über die Schaltflächen **Up** und **Down** an die gewünschte Position verschieben.

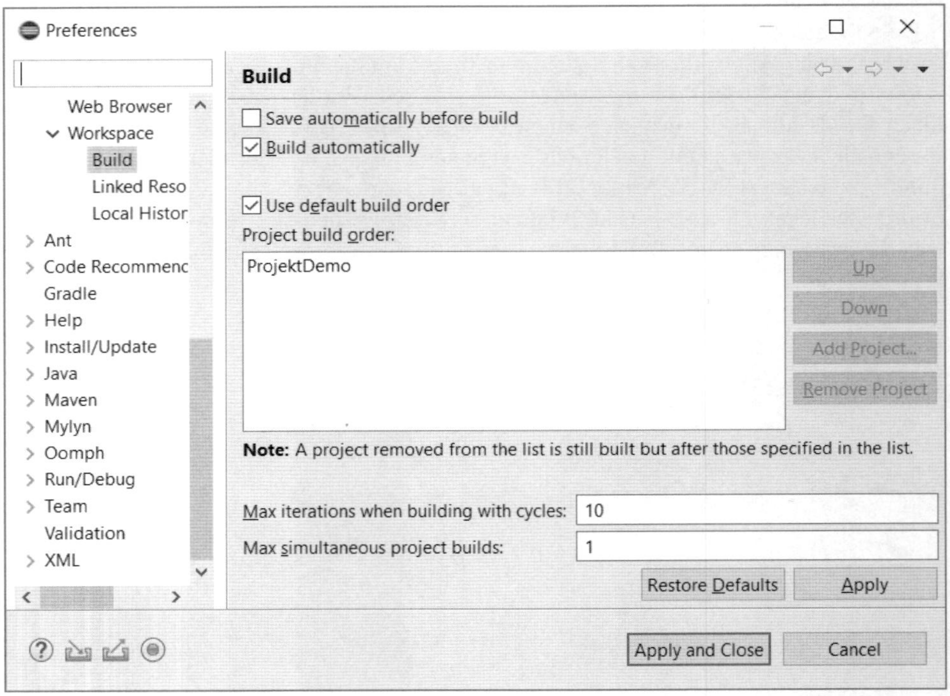

Bild 3.24 Dialog zum Festlegen der Build-Reihenfolge

In diesem Abschnitt haben Sie die Grundlagen der Projektverwaltung kennengelernt. Im nächsten Abschnitt stelle ich Ihnen das Konzept des sogenannten Build Paths vor. Außerdem erfahren Sie, wie Sie in Ihren Projekten externe Bibliotheken nutzen und verwalten.

3.3 Komplexe Projekte

Die bisher in diesem Buch vorgestellten Projekte hatten, natürlich mit Ausnahme der Standardklassenbibliothek, keine externen Referenzen. Anders ausgedrückt: Durch das Bauen des Projekts entstand stets ein lauffähiges Programm. Sobald Sie in einem Ihrer Projekte Bezug auf andere Klassenbibliotheken nehmen, ist die resultierende Anwendung nur dann funktionsfähig, wenn zur Laufzeit die dazugehörenden Klassen im Klassenpfad gefunden werden. Dies gilt natürlich auch für die Arbeit mit Eclipse. Sobald sich Projekte auf projektfremde Klassen beziehen, müssen entweder die Quelltexte der verwendeten Bibliothek oder deren Klassendateien bekannt sein. Welche Klassen in einem Projekt verwendet werden können, wird in Eclipse über den sogenannten Build Path geregelt.

3.3.1 Der Build Path

Sie können den Build Path eines Projekts auf verschiedene Weise erweitern. Wenn der Code, den Sie verwenden möchten, als Projekt in Ihrem Arbeitsbereich vorliegt, genügt es, dieses dem Build Path des Projekts, das die Klassen verwenden möchte, hinzuzufügen. Wie das funktioniert, zeige ich Ihnen im Folgenden. Der erste Schritt ist, das zu verwendende Projekt zu referenzieren. Legen Sie zunächst das leere Java-Projekt Hallo an, indem Sie, wie gewohnt, durch Aufrufen von **File/New/Java Project** den Assistenten zum Anlegen neuer Java-Projekte öffnen. Achten Sie darauf, dass das Häkchen vor **Create module-info.java file** gesetzt ist. Geben Sie dem Modul den Namen `hallo`. Fügen Sie nun die Klasse `com.thomaskuenneth.hallo.Hallo` hinzu. Den Quelltext finden Sie nachfolgend aufgeführt, sowie in den Materialien zum Buch.

Listing 3.1 Die Klasse com.thomaskuenneth.hallo.Hallo

```
package com.thomaskuenneth.hallo;

public class Hallo {

    public void sayHello() {
       System.out.println("Hallo");
    }
}
```

Jetzt müssen Sie noch die Datei module-info.java dem folgenden Listing entsprechend anpassen.

Listing 3.2 Die Datei module-info.java des Projekts Hallo

```
module hallo {
  exports com.thomaskuenneth.hallo;
}
```

Wechseln Sie nun in das Projekt ProjektDemo und öffnen Sie die Klasse `ProjektDemoMain` durch Doppelklick im Package Explorer. Ändern Sie sie bitte so ab, dass die `main()`-Methode dem folgenden Listing entspricht:

Listing 3.3 Die Klasse ProjektDemoMain des Projekts ProjektDemo

```
/**
 * @param args
 */
public static void main(String[] args) {
  Hallo hallo = new Hallo();
  hallo.sayHello();
  // TODO Auto-generated method stub

}
```

Obwohl Sie das Codefragment korrekt eingegeben oder kopiert haben, moniert Eclipse natürlich einen Fehler: den nicht auflösbaren Typ `Hallo`. Bevor Sie dieses Problem beheben, indem Sie das Projekt Hallo dem Build Path von ProjektDemo hinzufügen, müssen Sie zunächst eine Referenz auf das Projekt anlegen. Öffnen Sie hierzu die Projekteigenschaften von ProjektDemo und wechseln Sie auf die Seite Project References, die Sie in Bild 3.25 sehen. Hier können Sie festlegen, welche anderen Projekte innerhalb des Arbeitsbereichs das Projekt ProjektDemo referenzieren soll. Setzen Sie ein Häkchen vor **Hallo** und schließen Sie den Dialog mit **Apply and Close**.

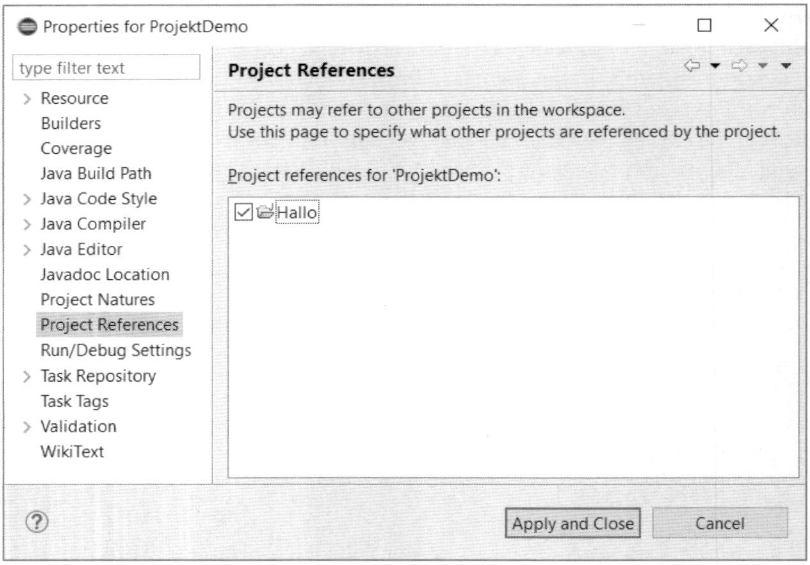

Bild 3.25 Die Seite „Project References“ der Projekteigenschaften

Noch kann Eclipse den Typ `Hallo` nicht auflösen. Referenzen auf andere Projekte sind zwar beim Bau von Projekten wichtig, weil Eclipse durch sie die Reihenfolge bestimmen kann, in der Projekte gebaut werden müssen. Anders ausgedrückt: Falls Änderungen an Hallo vorgenommen wurden, ist es sinnvoll, erst diese Klassen zu übersetzen und anschließend diejenigen Projekte, die darauf basieren. Referenzen allein modifizieren allerdings nicht den Build Path eines Projekts.

Um den Build Path eines Projekts um ein anderes Projekt desselben Arbeitsbereichs zu erweitern, öffnen Sie die Projekteigenschaften und wechseln Sie auf die Seite Java Build path, die Sie in Bild 3.26 sehen. Auf der Registerkarte **Projects** finden Sie eine Liste derjenigen Projekte, die dem Build Path schon hinzugefügt wurden. Eclipse differenziert hier zwischen dem älteren Klassenpfad und dem mit dem Modulsystem in Java 9 eingeführten Modulpfad. Bei ProjektDemo sind beide zunächst natürlich leer.

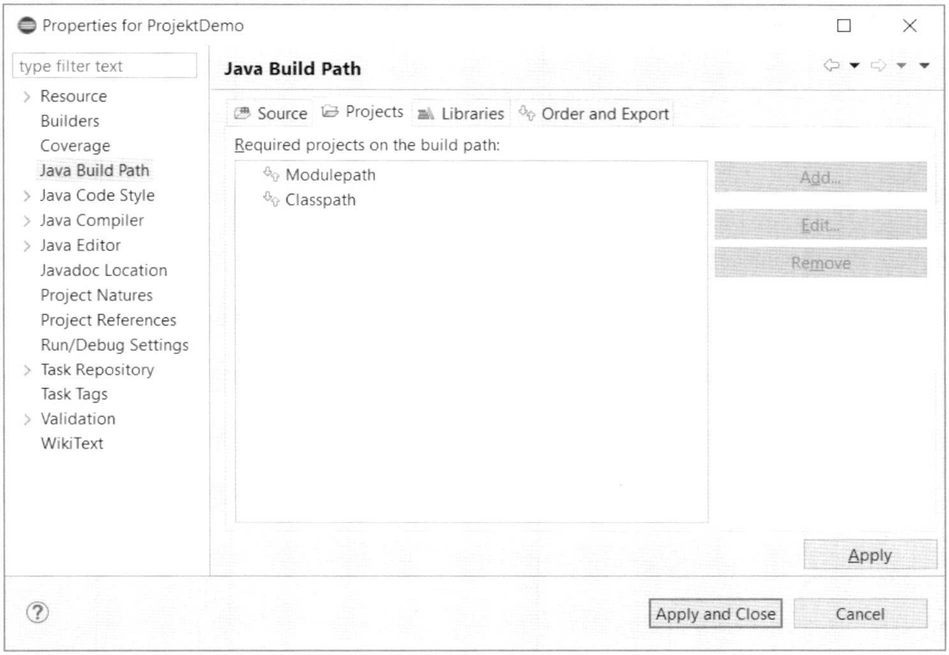

Bild 3.26 Die Seite „Java Build Path" der Projekteigenschaften

Klicken Sie deshalb zunächst auf **Modulepath**, danach auf **Add**, woraufhin sich der Dialog *Required Project Selection* öffnet. Sie sehen ihn in Bild 3.27. Setzen Sie ein Häkchen vor **Hallo** und klicken Sie auf **OK**.

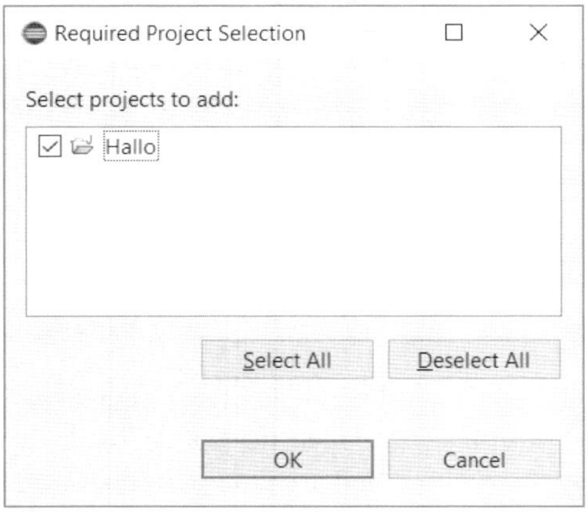

Bild 3.27 Dialog zum Auswählen der benötigten Projekte

Schließen Sie den Projekteigenschaften-Dialog mit **Apply and Close**. Nun müssen Sie der Datei module-info.java des Projekts ProjektDemo die Zeile

```
requires hallo;
```

hinzufügen. Damit geben Sie an, dass Sie ein bestimmtes Modul verwenden möchten. Da die Klasse `Hallo` nicht mit voll qualifiziertem Namen referenziert wird, lässt sich `ProjektDemoMain` noch immer nicht übersetzen. Sie können das korrigieren, indem Sie der Klasse eine entsprechende `import`-Anweisung hinzufügen. Rufen Sie hierzu **Source/ Organize Imports** auf oder verwenden Sie das korrespondierende Tastenkürzel **Strg + Shift + O**. Auf dem Mac tippen Sie **Command + Shift + O**.

Wenn Sie das Projekt bauen, fällt Ihnen möglicherweise eine Fehlermeldung während der Javadoc-Erstellung hinsichtlich `requires hallo;` auf. Um diese zu beheben, aktualisieren Sie die Datei javadoc.xml wie folgt:

Listing 3.4 Die aktualisierte Datei javadoc.xml

```
<?xml version="1.0" encoding="UTF-8" standalone="no"?>
<project default="javadoc">
 <target name="javadoc">
  <javadoc
   access="public" author="false" classpath="."
   destdir="doc" doctitle="Dokumentation zu ProjektDemo"
   nodeprecated="false" nodeprecatedlist="false"
   noindex="true" nonavbar="false" notree="false"
   packagenames="com.thomaskuenneth" source="10"
   splitindex="false" use="false"
   version="true">
   <fileset dir="src" defaultexcludes="yes">
    <include name="**/*.java"/>
    <exclude name="**/module-info.java"/>
   </fileset>
   <fileset dir="../Hallo/src" defaultexcludes="yes">
    <include name="**/*.java"/>
    <exclude name="**/module-info.java"/>
   </fileset>
  </javadoc>
 </target>
</project>
```

Die Aktualisierung sorgt dafür, dass die Datei module-info.java des Projekts ProjektDemo ignoriert wird, dafür aber die Klassen des Projekts Hallo eingeschlossen werden.

HINWEIS: Denken Sie daran, Builds durch den Menübefehl **Project/Build Project** auszulösen, wenn Sie das Häkchen vor **Project/Build Automatically** entfernt haben.

Der Build Path legt also fest, wo Eclipse nach Klassen bzw. Ressourcen sucht, die in einem Projekt verwendet werden. Dennoch ist Build Path kein Synonym für Klassenpfad oder Modulpfad. Beide beziehen sich auf das Ausführen von Java-Programmen: Sie legen fest, wo die virtuelle Maschine nach Klassen und Ressourcen sucht, und (bezogen auf den Modulpfad) welche sich gegenseitig aufrufen können. Konsequenterweise müssen Sie für den

Start Ihrer Programme außerhalb von Eclipse den Modulpfad mit Java-üblichen Mitteln setzen. Auch im folgenden Abschnitt geht es um den Build Path. Sie lernen hier, externe Bibliotheken in Eclipse zu verwalten und in Ihre Projekte zu integrieren.

3.3.2 Bibliotheken

Wie Sie gesehen haben, lassen sich eigene Klassenbibliotheken oder Komponenten, die als Eclipse-Projekte vorliegen, auf sehr einfache Weise in Projekte integrieren. Bitte denken Sie daran, dass Sie mit den Working Sets, die ich Ihnen in Kapitel 2, „Arbeiten mit Eclipse", vorgestellt habe, sehr komfortabel dafür sorgen können, auch bei vielen Projekten nicht den Überblick zu verlieren. Um die Bibliothek zu verbergen, weisen Sie sie einfach einem neuen Working Set zu und stellen Sie den Package Explorer so ein, dass Projekte dieses Working Sets nicht angezeigt werden. Wie aber gehen Sie vor, wenn Ihnen nur Klassendateien oder .jar-Archive zur Verfügung stehen? Das Anlegen eines Projekts scheidet in diesen Fällen ja aus. Eclipse bietet aber eine sehr mächtige Bibliotheksverwaltung, mit der Sie auf sehr einfache Weise Archive, gegebenenfalls Quelltexte sowie Dokumentationen externer Bibliotheken, verwalten können.

Bitte legen Sie ein neues Java-Projekt an und nennen Sie es BannerMaker. Fügen Sie eine Klasse `com.thomaskuenneth.BannerTest` hinzu. Der Quelltext sieht so aus:

Listing 3.5 Die Klasse com.thomaskuenneth.BannerTest

```
package com.thomaskuenneth;

import java.io.IOException;
import com.github.lalyos.jfiglet.FigletFont;

public class BannerTest {

  public static void main(String[] args) {
    String asciiArt = "";
    try {
      asciiArt = FigletFont.convertOneLine("Hallo Eclipse");
    } catch (IOException e) {
      // TODO Auto-generated catch block
      e.printStackTrace();
    }
    System.out.println(asciiArt);
  }
}
```

Natürlich kennt Eclipse weder das Paket `com.github.lalyos.jfiglet` noch die Klasse `FigletFont`. Das auf GitHub gehostete Open-Source-Projekt Jfiglet (*https://github.com/lalyos/jfiglet*) von Lajos Papp ist die Java-Implementierung eines Banner Generators, also eines Tools, das aus ASCII-Zeichen große Lettern erzeugt. Es kann bequem als Maven-Artefakt in Projekte integriert werden. Ausführliche Informationen zur Nutzung von Maven finden Sie im weiteren Verlauf dieses Kapitels. Zunächst möchte ich Ihnen die Nutzung von .jar-Dateien in eigenen Projekten demonstrieren. Laden Sie deshalb das Archiv von der Adresse *http://central.maven.org/maven2/com/github/lalyos/jfiglet/0.0.8/jfiglet-0.0.8.jar* herunter und öffnen Sie danach den Eigenschaften-Dialog des Projekts BannerMaker.

Wechseln Sie auf die Seite Java Build Path und aktivieren Sie die in Bild 3.28 Die Registerkarte „Libraries“ der Seite „Java Build Path“ gezeigte Registerkarte **Libraries**. Mit den entsprechenden Schaltflächen können Sie dem Build Path nun Bibliotheken, Verzeichnisse und .jar-Archive hinzufügen.

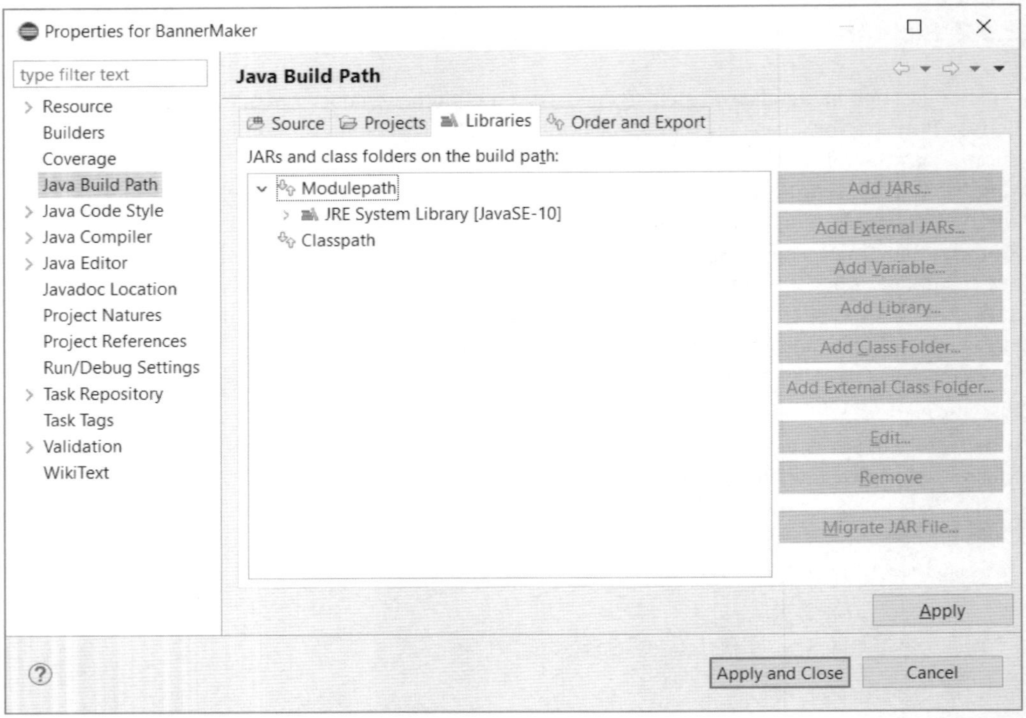

Bild 3.28 Die Registerkarte „Libraries“ der Seite „Java Build Path“

Wenn die Klassenbibliothek, die Sie in einem Projekt einsetzen möchten, ohne native Ressourcen auskommt und als .jar-Archiv zur Verfügung gestellt wird, können Sie sie durch einfaches Anklicken von **Add JARs** und **Add External JARs** in das Projekt einbinden. Mit **Add Class Folder** und **Add External Class Folder** hängen Sie Verzeichnisse mit .class-Dateien an. Im Gegensatz zu **Add JARs** und **Add Class Folder** ermöglichen **Add External JARs** und **Add External Class Folder** den Zugriff auf Ressourcen außerhalb des Arbeitsbereichs. Das ist praktisch, weil die über den Browser heruntergeladene Datei jfiglet-0.0.8.jar sehr wahrscheinlich im Downloads-Ordner gelandet ist, der außerhalb des Eclipse-Arbeitsbereichs liegt. Fügen Sie diese deshalb als externen JAR dem Modulpfad hinzu. Damit Eclipse die Bibliothek findet, müssen Sie außerdem in der Datei module-info.java die Zeile

```
requires jfiglet;
```

hinzufügen.

TIPP: Grundsätzlich können Sie Bibliotheken in einem beliebigen Verzeichnis ablegen. Aus Gründen der Übersichtlichkeit rate ich Ihnen aber, entweder im Projektverzeichnis einen Ordner lib anzulegen und sie dorthin zu verschieben oder eine systemweit gültige Ablage zu schaffen.

Wenn für die von Ihnen verwendete Klassenbibliothek Javadoc-Dokumentation oder Quelltext vorliegen, können Sie beides auf der Seite Java Build Path hinzufügen. Klappen Sie hierzu den Eintrag der Library auf, markieren Sie **Source Attachment: (None)** oder **Javadoc location: (None)** und klicken Sie dann auf **Edit**. Dies ist in Bild 3.29 und Bild 3.30 dargestellt.

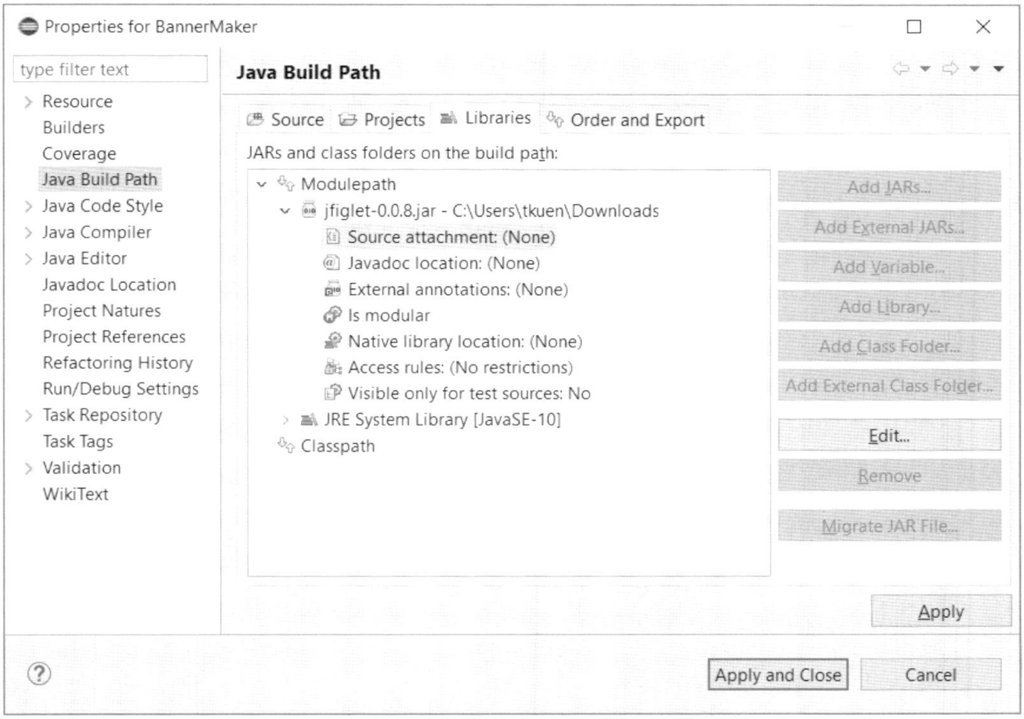

Bild 3.29 Javadoc-Dokumentation oder Quelltexte hinzufügen

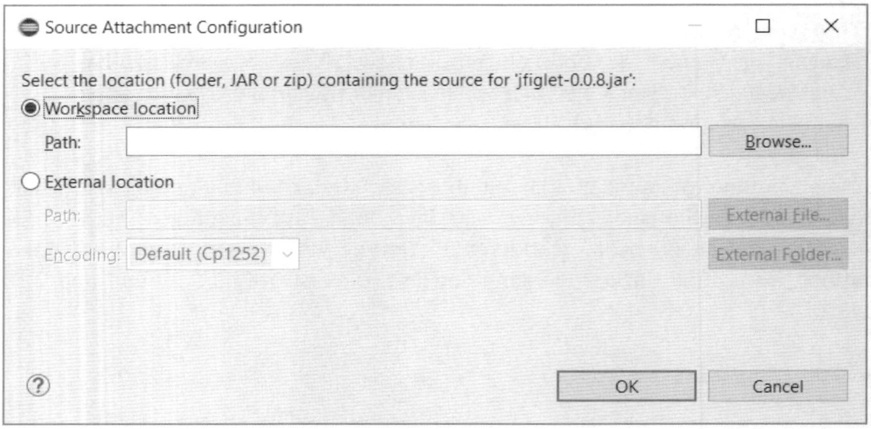

Bild 3.30 Ablageort der Javadoc-Dokumentation angeben

Wie Sie sehen, ist das Hinzufügen einzelner .jar-Archive zu einem Projekt mit wenigen Mausklicks erledigt. Falls eine Klassenbibliothek aus mehreren solcher Archive besteht, können Sie diese im Prinzip auf dieselbe Weise einbinden. Allerdings müssten Sie dies für jedes Projekt, in dem Sie die Bibliothek verwenden möchten, wiederholen.

Glücklicherweise bietet Ihnen Eclipse hierfür eine komfortable Alternative. Sie können nämlich Klassenbibliotheken, deren Quelltexte und Dokumentationen zu sogenannten Bibliotheken zusammenfassen. Wie dies funktioniert, sehen Sie im folgenden Abschnitt.

Mehrteilige Bibliotheken

Die Kombination mehrerer .jar-Archive zu einer benutzerdefinierten Bibliothek möchte ich Ihnen anhand der Apache Commons demonstrieren. Ziel dieses bedeutenden Open-Source-Projekts ist es, wiederverwendbare Java-Komponenten für häufig auftretende Situationen im Programmierer-Alltag zur Verfügung zu stellen und zu pflegen. Die Liste der Commons-Bestandteile ist lang. Einen Überblick finden Sie auf der Projekt-Homepage unter *https://commons.apache.org/*. Da es in diesem Abschnitt ausschließlich um die Bündelung von .jar-Archiven zu Bibliotheken geht, brauchen Sie nur einen kleinen Teil der zur Verfügung stehenden Komponenten herunterzuladen. Beispielsweise finden Sie unter *https://commons.apache.org/proper/commons-lang/* das Paket Commons Lang. Commons CLI ist unter *https://commons.apache.org/proper/commons-cli/* zu finden. Speichern Sie die heruntergeladenen Dateien (z. B. commons-lang3-3.7-bin.zip und commons-cli-1.4-bin.zip) an einem Ort Ihrer Wahl und entpacken sie. Hierbei entstehen Unterverzeichnisse mit den Commons-Komponenten, ihren Quelltexten und der Javadoc-Dokumentation. Bitte legen Sie nun ein neues Java-Projekt an und nennen Sie es CommonsDemo. Wie üblich, sollten Sie die Datei module-info.java generieren lassen. Öffnen Sie die Projekteigenschaften und wechseln Sie auf die Ihnen bereits bekannte Registerkarte **Libraries** der Seite Java Build Path. Klicken Sie zuerst auf **Modulepath**, dann auf **Add Library**. Sie sehen den in Bild 3.31 gezeigten Dialog *Add Library*. Hier wählen Sie die Art der hinzuzufügenden Bibliothek aus. Markieren Sie **User Library**, und klicken Sie auf **Next**.

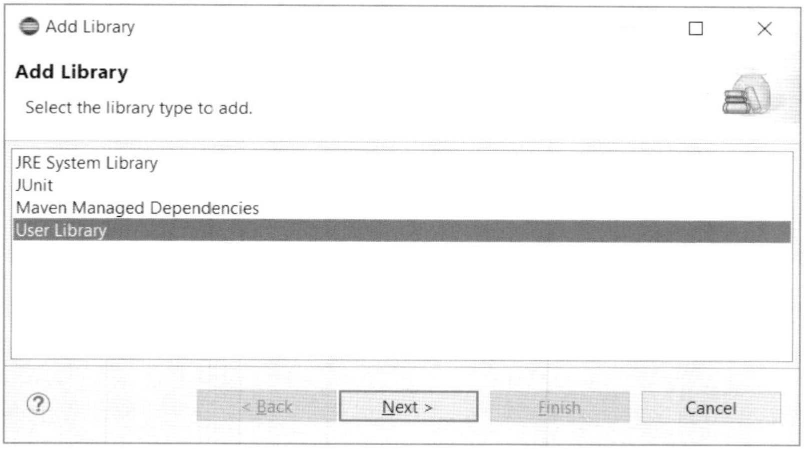

Bild 3.31 Hinzufügen einer benutzerdefinierten Bibliothek

Auf der zweiten Seite des Dialogs erscheint eine zunächst noch leere Liste der bekannten benutzerdefinierten Bibliotheken. Klicken Sie nun auf **User Libraries**. Es öffnet sich der Einstellungsdialog. Der Hinweis „(Filtered)" in der Titelzeile weist Sie darauf hin, dass alle Seiten mit Ausnahme der aktuell sichtbaren Seite User Libraries, die Sie in Bild 3.32 sehen, ausgeblendet wurden. Klicken Sie auf **New**, woraufhin sich erneut ein Dialog öffnet.

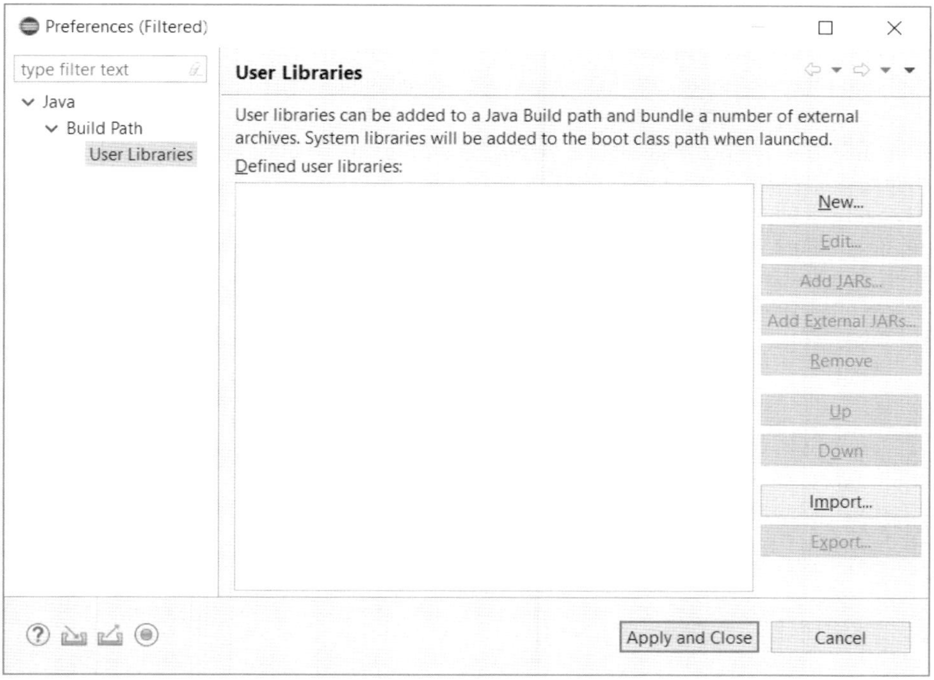

Bild 3.32 Die Seite „User Libraries" des Einstellungsdialogs

Im Dialog *New User Library*, den Bild 3.33 zeigt, müssen Sie für die neu anzulegende benutzerdefinierte Bibliothek einen Namen vergeben, beispielsweise „Apache Commons". Das Häkchen vor System library brauchen Sie normalerweise nicht zu setzen. Dies wäre beispielsweise dann erforderlich, wenn ein Bestandteil der Bibliothek Java selbst erweitert. Schließen Sie den Dialog mit **OK**.

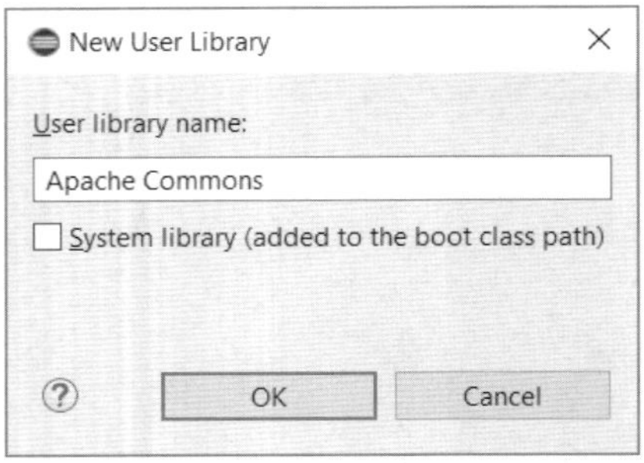

Bild 3.33 Der Dialog „New User Library"

Ihre neue (leere) Bibliothek erscheint nun in der Liste Defined user libraries des Einstellungsdialogs. Sie müssen dieser nun .jar-Archive zuordnen, indem Sie auf die Ihnen bereits bekannte Schaltfläche **Add External JARs** klicken. Navigieren Sie mit der Dateiauswahl in das Verzeichnis mit den entpackten Commons-Bibliotheken und übernehmen Sie die beiden Archive commons-cli-1.4.jar und commons-lang3-3.7.jar. Durch diese Auswahl legen Sie fest, welche Komponenten Sie in Ihren Projekten nutzen können. Wie Sie im vorigen Abschnitt gelernt haben, können Sie jeder .jar-Datei ein Verzeichnis oder Archiv mit Dokumentation und Quelltexten zuweisen. Falls eine Komponente native Ressourcen (.dll unter Windows, .so unter Linux oder macOS) benötigt, werden diese ebenfalls hier angegeben.

Sie können Ihre benutzerdefinierten Bibliotheken übrigens exportieren, um sie in andere Arbeitsbereiche oder neuere Eclipse-Versionen zu übernehmen. Verwenden Sie hierzu die beiden entsprechenden Schaltflächen auf der Seite User Libraries des Einstellungsdialogs. Wie Sie in Bild 3.34 sehen, können Sie die zu exportierenden Bibliotheken beliebig kombinieren. Auf diese Weise lassen sie sich sehr einfach kategorisieren. Mit der Schaltfläche **Browse** öffnen Sie eine Dateiauswahl, in der Sie den Namen und Speicherort der Exportdatei festlegen.

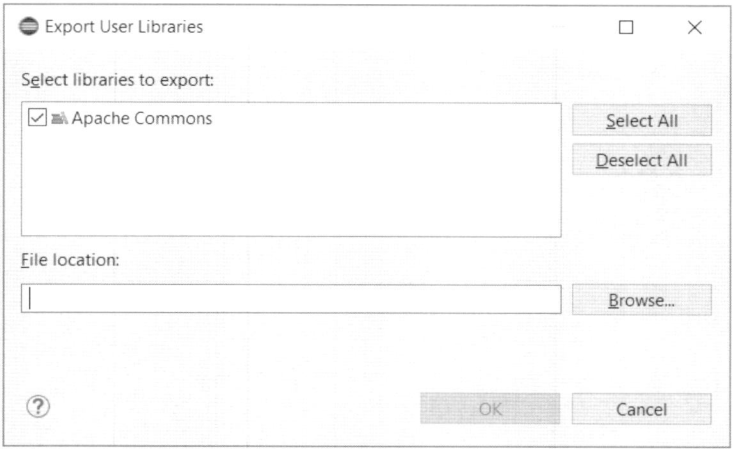

Bild 3.34 Dialog zum Exportieren von benutzerdefinierten Bibliotheken

Sie haben den Build Path als eine Besonderheit von Eclipse kennengelernt, der alle Elemente enthält, die Eclipse für den erfolgreichen Bau eines Projekts kennen muss. Im folgenden Abschnitt werden wir Run Configurations näher betrachten, mit deren Hilfe Sie die Ablaufumgebung eines Programms festlegen.

3.3.3 Launch Configurations

In Ihren bisherigen Experimenten mit Eclipse sind Ihnen schon mehrfach die sogenannten Launch oder Run Configurations begegnet. Eine ausführliche Erklärung dieses Konzepts bin ich Ihnen bislang schuldig geblieben und möchte sie nun nachreichen.

Konfigurationen anlegen und bearbeiten

Unterschiedliche Projekt- oder Programmtypen erfordern individuelle Ablaufumgebungen. Um beispielsweise eine Klasse mit `main()`-Methode auszuführen, sind andere Einstellungen erforderlich als für einen Unit-Test. Diese Einstellungen verwalten Sie im Dialog *Run Configurations*, der in Bild 3.35 zu sehen ist. Sie erreichen ihn über den Menübefehl **Run/ Run Configurations**.

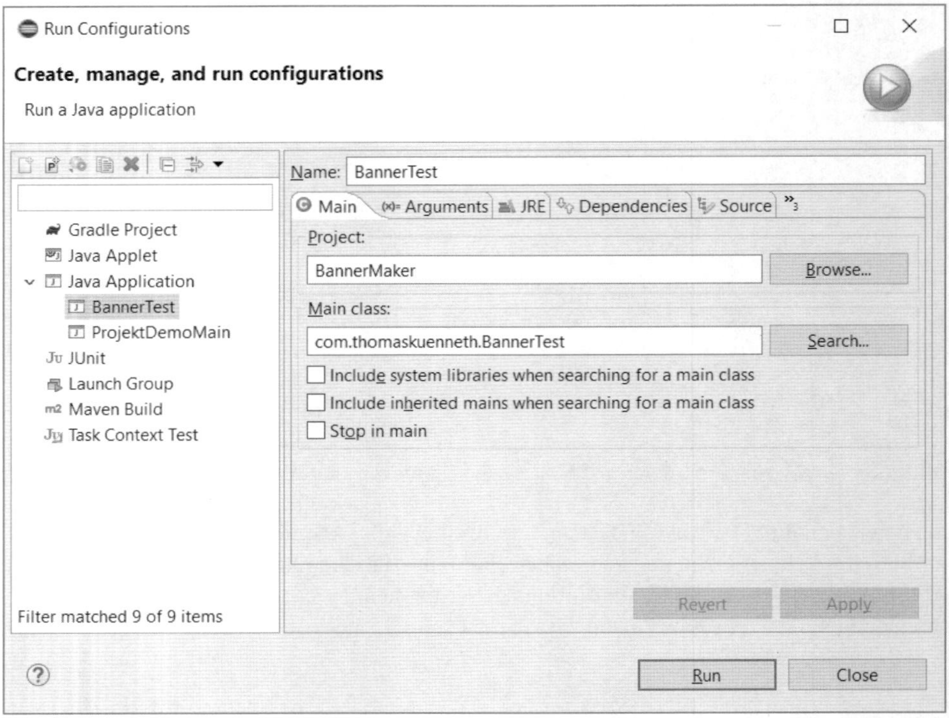

Bild 3.35 Der Dialog „Run Configurations“

Der linke Teil des Dialogs listet die Eclipse bekannten Arten von Konfigurationen auf, beispielsweise **Maven Build** und **Java Application**. Wenn für einen solchen Typ schon Konfigurationen angelegt wurden, können Sie diese sichtbar machen, indem Sie das kleine Dreieck links vom Namen anklicken. Ein Klick mit der rechten Maustaste öffnet das Kontextmenü, das Bild 3.36 zeigt.

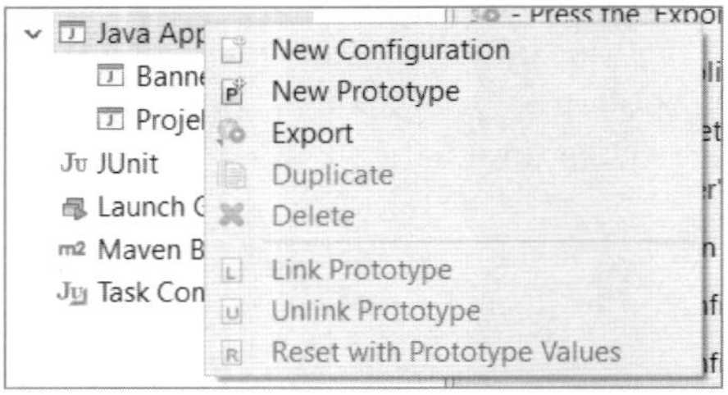

Bild 3.36
Kontextmenü zum Bearbeiten von Konfigurationen

Hier löschen und duplizieren Sie bestehende Einträge und legen neue Konfigurationen an. Probieren Sie dies doch einmal aus: Fahren Sie mit dem Mauszeiger auf **Java Application**, drücken Sie die rechte Maustaste und wählen Sie dann **New Configuration**. Im rechten Teil des Dialogs können Sie der neu erstellten Konfiguration einen Namen geben, beispielsweise „Meine BannerDemo-Konfiguration“. Auf der Registerkarte **Main** wählen Sie anschließend das auszuführende Projekt aus, indem Sie auf die Schaltfläche **Browse** klicken. Im nun erscheinenden Dialog *Project Selection* markieren Sie **BannerMaker** und Sie schließen den

Dialog mit **OK**. Um die Klasse mit der `main()`-Methode festzulegen, klicken Sie schließlich auf **Search**. Sie sehen den in Bild 3.37 gezeigten Dialog *Select Main Type*, in dem Sie die Klasse `com.thomaskuenneth.BannerTest` auswählen.

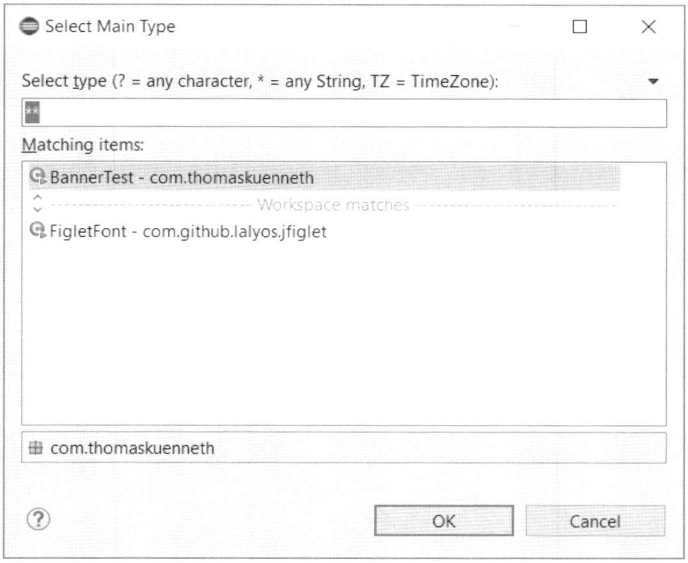

Bild 3.37 Dialog zum Auswählen der Hauptklasse

Auf der Registerkarte **Arguments** legen Sie fest, welche Parameter Sie dem zu startenden Programm bzw. der Java-Laufzeitumgebung übergeben möchten. Eclipse unterscheidet hier zwischen Program arguments und VM arguments. Letztere werden der virtuellen Maschine übergeben und nicht an die Anwendung weitergereicht. Dies ist unter anderem praktisch, um System-Properties zu setzen. Ein solcher Parameter hat die Form `-Dname=wert`. Mit anderen Parametern steuern Sie das Verhalten der virtuellen Maschine. Program arguments hingegen erscheinen in der Reihenfolge, in der sie eingetragen werden, als Elemente des Felds `args[]` der `main()`-Methode. Auf der dritten Registerkarte, JRE, können Sie die Laufzeitumgebung auswählen, in der das Projekt ausgeführt werden soll. Das ist praktisch, falls Sie Ihre Anwendung unter verschiedenen Java-Versionen testen möchten.

TIPP: Beim Aufruf von **Run As/Java Application** legt Eclipse automatisch Launch Configurations an. Berücksichtigt werden hierbei die relevanten Projekt- und Workbench-Einstellungen.

Projekte ausführen

Der Menübefehl **Run/Run Configurations** öffnet stets den Dialog zum Anlegen und Bearbeiten von Run Configurations. Wenn Sie hier keine Änderungen vornehmen möchten, ist es natürlich lästig, nochmals auf **Run** klicken zu müssen. Aus diesem Grund bietet Eclipse mehrere Alternativen an. Der schnellste Weg, ein Projekt auszuführen, ist wahrscheinlich, den Befehl **Run/Run** aufzurufen. Ebenfalls im Menü **Run** finden Sie das Untermenü **Run**

History. Es enthält eine Liste der zuletzt gestarteten Programme. Außerdem haben Sie die Möglichkeit, sogenannte Favoriten zu verwalten. Hierbei handelt es sich um Konfigurationen, die Sie im schnellen Zugriff haben möchten. Klicken Sie auf den kleinen schwarzen Pfeil rechts neben dem Toolbar-Symbol (**Run**) und wählen Sie im nun aufklappenden Menü die Funktion Organize Favorites. Im Dialog *Organize Run Favorites*, den Bild 3.38 zeigt, können Sie Konfigurationen zu Ihren Favoriten hinzufügen, ihre Reihenfolge ändern und löschen.

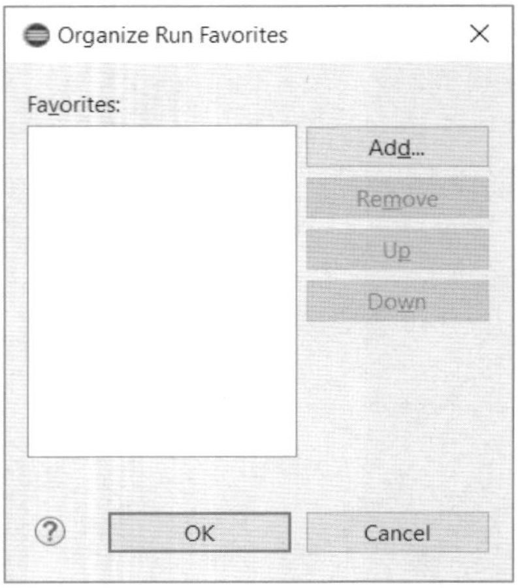

Bild 3.38
Der Dialog „Organize Run Favorites"

In diesem und den vorherigen Abschnitten haben Sie sich mit den Grundlagen der Projektverwaltung von Eclipse und dem Bau von Projekten vertraut gemacht. Im folgenden Abschnitt möchte ich Ihnen unter anderem ein zusätzliches Build-Werkzeug, das durch die Apache Software Foundation gepflegte Maven, vorstellen und zeigen, wo Sie bei Ihrer Arbeit mit Eclipse mit ihm in Berührung kommen. Allerdings ist Maven ein sehr mächtiges Werkzeug. Wenn Sie sich intensiver damit auseinandersetzen möchten, finden Sie in der Literaturliste im Anhang des Buchs Vorschläge für die Lektüre.

3.4 Maven und externe Tools

Da Sie in Abschnitt 3.2.3, „Das Menü „Project"", die sogenannten Builder und die Menüfunktionen zum Bauen von Projekten kennengelernt haben, fragen Sie sich vielleicht, warum Sie mit einem zusätzlichen Build-Tool arbeiten sollen, wo doch Eclipse den Bau von Projekten sehr gut allein beherrscht. Oftmals gehört hierzu aber mehr als nur das Übersetzen von Quelltexten. So kann es sinnvoll sein, vor dem Erzeugen etwaige alte Versionen zu löschen oder nach dem Bau automatisiert .jar-Archive zu generieren. Ein weiteres Beispiel ist das Einchecken der Quelltexte in ein Versionsverwaltungssystem nach einer erfolgreich durchlaufenen Kette von Tests.

3.4.1 Maven

Idealerweise geschieht dies alles zeit- oder abhängigkeitsgesteuert und vor allem ohne Zutun des Entwicklers. Die Koordination solcher komplexen Ablaufketten ist eine Spezialität von Build-Automatisierungs- und Build-Management-Tools wie Maven. Sie greifen dabei auf Konfigurationsdateien zurück, in denen alle Phasen eines Build-Vorgangs und deren zeitliche Abfolge sowie etwaige andere Abhängigkeiten festgelegt werden. Maven wurde in Java geschrieben, steht also unter Windows, Linux und macOS zur Verfügung. Anders als beispielsweise das unter Unix weit verbreitete make, erwartet es seine Steuerdateien, die sogenannten POMs, in Form von XML-Dateien. Das Akronym POM steht übrigens für Project Object Model.

Die Maven-Unterstützung in Eclipse wird durch M2Eclipse bereitgestellt. Ausführliche Informationen finden Sie auf der Projekthomepage unter *https://www.eclipse.org/m2e/*. M2Eclipse ist in Eclipse for Java Developers bereits enthalten. Sie müssen das Plugin also nicht herunterladen. Bevor wir ein Maven-Projekt anlegen, öffnen Sie bitte den Einstellungsdialog und setzen auf der Seite **Maven** ein Häkchen vor **Download repository index updates on startup** (Bild 3.39). Starten Sie danach mit **File/Restart** Eclipse neu. Die IDE lädt im Hintergrund Maven Repository Updates herunter. Je nach Internet-Verbindung kann das eine Weile dauern.

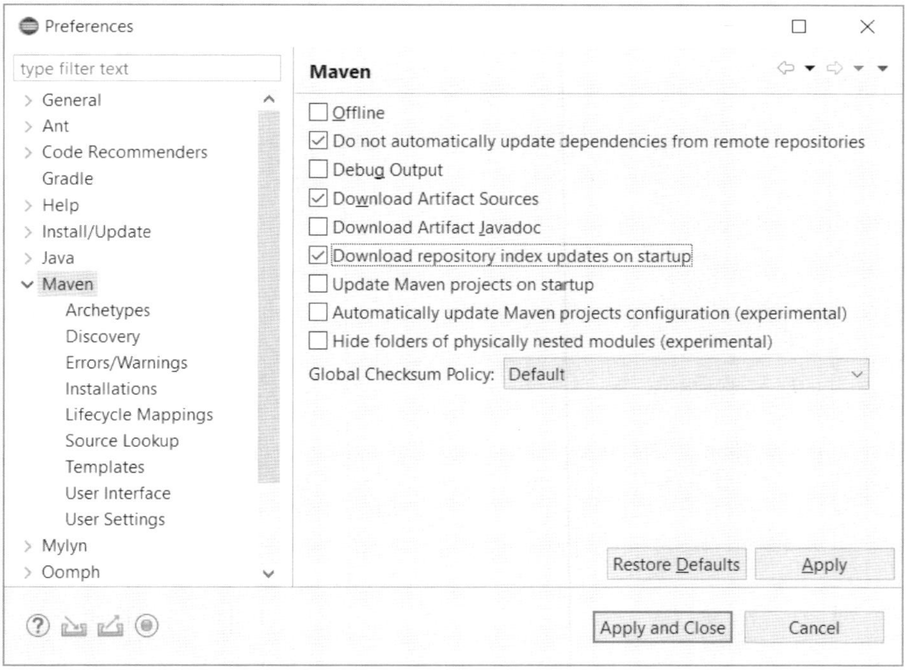

Bild 3.39 Maven Repository Index Updates aktivieren

Ein einfaches Maven-Projekt

Nachdem der Vorgang abgeschlossen ist, öffnen Sie bitte mit **File/New/Project** den Assistenten zum Anlegen neuer Projekte. Wählen Sie **Maven/Maven Project** und klicken dann auf **Next**. Sie sehen die in Bild 3.40 dargestellte Seite New Maven Project. Bitte stellen Sie sicher, dass Sie ein Häkchen vor **Use default Workspace location** gesetzt haben, vor **Create a simple project (skip archetype selection)** hingegen keines. Klicken Sie erneut auf **Next**.

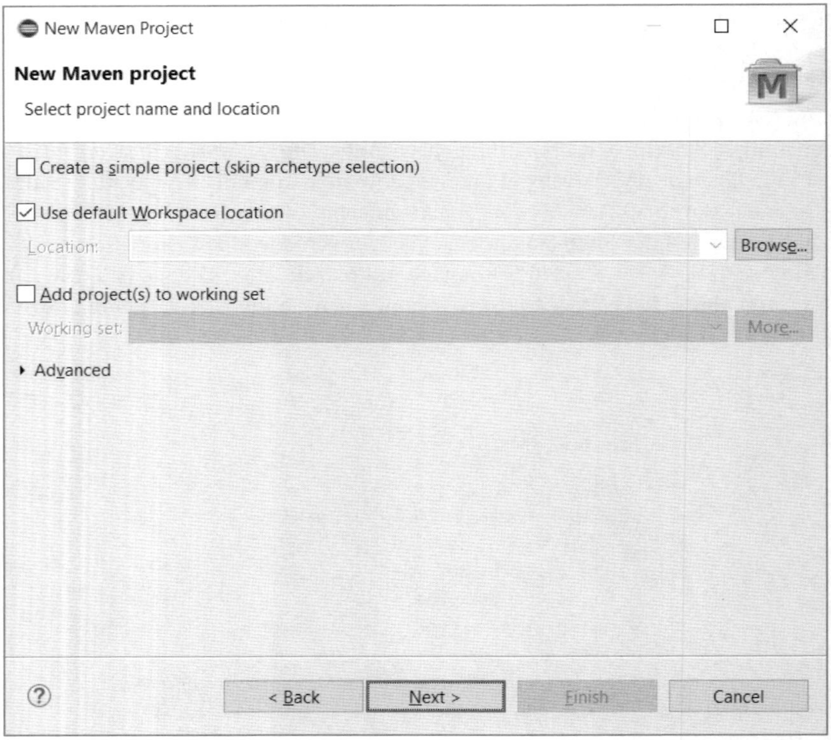

Bild 3.40 Die Seite New Maven Project

Auf dieser Seite wählen Sie einen Archetype aus. Tippen Sie in der Filterzeile quick ein. Der Dialog sollte nun Bild 3.41 entsprechen. Bitte achten Sie darauf, dass **maven-archetype-quickstart** ausgewählt ist. Klicken Sie erneut auf **Next**. Auf der nun angezeigten Seite machen Sie Angaben zu Ihrem Projekt, die Sie später in der POM wiederfinden werden.

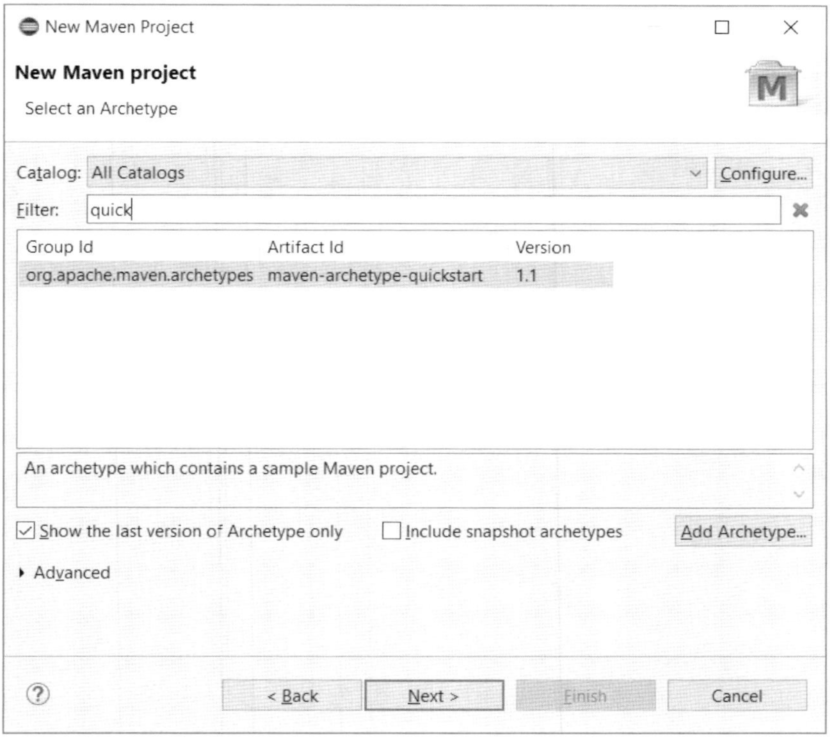

Bild 3.41 Einen Archetype auswählen

Bitte übernehmen Sie die Eingaben aus Bild 3.42 und klicken dann auf **Finish**.

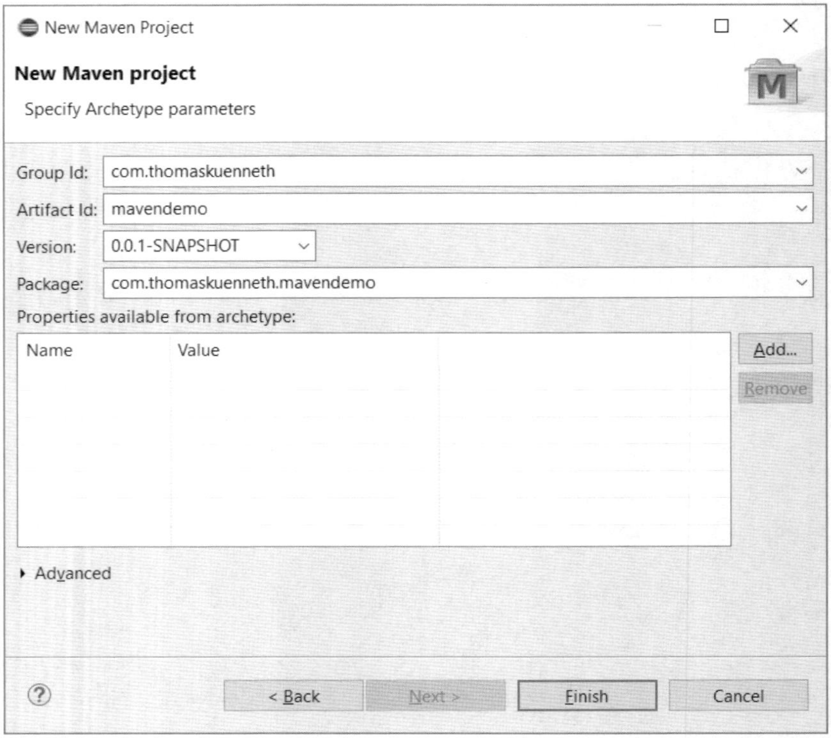

Bild 3.42 Archetype-Parameter eingeben

Im Package Explorer sind das neu angelegte Projekt und die durch den Assistenten erstellte Datei pom.xml zu sehen. Wenn Sie diese mittels Doppelklick öffnen, erscheint ein Editor mit mehreren Registerkarten am unteren Rand. Diese sind in Bild 3.43 zu sehen. Der Tab **pom.xml** zeigt einem normalen Texteditor. Unter **Dependencies** werden Abhängigkeiten verwaltet. Hierzu gleich mehr.

Bild 3.43 Die POM im Editor mit Registerkarten

Fügen Sie auf der Registerkarte pom.xml der Datei im Bereich `<properties> ... </properties>` die folgenden Zeilen hinzu:

```
<maven.compiler.source>10</maven.compiler.source>
<maven.compiler.target>10</maven.compiler.target>
```

Bitte wechseln Sie nun auf die Registerkarte **Dependencies** und klicken Sie im Abschnitt Dependencies auf **Add**. Sie sehen daraufhin den Dialog *Select Dependency*. Übernehmen Sie die Werte aus Bild 3.44 und klicken danach auf **OK**. Speichern Sie Ihre Änderungen an der POM mit **File/Save**.

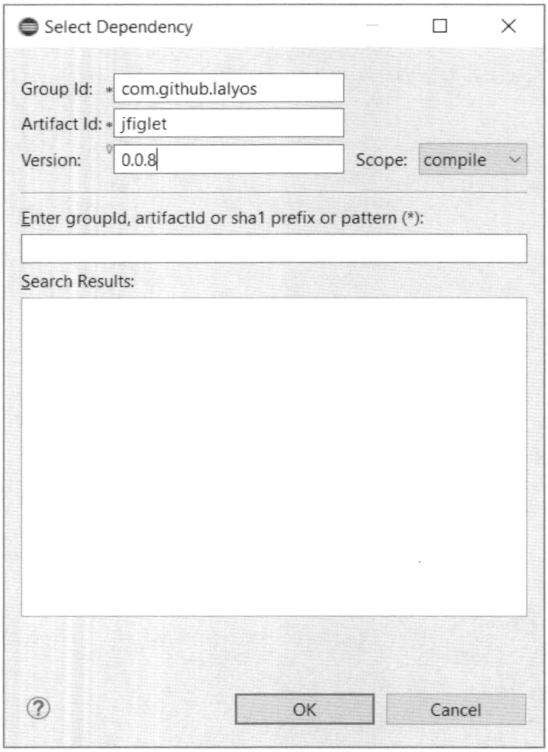

Bild 3.44 Der Dialog „Select Dependency“

Rufen Sie den Dialog *Select Dependency* erneut auf. Geben Sie nun für Group Id den Wert org.codehaus.mojo, für Artifact Id exec-maven-plugin und für Version 1.2.1 ein. Schließen Sie den Dialog mit **OK** und speichern danach die Datei pom.xml ab. Die neuen Abhängigkeiten sind nun auf der Registerkarte **DEPENDENCY** zu sehen (Bild 3.45).

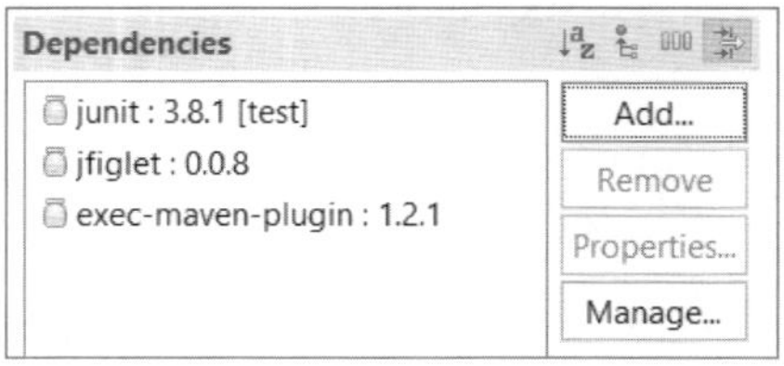

Bild 3.45
Die Registerkarte Dependencies mit neuen Abhängigkeiten

Klicken Sie nun die Datei pom.xml im Package Explorer mit der rechten Maustaste an und wählen **Run As/Maven build....** Sie sehen den Ihnen bereits bekannten Dialog zum Anlegen und Bearbeiten von Konfigurationen. Geben Sie auf der Registerkarte **Main** bei Goals den Text clean install ein, und klicken dann auf **Apply**. Klicken Sie danach auf **Run**, um das Projekt zu bauen. Sollte in der Sicht *Console* eine Fehlermeldung erscheinen, dass kein Compiler zur Verfügung steht (No compiler is provided in this environment), öffnen Sie mit **Run/Run Configurations** die Konfiguration und wechseln auf die Registerkarte **JRE**. Selektieren Sie zuerst **Alternate JRE** und klicken dann auf **Installed JREs**. Fügen Sie nun eine neue Laufzeitumgebung hinzu, wobei Sie als Basisverzeichnis das Installationsverzeichnis des Java Development Kits angeben. Wählen Sie im Anschluss daran diese neue Laufzeitumgebung als **Alternate JRE** aus. Jetzt funktioniert das Starten der Konfiguration ohne weitere Fehler.

Der Projektassistent hat beim Anlegen des Projekts die Klasse `com.thomaskuenneth.mavendemo.App` angelegt. Bitte öffnen Sie diese und ändern Sie sie analog zum folgenden Listing ab:

Listing 3.6 Die Klasse com.thomaskuenneth.mavendemo.App

```
package com.thomaskuenneth.mavendemo;

import java.io.IOException;
import com.github.lalyos.jfiglet.FigletFont;

public class App {
  public static void main(String[] args) {
    String asciiArt = "";
    try {
      asciiArt = FigletFont.convertOneLine("Hallo Eclipse");
    } catch (IOException e) {
      e.printStackTrace();
    }
    System.out.println(asciiArt);
  }
}
```

Wenn Sie nach dem Speichern der Klasse über das Untermenü **Run/Run History** die Konfiguration erneut ausführen, ist in der Sicht *Console* kein Banner zu sehen. **Run/Run** hingegen führt zu dem gewünschten Ergebnis, sofern Sie vorher im Package Explorer die Projektwurzel mit der linken Maustaste angeklickt hatten.

Fügen Sie auf der Registerkarte pom.xml der POM im Bereich `<properties> ... </properties>` die folgende Zeile hinzu und speichern danach die Datei:

```
<exec.mainClass>com.thomaskuenneth.mavendemo.App</exec.mainClass>
```

Öffnen Sie die Konfiguration und fügen Sie auf der Registerkarte **Main** das Goal exec:java hinzu. Nach **Apply** und **Run** wird das Banner in der Sicht *Console* ausgegeben.

In diesem Abschnitt haben Sie erste Einblicke in die Arbeit mit Maven erhalten. Die Fähigkeiten dieses Build-Management-Werkzeugs sind so mächtig, dass sie umfassend nur in einem eigenen Buch beschrieben werden können. Einige diesbezügliche Literaturhinweise finden Sie in der Literaturliste im Anhang.

3.4.2 Externe Tools

In diesem Abschnitt zeige ich Ihnen, wie Sie externe Tools in Ihre Arbeit mit Eclipse integrieren können. Sie werden über einen eigenen Dialog verwaltet, den Sie über **Run/External Tools/External Tools Configurations** erreichen. Wie Sie in Bild 3.1 sehen, ist er dem Dialog *Run* sehr ähnlich. Der linke Bereich enthält die Einträge **Ant Build** und **Program**. Beide Knoten können Konfigurationen enthalten, die nach dem Anklicken im Hauptbereich des

Dialogs angezeigt und dort bearbeitet werden können. Mit der rechten Maustaste öffnen Sie ein Kontextmenü, das das Anlegen, Duplizieren und Löschen solcher Konfigurationen ermöglicht.

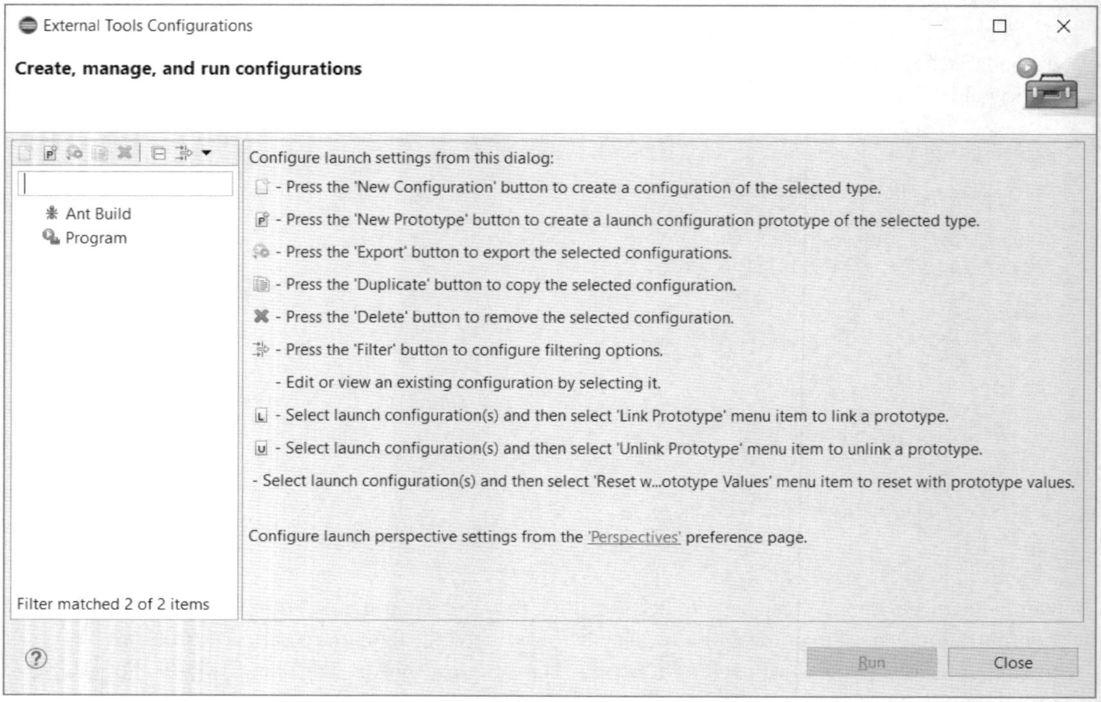

Bild 3.46 Der Dialog „External Tools Configurations“

Unter **Ant Build** hat Eclipse möglicherweise automatisch Konfigurationen abgelegt. Diese sind beim Aufruf von Buildfiles, beispielsweise build.xml, entstanden. Wie Sie es bereits von den Launch Configurations her kennen, können Sie neue Konfigurationen anlegen, bestehende überarbeiten oder löschen. Wenn Ihnen die standardmäßig vergebenen Namen nicht gefallen, ändern Sie diese auf der Registerkarte Main im rechten Bereich des Dialogs. Um ein bestimmtes Ant-Skript auszuführen, klicken Sie den entsprechenden Eintrag an und wählen anschließend **Run**.

Der Eintrag **Program** enthält zunächst noch keine Konfigurationen. Wie Sie eine solche anlegen, möchte ich Ihnen anhand der (nicht sehr schwierigen) Aufgabenstellung „Ermitteln des aktuellen Datums“ zeigen. Klicken Sie den Knoten mit der rechten Maustaste an und wählen **New Configuration**. Geben Sie, wie in Bild 3.47 zu sehen, auf der Registerkarte **Main** unter Name einen beliebigen Text ein, beispielsweise „Datum ausgeben“. Bei Location tragen Sie den absoluten Pfad der auszuführenden Datei ein. Unter Windows ist dies C:\Windows\System32\cmd.exe. macOS- und Linux-Anwender geben hier /bin/sh ein. Das Working Directory müssen Sie nicht festlegen, wohl aber die Argumente, die der auszuführenden Datei übergeben werden. Windows-Nutzer geben hier

```
/C date /T
```

ein, Linux- und macOS-Anwender

-c "date +%d.%m.%G"

Übernehmen Sie Ihre Eingaben mit **Apply** und klicken Sie dann auf **Run**.

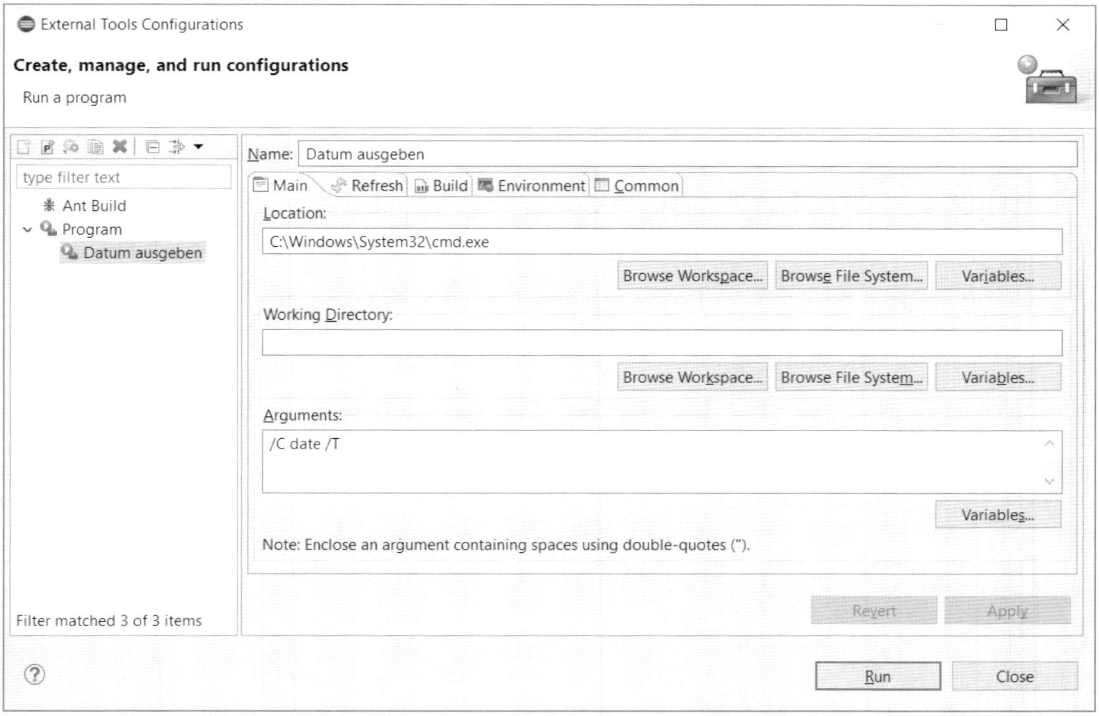

Bild 3.47 Eine Konfiguration für externe Tools anlegen

Haben Sie alles richtig eingegeben, erscheint in der Sicht *Console* das aktuelle Datum. Sie können auf diese Weise praktisch beliebige externe Programme in Eclipse einbinden. Wie Sie es schon von den Run Configurations her kennen, lassen sich besonders oft verwendete externe Tools als Favoriten speichern. Wählen Sie hierzu **Run/External Tools/Organize Favorites**. Klicken Sie im Dialog *Organize External Tools Favorites* auf **Add**. Es öffnet sich daraufhin der neue Dialog *Add External Tools Favorites*, in dem Sie diejenigen Ant-Build- und Programm-Konfigurationen auswählen, die Sie als Favoriten hinzufügen möchten. Der Dialog ist in Bild 3.48 zu sehen. Schließen Sie beide Dialoge mit **OK**.

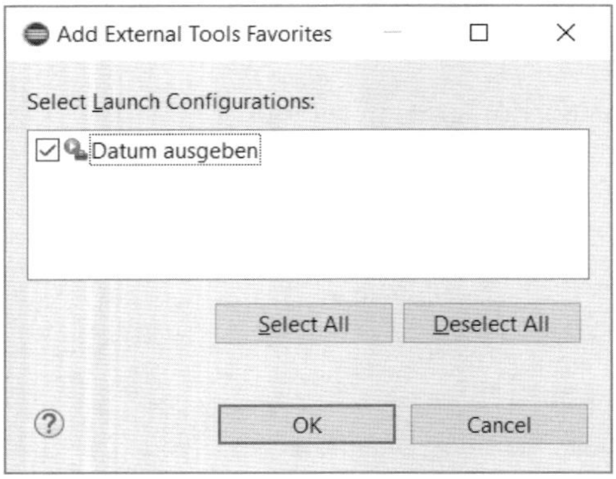

Bild 3.48
Der Dialog „Add External Tools Favorites"

Um einen Favoriten zu starten, klicken Sie auf den schwarzen Pfeil des Symbols (**Run External Tools**). Wählen Sie aus dem in Bild 3.49 dargestellten Popup-Menü den entsprechenden Eintrag aus.

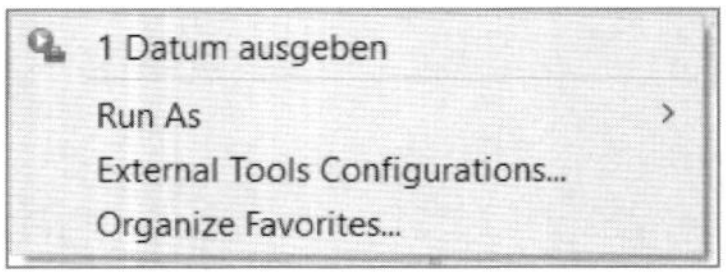

Bild 3.49
Popup-Menü zum Start eines externen Tools

Falls Sie häufig verwendete externe Tools auf die soeben beschriebene Weise in die IDE integrieren, müssen Sie nicht jedes Mal die Eingabeaufforderung oder die Shell öffnen, um sie zu starten. Dies kann Ihre Arbeit spürbar beschleunigen. Denken Sie daran, den Arbeitsbereich mit **Refresh** zu aktualisieren, wenn aufgerufene Programme oder Kommandos Dateien anlegen oder verändern.

3.5 Zusammenfassung

Sie haben in diesem Kapitel die Eclipse-Projektverwaltung kennengelernt und gesehen, wie sie sich mit dem Build-Automatisierungs-Werkzeug Maven erweitern und verzahnen lässt. Wenn Sie sich intensiver mit diesem mächtigen Tool befassen möchten, empfehle ich Ihnen das Buch „Maven 3: Konfigurationsmanagement mit Java" von Martin Spiller. Die vollständigen bibliografischen Angaben finden Sie in der Lektüreliste im Anhang.

4 Fehlersuche und Test

In diesem Kapitel geht es um das Finden von Fehlern. Auch wenn niemand gerne eingesteht, dass seine Programme sie enthalten, so ist es doch eine unumstößliche Tatsache, dass jede nicht triviale Software fehlerbehaftet ist. Deshalb gehört die Fehlersuche zu den grundlegenden Tätigkeiten eines Entwicklers. Entsprechend gut sollte das eingesetzte Werkzeug ihn hierbei unterstützen. Mit dem Begriff Debuggen verbinden viele instinktiv die Fehlersuche auf Quelltextebene. Gerade bei Compiler-Sprachen ist dies aber ein keineswegs selbstverständlicher Luxus. Denn bei der Übersetzung in Maschinensprache müssen Strukturen und Befehle auf eine viel niedrigere Abstraktionsebene gebracht werden. Zudem kann aus Sequenzen von Maschinenbefehlen keineswegs immer auf korrespondierende hochsprachliche Elemente geschlossen werden. Vereinfacht ausgedrückt, dem Debugger muss der Quelltext des zu untersuchenden Programms vorliegen, damit er den aktuellen Zustand während der Programmausführung auf diesen abbilden kann. So war die Ausgabe von Variableninhalten oder Positionsangaben durch `print()`-Funktionen oder -Methoden lange Zeit das wichtigste Hilfsmittel bei der Fehlersuche. Und sie wird selbst heutzutage noch gerne eingesetzt.

Im Folgenden möchte ich Ihnen zeigen, wie Ihnen Eclipse beim Aufspüren von Programmfehlern hilft. In Abschnitt 4.1, „Visuelles Debuggen“, lernen Sie die Perspektive *Debug* mit ihren zahlreichen Sichten kennen. Der Abschnitt 4.2, „Konzepte und Vorgehensweisen“, zeigt Ihnen unter anderem, wie Sie während des Programmablaufs Variableninhalte einsehen und Breakpoints setzen. In Abschnitt 4.3, „Fortgeschrittene Debug-Techniken“, lernen Sie weiterführende Aspekte der Fehlersuche kennen, beispielsweise bedingte Breakpoints sowie ausgefeilte Techniken zur Einzelschrittsteuerung. Und getreu dem Motto „Am leichtesten lassen sich nicht gemachte Fehler ausbügeln“ stelle ich Ihnen schließlich in Abschnitt 4.4, „Unit-Tests“, Konzepte vor, mit denen Sie potenzielle Probleme schon während der Programmierung entdecken können.

4.1 Visuelles Debuggen

Visuelles oder interaktives Debuggen ist, wenn Sie so wollen, die Königsdisziplin der Fehlersuche. Der Entwickler sieht während der Programmausführung seinen Quelltext und kann praktisch jederzeit die Abarbeitung anhalten, Variablen einsehen und verändern.

Sogar Modifikationen am Programm sind möglich. Allerdings geht mit dieser Flexibilität eine gewisse Einarbeitungszeit einher. Oder positiver formuliert: Es gibt viel zu entdecken und auszuprobieren.

4.1.1 Ein erstes Beispiel

Eclipse bettet die Fehlersuche in eine eigene Perspektive ein. Um diese kennenzulernen, stelle ich Ihnen ein kleines Programm vor, das die Fakultät einer beliebigen natürlichen Zahl berechnet.

Fakultätsberechnung

Die Fakultät ist eine mathematische Funktion, die einer natürlichen Zahl das Produkt aller natürlichen Zahlen kleiner oder gleich dieser Zahl zuordnet. Sie wird durch ein Ausrufezeichen, das dieser Zahl nachgestellt ist, abgekürzt. Als natürliche Zahlen bezeichnet man alle positiven ganzen Zahlen. Die Null wird üblicherweise nicht als natürliche Zahl betrachtet. Es gilt also beispielsweise $5! = 5 \times 4 \times 3 \times 2 \times 1$. Fakultäten für negative oder für nicht ganze Zahlen sind nicht definiert. Gemäß Definition ist $0! = 1$. Aus diesen Vorgaben lässt sich sehr leicht ein kurzes Programm ableiten. Es berechnet die Fakultät einer Zahl aus dem Produkt der Fakultät ihres Vorgängers und der Zahl selbst.

Listing 4.1 Die Klasse Fakultaet

```
package com.thomaskuenneth.eclipse_book;

public class Fakultaet {

  public static int fakultaet(int zahl) {
    int ergebnis = 1;
    if (zahl > 1) {
      ergebnis = zahl * fakultaet(zahl - 1);
    }
    return ergebnis;
  }

  public static void main(String[] args) {
    if (args.length < 1) {
      System.exit(1);
    }
    int zahl = Integer.parseInt(args[0]);
    int ergebnis = fakultaet(zahl);
    System.out.print(zahl + "! = " + ergebnis);
  }
}
```

Die Methode `fakultaet()` ruft sich so lange selbst auf, bis die übergebene Zahl kleiner als 2 ist. Dann nämlich ist das Ergebnis ohne weitere Rekursion ermittelbar. Denn es gilt $0! = 1! = 1$. Falls Sie Zweifel haben, dass diese geschachtelten Aufrufe tatsächlich nötig sind, haben Sie natürlich recht. Die Multiplikationen könnten Sie viel leichter und effizienter in Form einer Schleife realisieren. Allerdings lassen sich mit rekursiven Methodenaufrufen sehr schön grundlegende Techniken der Fehlersuche demonstrieren. In den folgenden Abschnitten werden Sie die wichtigsten Werkzeuge kennenlernen, die Eclipse für die

Fehlersuche anbietet. Dabei lasse ich bewusst einige Einstellmöglichkeiten und Funktionen außen vor, um Ihnen zunächst ein Gesamtbild zu vermitteln. Später geht es dann mit fortgeschrittenen Techniken der Fehlersuche weiter.

Debug-Vorgang starten

In Kapitel 2, „Arbeiten mit Eclipse“, habe ich Ihnen gezeigt, wie Programme gestartet werden. Der Aufruf des Debuggers geschieht auf sehr ähnliche Weise. Beispielsweise können Sie eine Fehlersuche beginnen, indem Sie **Run/Debug** oder **Run/Debug As/Java Application** auswählen. Klicken Sie stattdessen aber bitte auf **Run/Debug Configurations**. Sie sehen den Ihnen bereits bekannten Dialog zum Anlegen, Bearbeiten und Löschen von Konfigurationen. Um eine neue Debug-Konfiguration anzulegen, klicken Sie mit der rechten Maustaste auf **Java Application** und wählen Sie dann **New Configuration**. Auf der Registerkarte **Main** selektieren Sie das Projekt, in dem Sie die Klasse `Fakultaet` angelegt haben, und geben `com.thomaskuenneth.eclipse_book.Fakultaet` als **Main class** an. Setzen Sie außerdem ein Häkchen vor **Stop in main**. Wechseln Sie nun auf die Registerkarte **Arguments** und klicken Sie unter **Program arguments** auf **Variables**. Sie sehen daraufhin den in Bild 4.1 gezeigten Dialog *Select Variable*. Er enthält eine Liste mit Variablen, die Sie Programmen beim Start übergeben können. Mit Hilfe der Eingabezeile **Argument** steuern Sie, wie der Wert einer Variablen ermittelt wird.

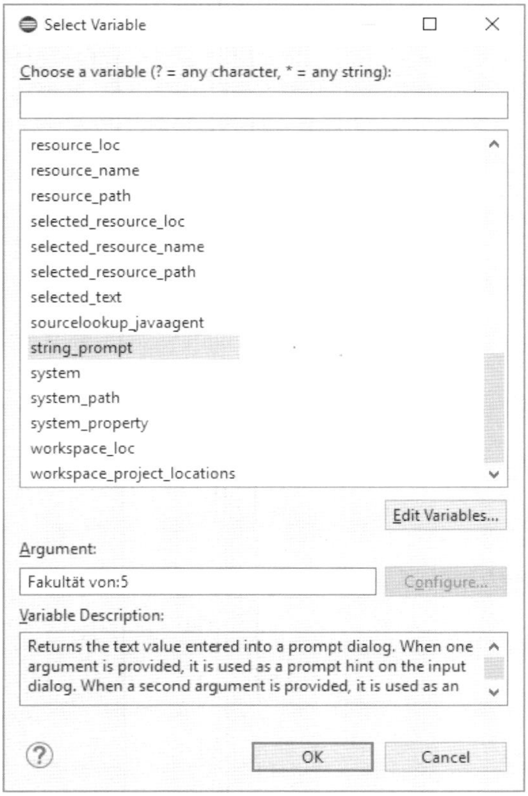

Bild 4.1 Der Dialog „Select Variable“

Beispielsweise erwartet **system_property** den Namen einer System-Property wie `user.home`. Die Variable **string_prompt** sorgt dafür, dass Eclipse beim Start eines Programms einen kleinen Eingabedialog öffnet. Diesen können Sie in sehr begrenztem Umfang konfigurieren. Der erste Wert bei Argument enthält einen Hinweistext. Der zweite wird als Vorbelegung der Eingabezeile genutzt. Ein Doppelpunkt trennt die beiden Parameter. Nachdem Sie **string_prompt** ausgewählt haben, schließen Sie den Dialog *Select Variable* mit **OK**. Änderungen an Ihrer Debug-Konfiguration übernehmen Sie mit **Apply**. Nun können Sie den Debug-Vorgang starten. Klicken Sie hierzu auf **Debug**.

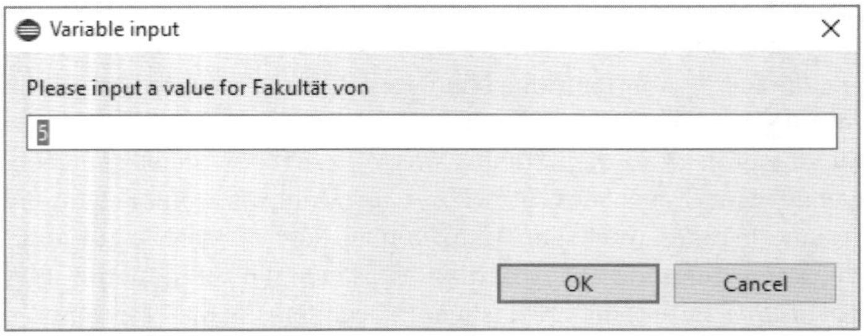

Bild 4.2 Der Dialog „Variable input"

Sie sehen den in Bild 4.2 gezeigten Dialog *Variable input*, in den Sie die zu berechnende Fakultät eintragen. Nachdem Sie die Eingabe mit **OK** bestätigt haben, informiert Sie Eclipse darüber, dass die IDE automatisch die Perspektive *Debug* öffnen kann. Sie sollten dem zustimmen und diese Einstellung speichern. Setzen Sie hierzu ein Häkchen vor **Remember my decision** und klicken Sie dann auf **Switch**. Eclipse wechselt daraufhin zur Perspektive *Debug*. Sie ist in Bild 4.3 zu sehen.

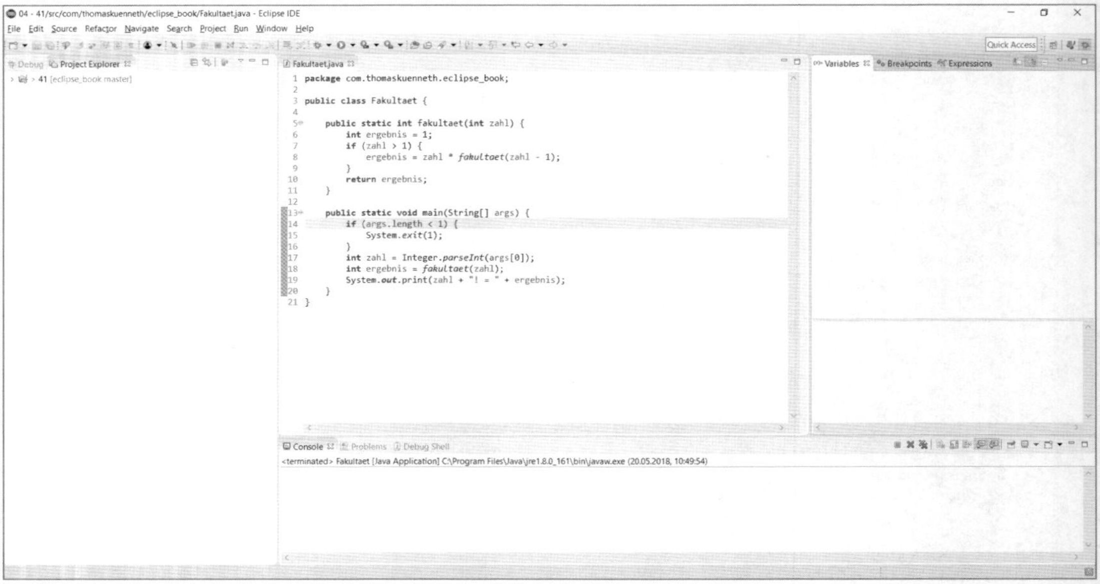

Bild 4.3 Die Perspektive „Debug"

Ein Element des Darstellungsbereichs ist der Java-Editor, der den Quelltext der Klasse `Fakultaet` enthält. Eine Zeile ist (in den Standardfarbeinstellungen) grün hinterlegt und zeigt im Randbereich durch einen kleinen blauen Pfeil die nächste auszuführende Anweisung an. Da Sie Eclipse angewiesen hatten, in `main()` anzuhalten, ist dies die erste Zeile dieser Methode.

Das Menü **Run** enthält in der Perspektive *Debug* zahlreiche Befehle, die die Abarbeitung eines Programms während einer Debug-Sitzung steuern. Beispielsweise können Sie mit **Resume** ein angehaltenes Programm weiterlaufen lassen. **Terminate** beendet es. Die Funktion **Step Over** führt die Anweisungen in der aktuellen Zeile aus. Die Abarbeitung wird vor dem ersten Befehl der Folgezeile wieder gestoppt. Probieren Sie dies aus, indem Sie einmal die Taste **F6** drücken. Erwartungsgemäß wird die nächste Zeile markiert. Wenn dem Programm über die Kommandozeile Argumente übergeben wurden, ist dies `int zahl = Integer.parseInt(args[0]);`. Drücken Sie erneut **F6**. Die nun markierte Zeile enthält einen Aufruf der Methode `fakultaet()`. Nach einem weiteren **Run/Step Over** stoppt die Abarbeitung vor der letzten Programmzeile, der Ausgabe des Ergebnisses durch **print()**. Führen Sie diese Zeile nun aus, indem Sie auf **Run/Resume** klicken. Das Ergebnis der Berechnung wird in der Sicht *Console* ausgegeben. Der Befehl Step Over erlaubt also die zeilenweise Ausführung eines Programms. Um die Berechnung der Fakultät verfolgen zu können, ist allerdings ein anderes Vorgehen nötig. Denn bei Methodenaufrufen findet keine Einzelschrittverarbeitung statt. Step Over behandelt Methoden, als wären sie einzelne Anweisungen.

Methodenaufrufe verfolgen

Starten Sie den Debug-Vorgang erneut, indem Sie **Run/Debug** aufrufen oder die Taste **F11** (auf dem Mac zusammen mit der **Command**-Taste) drücken. Geben Sie im Dialog *Variable input* den Wert „2“ ein. Führen Sie nun die `if`-Abfrage der Feldlänge sowie die Zuweisung der in eine Zahl gewandelten Eingabe jeweils mit **Step Over** aus. Zum Verfolgen eines Methodenaufrufs steht der Befehl **Run/Step Into** zur Verfügung. Sie erreichen ihn auch über das Tastenkürzel **F5**. Drücken Sie nun diese Taste. Eclipse wird daraufhin die erste Zeile des Rumpfs der Methode `fakultaet()` grün hinterlegen. Drücken Sie nun zweimal die Taste **F6**. Da Sie die Fakultät von 2 berechnen möchten, ist die Bedingung `(zahl > 1)` erfüllt. Der Wert von `ergebnis` ist deshalb das Produkt aus 2 und dem Rückgabewert des Methodenaufrufs `fakultaet(1)`. Um zu erfahren, wie sich `fakultaet()` bei 1 verhält, wählen Sie **Run/Step Into**. Ab jetzt können Sie den weiteren Programmverlauf so lange durch Drücken von **F6** verfolgen, bis Sie das Ende von `main()` erreichen. Rufen Sie dann **Resume** auf. **Step Into** löst also wie **Step Over** eine Einzelschrittverarbeitung aus, betrachtet Methodenaufrufe aber nicht als Blackbox, sondern stoppt die Verarbeitung vor der ersten Zeile des Methodenrumpfs. Das Menü Run enthält einige weitere Befehle, mit denen Sie die Programmausführung während einer Debug-Sitzung steuern können. Informationen hierzu finden Sie in Abschnitt 4.2, „Konzepte “.

4.1.2 Die Sichten der Perspektive „Debug“

Die Kontrolle des Programmflusses ist natürlich nur ein Aspekt bei der Fehlersuche. Um den Zustand eines Programms, beispielsweise Variableninhalte oder Aufrufabfolgen, zu visualisieren, stellt die Perspektive *Debug* zahlreiche Sichten zur Verfügung. Falls diese nicht automatisch geöffnet werden, erreichen Sie die Sichten über **Window/Show View/Other** unterhalb des Knotens **Debug**. Der Dialog ist in Bild 4.4 zu sehen.

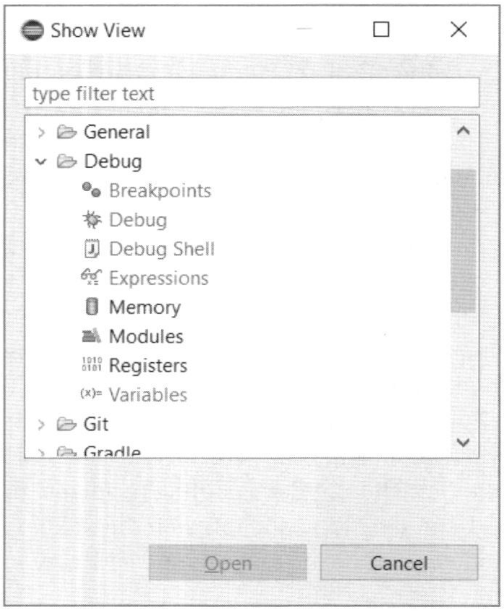

Bild 4.4 Der Dialog „Show View"

Die Sicht „ Debug"

Die in Bild 4.5 dargestellte Sicht fungiert als Steuerzentrale während einer Debug-Sitzung. Sie ordnet die Threads einer Anwendung in einer baumartigen Struktur an. Deren Wurzel repräsentiert die Debug-Konfiguration, die der aktuellen Sitzung zugrunde liegt. Weitere Elemente symbolisieren den Client- und Serverteil des Debuggers. Was es hiermit auf sich hat, erfahren Sie in Abschnitt 4.2.1, „Architektur des Eclipse Debuggers".

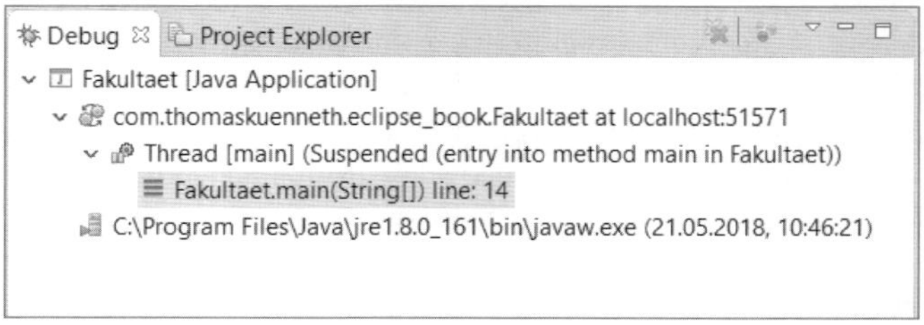

Bild 4.5 Die Sicht „Debug"

Ein Rechtsklick auf Elemente des Baums öffnet ein Kontextmenü, das neben den bereits bekannten Befehlen zur Programmsteuerung beispielsweise auch das Kopieren des Stacks auf das Systemklemmbrett oder das Bearbeiten der Debug-Konfiguration gestattet. Klicks mit der linken Maustaste auf die Elemente eines Thread-Knotens zeigen die korrespondierende Stelle im Quelltext an.

Die Symbolleiste der Sicht enthält einige Befehle zur Ablaufsteuerung, die Sie schon vom Menü **Run** her kennen, beispielsweise **Resume**, **Terminate**, **Step Into** und **Step Over**. Meine Empfehlung ist allerdings, solche gängigen Aktionen durch ihre entsprechenden Tastenkürzel auszulösen. Mit dem in Bild 4.6 gezeigten Klappmenü beeinflussen Sie die Anzeige der Sicht. Beispielsweise können Sie bei Bedarf System-Threads einblenden sowie Thread-Gruppen anzeigen. **Show Qualified Names** schaltet die Anzeige von Paketnamen (beispielsweise bei den Parametern von Methoden) ein oder aus.

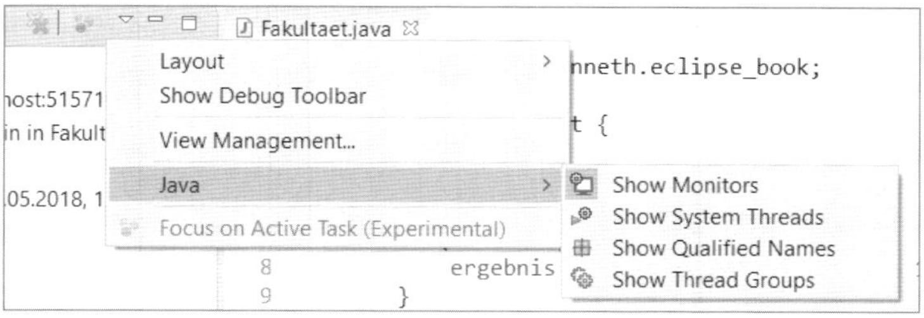

Bild 4.6 Klappmenü der Sicht „Debug“

Ferner können Sie über das Untermenü **Layout** die Ihnen bereits vom Java-Editor vertraute Brotkrümelnavigation steuern. Im Automatikmodus (**Automatic**) wird sie aktiviert, wenn die Sicht weniger als zwei Zeilen darstellen würde. Sie wird wie die Brotkrümelnavigation im Java-Editor bedient. Einzelne Elemente lassen sich anklicken, woraufhin sich ein Menü mit den möglichen Aktionen öffnet. Die Navigationsleiste ist über die Tastatur bedienbar.

Die Sicht „Debug Shell“

Mit der in Bild 4.7 gezeigten Sicht *Debug Shell* können Sie beliebige Ausdrücke auswerten. Die Sicht funktioniert wie das Scrapbook, das ich Ihnen in Kapitel 2, „Arbeiten mit Eclipse“, vorgestellt habe. Sie geben also zunächst den auszuwertenden Ausdruck ein und markieren ihn anschließend. Nun können Sie die gewünschte Funktion über die Symbolleiste oder das Kontextmenü der Sicht auslösen.

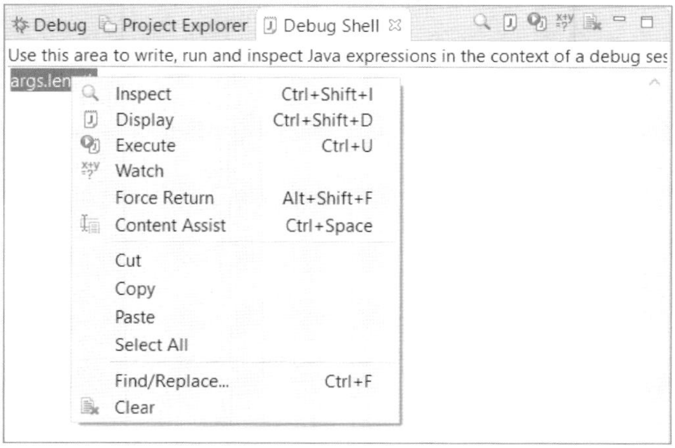

Bild 4.7 Die Sicht „Debug Shell“

Execute beispielsweise führt die Anweisungen aus, ohne das Ergebnis anzuzeigen. Dies ist praktisch, wenn Sie ohnehin Ausgaben in die Console machen, beispielsweise mit `System.out.println()`. **Display** hingegen zeigt das Ergebnis innerhalb der Sicht an. Wie bei Scrapbook kann dies dazu führen, dass der Text der Sicht keinen gültigen Java-Ausdruck mehr ergibt. Vor einer erneuten Auswertung müssen Sie ihn also gegebenenfalls editieren. Um dies zu verhindern, können Sie stattdessen die Funktion **Inspect** nutzen. Sie öffnet das in Bild 4.8 gezeigte Popup-Fenster. Es enthält das Ergebnis des ausgewerteten Ausdrucks. Mit dem Tastenkürzel **Strg + Shift + I** (auf dem Mac bitte Command drücken) lässt sich der Ausdruck übrigens in die Sicht *Expressions* übernehmen, die ich Ihnen im folgenden Abschnitt vorstelle.

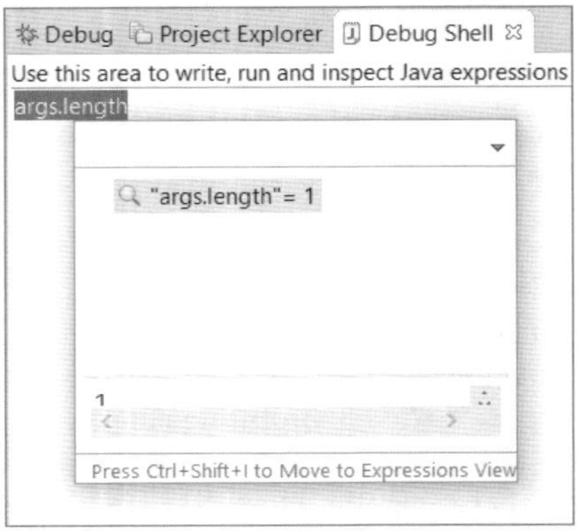

Bild 4.8 Popup mit dem Ergebnis eines ausgewerteten Ausdrucks

Um einen Ausdruck auszuwerten, müssen Sie ihn nicht erst in die Sicht *Debug Shell* übernehmen. Sie können ihn stattdessen direkt im Java-Editor markieren. Rufen Sie dann das Kontextmenü des Editors auf und wählen Sie **Display**. Das Ergebnis wird in einem Popup-Fenster angezeigt. Falls Sie den Ausdruck und sein Ergebnis in die Sicht *Debug Shell* kopieren möchten, drücken Sie **Strg** (bzw. **Command**) **+ Shift + D**, während das Ergebnis-Popup-Fenster geöffnet ist.

Die Sicht „Expre ssions"

Auch die in Bild 4.9 gezeigte Sicht *Expressions* stellt Ergebnisse von ausgewerteten Ausdrücken dar. Im Gegensatz zur Sicht *Debug Shell* beinhaltet sie aber keinen Scrapbook-ähnlichen Editor. Sie geben also die Ausdrücke nicht unmittelbar über die Sicht ein, sondern übernehmen sie beispielsweise aus der Sicht *Debug Shell* oder dem Java-Editor über die Funktion **Inspect**.

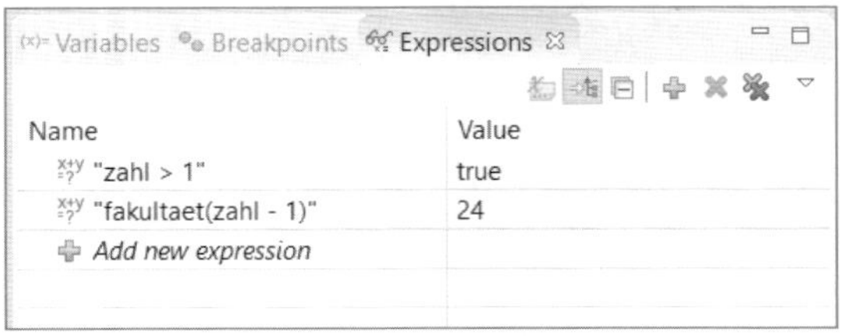

Bild 4.9 Die Sicht „Expressions"

Der Vorteil der Sicht liegt in einer sehr detaillierten Darstellung der ausgewerteten Ausdrücke. Außerdem können Sie gezielt auf Datenkonstellationen während einer Debug-Sitzung reagieren. Aus diesem Grund werden die hier dargestellten Ausdrücke Watch Expressions genannt.

Die Sicht „Variables“

Diese in Bild 4.10 gezeigte Sicht liefert eine übersichtliche (auf Wunsch tabellarische) Darstellung aller aktuell gültigen Variablen mit ihrem jeweiligen Inhalt. Über ein Kontextmenü lassen sich Variablen in die Sicht *Expressions* übernehmen, auf das Systemklemmbrett kopieren und Werte ändern. Sie können die Darstellung der Sicht über das Klappmenü in weiten Grenzen beeinflussen. Beispielsweise lassen sich Spaltenüberschriften sowie bestimmte Variablentypen ein- und ausblenden.

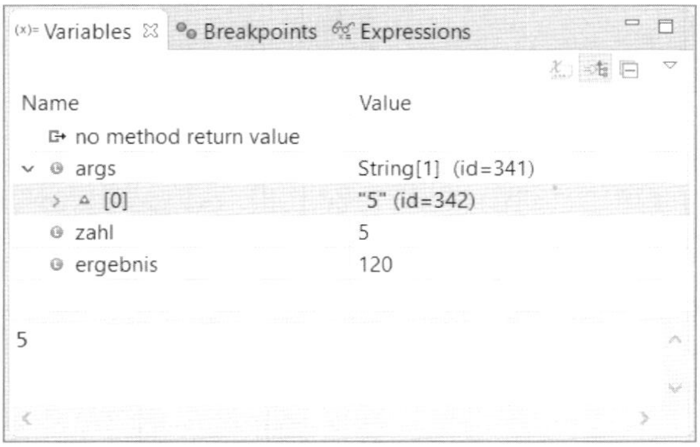

Bild 4.10 Die Sicht „Variables“

Die Sicht gestattet einen umfassenden Einblick in den Zustand eines Programms. Besonders interessant ist, dass Werte geändert werden können. Dies ist für das Nachstellen von Fehlersituationen sehr wichtig. Wie Sie hierbei vorgehen, erfahren Sie in Abschnitt 4.3.3, „Änderungen vornehmen“. Im Gegensatz zur Sicht *Expressions* kann Variables aber keine komplexen Ausdrücke visualisieren.

Die Sicht „Breakpoints“

Die Sicht *Breakpoints*, die Sie in Bild 4.11 sehen, fasst alle Breakpoints der Projekte des aktuellen Arbeitsbereichs zusammen. Vereinfacht ausgedrückt, sind Breakpoints Positionen innerhalb des Quelltexts, an denen der Debugger den Programmablauf stoppt oder stoppen kann. Eclipse kennt zahlreiche Arten von Breakpoints oder Haltepunkten – ich werde sie Ihnen ausführlich in Abschnitt 4.2.2, „Breakpoints“, vorstellen.

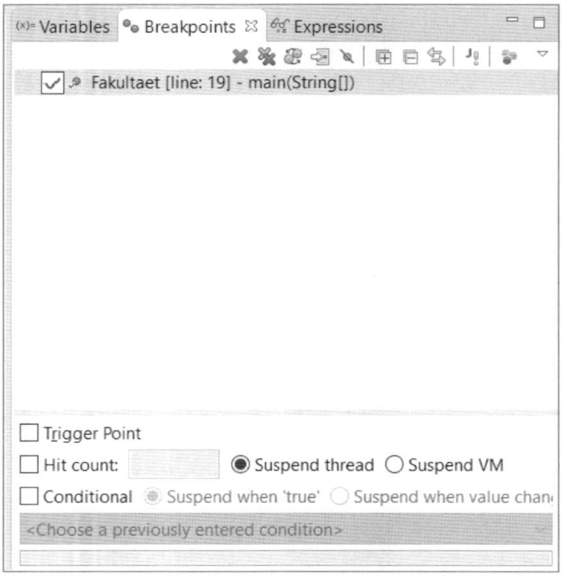

Bild 4.11 Die Sicht „Breakpoints“

Da die Sicht *Breakpoints* arbeitsbereichsbezogen arbeitet, greift sie das Ihnen bereits bekannte Konzept der Working Sets auf. Sie können durch Auswahl eines Working Sets also beispielsweise festlegen, welche Breakpoints die Sicht anzeigt.

4.2 Konzepte und Vorgehensweisen

Im vorigen Abschnitt haben Sie die Sichten der Perspektive *Debug* kennengelernt. Um sie effizient zu nutzen, ist ein fundiertes Verständnis der Konzepte und Techniken zur Fehlersuche nötig. Die Grundlagen hierfür möchte ich Ihnen im Folgenden vermitteln.

4.2.1 Architektur des Eclipse Debuggers

Das JDK beinhaltet einen remotefähigen Debugger. Dies bedeutet, dass das zu analysierende Programm auf einer anderen Maschine als auf Ihrem Entwickler-PC ausgeführt werden kann.

Client-Server-Design

Um Remote-Fähigkeit zu ermöglichen, wurde der Debugger als Client-Server-System konzipiert. Der Debug-Client läuft innerhalb der Workbench, also der Eclipse-Instanz auf Ihrer lokalen Entwickler-Maschine. Der Serverteil des Debuggers hingegen wird auf demjenigen

Rechner gestartet, auf dem auch die Anwendung, die Sie untersuchen möchten, ablaufen wird. Dies kann ebenfalls Ihr lokaler PC sein, aber eben auch ein entfernter, über das Netzwerk erreichbarer Rechner. Man unterscheidet also zwischen lokaler und entfernter Fehlersuche. Erstere ist die einfachste und gleichzeitig häufigste Form des Debuggens. Sie haben sie in Abschnitt 4.1.1, „Ein erstes Beispiel", bereits ausprobiert: Nachdem Sie die Programmierarbeiten abgeschlossen haben, starten Sie den Debug-Vorgang, indem Sie einen der entsprechenden Befehle im Menü **Run** aufrufen. Eclipse stellt automatisch eine Verbindung zwischen dem Debug-Client und Ihrer Anwendung her, die Sie nun durch das Setzen von Breakpoints, Untersuchen von Variablen und Auswerten von Ausdrücken analysieren können.

Remote Debugging bedeutet also, nach Fehlern in entfernt ablaufenden Programmen zu suchen. Dies ist natürlich besonders für klassische Enterprise-Anwendungen interessant, die auf spezielle Applikationsserver verteilt werden. Diese Art der Fehlersuche wird aber auch eingesetzt, wenn auf den Zielsystemen kein Eclipse installiert werden kann oder keine Ein-/Ausgabegeräte angeschlossen sind. Um eine Anwendung remote debuggen zu können, müssen Sie sie in einem speziellen Modus starten, damit sie auf eine Verbindung mit dem Debug-Client wartet. Außerdem muss die entfernte virtuelle Maschine diesen Mechanismus unterstützen.

Vorbereitungen für eine Remote-Debugging-Sitzung

Um Fehler in einer entfernten Anwendung zu suchen, sind grundsätzlich die folgenden Schritte nötig:

1. Stellen Sie sicher, dass die erzeugten Klassendateien Debug-Informationen enthalten. Die entsprechenden Einstellungen nehmen Sie auf der Seite **Java/Compiler** des Dialogs *Preferences* im Abschnitt Classfile Generation vor.
2. Übertragen Sie Ihre fertige Anwendung auf das Zielsystem.
3. Legen Sie eine Remote Launch Configuration an.
4. Starten Sie das Programm im Debug-Modus und geben Sie die Port-Nummer aus der Launch Configuration für die Kommunikation mit dem Client an.
5. Starten Sie den Debug-Vorgang.

Sie legen eine Remote Launch Configuration an, indem Sie mit **Run/Debug Configurations** den Ihnen bereits bekannten Dialog zum Anlegen und Bearbeiten von Konfigurationen öffnen. Er ist in Bild 4.12 zu sehen. Klicken Sie mit der rechten Maustaste auf **Remote Java Application** und wählen Sie **New Configuration**. Geben Sie der Konfiguration einen Namen, beispielsweise „Debug-Test", und setzen Sie den Connection Type auf **Standard (Socket Attach)**. Unter Connection Properties tragen Sie den Namen oder die IP-Adresse derjenigen Maschine ein, auf der die zu debuggende Anwendung ausgeführt wird. Wenn Sie das Programm auf Ihrem Entwicklungsrechner debuggen möchten, verwenden Sie localhost. Als Port tragen Sie „1044" ein. Klicken Sie nun auf **Apply** und schließen Sie den Dialog mit **Close**.

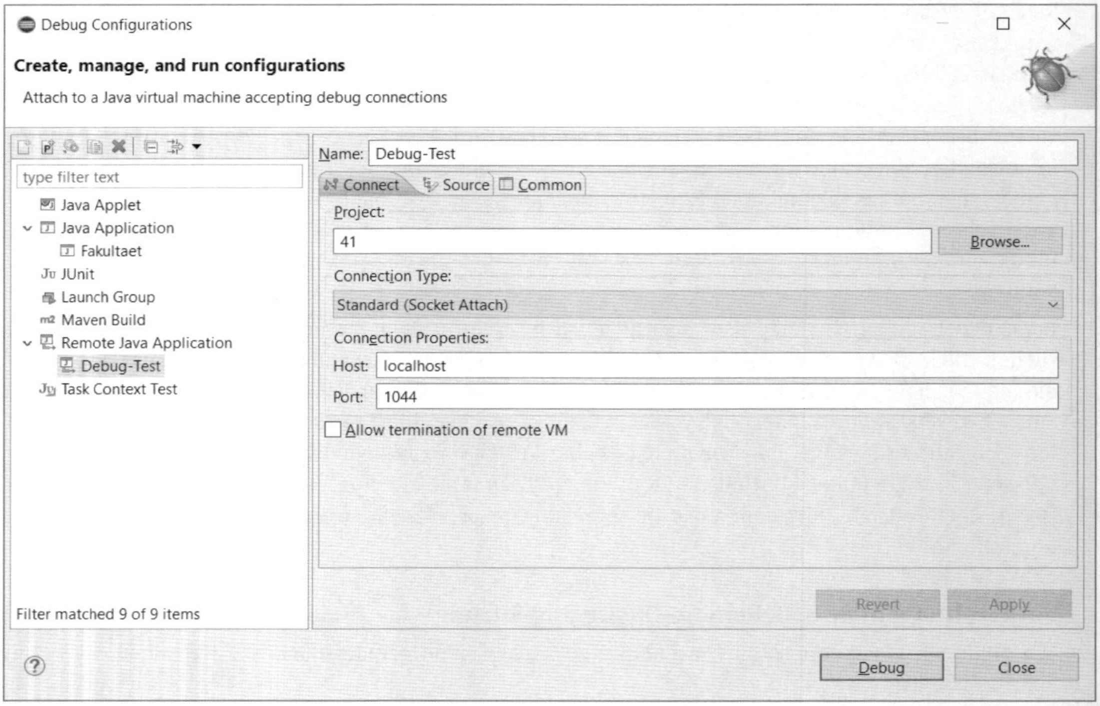

Bild 4.12 Anlegen einer neuen Remote Launch Configuration

Auch wenn Ihnen kein zweiter physischer Rechner zur Verfügung steht, können Sie das Remote Debugging ausprobieren. Wie dies funktioniert, erfahren Sie im folgenden Abschnitt.

Ein Beispiel für Remote Debugging

Ich möchte Ihnen das Remote Debugging am Beispiel der Klasse `Quadrat` demonstrieren. Sie liest eine Zahl ein und gibt deren Quadrat aus. Dies geschieht so lange, bis Sie anstelle einer Zahl „q“ eingeben.

Listing 4.2 Die Klasse „Quadrat“

```
package com.thomaskuenneth.eclipse_book;

import java.io.Console;

public class Quadrat {
  public static void main(String[] args) {
    Console c = System.console();
    if (c != null) {
      while (true) {
        c.printf("Bitte geben Sie eine Zahl ein. q beendet das Programm: ");
        String eingabe = c.readLine();
        if (eingabe.equalsIgnoreCase("q")) {
          break;
        }
```

```
                int zahl = Integer.parseInt(eingabe);
                c.printf("Das Quadrat von %d ist %d\n", zahl, zahl * zahl);
            }
        }
    }
}
```

Wenn Sie das Programm in Eclipse starten, beendet es sich wieder, ohne eine Eingabe entgegenzunehmen und deren Quadrat zu berechnen. Dies liegt daran, dass innerhalb der Workbench keine kompatible Konsole zur Verfügung steht. Die entsprechende `if`-Abfrage liefert in diesem Fall `null`.

Öffnen Sie nun den Kommandozeileninterpreter Ihres Betriebssystems, also die Eingabeaufforderung oder Power Shell unter Windows bzw. die bash unter Linux und macOS. Wenn Sie Java so eingerichtet haben, wie ich es in Kapitel 1, „Hands-on Eclipse", beschrieben habe, können Sie das Programm ausführen, indem Sie zunächst in das Verzeichnis bin unterhalb des Projektverzeichnisses wechseln und anschließend „java com.thomaskuenneth.eclipse_book.Quadrat" eingeben. Ist der normale Programmstart erfolgreich verlaufen, können Sie nun den Debug-Modus starten. Geben Sie hierzu die folgende Anweisung in einer Zeile ein:

java -Xdebug -Xrunjdwp:transport=dt_socket,server=y,suspend=n,address=1044
com.thomaskuenneth.eclipse_book.Quadrat

Sie startet das Programm und setzt die zu Ihrer Debug-Konfiguration passenden Einstellungen, nämlich Port 1044 und eine Verbindung über Sockets. Diese werden, wie Sie in Bild 4.13 sehen, nochmals ausgegeben.

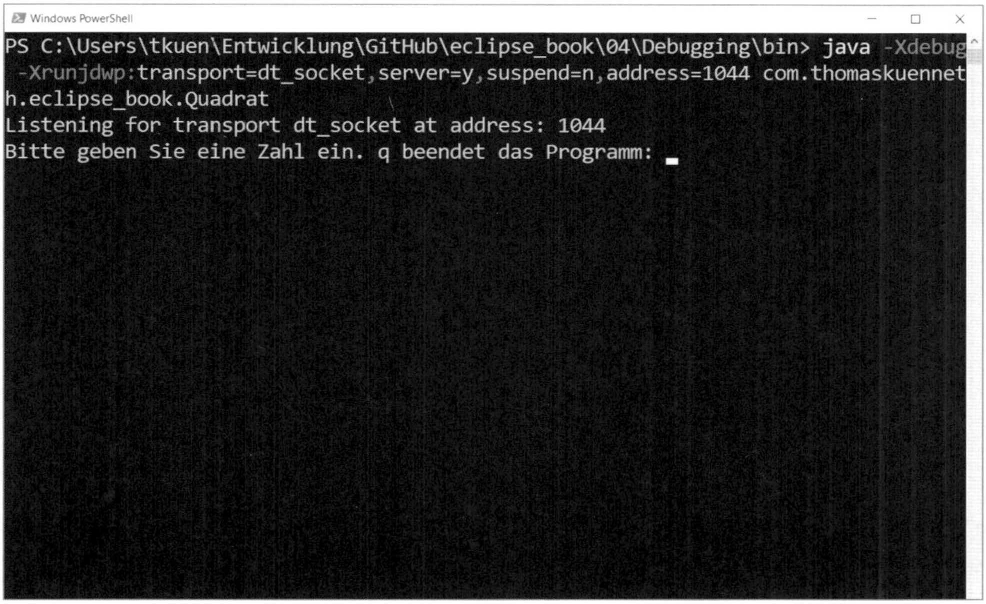

Bild 4.13 Start des Debug-Vorgangs in der Shell

Wechseln Sie zu Eclipse und legen Sie einen Breakpoint an. Bewegen Sie hierzu den Mauszeiger auf Höhe der Zeile `if (eingabe.equalsIgnoreCase("q")) {` in den linken Randbereich des Java-Editors. Nach einem Doppelklick erscheint dort ein kleines Symbol. Der Tooltip identifiziert es als Line breakpoint. Starten Sie nun den Debug-Vorgang, indem Sie **Run/Debug Configurations** aufrufen. Nach einem Doppelklick auf die von Ihnen angelegte Remote Debug Configuration wechselt die IDE in die Perspektive *Debug*.

Sie können den Zustand des Programms Quadrat in der Sicht *Debug* beobachten. Sofern Sie die Anzeige von System Threads über das Klappmenü der Sicht nicht eingeschaltet haben, sehen Sie nur einen laufenden Thread. Sie können ihn anhalten, indem Sie auf das Toolbar-Symbol ⏸ (**Suspend**) klicken oder per Rechtsklick auf den Thread ein Kontextmenü öffnen und den gleichnamigen Befehl auswählen.

> **TIPP:** Sie können einen Breakpoint auch anlegen, indem Sie im linken Randbereich des Java-Editors mit der rechten Maustaste in dieje
>
> **NIGE** Zeile klicken, die den Breakpoint enthalten soll. Wählen Sie dann **Toggle Breakpoint.**

Wie eine Zeile nach Anlegen eines Haltepunkts aussieht, sehen Sie in Bild 4.14. In diesem Beispiel wird die Programmausführung nach dem Einlesen der Eingabe unterbrochen.

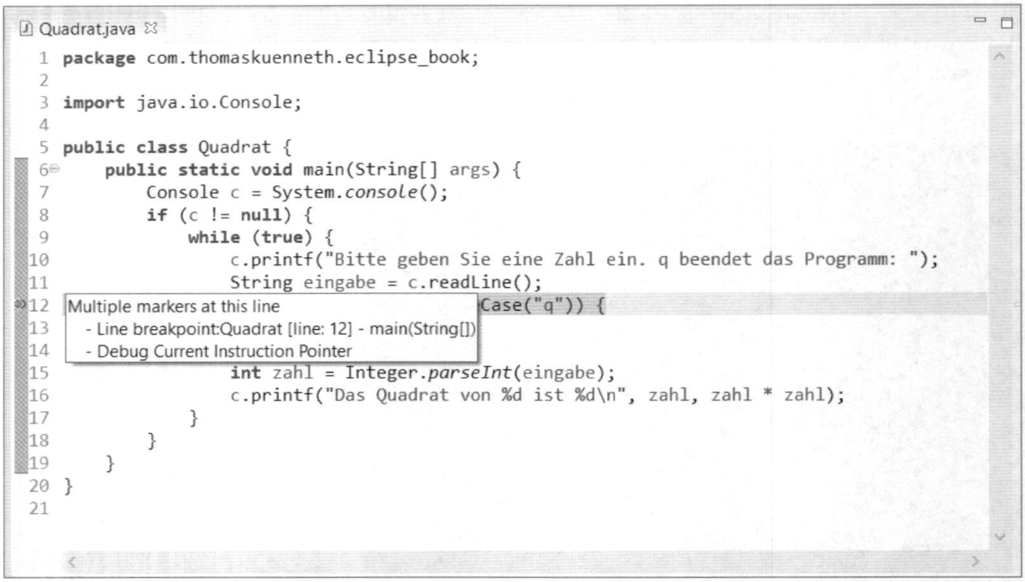

Bild 4.14 Java-Editor mit einem gesetzten Breakpoint

Da Sie den Breakpoint nach dem Start des Programms angelegt haben, wartet die Klasse schon auf eine Eingabe. Wechseln Sie also in das Konsolenfenster und geben Sie eine Zahl ein. Nachdem Sie **Enter** gedrückt haben, ändert sich der in der Sicht *Debug* angezeigte Status auf Suspended. Um die Eingabe auszuwerten, rufen Sie den Befehl **Step Over** auf.

Eclipse hält nach der Prüfung auf „q" erneut an. Sie können nun in die Sicht *Variables* wechseln und sich dort den Inhalt der Variablen `eingabe` ansehen.

Sie beenden den Debug-Vorgang, indem Sie in der Sicht *Debug* auf das Symbol (Disconnect) klicken. Falls Sie über einen zweiten Rechner verfügen, können Sie mit diesem das Remote Debugging erneut üben. Kopieren Sie die Datei Quadrat.class auf diesen Rechner und tragen Sie in der Remote Debug Configuration anstelle von localhost seine IP-Adresse ein. Um diese zu ermitteln, geben Windows-Nutzer in der Eingabeaufforderung ipconfig ein. Das Äquivalent unter Linux und macOS lautet ifconfig. Alle übrigen Schritte sind identisch.

Das in diesem Abschnitt beschriebene Remote Debugging ist auf das Senden und Empfangen von Daten über das Netzwerk angewiesen. Wenn der Client keine Verbindung mit dem Debug-Server aufbauen kann, sollten Sie prüfen, ob die von Ihnen eingesetzte Firewall unter Umständen den Datenverkehr blockiert. In diesem Fall müssen Sie den Port 1044 öffnen.

4.2.2 Breakpoints

Sie haben im vorherigen Abschnitt Haltepunkte (engl. Breakpoints) als Stellen im Quelltext kennengelernt, an denen der Debugger die Programmausführung unterbricht. Eclipse kennzeichnet aktive Breakpoints im linken Randbereich des Java-Editors mit einem blauen, inaktive mit einem weißen Kreis. Außerdem werden Breakpoints in der gleichnamigen Sicht angezeigt.

Line und Method Breakpoints

Breakpoints können auf verschiedene Weise angelegt werden. Sehr bequem ist es, im linken Randbereich der gewünschten Zeile einen Doppelklick auszulösen. War an dieser Stelle schon ein Breakpoint vorhanden, wird er gelöscht. Dasselbe Resultat erreichen Sie, indem Sie die Kontextmenüfunktion **Toggle Breakpoint** (eventuell erneut) aufrufen. Möchten Sie verhindern, dass Eclipse an einem Breakpoint anhält, ohne ihn deswegen gleich zu löschen, wählen Sie stattdessen **Disable Breakpoint**. **Enable Breakpoint** aktiviert ihn wieder. Auch das Menü Run enthält Befehle, mit denen Sie Breakpoints anlegen und löschen können.

Neben den aus dem Kontextmenü des Java-Editors bekannten Befehlen finden Sie hier zusätzlich **Toggle Line Breakpoint** und **Toggle Method Breakpoint**. Erstere haben Sie bereits kennengelernt. Sie können in Zeilen mit ausführbaren Java-Anweisungen gesetzt werden. Die Programmabarbeitung wird vor dem Erreichen der betreffenden Zeile gestoppt. Method Breakpoints hingegen beziehen sich auf das Betreten oder Verlassen von Methoden. Um das Verhalten dieses Breakpoint-Typs auszuprobieren, entfernen Sie zuerst alle Breakpoints der Klasse `Fakultaet`. Wählen Sie hierzu **Run/Remove All Breakpoints**. Bestätigen Sie die Rückfrage mit **Yes**. Markieren Sie anschließend in der Sicht *Outline* die Methode `fakultaet()` und klicken Sie dann auf **Run/Toggle Method Breakpoint**. Wie Sie in Bild 4.15 sehen, erscheint im Randbereich das Symbol eines aktivierten Breakpoints.

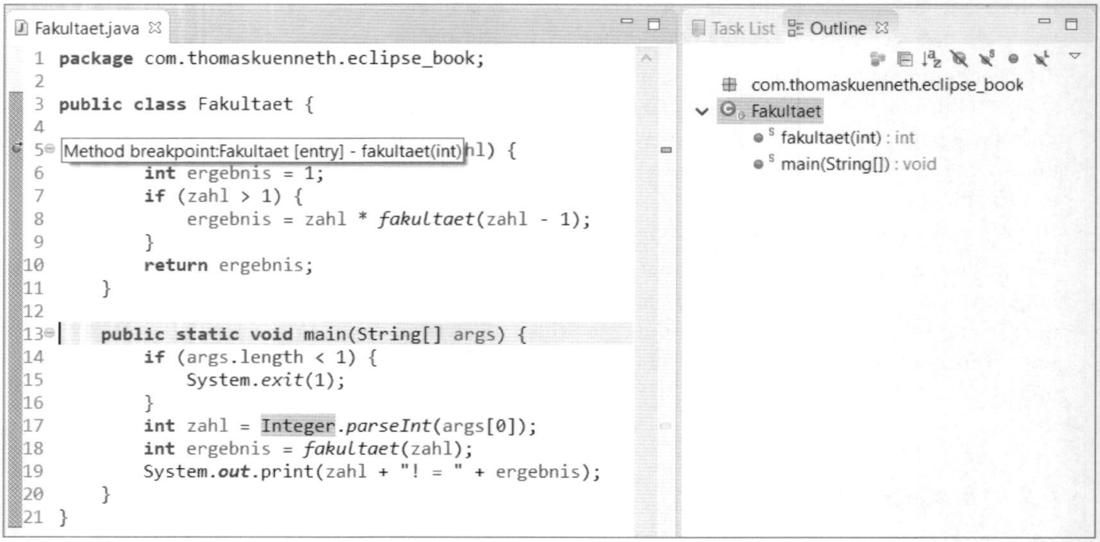

Bild 4.15 Methode mit aktivem Method Breakpoint

Starten Sie nun den Debug-Vorgang. Wenn Sie die Debug-Konfiguration aus dem ersten Abschnitt verwenden, hält Eclipse in der `main()`-Methode an, also vor dem Erreichen des neuen Breakpoints. Setzen Sie in diesem Fall die Ausführung mit **Resume** fort. Der Method Breakpoint sorgt dafür, dass das Programm vor dem Ausführen der ersten Zeile der Methode `fakultaet()` erneut gestoppt wird. Wechseln Sie nun in die Sicht *Breakpoints* und wählen Sie im Kontextmenü des Method Breakpoints **Breakpoint Properties**. Sie sehen den in Bild 4.16 gezeigten Eigenschaften-Dialog, über den Sie das Verhalten des Breakpoints beeinflussen können. Was es mit **Hit count** und **Conditional** auf sich hat, verrate ich Ihnen in Abschnitt 4.3.1, „Bedingte Programmunterbrechungen".

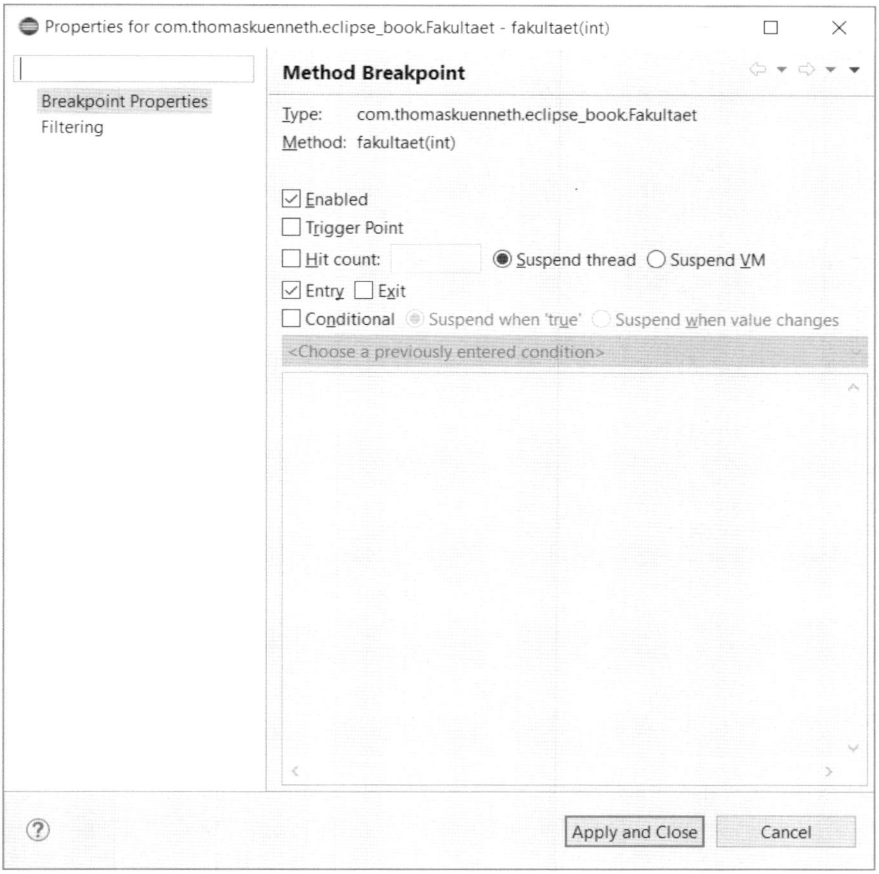

Bild 4.16 Eigenschaften eines Method Breakpoints

Im Augenblick soll es nur um die Checkboxen **Entry** und **Exit** gehen. Hier geben Sie an, wann der Programmablauf angehalten werden soll. Die Verhaltensweise bei **Entry** haben Sie soeben gesehen: Eclipse stoppt vor dem Abarbeiten der ersten Programmzeile der Methode. **Exit** hingegen wirkt nach der letzten ausgeführten Zeile, also unmittelbar vor der Rückkehr in den aufrufenden Programmteil. Um auch dieses Verhalten auszuprobieren, setzen Sie ein Häkchen vor **Exit**, entfernen das vor **Entry**, schließen den Dialog mit **Apply and Close** und führen das Programm mit **Resume** weiter aus. Die Positionen, an denen Eclipse die Ausführung des Programms anhalten soll, lassen sich übrigens auch direkt über die Befehle **Exit** und **Entry** des Kontextmenüs eines Method Breakpoints in der Sicht *Breakpoints* festlegen.

Die beiden bisher vorgestellten Breakpoint-Typen wirken, vereinfacht ausgedrückt, auf Zeilen oder Bereiche eines Programms. Sogenannte Watchpoints beziehen sich hingegen auf Variablen. Genauer gesagt, können deren Statusänderungen die Programmausführung unterbrechen.

Watchpoints

Ich möchte Ihnen die Funktionsweise von Watchpoints anhand der Klasse `WatchPointTest` vorstellen. Sie können das kurze Programm entweder wie folgt eingeben oder aus den Materialien zum Buch (*https://github.com/tkuenneth/eclipse_book*) kopieren.

Listing 4.3 WatchPointTest.java

```
package com.thomaskuenneth.eclipse_book;

public class WatchPointTest {
  private static int test1;
  private int test2;

  public WatchPointTest() {
    test1 = 1;
    test2 = test1;
    System.out.println(test2);
  }

  public static void main(String[] args) {
    new WatchPointTest();
  }
}
```

Um einen Watchpoint anzulegen, setzen Sie den Cursor innerhalb einer Variablendeklaration auf den Namen der betreffenden Variable und rufen anschließend **Run/Toggle Watchpoint** auf. Noch schneller geht es über die Sicht *Outline*. Sie erreichen sie über **Window/Show View**. Klicken Sie die Variable einfach mit der rechten Maustaste an und wählen dann **Toggle Watchpoint**.

Legen Sie auf diese Weise bitte einen Watchpoint für `test1` an. Die Zeile wird, wie Bild 4.17 zeigt, im linken Randbereich mit einem entsprechenden Symbol versehen. Starten Sie nun den Debug-Vorgang. Sie müssen hierzu übrigens keine eigene Debug-Konfiguration anlegen. Öffnen Sie einfach das Kontextmenü des Java-Editors und wählen Sie **Debug As/Java Application**.

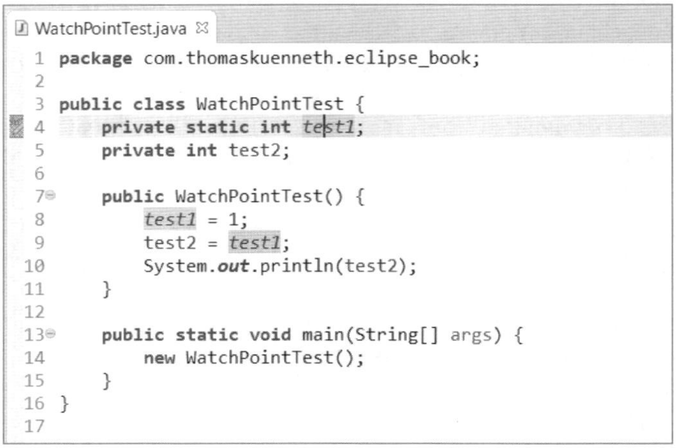

Bild 4.17 Watchpoint auf der Variablen „test1“

Die Programmausführung wird vor der Zuweisung des Werts „1" an `test1` angehalten. Lassen Sie das Programm mit **Resume** weiterlaufen. Sie werden feststellen, dass es schon in der nächsten Zeile erneut gestoppt wird. Dies mag auf den ersten Blick verwirrend sein, denn auf die Variable `test2` haben Sie keinen Watchpoint gesetzt. Die Erklärung liegt in den Eigenschaften des Watchpoints für `test1`. Fahren Sie in den Randbereich der Zeile, die die Deklaration der Variablen `test1` enthält. Wie Sie dem Text des nun erscheinenden Tooltips entnehmen können, greifen Watchpoints standardmäßig sowohl bei lesenden als auch bei schreibenden Zugriffen (access and modification). Das Programm wurde also ein zweites Mal gestoppt, weil für die Zuweisung an die nicht beobachtete Variable `test2` der aktuelle Wert von `test1` ermittelt werden musste.

Öffnen Sie bitte das Kontextmenü des Watchpoints und wählen Sie **Breakpoint Properties**. Entfernen Sie in dem Eigenschaften-Dialog das Häkchen vor **Access** (Bild 4.18) und schließen Sie den Dialog mit **Apply and Close**. Um die geänderten Einstellungen zu testen, wechseln Sie in die Sicht *Debug* und wählen im Kontextmenü **Terminate and Relaunch**.

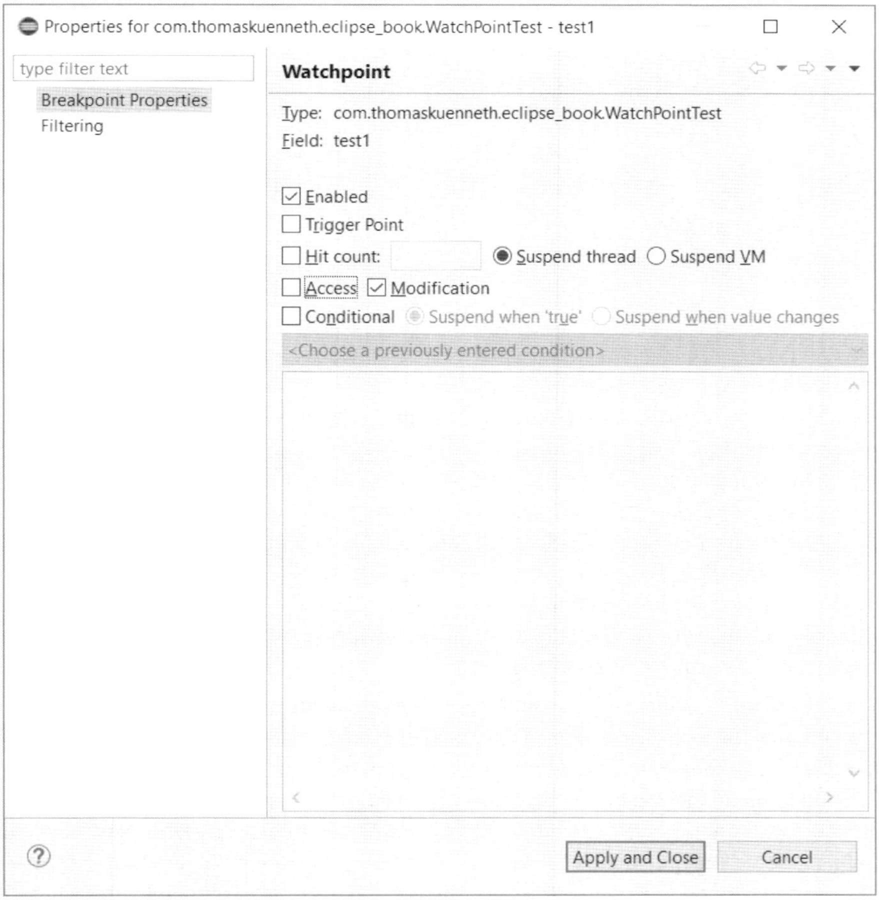

Bild 4.18 Eigenschaften von Watchpoints

Wie beim ersten Versuch hält das Programm vor der Zuweisung des Werts „1“ an. Nach einem **Resume** wird es aber ohne weitere Unterbrechung ausgeführt. Watchpoints sind also ideal, um festzustellen, welche Programmteile auf Variablen zugreifen. Beachten Sie aber, dass Sie sie nur bei Klassen- und Instanzvariablen einsetzen können, nicht aber bei lokalen Variablen.

Im folgenden Abschnitt stelle ich Ihnen einen auf den ersten Blick ungewöhnlichen, aber sehr interessanten Breakpoint-Typ vor. Indem Sie Exception Breakpoints setzen, können Sie nämlich die Programmausführung beim Auftreten von Ausnahmen unterbrechen.

Exception Breakpoints

Viele Programme enthalten in `catch{}`-Blöcken zu Debug-Zwecken Aufrufe der Methode `printStackTrace()`. Wie dies aussehen kann, zeigt das folgende Listing:

Listing 4.4 ExceptionBreakpointTest.java

```
package com.thomaskuenneth.eclipse_book;

public class ExceptionBreakpointTest {
  public static void main(String[] args) {
    try {
      for (int i = 10; i >= 0; i--) {
        System.out.println(i + " / " + i + " = " + i / i);
      }
    } catch (Throwable thr) {
      thr.printStackTrace();
    }
  }
}
```

Wenn Sie das Programm starten, werden Sie feststellen, dass es nach der Ausgabe einiger Berechnungen eine `ArithmeticException` wirft. Die Methode `printStackTrace()` nennt zusätzlich den Grund der Ausnahme (eine Division durch 0) sowie die Nummer der Zeile, in der diese aufgetreten ist. Um einen Blick auf die beteiligten Variablen werfen zu können, scheint es nahezuliegen, in der Zeile `thr.printStackTrace()` einen Line Breakpoint zu setzen. Allerdings ist diese Vorgehensweise nur bei zu erwartenden Ausnahmen sinnvoll einsetzbar. Klassische Beispiele hierfür sind die Dateioperationen der Klassenbibliothek, die `IOExceptions` werfen. Programmteile wie Berechnungen, in denen Sie keine Ausnahmen erwarten, werden Sie hingegen nicht mit `try {} catch {}`-Blöcken klammern, zumal die richtige Vorgehensweise hier das Prüfen der Formelparameter wäre. Wie aber können Sie dann den Grund der Ausnahme herausfinden?

Exception Breakpoints unterbrechen die Programmausführung, sobald eine überwachte Ausnahme geworfen wurde. Um einen solchen Haltepunkt anzulegen, wählen Sie **Run/Add Java Exception Breakpoint**. In dem in Bild 4.19 gezeigten Dialog *Add Java Exception Breakpoint* wählen Sie diejenige Ausnahme aus, die Sie überwachen möchten. Mit der Filterzeile am oberen Rand können Sie die Liste der angezeigten Ausnahmen einschränken. Suchen Sie nach `ArithmeticException` und klicken Sie diese dann an. Bevor Sie den Dialog mit **OK** schließen, prüfen Sie, ob vor den beiden Schaltern **Suspend on caught exceptions** und **Suspend on uncaught exceptions** jeweils ein Häkchen gesetzt ist.

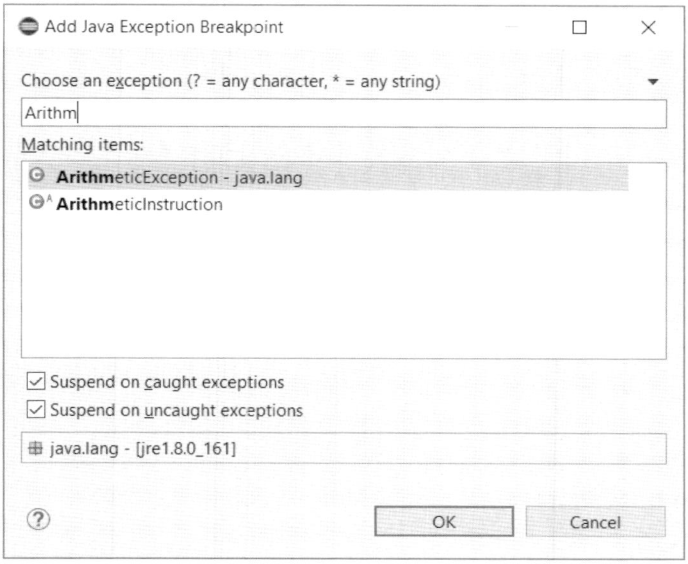

Bild 4.19 Der Dialog „Add Java Exception Breakpoint“

Starten Sie nun den Debug-Vorgang. Klicken Sie hierzu am besten mit der rechten Maustaste an eine beliebige Stelle innerhalb des Java-Editors, und wählen Sie dann **Debug As/ Java Application**. Eclipse hält das Programm in der Zeile `System.out.println(i + " / " + i + " = " + i / i);` an. Um den Grund für die Ausnahme herauszufinden, sehen Sie sich den Inhalt der beteiligten Variablen an. Bewegen Sie den Mauszeiger einfach über `i`, woraufhin sich ein kleiner Tooltip öffnet. Alternativ steht Ihnen der bereits bekannte Kontextmenübefehl **Inspect** zur Verfügung.

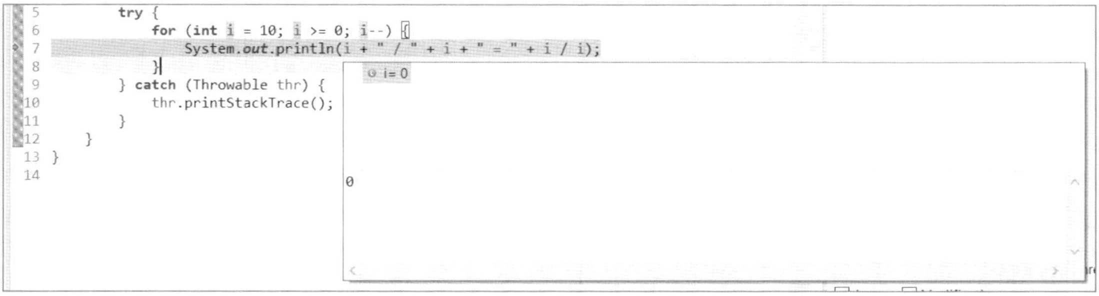

Bild 4.20 Inhalt einer Variablen anzeigen

Wie Sie in Bild 4.20 sehen, ist der Wert von `i` „0“ (zugegeben nicht besonders überraschend), was zu der bekannten Division durch 0 führt.

Auch Exception Breakpoints werden in der Sicht *Breakpoints* angezeigt. Ein Klick mit der rechten Maustaste öffnet ein Kontextmenü, das neben dem bereits bekannten Befehl **Breakpoint Properties** unter anderem die Einträge **Caught** und **Uncaught** enthält. Mit diesen Einstellungen, die Sie auch beim Anlegen des Exception Breakpoints gesetzt haben, steuern Sie das Verhalten bei `catch {}`-Blöcken, oder anders ausgedrückt, wann Eclipse beim Auftreten einer Ausnahme die Programmausführung unterbricht. Das Programm `ExceptionBreakpointTest` fängt `Throwable` und damit auch `ArithmeticExceptions`. Entfernen Sie das Häkchen vor **Caught**, so hält die IDE beim Erreichen der Division durch 0 nicht mehr an.

Der Halt bei nicht gefangenen Ausnahmen bietet sich an, wenn Sie das Auftreten einer Ausnahme zunächst nicht näher eingrenzen können. In diesem Fall legen Sie einen entsprechenden Exception Breakpoint an und setzen nur ein Häkchen vor **Uncaught**. Die betreffende Stelle im Quelltext können Sie sehr schön im Stack Trace der Sicht *Debug* erkennen.

Der Schalter **Uncaught** lässt sich übrigens gut mit **Subclasses of this Exception** kombinieren. Sie finden ihn ebenfalls im Eigenschaften-Dialog von Exception Breakpoints. Wenn Sie einfach nur bei allen Ausnahmen den Programmablauf unterbrechen möchten, bietet es sich nämlich an, einen Exception Breakpoint für `Throwable` anzulegen und die beiden genannten Schalter mit einem Häkchen zu versehen. Mit dem folgenden Programm können Sie das sehr gut ausprobieren:

Listing 4.5 ExceptionBreakpointTest2.java

```
package com.thomaskuenneth.eclipse_book;

public class ExceptionBreakpointTest2 {
  private static int[] werte = { 1, 2, 3 };

  public static void main(String[] args) {
    for (int i = 0; i <= werte.length; i++) {
      System.out.println(werte[i]);
    }
  }
}
```

Nachdem Sie den Breakpoint angelegt haben, starten Sie den Debug-Vorgang. Eclipse wird das Programm in der Zeile `System.out.println(werte[i]);` anhalten. Um den Grund für die Ausnahme zu ermitteln, bewegen Sie den Mauszeiger zunächst auf die Variable `werte`. Hierbei handelt es sich um ein Feld der Länge 3. Die Variable `i` hat den Wert 3, liegt also außerhalb des gültigen Bereichs für den Zugriff auf `werte`.

Mit Exception Breakpoints können Sie also sehr gut analysieren, warum eine Ausnahme aufgetreten ist. Neben dem Stack Trace der Sicht *Debug* helfen Ihnen dabei unter anderem die Sichten *Variables*, *Display* und *Expressions*.

Class Load Breakpoints

Class Load Breakpoints greifen beim erstmaligen Zugriff auf Klassen. Wie Sie sie einsetzen können, zeige ich Ihnen anhand des folgenden Programms.

Listing 4.6 ClassLoadBreakpointTest.java

```
package com.thomaskuenneth.eclipse_book;

public class ClassLoadBreakpointTest {
  public static void main(String[] args) {
    InnereKlasse i = new InnereKlasse();
    System.out.println(i);
```

```
  }
}

final class InnereKlasse {

  static {
    int i = 42;
    System.out.println(i);
  }

  protected InnereKlasse() {
    System.out.println("InnereKlasse()");
  }
}
```

Um einen Class Load Breakpoint anzulegen, klicken Sie auf **Run/Add Class Load Breakpoint**. Sie sehen daraufhin den in Bild 4.21 gezeigten Dialog *Add Class Load Breakpoint*. Darin wählen Sie diejenige Klasse aus, deren „Ladevorgang" die Programmausführung später unterbrechen soll. Geben Sie in der Filterzeile am oberen Rand des Dialogs „Inn" ein, um die Liste der darunter angezeigten Klassen einzuschränken. Markieren Sie den Eintrag `InnereKlasse` und schließen Sie den Dialog mit **OK**.

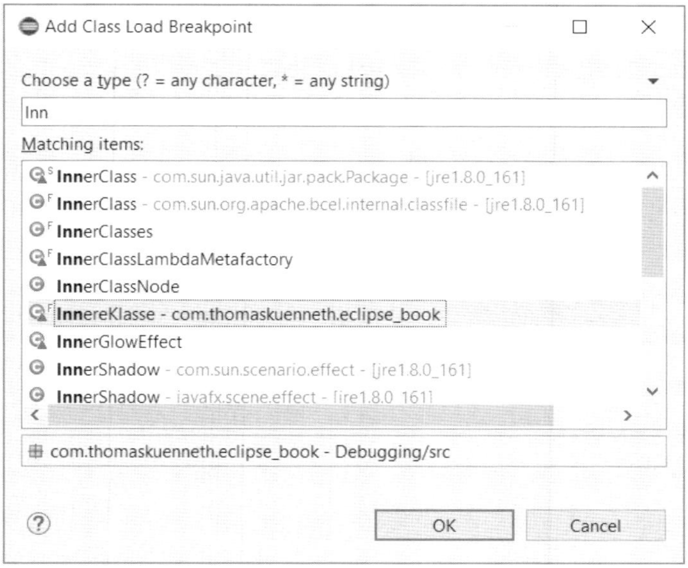

Bild 4.21 Der Dialog „Add Class Load Breakpoint"

Wenn Sie den Debug-Vorgang starten, hält Eclipse die Programmausführung in der Zeile `InnereKlasse i = new InnereKlasse();` an. Zu diesem Zeitpunkt ist die Klasse noch nicht geladen oder initialisiert worden. Mit dem Befehl **Step Into** können Sie nun alle folgenden Aktionen verfolgen, beispielsweise die Zuweisung `int i = 42;` sowie die anschließende Ausgabe. Class Load Breakpoints bieten sich also an, wenn Sie herausfinden möchten, wann eine Klasse zum ersten Mal genutzt und deshalb geladen wird.

In diesem Abschnitt haben Sie die wichtigsten Werkzeuge kennengelernt, die Eclipse für die Fehlersuche anbietet. Dabei habe ich bewusst einige Einstellmöglichkeiten und Funktionen außen vor gelassen, um Ihnen zunächst ein Gesamtbild zu vermitteln. Im nächsten Abschnitt geht es um fortgeschrittene Techniken der Fehlersuche.

4.3 Fortgeschrittene Debug-Techniken

Sehr häufig besteht die Fehlersuche aus dem schrittweisen Verfolgen des Programmflusses und dem Beobachten von Variableninhalten. Manchmal ist es aber wünschenswert, den Programmablauf nur dann zu unterbrechen, wenn eine bestimmte Situation eintritt oder eine Bedingung erfüllt ist.

4.3.1 Bedingte Programmunterbrechungen

Bisher haben Sie Breakpoints so eingesetzt, dass Eclipse den Programmablauf immer anhält, wenn der Haltepunkt erreicht wird. Sie können den Halt aber auch vom Eintreten bestimmter Bedingungen abhängig machen. Wie das geht, sehen Sie gleich.

Hit Counts

Hit Counts sorgen dafür, dass ein Programm beim Erreichen eines Breakpoints nur dann angehalten wird, wenn die Stelle im Quelltext zum wiederholten Mal passiert wurde. Hierzu ein Beispiel:

Listing 4.7 HitCountTest.java

```
package com.thomaskuenneth.eclipse_book;

public class HitCountTest {
  public static void main(String[] args) {
    for (int i = 0; i <= 2000; i++) {
      System.out.println(i);
    }
  }
}
```

Legen Sie in der Zeile `System.out.println(i);` einen Line Breakpoint an und öffnen Sie anschließend dessen Eigenschaften-Dialog. Setzen Sie nun, wie in Bild 4.22 zu sehen, ein Häkchen vor **Hit count** und tragen Sie als Wert „500“ ein. Schließen Sie den Dialog mit **Apply and Close** und starten Sie den Debug-Vorgang.

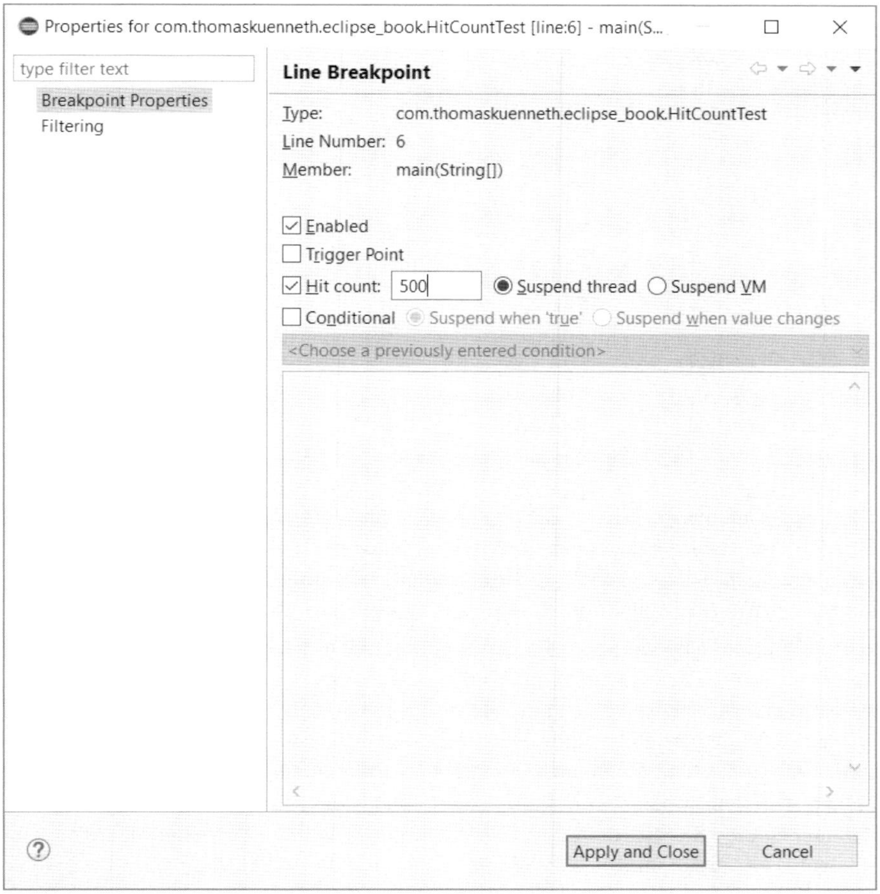

Bild 4.22 Festlegen eines Hit Counts

Eclipse hält die Programmausführung an, bevor die Zahl 499 ausgegeben wird. Zu diesem Zeitpunkt wurde der Breakpoint zum 500. Mal erreicht. Bevor Sie das Programm mit **Resume** weiter ausführen, wechseln Sie in die Sicht *Breakpoints*. Wie Sie in Bild 4.23 sehen, wurde der Breakpoint deaktiviert. Sein Häkchen ist nicht mehr gesetzt. Eclipse hält also nicht, wie Sie vielleicht erwarten würden, vor der Ausgabe von 999 an. Standardmäßig führen mit Hit Counts versehene Breakpoints nämlich höchstens einmal zu einem Programmstopp.

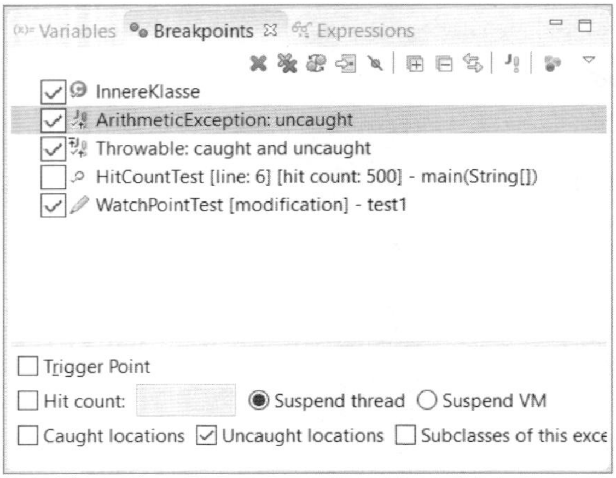

Bild 4.23 Breakpoint mit Hit Count nach dem ersten Halt

Wenn Hit Counts mehrfach wirken sollen, müssen Sie daran denken, den betreffenden Breakpoint vor dem **Resume** erneut zu aktivieren. Dies können Sie sehr einfach in der Sicht *Breakpoints* erledigen. Setzen Sie hierzu einfach wieder das Häkchen vor dem betreffenden Breakpoint oder öffnen Sie das Kontextmenü und wählen dort **Enable**.

Hit Counts sind praktisch, wenn Sie gelegentlich „nach dem Rechten" sehen möchten, wie sich also beispielsweise eine Variable innerhalb einer langen Schleife verändert. Sie lassen sich auch dann gut nutzen, wenn sich ein Fehler sehr genau vorhersagen lässt, falls Sie also schon wissen, dass er bei jedem n-ten Aufruf oder Durchlauf auftritt. Leider sind solche Konstellationen eher selten. Meistens hängen Fehlfunktionen von verschiedenen Faktoren ab, beispielsweise dem Inhalt von Instanzvariablen oder dem Ergebnis von Methodenaufrufen. Deshalb können Sie Breakpoints an Bedingungen knüpfen. Solche Bedingungen kontrollieren, wann ein Breakpoint den Programmablauf anhält. Hit Points sind, wenn Sie so wollen, eingebaute Bedingungen. Letztlich steckt hinter ihnen nämlich der Java-Ausdruck `hitPoint == zahl`, der entweder `true` oder `false` ergibt.

Bedingte Breakpoints

Auch den Einsatz von bedingten Breakpoints möchte ich Ihnen wieder an einem kleinen Programm verdeutlichen. Es ermittelt zehn Zufallszahlen und zählt, wie oft diese Zahlen kleiner oder größer als 0,5 sind.

Listing 4.8 ConditionTest.java

```
package com.thomaskuenneth.eclipse_book;

public class ConditionTest {
  public static void main(String[] args) {
    int z1 = 0;
    int z2 = 0;
    int i;
    for (i = 0; i < 10; i++) {
      double zufall = Math.random();
      if (zufall < 0.5) {
```

```
          z1++;
        } else {
          z2++;
        }
      }
      System.out.print(String.format("Von %d Zufallszahlen"
          + " sind %d < 0.5 und %d größer", i, z1, z2));
    }
}
```

Angenommen, Sie möchten überprüfen, ob das Programm richtig zählt. Außerdem würden alle Zahlen kleiner als 0,5 Sie interessieren. In diesem Fall sollte das Programm immer dann angehalten werden, wenn der Aufruf von `Math.random()` ein Ergebnis kleiner als 0,5 geliefert hat. Erzeugen Sie hierzu in der Zeile `if (zufall < 0.5) {` einen Line Breakpoint. Bevor Sie dessen Eigenschaften-Dialog öffnen, markieren Sie im Java-Editor den Text `zufall < 0.5` und legen ihn mit **Edit/Copy** auf dem Systemklemmbrett ab.

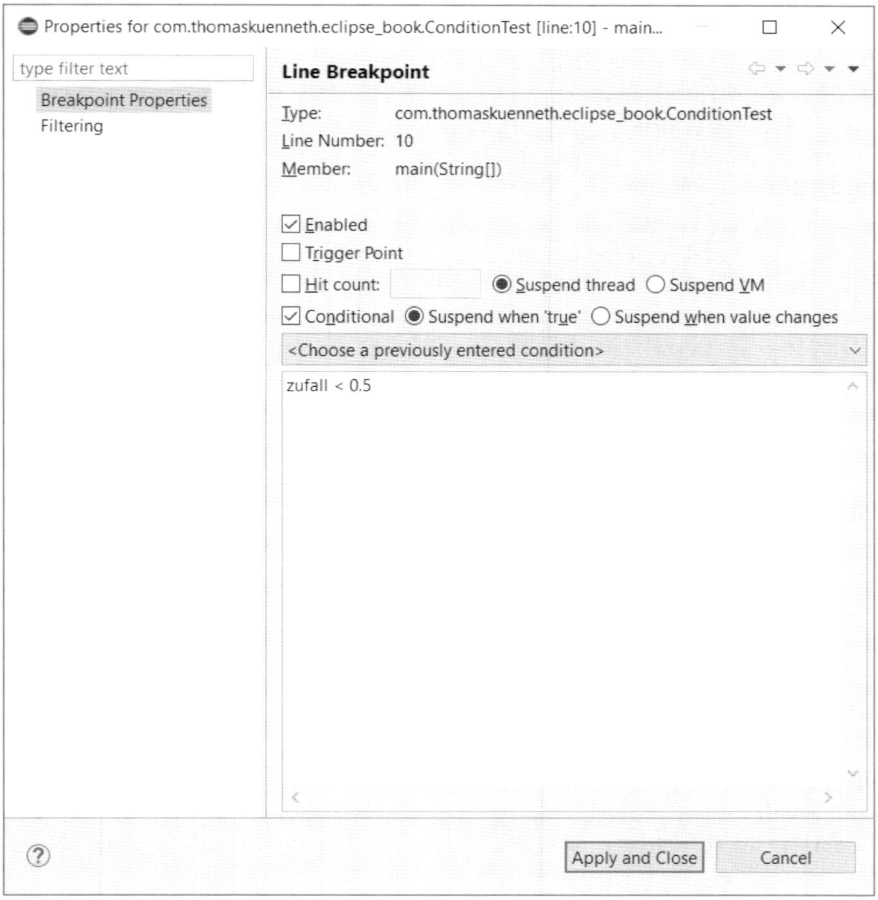

Bild 4.24 Eigenschaften eines bedingten Breakpoints

Wie Sie in Bild 4.24 sehen, müssen Sie im Eigenschaften-Dialog des Breakpoints nur ein Häkchen vor **Conditional** setzen und den auf dem Systemklemmbrett abgelegten Text in den Eingabebereich darunter einfügen. Achten Sie aber darauf, dass **Suspend when 'true'** markiert ist. Sie können nun den Debug-Vorgang starten.

Eclipse wird das Programm das erste Mal anhalten, wenn die durch die Klasse `Math` erzeugte Zufallszahl kleiner als 0,5 ist. Jetzt können Sie auf die bereits bekannte Weise den Inhalt von `zufall` und `z1` (diese Variable zählt alle Ergebnisse kleiner als 0,5) untersuchen. Mit **Resume** führen Sie `ConditionTest` weiter aus. Da `z1` beim ersten Halt mit 0 richtig vorbelegt war und nur dann um 1 hochgezählt wird, wenn die `if`-Bedingung erfüllt ist, zählt das Programm also richtig. Übrigens könnten Sie dies auch überprüfen, indem Sie zählen, wie oft Sie **Resume** aufrufen. Sie können also den Programmhalt an die Bedingung knüpfen, dass das Ergebnis eines (übrigens nahezu beliebigen) Ausdrucks `true` ergibt.

Eclipse sieht aber auch vor, Breakpoints auf der Basis von Statusänderungen auszulösen. Dies funktioniert wie folgt: Wird ein solcher bedingter Breakpoint erreicht, wertet die IDE den ihm zugewiesenen Ausdruck aus. Weicht das Ergebnis vom vorangehenden Durchlauf ab, wird der Programmablauf angehalten. Sie können eine solche Bedingung beispielsweise nutzen, um herauszufinden, wie gleichmäßig verteilt die durch `Math.random()` gelieferten Zufallszahlen sind. Wenn nämlich zwei aufeinanderfolgende Zahlen größer (oder kleiner) als 0,5 sind, wird der Ausdruck `zufall < 0.5` in beiden Fällen dasselbe Ergebnis liefern, also keine Programmunterbrechung nach sich ziehen. Indem Sie Stopps zählen, zählen Sie auch entsprechende Übergänge.

Generell sind bedingte Haltepunkte also wichtig, um unnötige Programmunterbrechungen zu vermeiden. Aus Effizienzgründen sollten Sie versuchen, nur diejenigen Programmteile in Einzelschritten zu verfolgen, die Ihnen beim Finden eines Fehlers weiterhelfen. Anders ausgedrückt: Das monotone Ablaufen der Anweisungen eines Schleifenrumpfs ist nur dann sinnvoll, falls Sie an dieser Stelle Probleme vermuten. Aber auch die Einzelschrittverarbeitung selbst lässt sich mit den Werkzeugen des Eclipse-Debuggers noch angenehmer gestalten. Wie das geht, zeige ich Ihnen im folgenden Abschnitt.

4.3.2 Kontrollierte Einzelschrittverarbeitung

Die beiden Befehle **Step Over** und **Step Into** sind wahrscheinlich die am häufigsten verwendeten Funktionen während der Fehlersuche. Viele Entwickler verwenden sie aus reiner Gewohnheit auch dann, wenn andere Techniken schneller zum Ziel führen würden.

Weitere „Step"-Befehle

Einige weitere Step-Befehle möchte ich Ihnen mit dem folgenden Programm nahebringen. Es erzeugt eine Instanz von sich selbst und gibt sowohl vorher als auch nachher die Systemzeit in Millisekunden aus, also eine fast schon triviale Angelegenheit. Es geht hier jedoch nicht darum, Fehler aufzudecken, sondern ausschließlich um das Üben der Einzelschrittkommandos.

Listing 4.9 StepTest.java

```
package com.thomaskuenneth.eclipse_book;

public class StepTest {
  public StepTest() {
    try {
      Thread.sleep(1000);
    } catch (InterruptedException e) {
    }
  }

  public static void main(String[] args) {
    System.out.println(System.currentTimeMillis());
    new StepTest();
    System.out.println(System.currentTimeMillis());
  }
}
```

Legen Sie zunächst in der ersten Zeile der `main()`-Methode einen Line Breakpoint an und starten dann den Debug-Vorgang. Nachdem Eclipse die Ausführung unterbrochen hat, klicken Sie an eine beliebige Stelle der letzten Zeile des Methodenrumpfs (`System.out.println(System.currentTimeMillis());`), woraufhin der Text-Cursor an diese Position gesetzt wird. Rufen Sie nun **Run/Run to Line** auf. Eclipse führt das Programm weiter aus und hält in der soeben genannten Zeile wieder an. Mit **Run to Line** können Sie also ein unterbrochenes Programm fortsetzen, bis eine bestimmte Zeile erreicht wird. Das Besondere dabei ist, dass Sie hierzu nicht erst einen Breakpoint setzen müssen. Dies ist schon deshalb sehr praktisch, weil sich erfahrungsgemäß recht schnell zahlreiche Breakpoints in der Sicht *Breakpoints* ansammeln.

HINWEIS: Denken Sie daran, dass Sie mit **Run/Remove All Breakpoints** alle Haltepunkte entfernen können.

Um den nächsten Befehl auszuprobieren, müssen Sie den Debug-Vorgang neu starten. Klicken Sie hierzu im Kontextmenü der Sicht *Debug* auf **Terminate and Relaunch** und rufen Sie dann jeweils einmal **Step Over** und **Step Into** auf. Sie befinden sich nun in der ersten Zeile des Konstruktors `StepTest()`. Mit dem Befehl **Step Return**, den Sie im Menü Run sowie im Kontextmenü der Sicht *Debug* finden, können Sie die Einzelschrittverarbeitung bis zum Erreichen einer `return`-Anweisung oder des Endes einer Methode oder eines Konstruktors aussetzen. Das ist praktisch, wenn zwar die aktuelle Methode nicht weiter beobachtet werden soll, Sie nach dem Rücksprung aus ihr aber weiter in Einzelschritten arbeiten möchten.

Den umgekehrten Weg, nämlich das Aussetzen der Einzelschrittverarbeitung bis zum Erreichen eines Methoden- oder Konstruktorrumpfs, ermöglicht **Step Into Selection**. Um diese Funktion zu nutzen, markieren Sie im Java-Editor einen Methoden- oder Konstruktoraufruf (nur den Namen, nicht die sich anschließenden Klammern) und wählen dann den Eintrag **Step Into Selection** des Kontextmenüs. Damit das funktioniert, muss das Programm gestartet und anschließend unterbrochen worden sein. Sie können es auf diese Weise also nicht aufrufen und bis zu einer bestimmten Stelle ausführen.

Der letzte Befehl, den ich Ihnen hier vorstellen möchte, führt genau genommen gar keine Anweisungen aus, sondern sorgt für das kontrollierte Verlassen einer Methode. Deren Rückgabewert können Sie selbst bestimmen. Dies möchte ich Ihnen am folgenden Programm demonstrieren:

Listing 4.10 ForceReturnTest.java

```
package com.thomaskuenneth.eclipse_book;

import java.util.GregorianCalendar;

public class ForceReturnTest {
  public static void main(String[] args) {
    int i = test();
    System.out.println(i);
  }

  private static int test() {
    GregorianCalendar cal = new GregorianCalendar();
    int tag = cal.get(GregorianCalendar.DAY_OF_MONTH);
    return tag;
  }
}
```

Legen Sie einen Breakpoint in der Zeile `return tag;` an und starten Sie dann den Debug-Vorgang. Nachdem Eclipse das Programm angehalten hat, können Sie sich den Inhalt der Variablen `tag` ansehen: den aktuellen Tag des Monats. Wechseln Sie nun in die Sicht *Debug Shell* und geben Sie dort `cal.get(GregorianCalendar.MONTH) + 1` ein. Markieren Sie den eingegebenen Text und wählen Sie dann **Inspect**. Der Ausdruck liefert den aktuellen Monat als Zahl. Öffnen Sie nun das Kontextmenü und rufen Sie dort **Force Return** auf. Im Java-Editor sehen Sie, dass sich die Markierung für den nächsten auszuführenden Befehl jetzt vor der Zeile `int i = test();` befindet. Führen Sie das Programm mit **Resume** weiter aus. Ohne dass Sie an ihm Veränderungen vorgenommen haben, gibt es anstelle des Tags den aktuellen Monat aus.

Force Return ist also äußerst nützlich, falls Sie während der Fehlersuche Befehle von der Ausführung ausnehmen wollen oder müssen. Ein Grund kann sein, dass Sie eine Methode als fehlerhaft erkannt haben. In diesem Fall können Sie dem Programm den richtigen Rückgabewert „unterschieben". **Force Return** ist aber auch praktisch, falls eine Methode auf Ressourcen zugreifen muss, die im Moment nicht zur Verfügung stehen (denken Sie an eine gestörte Netzwerkverbindung). In diesem Fall könnte die Methode den Rückgabewert nicht ermitteln. Auch hier können Sie stattdessen einen Wert vorgeben und mit der Fehlersuche fortfahren.

Wie Sie sehen, bietet Eclipse eine ganze Reihe von Befehlen für eine effiziente Einzelschrittverarbeitung. Natürlich werden Sie **Step Over** und **Step Into** am häufigsten einsetzen. Denken Sie aber daran, dass es in bestimmten Situationen unter Umständen besser geeignete Funktionen gibt. Auch der nächste Abschnitt beschäftigt sich mit der Einzelschrittverarbeitung. Ich stelle Ihnen die sogenannten Step Filter vor, mit denen Sie Klassen und Pakete „ausblenden" können.

Step Filter

Es gibt einige Gründe, Klassen oder Pakete von der Einzelschrittverarbeitung auszuschließen. Wenn Sie beispielsweise eine Bibliothek einsetzen, deren Quelltext nicht zur Verfügung steht, ist ein **Step Into** ohnehin sinnlos. Aber selbst dann, wenn er vorhanden ist, kann es sehr verwirrend sein, plötzlich mit dem Quelltext von `java.io.PrintStream` konfrontiert zu werden, nur weil Sie in der Zeile `System.out.println(i);` versehentlich **Step Into** anstelle von **Step Over** angeklickt haben.

Um Step Filter ein- oder auszuschalten, klicken Sie in der Toolbar auf das Symbol (**Use Step Filters**) oder wählen den gleichnamigen Befehl im Kontextmenü der Sicht *Debug*. Welche Klassen und Pakete bei aktiviertem Filter von Einzelschrittbefehlen ausgenommen sind, legen Sie auf der Seite Step Filtering des Dialogs *Preferences* fest, die Sie in Bild 4.25 sehen.

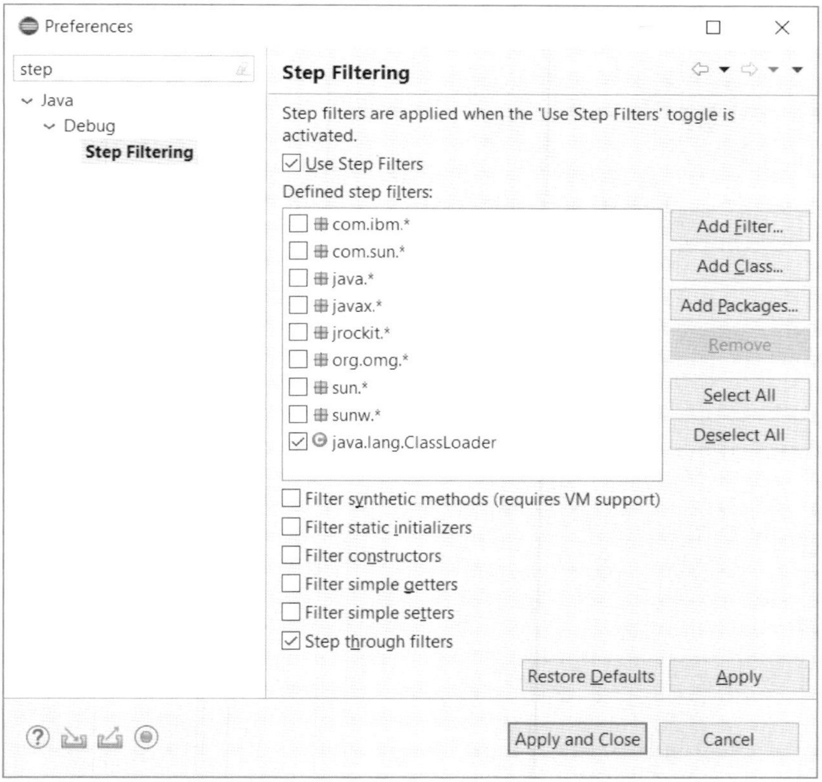

Bild 4.25 Die Seite „Step Filtering" des Dialogs „Preferences"

TIPP: Denken Sie daran, dass Sie mit der Filterzeile des Einstellungen-Dialogs schnell zu gewünschten Seiten navigieren können.

Die Seite Step Filtering ist in mehrere Bereiche unterteilt. Die Liste der gefilterten Klassen und Pakete lässt sich nur bearbeiten, wenn ein Häkchen vor **Use Step Filters** gesetzt ist. In diesem Fall können Sie mit den entsprechenden Schaltflächen Klassen und Pakete hinzufügen oder löschen. Wie Sie dies in der Praxis einsetzen, zeige ich Ihnen gleich. Beachten Sie, dass sich Filter individuell ein- und ausschalten lassen. Selbst wenn also **Use Step Filters** aktiviert ist, greift ein Filter nur, wenn vor seinem Namen ein Häkchen gesetzt wurde. Der untere Bereich des Dialogs enthält sechs Schalter, die die Funktionsweise der Step Filter beeinflussen. Mit den ersten fünf legen Sie fest, welche Teile einer Klasse ausgeblendet werden sollen. **Step through filters** beeinflusst das Verhalten, wenn von gefilterten Klassen in Form eines Callbacks auf nicht gefilterte Bereiche zugegriffen wird.

Welche Konsequenzen dies hat, möchte ich Ihnen anhand des Programms `StepFilterTest` demonstrieren. Es erzeugt drei Objekte, die eine Zahl speichern. Da die Klasse das Interface `Comparable` implementiert, können Felder dieses Typs mit `java.util.Arrays.sort()` sortiert werden.

Listing 4.11 StepFilterTest.java

```
package com.thomaskuenneth.eclipse_book;

import java.util.Arrays;

public class StepFilterTest implements Comparable<StepFilterTest> {

  public int wert;

  public StepFilterTest(int zahl) {
    this.wert = zahl;
  }

  public static void main(String[] args) {
    // Feld erzeugen
    StepFilterTest[] feld = new StepFilterTest[3];
    feld[0] = new StepFilterTest(10);
    feld[1] = new StepFilterTest(5);
    feld[2] = new StepFilterTest(20);
    // ausgeben
    ausgabe(feld);
    // sortieren
    Arrays.sort(feld);
    // erneut ausgeben
    ausgabe(feld);
  }

  public static void ausgabe(StepFilterTest[] feld) {
    for (int i = 0; i < feld.length; i++) {
      if (i > 0) {
        System.out.print(",");
      }
      System.out.print(feld[i]);
    }
    System.out.println();
  }

  public String toString() {
```

```
        return Integer.toString(wert);
    }

    public int compareTo(StepFilterTest o) {
        if (o.wert < wert) {
            return 1;
        } else if (o.wert > wert) {
            return -1;
        }
        return 0;
    }
}
```

Setzen Sie in der verwendeten Debug-Konfiguration das Häkchen vor **Stop in main** und starten Sie anschließend den Debug-Vorgang. Nachdem Eclipse in der ersten Zeile der `main()`-Methode angehalten hat, richten Sie einen Step Filter für die Klasse `java.util.Arrays` ein. Öffnen Sie hierzu, wie weiter oben beschrieben, die Seite Step Filtering des Dialogs *Preferences* und klicken Sie auf **Add Filter**.

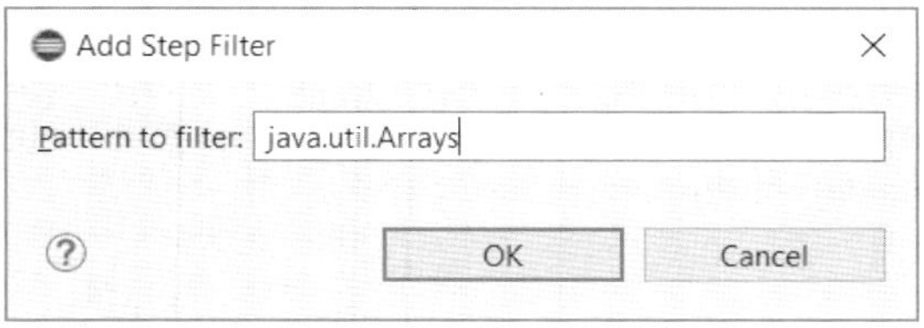

Bild 4.26 Der Dialog „Add Step Filter"

Sie sehen den in Bild 4.27 gezeigten Dialog *Add Step Filter*. Geben Sie bei Pattern to filter „java.util.Arrays" ein und schließen Sie den Dialog mit **OK**. Die Klasse `java.util.Arrays` erscheint unter **Defined step filters** und wurde automatisch mit einem Häkchen versehen. Bevor Sie den Dialog *Preferences* mit **Apply and Close** schließen, entfernen Sie die Häkchen vor allen sechs Schaltern im unteren Bereich des Dialogs. Legen Sie nun in der Zeile `Arrays.sort(feld);` einen Breakpoint an und vergewissern Sie sich, dass **Use Step Filters** aktiviert ist.

Setzen Sie nun den Debug-Vorgang mit **Resume** fort. Nachdem Eclipse die Ausführung des Programms angehalten hat, klicken Sie auf **Step Into**. Da Arrays zur Liste der gefilterten Klassen gehört, wirkt der Befehl wie **Step Over**. Deaktivieren Sie nun **Use Step Filters** und klicken Sie im Kontextmenü der Sicht *Debug* auf **Terminate and Relaunch**. Da in der Debug-Konfiguration **Stop in main** aktiv ist, wählen Sie **Resume**. Die Ausführung stoppt wieder vor der Sortierung. Nach einem erneuten **Step Into** wird diesmal die Klasse Arrays im Java-Editor angezeigt.

Rufen Sie den Dialog *Preferences* auf, indem Sie im Kontextmenü der Sicht *Debug* die Funktion **Edit Step Filters** wählen. Schalten Sie die Filterfunktion wieder ein und aktivieren Sie alle sechs Schalter im unteren Bereich des Dialogs. Starten Sie nun mit **Terminate and Relaunch** abermals den Debug-Vorgang und klicken Sie erst auf **Resume**, dann auf **Step Into**. Die Programmausführung wird in der ersten Zeile der Methode `compareTo()` angehalten.

Step through filters ist also äußerst praktisch, wenn Ihr Programm aus gefilterten Klassen heraus aufgerufen wird. Das ist immer dann der Fall, wenn Sie Interfaces implementieren und an Klassen der Standardbibliothek übergeben müssen.

Eclipse bietet zahlreiche Möglichkeiten, die Einzelschrittverarbeitung auf diejenigen Bereiche Ihres Programms zu beschränken, die für die aktuelle Fehleranalyse tatsächlich nötig sind. Mein Rat an dieser Stelle ist, diese konsequent zu nutzen. Denn jedes unnötige **Step Into** kostet wertvolle Zeit und lenkt Ihren Blick unter Umständen von den eigentlichen Fehlerursachen ab.

4.3.3 Änderungen vornehmen

Zu Beginn dieses Kapitels habe ich erwähnt, dass Eclipse Ihnen die Möglichkeit bietet, während einer Debug-Sitzung Änderungen am gerade untersuchten Programm vorzunehmen. Vielleicht fragen Sie sich, warum Sie zu diesem Zeitpunkt überhaupt Änderungen vornehmen sollten. Gründe hierfür gibt es viele. Obwohl die Rechenleistung in den letzten Jahren dramatisch zugenommen hat, existieren immer noch viele Algorithmen, die so aufwendig sind, dass selbst moderne Computer viele Stunden oder Tage mit ihrer Abarbeitung beschäftigt sind. Während der Fehlersuche sollten solche Programme möglichst selten neu gestartet werden müssen. Oder stellen Sie sich vor, das Ergebnis einer aufwendigen Berechnung wird in anderen Programmteilen genutzt. Wenn Sie ausprobieren möchten, wie sich Ihr Programm verhält, wenn ein Aufruf ein anderes Ergebnis liefert, wäre es praktisch, diese Operation nicht jedes Mal aufs Neue durchführen zu müssen.

Variableninhalte ändern

In Abschnitt 4.3.2, „Kontrollierte Einzelschrittverarbeitung", habe ich Ihnen gezeigt, wie Sie mithilfe der Funktion Force Return die Ergebnisse von Methodenaufrufen manipulieren können. Allerdings wird in diesem Fall überhaupt kein Befehl mehr abgearbeitet, abgesehen natürlich von der Auswertung Ihrer Ausdrücke. Wie Sie gleich sehen werden, können Sie in der Sicht *Variables* gezielt Daten verändern, die dann von Ihrem Programm weiterverarbeitet werden.

Listing 4.12 Summe.java

```
package com.thomaskuenneth.eclipse_book;

public class Summe {

  public static void main(String[] args) {
    int ergebnis = summe(args);
    System.out.println(ergebnis);
  }

  private static int summe(String[] args) {
    int wert = 0;
    for (int i = 0; i < args.length; i++) {
      int aktuell = Integer.parseInt(args[i]);
      wert += aktuell;
    }
    return wert;
  }
}
```

Die Klasse `Summe` addiert alle Argumente, die es über die Kommandozeile erhält, und gibt das Ergebnis auf der Konsole aus. Um es zu testen, könnten Sie eine eigene Debug-Konfiguration erstellen und dort einige Zahlen eintragen. Legen Sie stattdessen in der Zeile `int ergebnis = summe(args);` der `main()`-Methode einen Breakpoint an und starten Sie dann den Debug-Vorgang. Wechseln Sie nun in die Sicht *Variables* und sehen Sie sich `args` an. Da Sie beim Start keine Werte übergeben konnten, ist es ein leeres Feld ohne Elemente. Um das zu ändern, klicken Sie den Variablennamen an und wählen im Kontextmenü **Change Value**. Sie sehen den Dialog *Change Object Value*, in dem Sie den Ausdruck `(new String [] {"2", "3", "5"})` eingeben. Dies ist in Bild 4.27 zu sehen.

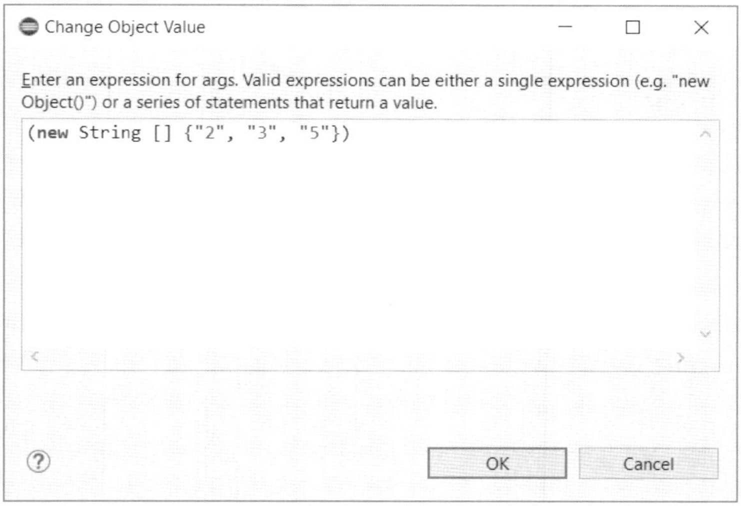

Bild 4.27 Eingeben eines Felds mit Strings

Sie haben auf diese Weise ein Feld der Länge 3 erzeugt und dessen Elemente mit Werten gefüllt. Diese können Sie in der in Bild 4.28 gezeigten Sicht *Variables* einsehen und bei Bedarf nochmals modifizieren. Die Darstellung der Sicht lässt sich über ihr Klappmenü in weiten Grenzen konfigurieren. Beispielsweise können Sie den Eingabebereich ausblenden. Dieser lässt übrigens, wie auch die Zellen der Tabelle, keine Eingabe von Java-Ausdrücken zu.

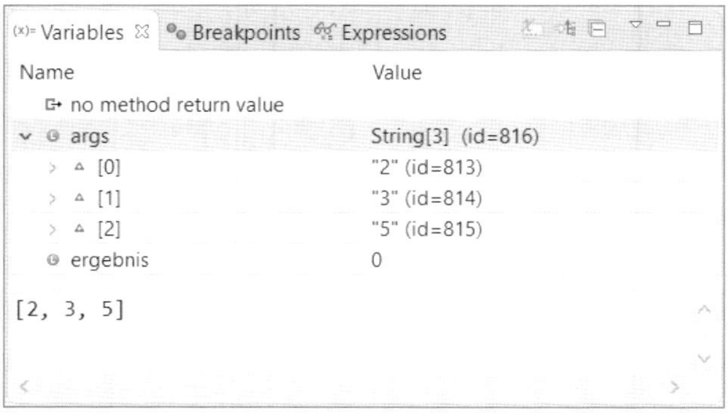

Bild 4.28 Die Sicht „Variables“ nach Ändern der Variablen „args“

Springen Sie nun mit **Step Into** in die erste Zeile der Methode `summe()`. Die Sicht *Variables* zeigt zunächst nur eine Variable an, nämlich das als Parameter übergebene Feld `args`. Nach einem **Step Over** sehen Sie zusätzlich `wert`. Wechseln Sie in die Sicht *Debug Shell* und geben dort `args = new String [] {"42"};` ein. Markieren Sie dann, wie gewohnt, den Ausdruck und rufen Sie anschließend **Execute the Selected Text** auf. Wenn Sie in die Sicht *Variables* wechseln, sehen Sie, dass Eclipse den Wert von `args` abermals geändert hat.

Durch das Ändern von Variableninhalten können Sie auf sehr bequeme Weise Datenkonstellationen simulieren und so nach Fehlern suchen oder das Programmverhalten analysieren. Allerdings mussten diese Änderungen bisher vor dem Durchlaufen des zu untersuchenden Programmfragments erfolgen. Im nächsten Abschnitt zeige ich Ihnen, wie Sie ohne Neustart des Debug-Vorgangs Codebereiche wiederholt ausführen können.

Codebereiche erneut ausführen

Das Programm Summe, das Sie im vorigen Abschnitt kennengelernt haben, ist nicht sehr fehlertolerant programmiert. Wenn sich eines der übergebenen Argumente nicht in eine Zahl umwandeln lässt, bricht das Programm mit einer Ausnahme ab. Um dies auszuprobieren, löschen Sie zunächst alle Breakpoints – außer den in der Zeile `int ergebnis = summe(args);` – und starten Sie dann den Debug-Vorgang. Nachdem Eclipse die Ausführung angehalten hat, ändern Sie die Variable `args` mit dem Ausdruck `args = new String [] {"a"}` in ein Feld mit einem Element "a". Führen Sie das Programm anschließend mit **Resume** weiter aus. Erwartungsgemäß führt "a" zu der Ausnahme `NumberFormatException`.

In Bild 4.29 sehen Sie den in der Sicht *Debug* angezeigten Stack Trace. Klicken Sie die Elemente unterhalb des Knotens Thread in der Sicht *Debug* der Reihe nach an. Sie werden bemerken, dass bestimmte Zeilen im Java-Editor hervorgehoben werden. Diese entsprechen dem eben angeklickten Element. Wenn Sie auf diese Weise die Zeile `int aktuell = Integer.parseInt(args[i]);` gefunden haben, können Sie in der Sicht *Variables* das falsche Element des Arrays korrigieren, indem Sie eine gültige Zahl eintragen. Öffnen Sie dann mit der rechten Maustaste in der Sicht *Debug* das Kontextmenü und wählen Sie **Drop To Frame**. Achten Sie darauf, dass sich die Maus über dem zuletzt angeklickten Element befindet. Wenn Sie jetzt mit **Resume** das Programm weiter ausführen, wird keine Ausnahme geworfen.

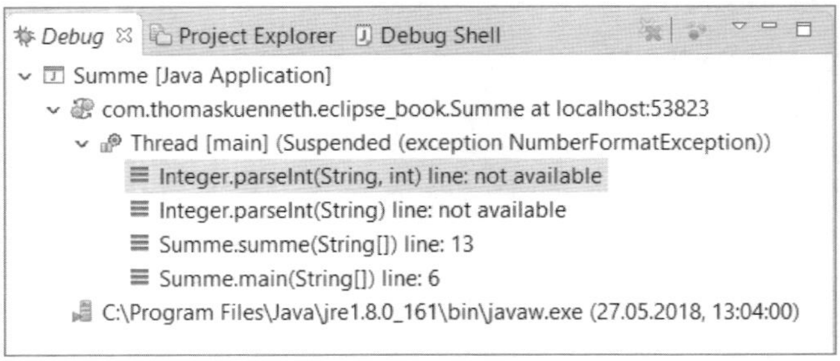

Bild 4.29 Stack Trace nach der Ausnahme „NumberFormatException“

Die Funktion **Drop To Frame** erlaubt also das „Zurückspulen“ zu einem bestimmten Punkt der Programmausführung. Hierbei werden auch die Werte lokaler Variablen in den Zustand versetzt, den sie zum entsprechenden Zeitpunkt hatten. Die Ausführung des Programms wird am Beginn derjenigen Methode fortgesetzt, die zu dem ausgewählten Frame gehört. Sie können somit ohne Neustart des Debug-Vorgangs Programmteile mit geänderten Datenkonstellationen praktisch beliebig oft aufrufen und so das Verhalten Ihres Programms genau untersuchen.

In den bisherigen Abschnitten dieses Kapitels haben Sie gelernt, wie Sie mit dem in Eclipse eingebauten Debugger Ihre Programme zur Laufzeit untersuchen können. Im Folgenden beschreibe ich einen Ansatz, Fehler schon während der Entwicklung zu vermeiden.

4.4 Unit-Tests

Unter Unit-Tests versteht man, vereinfacht ausgedrückt, das häppchenweise Testen eines Programms. Dazu wird es in seine kleinsten, einzeln prüfbaren Einheiten zerlegt. Jede dieser Einheiten muss sogenannte Testfälle fehlerfrei durchlaufen. Trifft dies zu, kann davon ausgegangen werden, dass die getestete Einheit, wie gewünscht, funktioniert. Im Gegensatz zur Fehlersuche im Debugger wird bei Unit-Tests nicht untersucht, was während der Programmausführung passiert. Stattdessen gilt ein Test als erfolgreich absolviert, wenn die Einheit das erwartete, im Testfall spezifizierte Ergebnis liefert. Unit-Tests können und sollten übrigens sehr oft während der Entwicklung durchgeführt werden. Ein eigener Programmierstil, die sogenannte testgetriebene Entwicklung, hat sich denn auch voll und ganz dem Unit-Test verschrieben.

4.4.1 JUnit im Überblick

Unit-Tests werden in der Regel mit speziellen Test-Frameworks durchgeführt. Sie helfen, den Testvorgang zu automatisieren. Das sicher bekannteste Test-Framework für Java ist JUnit. Es wurde von Kent Beck und Erich Gamma entwickelt. Beck hatte mit SUnit bereits ein solches Framework für die Programmiersprache Smalltalk implementiert und später gemeinsam mit Gamma nach Java portiert.

Einen Testfall anlegen

JUnit ist sehr gut in Eclipse eingebunden. Anhand des unten abgedruckten Programms Schaltjahr.java möchte ich Ihnen zunächst zeigen, wie Sie innerhalb der IDE einen Testfall anlegen und ausführen.

Listing 4.13 Schaltjahr.java

```
package com.thomaskuenneth.eclipse_book;

public class Schaltjahr {
  public static void main(String[] args) {
    int jahr = Integer.parseInt(args[0]);
    boolean schaltjahr = schaltjahrPruefen(jahr);
    System.out.println(jahr + " ist "
        + (schaltjahr ? "" : "k") + "ein Schaltjahr");
  }

  public static boolean schaltjahrPruefen(int jahr) {
    boolean schaltjahr = false;
    if ((jahr % 4) == 0) {
      schaltjahr = true;
      if ((jahr % 400) != 0) {
        if ((jahr % 100) == 0) {
          // schaltjahr = false;
        }
      }
    }
    return schaltjahr;
  }
}
```

Nachdem Sie den Programmcode eingegeben oder aus den Materialien zum Buch (*https://github.com/tkuenneth/eclipse_book*) übernommen haben, können Sie das Programm auf die Ihnen bereits bekannte Weise starten und mit ein paar Jahreszahlen „spielen". Wie Sie sicher schnell festgestellt haben, beachtet der Algorithmus nicht alle Ausnahmen richtig. Mehr dazu etwas später.

Legen Sie nun einen sogenannten Testfall an. Markieren Sie hierzu die Klasse `Schaltjahr` im Package Explorer und klicken Sie auf **File/New/JUnit Test Case**. Sie sehen daraufhin den in Bild 4.30 gezeigten Dialog *New JUnit Test Case*.

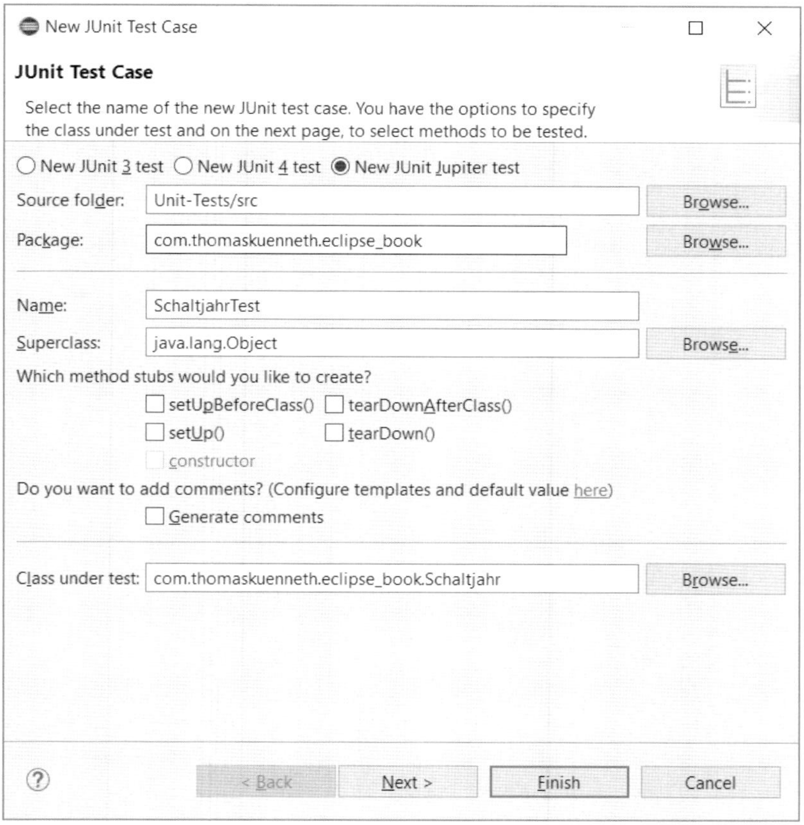

Bild 4.30 Assistent zum Anlegen eines neuen Testfalls

Im oberen Bereich können Sie festlegen, für welche Version von JUnit Sie den Testfall anlegen möchten. Für dieses Beispiel selektieren Sie bitte **New JUnit Jupiter test**. Sollte im unteren Bereich des Dialogs die Warnung „JUnit 5 requires a Java 8 project" angezeigt werden, klicken Sie bitte auf **Configure**, um die Projekteinstellungen entsprechend anzupassen. Die übrigen Einstellungen, beispielsweise den Namen des Testfalls und die zu erzeugenden Methoden, können Sie unverändert übernehmen. Mit **Next** gelangen Sie auf die in Bild 4.31 gezeigte zweite Seite Test Methods des Assistenten zum Anlegen von Testfällen.

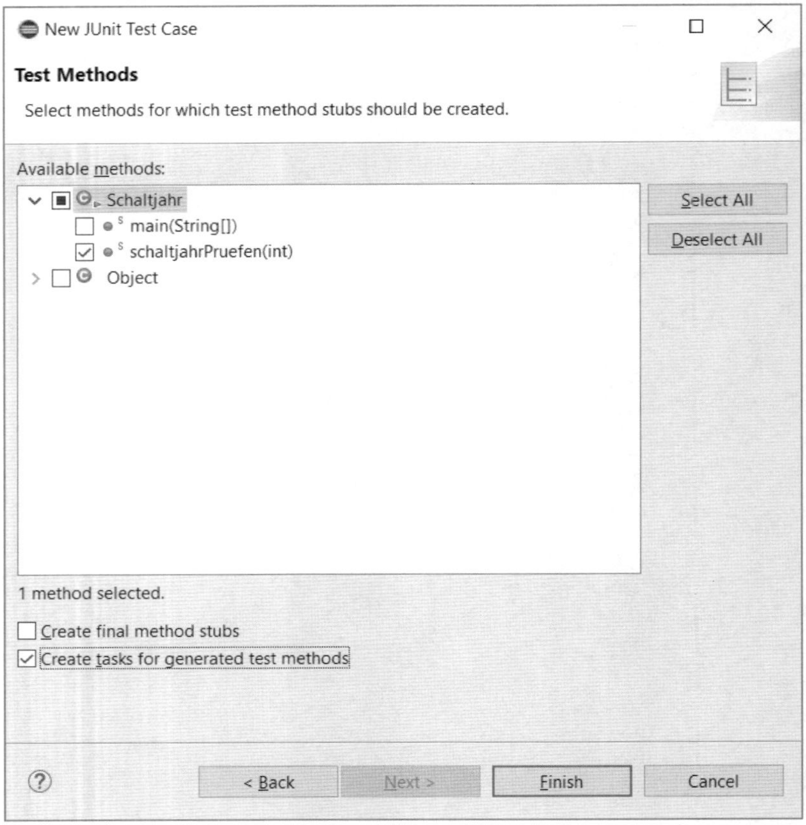

Bild 4.31 Die zweite Seite des Assistenten zum Anlegen von Testfällen

Hier können Sie diejenigen Methoden der zu testenden Klasse auswählen, für die Eclipse entsprechende Testmethoden generieren soll. `Schaltjahr` besteht nur aus zwei Methoden, wobei `main()` den Eingabeparameter entgegennimmt, die eigentliche Methode zum Ermitteln des Schaltjahrs aufruft und eine Ausgabe auf die Konsole liefert. Setzen Sie deshalb nur ein Häkchen vor `schaltjahrPruefen()`. Stellen Sie aber auch sicher, dass **Create tasks for generated test methods** im unteren Bereich des Dialogs ebenfalls markiert ist. Auf diese Weise können Sie in der Sicht *Tasks* nämlich sehr leicht feststellen, welche Testmethoden Sie noch implementieren müssen. Schließen Sie im Anschluss daran den Assistenten mit **Finish**. Da Sie Ihrem aktuellen Projekt noch keinen Testfall hinzugefügt haben, weist Sie Eclipse mit dem in Bild 4.32 gezeigten Dialog darauf hin, dass sich JUnit 5 nicht im Build Path befindet. Stimmen Sie dem Vorschlag (**Perform the following action: Add JUnit 5 library to the build path**) zu und beenden Sie den Dialog mit **OK**.

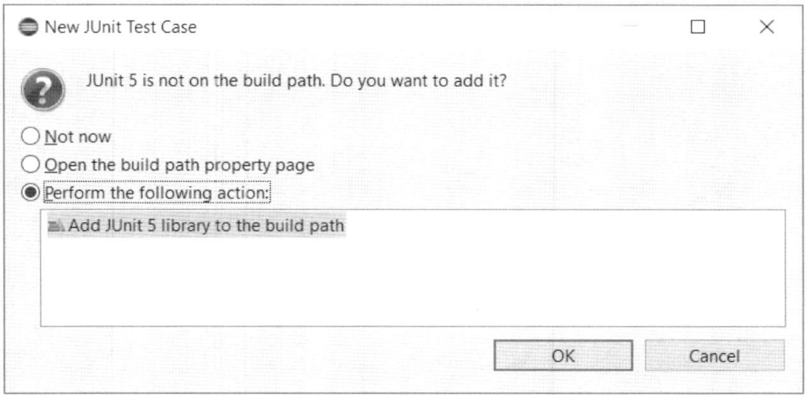

Bild 4.32 Hinweis, dass sich JUnit 5 nicht im Build Path befindet

Die generierte Klasse `SchaltjahrTest` wird im Package Explorer angezeigt und im Java-Editor geöffnet. Die Prüfmethode `testSchaltjahrPruefen()` enthält im Moment nur eine Anweisung, nämlich den Aufruf der Methode `fail()`. Sie muss also noch für den eigentlichen Test vorbereitet werden.

HINWEIS: Wenn im Java-Editor Klassen, die zu JUnit gehören, nicht gefunden werden, lohnt ein Blick auf die Registerkarte **Libraries** der Seite *Java Build Path* in den Projekteigenschaften. Klappen Sie die beiden Knoten **Modulepath** und **Classpath** auf. Danach können Sie den JUnit-Eintrag mittels Drag and Drop in den **Modulepath**-Zweig verschieben. Nach dem Hinzufügen von fehlenden Imports und dem erneuten Bauen des Projekts sind die Fehler verschwunden. ■

Eine Testmethode implementieren

In Testmethoden werden Annahmen formuliert und mit den Ergebnissen von Methodenaufrufen (der zu testenden Klasse) verglichen. Um zu prüfen, ob `schaltjahrPruefen()` richtig funktioniert, könnten Sie folgende Hypothese aufstellen: Sie ist korrekt implementiert, falls sie sowohl bei Schaltjahren als auch bei allen übrigen Jahreszahlen das richtige Ergebnis liefert. In JUnit werden solche Annahmen mithilfe der Methoden `assert...()` formuliert. Wenn Sie beispielsweise `assertFalse()` aufrufen, nehmen Sie an, dass eine Bedingung nicht erfüllt ist. 1901 war kein Schaltjahr. Also müsste `schaltjahrPruefen()` den Wert `false` liefern. Hieraus ergibt sich in der Java-Syntax folgende Annahme: `assertFalse(schaltjahrPruefen(1901));`. Um einen ersten Testlauf zu starten, übernehmen Sie bitte den folgenden Quelltext anstelle der ursprünglichen Implementierung der Klasse `SchaltjahrTest`:

Listing 4.14 SchaltjahrTest.java

```
package com.thomaskuenneth.eclipse_book;

import static org.junit.Assert.assertFalse;
import static org.junit.Assert.assertTrue;
```

```
import org.junit.jupiter.api.Test;

class SchaltjahrTest {

  @Test
  public void testSchaltjahrPruefen() {
    int jahr;
    boolean ergebnis;
    // auf "ist kein Schaltjahr" prüfen
    jahr = 1903;
    ergebnis = Schaltjahr.schaltjahrPruefen(jahr);
    assertFalse(jahr + " ist kein Schaltjahr", ergebnis);
    // auf "ist ein Schaltjahr" prüfen
    jahr = 1904;
    ergebnis = Schaltjahr.schaltjahrPruefen(jahr);
    assertTrue(jahr + " ist ein Schaltjahr", ergebnis);
  }
}
```

Die Testmethode formuliert zwei Annahmen, nämlich dass 1904 ein Schaltjahr war, 1903 hingegen nicht.

Der erste Testlauf

Starten Sie nun mit **Run/Run As/JUnit Test** einen Testlauf. Die Ergebnisse von JUnit-Läufen werden in der Sicht *JUnit* angezeigt, die Sie in Bild 4.33 sehen. Falls Eclipse sie nicht automatisch geöffnet hat, können Sie dies jederzeit über **Window/Show View/Other** nachholen. Sie finden die Sicht unterhalb des Knotens **Java**. Wenn Sie möchten, können Sie den Namen auch in der Filterzeile des Dialogs eintippen.

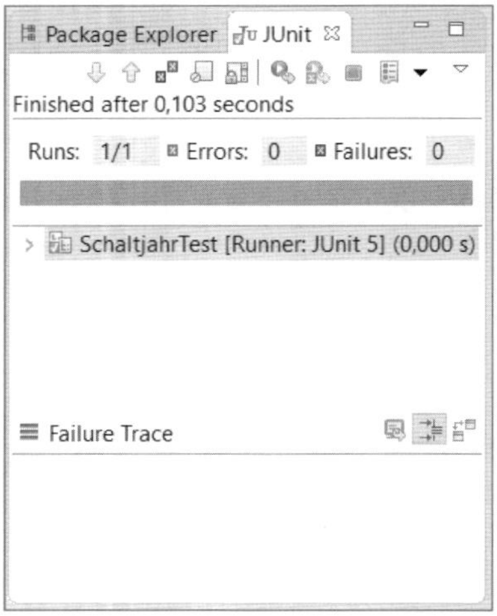

Bild 4.33
Die Sicht „JUnit"

Auffallend ist der charakteristische Balken im oberen Bereich der Sicht, der das Ergebnis eines Testlaufs anzeigt. Die Farbe Grün signalisiert, dass die Methode `schaltjahrPruefen()` für die beiden Annahmen des Testfalls die richtigen Werte geliefert hat. Allerdings wäre es voreilig, nur aufgrund zweier richtiger Annahmen auf die Korrektheit der Implementierung zu schließen.

Im gregorianischen Kalender werden die Schaltjahre nach den folgenden drei Regeln ermittelt:

- Alle ohne Rest durch 4 teilbaren Jahre sind Schaltjahre.
- Alle ohne Rest durch 100 teilbaren Jahre sind keine Schaltjahre.
- Alle ohne Rest durch 400 teilbaren Jahre sind Schaltjahre.

Die erste Regel wird im Testfall geprüft. Um auch das Einhalten der beiden anderen Bedingungen zu verifizieren, fügen Sie bitte die folgenden Annahmen hinzu:

```
assertFalse(Schaltjahr.schaltjahrPruefen(1900));
assertTrue(Schaltjahr.schaltjahrPruefen(2000));
```

Das Jahr 1900 war nämlich aufgrund der 100er-Regel kein Schaltjahr, 2000 wegen seiner Teilbarkeit durch 400 hingegen schon, auch wenn hier ebenfalls die 100er-Regel greifen würde.

Starten Sie den Testlauf erneut. Die Sicht *JUnit* zeigt nun einen roten Balken (Bild 4.34). Unter **Failure Trace** können Sie sehen, welcher Fehler aufgetreten ist. Die Annahme, dass 1900 kein Schaltjahr ist, wurde nicht erfüllt. Die Methode `schaltjahrPruefen()` hat hier also fälschlicherweise `true` geliefert. Die Erklärung für dieses Verhalten ist natürlich einfach. Die Anweisung, die die Variable `schaltjahr` auf `false` setzen würde, war auskommentiert.

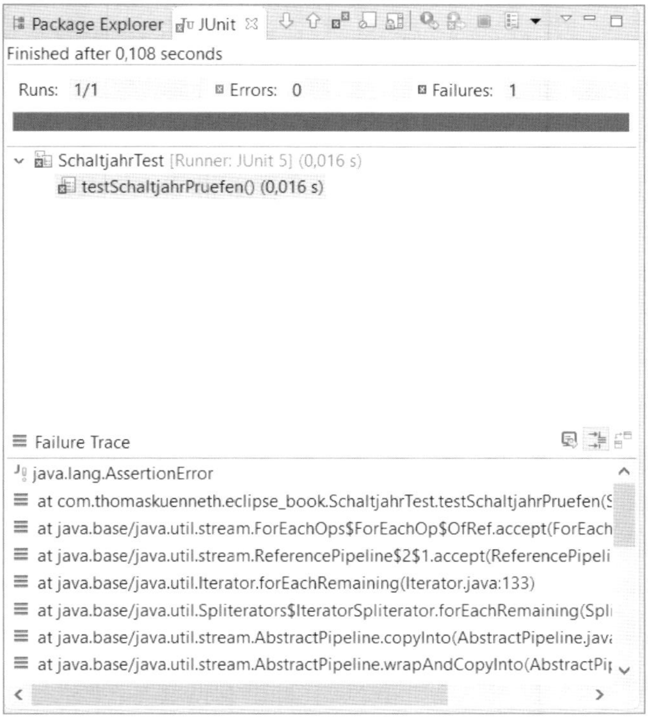

Bild 4.34 Fehler bei der Abarbeitung des Testfalls

Wenn Sie möchten, können Sie die Kommentarzeichen // aus der Zeile `// schaltjahr = false;` in der Klasse `Schaltjahr` entfernen und anschließend den Testlauf erneut starten. Klicken Sie hierzu einfach auf das Symbol (**Rerun Test**) der Sicht *JUnit*. Der Balken ist wieder grün.

4.4.2 Weitere JUnit-Funktionen

Gerade bei umfangreichen Projekten werden sehr viele Testfälle benötigt. Um hier den Überblick zu behalten, sollten Sie die Tipps in diesem Abschnitt bei der Entwicklung im Hinterkopf behalten.

Den angezeigten Namen konfigurieren

Wenn Sie in der Sicht *JUnit* anstelle des Namens der Testmethode einen frei konfigurierbaren Text anzeigen möchten, stellen Sie der Methode einfach die Annotation `@DisplayName("...")` voran. Wie dies zur Ausführungszeit des Tests aussieht, ist in Bild 4.35 dargestellt. Es zeigt auch ein Kontextmenü, das Sie durch Anklicken der Testmethode in der Sicht *JUnit* mit der rechten Maustaste aufrufen können. **Go to File** bringt Sie direkt zu der Methode im Java-Editor.

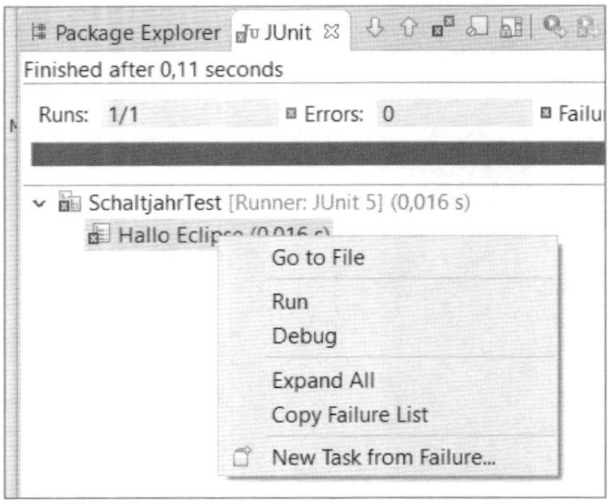

Bild 4.35 Kontextmenü einer Testmethode

Konfigurationen

Sie können mithilfe von Konfigurationen Einfluss auf das Laufzeitverhalten von Testfällen nehmen, wie Sie es auch vom Starten und Debuggen von normalen Java-Programmen her gewohnt sind. Klicken Sie hierzu die gewünschte Datei im Package Explorer mit der rechten Maustaste an und wählen Sie dann **Properties**. Auf der in Bild 4.36 gezeigten Seite Run/ Debug Settings des Eigenschaften-Dialogs sehen Sie eine Liste der Konfigurationen, die dieser Datei zugeordnet sind.

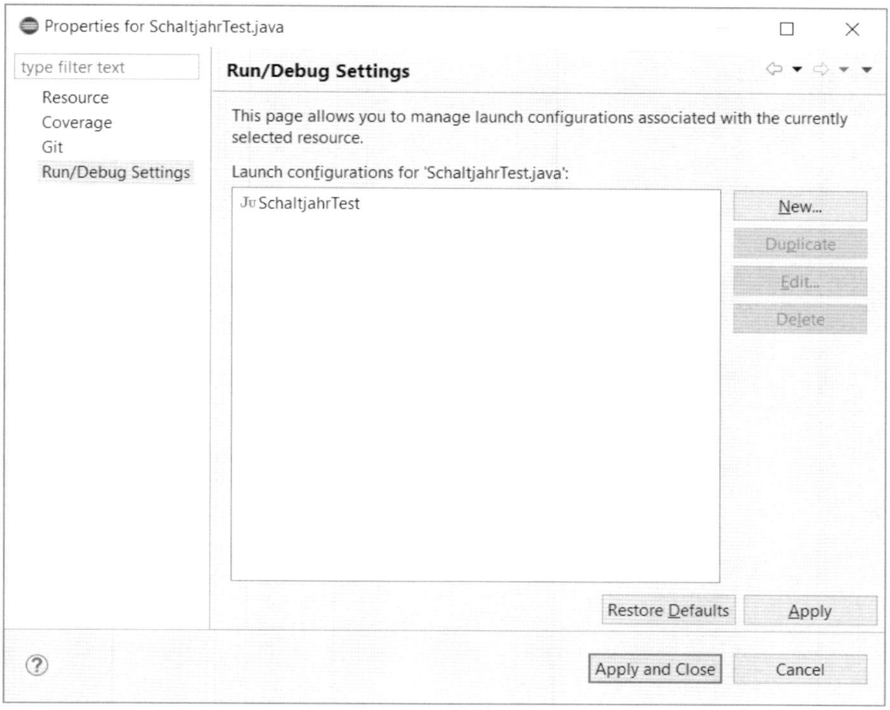

Bild 4.36 Die Seite „Run/Debug Settings“

Sie können bestehende JUnit-Konfigurationen bearbeiten sowie neue anlegen. In beiden Fällen sehen Sie den in Bild 4.37 gezeigten Konfigurationsdialog, auf dessen Registerkarten Sie das Laufzeitverhalten des Testfalls beeinflussen können. Beispielsweise stellen Sie auf der Karte **Test** die zu verwendende JUnit-Version ein.

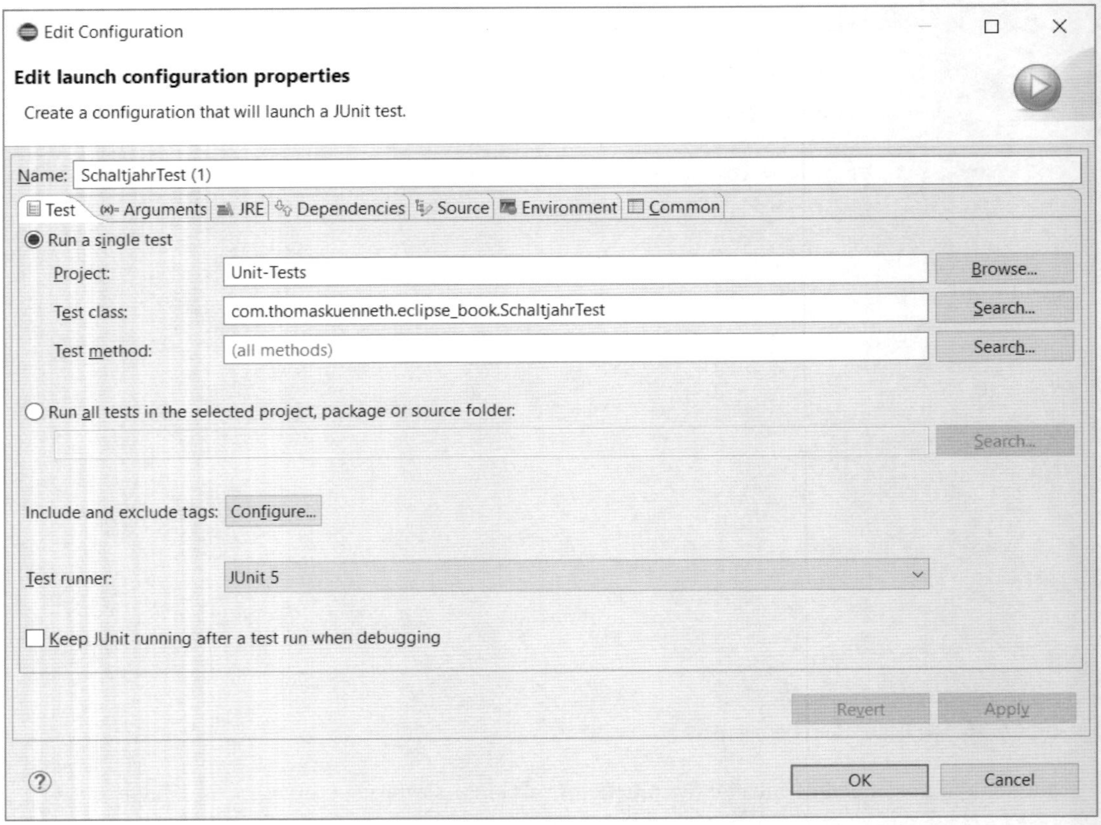

Bild 4.37 Bearbeiten einer JUnit-Konfiguration

■ 4.5 Zusammenfassung

JUnit ist ein wichtiges Werkzeug in der Softwareentwicklung, das bei richtiger Anwendung nicht nur beim Aufdecken von offensichtlichen, sondern auch bei mit herkömmlichen Mitteln praktisch nicht zu findenden Fehlern helfen kann. Wie Sie an diesem kleinen Beispiel gesehen haben, kann das Framework aber nur funktionieren, wenn die Testfälle mögliche Problemfelder auch wirklich aufdecken können. Um ein Gespür für das Schreiben von Tests zu bekommen, rate ich Ihnen deshalb zu entsprechender weiterführender Literatur. Sie finden sie in der Lektüreliste im Anhang dieses Buchs.

Auch wenn sich Unit-Tests zu einem fundamentalen Bestandteil des Softwareentwicklungsprozesses gemausert haben, können und sollen sie aber das klassische Debuggen nicht ersetzen. Vielmehr erweitern sie das Repertoire des Entwicklers. Unit-Tests werden idealerweise frühzeitig eingesetzt und über den kompletten Entwicklungszeitraum kontinuierlich wiederholt. Eclipse unterstützt Sie hierbei nicht nur beim Anlegen von Testfällen, sondern auch bei deren Ausführung.

5 Im Team arbeiten

Versionsverwaltungen werden in der Softwareentwicklung eingesetzt, um den gemeinsamen Zugriff auf Quelltexte zu kontrollieren und die entstehenden Programme zu versionieren. Vereinfacht ausgedrückt, erfassen solche Systeme, wer wann welche Änderungen vorgenommen hat. Gleichzeitig werden Dateien Versionsständen zugeordnet, auf die bei Bedarf wieder zugegriffen werden kann. Programmbestandteile können also in einen früheren Zustand zurückversetzt werden.

Man unterscheidet zwischen zentralen und verteilten Versionsverwaltungen. Erstere bestehen aus einer Serverkomponente für die Benutzerverwaltung und Datenhaltung, ihr Datenbestand wird Repository genannt. Zugriffe auf diese Serverkomponente erfolgen mit eigenständigen Clients. Diese werden üblicherweise nicht auf derselben Maschine ausgeführt. Ein früheres und lange Zeit weit verbreitetes zentrales Versionsverwaltungssystem war das Concurrent Versions System. Mittlerweile wurde CVS weitgehend von moderneren Systemen verdrängt und wird nicht mehr aktiv weiterentwickelt. Ab dem Jahr 2000 wurde bei CollabNet mit Subversion an einem Nachfolger gearbeitet, der die Probleme des schon damals in die Jahre gekommenen CVS beheben sollte. Die Grundidee, ein zentrales Repository, blieb unverändert. Nach seinem Erscheinen hatte die Bedeutung von Subversion zunächst stark zugenommen. Unzählige Open-Source-Projekte wurden in Subversion-Repositories vorgehalten. Allerdings geht seit geraumer Zeit der Trend zu verteilten Versionsverwaltungen. Die vollständige Datenhaltung findet auf den Rechnern der an der Entwicklung beteiligten Programmierer statt. Dort gespeicherte Repositories werden zu bestimmten Zeiten mit einem Master synchronisiert. Der bekannteste Vertreter eines verteilten Versionsverwaltungssystems ist Git. Diese Software wurde ursprünglich für die Quellcode-Verwaltung des Linux-Kernels entwickelt.

In diesem Kapitel zeige ich Ihnen, wie Sie in Eclipse auf Git zugreifen. Alles Wichtige zur Installation erfahren Sie im folgenden Abschnitt („Git einrichten"). Danach (Abschnitt 5.2) geht es um die Arbeit mit Repositories. Abschnitt 5.3, „Die Perspektive „Team Synchronizing"", stellt Ihnen unter anderem die Sicht *Synchronize* sowie den Editor zum Vergleichen von Artefakten vor. In Abschnitt 5.4, „Weitere Repository-bezogene Funktionen" zeige ich Ihnen, wie Sie wichtige Informationen abfragen und wie Sie die Verbindung zu einem Repository dauerhaft trennen.

5.1 Git einrichten

In diesem Abschnitt zeige ich Ihnen, wie Sie Git auf Ihrem Rechner einrichten. Da die zum Installieren nötigen Schritte für Linux-, MacOS- und Windows-Anwender unterschiedlich sind, finden Sie nachfolgend für jedes System einen eigenen Unterabschnitt. Nachdem Sie Git eingerichtet haben, sollten Sie in jedem Fall noch einen Blick in den Abschnitt „Allgemeine Hinweise zu Git“ werfen, in dem einige wichtige Aspekte angesprochen werden, die für alle Betriebssysteme gelten.

5.1.1 Git unter Windows installieren

Die Versionsverwaltung kann von der Seite *https://git-scm.com/downloads* heruntergeladen werden. Nach dem Download starten Sie den Installationsvorgang und folgen den Anweisungen des Assistenten. Sofern das Einrichten erfolgreich abgeschlossen wurde, finden Sie im Startmenü die drei Programme Git Bash, Git CMD und Git GUI. Bitte öffnen Sie Git Bash. Die folgenden beiden Anweisungen konfigurieren Git so, dass beim Einchecken Ihr Name und Ihre E-Mail-Adresse hinterlegt werden. Dies ist für einzelne Entwickler vielleicht nicht ganz so wichtig, für die Arbeit im Team aber unbedingt erforderlich. Schließlich soll nachvollziehbar sein, von wem neuer oder geänderter Code stammt.

```
git config –global user.name "Max Mustermann"
git config –global user.email "max@mustermann.de"
```

Legen Sie nun in einem beliebigen Verzeichnis den Ordner Git-Repository an:

```
cd /C/Users/tkuen/Entwicklung
mkdir Git-Repository
cd Git-Repository
```

Der folgende Befehl initialisiert ein leeres Repository:

```
git init
```

Damit ist die Installation von Git unter Windows abgeschlossen.

5.1.2 Git unter Linux installieren

Manche aktuellen Linux-Distributionen installieren Git automatisch. Sie können dies durch Eingabe des Befehls which git in einer Shell überprüfen. Ist Git bereits vorhanden, wird dessen Pfad angezeigt. Andernfalls erfolgt keine Ausgabe. Dann können Sie mit dem Paket-Manager Ihrer Distribution die Installation anstoßen. Unter Debian-artigen Systemen geschieht dies mit

```
sudo apt-get install git
```

Die folgenden beiden Anweisungen konfigurieren Git so, dass beim Einchecken Ihr Name und Ihre E-Mail-Adresse hinterlegt werden. Dies ist für einzelne Entwickler vielleicht nicht ganz so wichtig, für die Arbeit im Team aber unbedingt erforderlich. Schließlich soll nachvollziehbar sein, von wem neuer oder geänderter Code stammt.

```
git config –global user.name "Max Mustermann"
git config –global user.email "max@mustermann.de"
```

Legen Sie nun in einem beliebigen Verzeichnis den Ordner Git-Repository an. Unter Umständen müssen Sie die Pfade (insbesondere den Namen des Benutzers) an Ihr System anpassen.

```
cd /home/thomas/Entwicklung
mkdir Git-Repository
cd Git-Repository
```

Der folgende Befehl initialisiert ein leeres Repository:

```
git init
```

Damit ist die Installation von Git unter Linux abgeschlossen.

5.1.3 Git unter macOS installieren

Git ist Bestandteil der von Apple angebotenen Xcode Command Line Tools. Sofern Sie Xcode auf Ihrem Entwicklungsrechner installiert haben, können Sie diese über den Einstellungsdialog von Xcode herunterladen. Alternativ stehen die Tools als jeweils eigenes Archiv für unterschiedliche Betriebssystem- und Xcode-Versionen unter *https://developer.apple.com* zur Verfügung. Für den Download ist eine Apple Developer ID erforderlich. Die Installation wird durch Doppelklick auf die Paketdatei gestartet. Folgen Sie dann den Anweisungen des Assistenten. Alternativ kann eine Git-Version für macOS von der Git-Homepage unter *https://git-scm.com/download/mac* heruntergeladen werden.

Die folgenden beiden Anweisungen konfigurieren Git so, dass beim Einchecken Ihr Name und Ihre E-Mail-Adresse hinterlegt werden. Dies ist für einzelne Entwickler vielleicht nicht ganz so wichtig, für die Arbeit im Team aber unbedingt erforderlich. Schließlich soll nachvollziehbar sein, von wem neuer oder geänderter Code stammt.

```
git config –global user.name "Max Mustermann"
git config –global user.email "max@mustermann.de"
```

Legen Sie zum Abschluss in einem beliebigen Verzeichnis den Ordner Git-Repository an. Unter Umständen müssen Sie die Pfade (insbesondere den Namen des Benutzers) an Ihr System anpassen.

```
cd /home/thomas/Entwicklung
mkdir Git-Repository
cd Git-Repository
```

Der folgende Befehl initialisiert ein leeres Repository:

```
git init
```

Damit ist die Installation von Git unter macOS abgeschlossen.

5.2 Mit Repositories arbeiten

In diesem Abschnitt mache ich Sie mit grundlegenden Tätigkeiten rund um das Arbeiten mit Git-Repositories vertraut. Legen Sie hierzu bitte ein neues Java-Projekt an und nennen es „Git-Test“. Fügen Sie ihm im Anschluss daran die folgende (triviale) Klasse hinzu:

Listing 5.1 Die Klasse HalloWelt

```
package com.thomaskuenneth;

public class HalloWelt {

  public static void main(String[] args) {
    System.out.println("Hallo Welt!");
  }
}
```

Sie müssen `System.out.println` nicht vollständig eintippen. Geben Sie stattdessen nur `sysout` ein und drücken Sie dann **STRG + LEERTASTE**. Die Liste der erkannten Kürzel finden Sie im Einstellungsdialog unter **Java/Editor/Templates** (Bild 5.1). Sie können dort auch eigene, zusätzliche Zeichenfolgen eintragen und einen Langtext zuweisen.

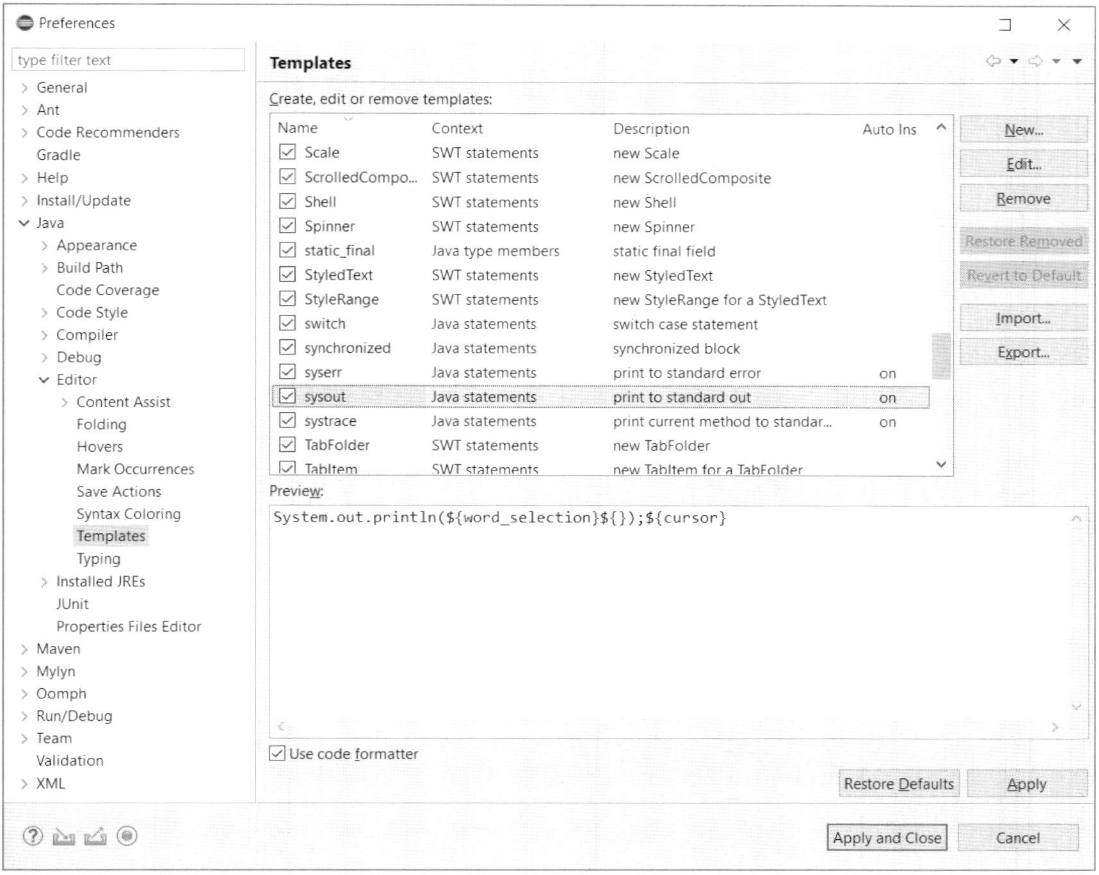

Bild 5.1 Vorlagen erstellen und bearbeiten

Für die Arbeit im Team ist es praktisch, Vorlagen exportieren und importieren zu können. Probieren Sie dies aus, indem Sie als Erstes mit **New** eine neue Vorlage anlegen. Übernehmen Sie am besten die Eingaben aus Bild 5.2. Nach dem Schließen des Dialogs *New Template* mit **OK** ist Ihre neue Vorlage im Einstellungsdialog zu sehen. Nach einem Klick auf **Export** werden alle selektierten Vorlagen exportiert. Um mehrere auswählen zu können, halten Sie die **Strg-Taste** (auf dem Mac ist es **Command**) gedrückt, während Sie die Vorlage mit der Maustaste auswählen.

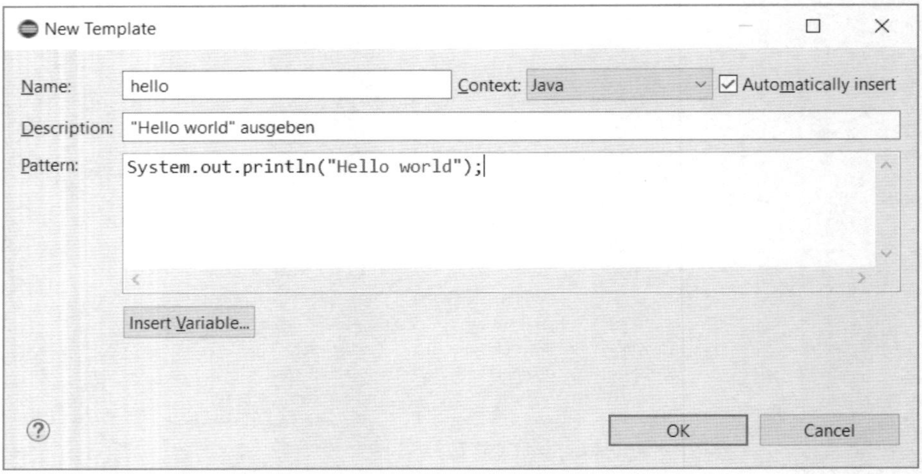

Bild 5.2 Eine neue Vorlage anlegen

5.2.1 Ein bestehendes Repository hinzufügen

Öffnen Sie nun mit **Window/Perspective/Open Perspective/Other** den Dialog *Open Perspective* und klicken Sie auf **Git**. Nach dem Schließen des Dialogs mit **Open** öffnet Eclipse die gewünschte Perspektive. Diese beinhaltet unter anderem die Sicht *Git Repositories*. Sie ist in Bild 5.3 dargestellt. Durch Anklicken der entsprechenden Links können Sie ein entferntes Repository klonen, ein neues lokales Repository anlegen oder ein bereits bestehendes hinzufügen.

Bild 5.3 Die Sicht „Git Repositories"

Klicken Sie auf **Add an existing local Git repository**. Im Dialog *Add Git Repositories* klicken Sie zunächst auf **Browse** und wählen das von Ihnen in Abschnitt 5.1, „Git einrichten", angelegte Verzeichnis aus. Wie in Bild 5.4 zu sehen, listet Eclipse das darin enthaltene leere Repository auf. Stellen Sie sicher, dass es mit einem Häkchen versehen ist, und schließen Sie den Dialog mit **Add**.

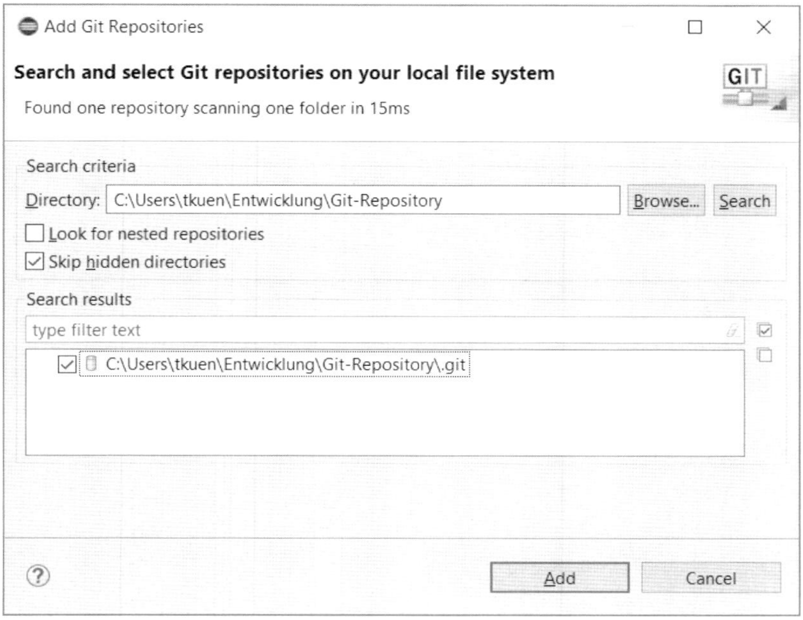

Bild 5.4 Der Dialog „Add Git Repositories“

Die Sicht *Git Repositories* zeigt das noch leere Repository an (Bild 5.5).

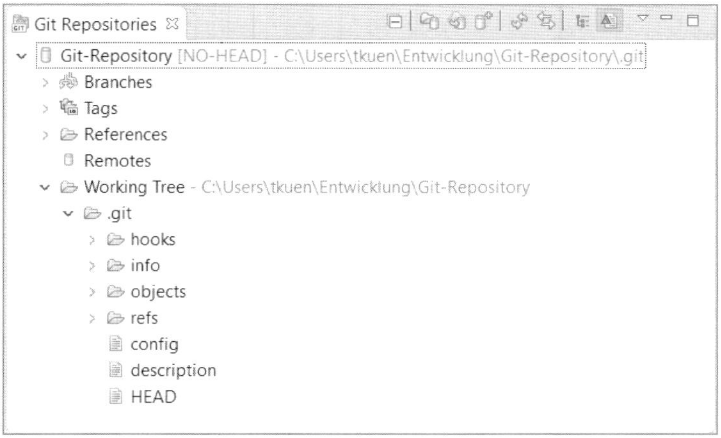

Bild 5.5 Die Sicht „Git Repositories“ mit einem Repository

Wechseln Sie in die *Java*-Perspektive und klicken Sie im Package Explorer die Wurzel des von Ihnen angelegten Projekts „Git-Test“ mit der rechten Maustaste an. Wählen Sie **Team/ Share Project**. Sie sehen daraufhin den Dialog *Configure Git Repository*.

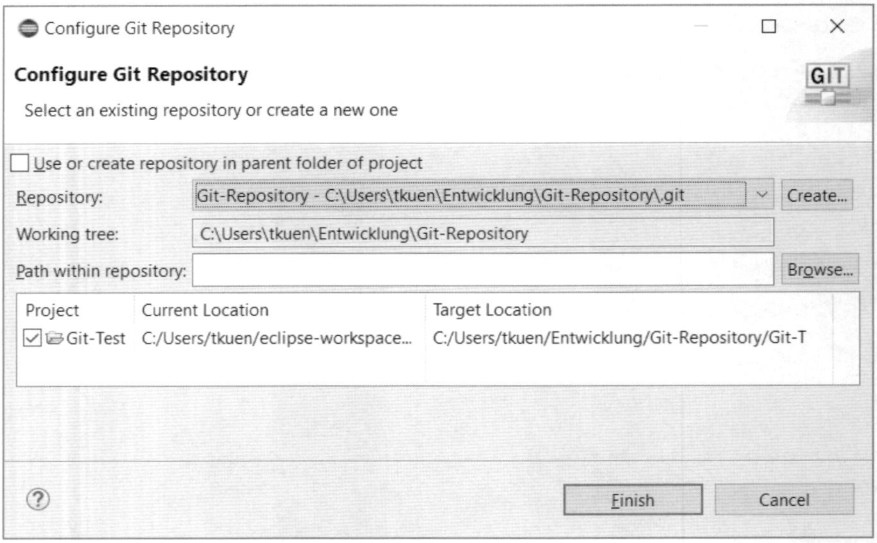

Bild 5.6 Der Dialog „Configure Git Repository"

Öffnen Sie die Klappliste **Repository** und wählen Sie Ihr lokales Git-Repository. Achten Sie darauf, dass kein Häkchen vor **Use or create repository in parent folder of project** gesetzt ist. Ihr gerade eben angelegtes Projekt hingegen muss mit einem Häkchen versehen sein. Die passenden Einstellungen des Dialogs *Configure Git Repository* sind in Bild 5.6 zu sehen.

HINWEIS: Falls Sie die Unterstützung für andere Versionsverwaltungssysteme installiert haben, müssen Sie vor dem Dialog *Configure Git Repository* die Art des Repositorys auswählen.

Bitte rufen Sie nun den Einstellungsdialog auf und navigieren Sie zu **Team/Git/Committing**. Auf dieser Seite legen Sie das Verhalten von Eclipse beim Stagen und Committen fest. Beispielsweise können Sie die IDE anweisen, gelöschte oder verschobene Dateien automatisch zu stagen. Uns interessiert aber die Option **Use Staging View to commit instead of Commit Dialog**. Sofern hier ein Häkchen gesetzt ist, entfernen Sie es bitte. Schließen Sie den Einstellungsdialog mit **Apply and Close**. Öffnen Sie nun die Datei HalloWelt.java. Klicken Sie dann im Java-Editor mit der rechten Maustaste an eine beliebige Stelle, um dessen Kontextmenü anzuzeigen. **Team/Commit** öffnet den Dialog *Commit Changes*. Er ist in Bild 5.7 zu sehen. Die Commit message beschreibt die gemachten Änderungen. Achten Sie darauf, dass alle unter Files angezeigten Dateien mit einem Häkchen versehen sind. Schließen Sie den Dialog, indem Sie auf **Commit** klicken.

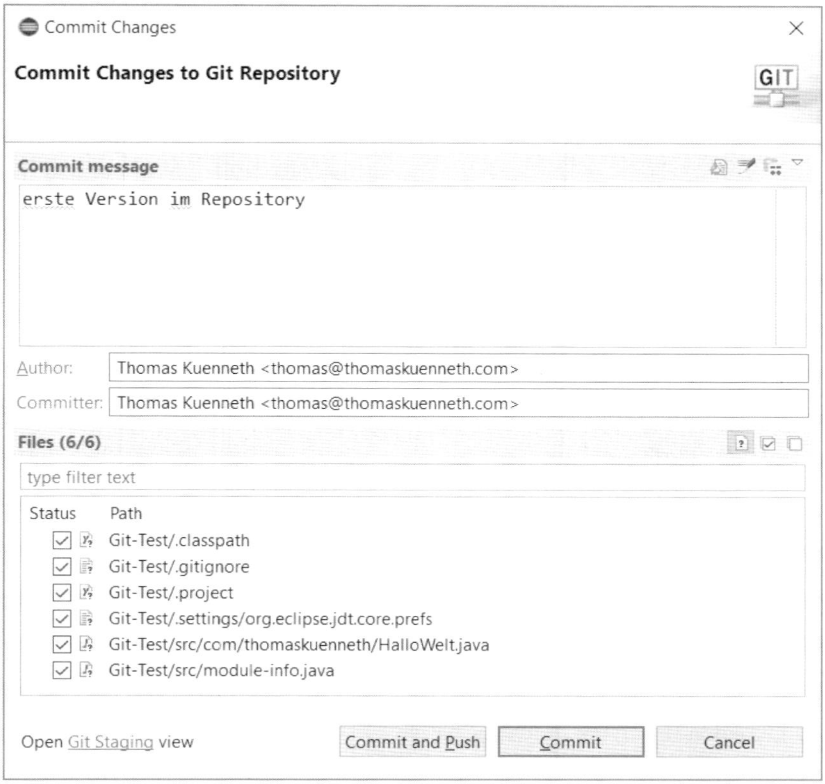

Bild 5.7 Der Dialog „Commit Changes"

Commit and Push synchronisiert Ihr lokales Repository zusätzlich mit einem entfernten Master. Diese Schaltfläche findet üblicherweise bei der Arbeit im Team Verwendung. Hierzu erfahren Sie etwas später mehr. Im folgenden Abschnitt sehen wir uns an, wie Ihnen Git beim Umgang mit Änderungen an Ihren Projekten helfen kann.

5.2.2 Änderungen vornehmen und widerrufen

Nehmen Sie an der Klasse `HalloWelt` eine beliebige Änderung vor. Beispielsweise könnten Sie mit **Refactor/Extract Constant** den auszugebenden Text in einer String-Konstante speichern. Setzen Sie vor Aufruf des Befehls einfach den Cursor an eine beliebige Stelle zwischen den beiden Anführungszeichen. Speichern Sie Ihre Änderungen und rufen Sie erneut den Dialog *Commit Changes* auf. Geben Sie eine Beschreibung, zum Beispiel „Refactoring", ein und prüfen Sie, ob das Häkchen vor der geänderten Datei HalloWelt.java gesetzt ist. **Commit** überträgt den geänderten Stand in Ihr lokales Repository. Um sich einen Überblick über den Versionsverlauf eines Projekts zu verschaffen, rufen Sie **Team/Show in History** auf. Sie erreichen die Funktion über die Kontextmenüs des Java-Editors und des Package Explorers. Die Sicht *History* ist in Bild 5.8 dargestellt. Sie zeigt nicht nur, wann Änderungen gemacht wurden, sondern auch von wem.

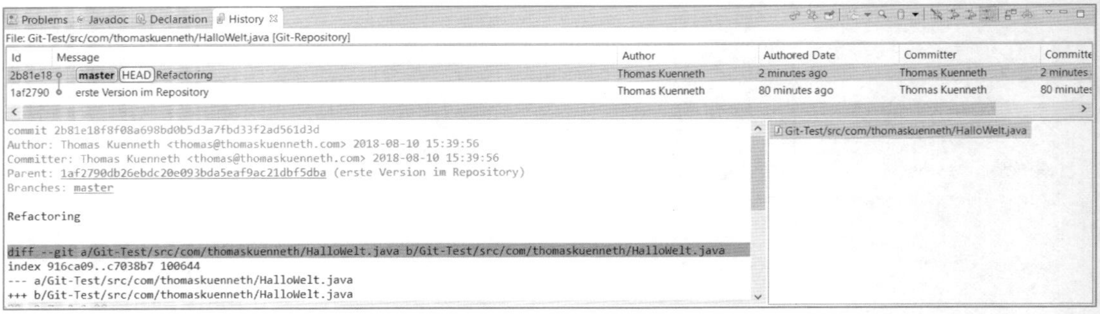

Bild 5.8 Die Sicht „History“

Üblicherweise möchten Sie Änderungen an einer ausgecheckten Datei irgendwann in das Repository übernehmen. Es kann aber auch vorkommen, dass Sie stattdessen auf einen früheren Versionsstand zurückgreifen müssen, beispielsweise weil sich die Modifikationen als problematisch herausgestellt haben. Neben der Ihnen bereits bekannten Local History steht Ihnen hierfür Ihr Git-Repository zur Verfügung. Um das auszuprobieren, nehmen Sie bitte an HalloWelt.java erneut eine (beliebige) Änderung vor und speichern diese. Öffnen Sie nun das Kontextmenü der Datei, indem Sie sie im Package Explorer mit der rechten Maustaste anklicken. Wählen Sie dann **Replace With/HEAD Revision**. Ein Warnhinweis macht Sie darauf aufmerksam, dass Sie im Begriff sind, lokale Änderungen durch die neueste im Repository gespeicherte Version der Datei zu überschreiben. Ihre Modifikationen können dann nur noch mithilfe der Local History wiederhergestellt werden. Bestätigen Sie den in Bild 5.9 gezeigten Dialog mit **Discard Changes**.

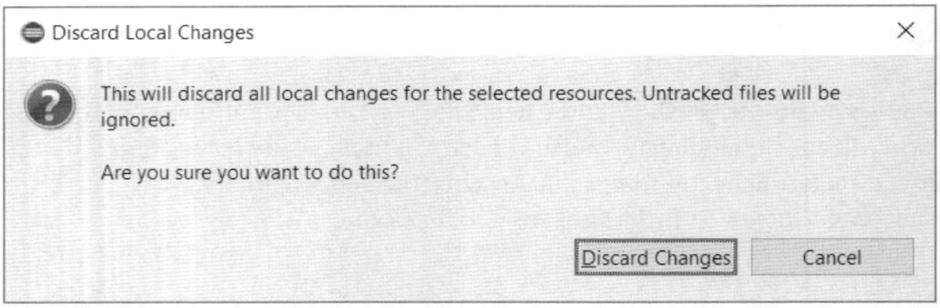

Bild 5.9 Rückfrage, ob lokale Änderungen verworfen werden sollen

Ihnen ist sicher aufgefallen, dass das Untermenü Replace With eine ganze Reihe von Einträgen enthält, über die Sie ganz bestimmte Versionen wiederherstellen können. Versionsverwaltungen stellen ausgefeilte Mechanismen zur Verfügung, mit denen Sie Quelltexte in verschiedene Entwicklungszweige oder -versionen unterteilen können. Ausführliche Informationen hierzu finden Sie in der Git-Dokumentation unter *https://git-scm.com/book/en/v2/Git-Branching-Branches-in-a-Nutshell*.

Wenn Sie eine Datei nicht länger benötigen, reicht es nicht aus, sie lokal zu löschen. Die Module eines Repositorys repräsentieren einen definierten Entwicklungsstand. Jeder, der ein solches Modul auscheckt, sollte deshalb genau die Dateien erhalten, die alle anderen Projektteilnehmer auch verwenden. Anders ausgedrückt: Wenn eine Datei nicht mehr zu einem Projekt gehört, darf sie beim Auschecken auch nicht verteilt werden. Um auszuprobieren, wie sich Eclipse und Git verhalten, löschen Sie im Package Explorer die Datei HalloWelt.java. Anschließend übernehmen Sie diese Änderung in das Repository. Rufen Sie hierzu das Kontextmenü des Projekts auf und wählen Sie **Team/Commit**. Sie sehen daraufhin den Ihnen bereits bekannten Dialog *Commit Changes*, in dem Sie eine Bemerkung eintragen und die zu übernehmenden Dateien auswählen können. Stellen Sie sicher, dass HalloWelt.java mit einem Häkchen versehen ist, und schließen Sie dann den Dialog mit **Commit**.

In den vorangegangenen Abschnitten habe ich Ihnen die Grundlagen der Arbeit mit Git vermittelt. Auch wenn Versionsverwaltungen für den einzelnen Entwickler eine enorme Arbeitserleichterung bedeuten, so spielen sie ihre wahren Stärken erst bei der Arbeit im Team voll aus. Denken Sie beispielsweise an Versionskonflikte, die entstehen können, wenn mehrere Personen an denselben Dateien arbeiten. Git verhindert, dass Arbeit verloren geht, weil die Änderungen eines Teamkollegen einfach überschrieben werden. Das Beseitigen solcher Probleme muss in vielen Fällen der Entwickler gar nicht selbst übernehmen. Git kann viele scheinbare Konflikte selbstständig auflösen. Muss der Programmierer Hand anlegen, braucht er unter anderem ein Werkzeug, das die Unterschiede zwischen Dateien visualisieren kann. Eclipse stellt hier Hilfsmittel zur Verfügung, die ich Ihnen im folgenden Abschnitt vorstellen werde.

5.3 Die Perspektive „Team Synchronizing"

Damit Sie die Arbeit mit den Sichten der Perspektive üben können, legen Sie bitte ein neues Java-Projekt an und nennen es „Teamarbeit-Test". Anschließend importieren Sie es in Ihr lokales Git-Repository. Nutzen Sie hierfür die Ihnen bereits bekannten Funktionen **Team/Share Project** und **Team/Commit**. Legen Sie nun mit **File/New/File** eine neue Textdatei an und benennen sie eingabe.txt. Der Dialog *New File* ist in Bild 5.10 zu sehen.

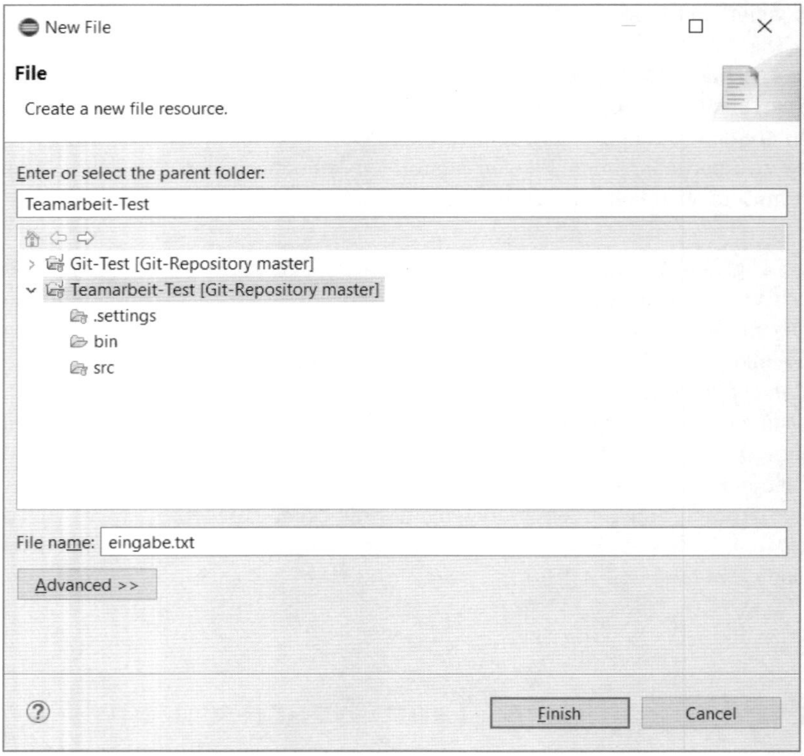

Bild 5.10 Anlegen einer Textdatei

Nachdem Eclipse einen Editor geöffnet hat, geben Sie folgende drei Zeilen ein.

Listing 5.2 Die Datei „eingabe.txt“

```
1_Zeile_2
2_Zeile_2
3_Zeile_3
```

Speichern Sie die Datei und fügen Sie sie Ihrem Repository mit **Team/Commit** hinzu. Im Anschluss daran ersetzen Sie die zweite Zeile durch

2_ZEILE_2

Ihre lokale Version weist nun einen Unterschied gegenüber der Version im Repository auf.

5.3.1 Die Sicht „Synchronize“

Die Sicht *Synchronize* bietet einen Überblick über solche Unterschiede in den Projekten in Ihrem Arbeitsbereich. Um sie anzuzeigen, öffnen Sie das Kontextmenü des Projekts „Teamarbeit-Test“ und wählen **Team/Synchronize Workspace**. Alternativ können Sie die Perspektive *Team Synchronizing* direkt öffnen. Klicken Sie hierzu auf **Window/Perspective/**

Open Perspective/Other und wählen dann **Team Synchronizing**. In beiden Fällen zeigt Eclipse möglicherweise den in Bild 5.11 dargestellten Dialog *Confirm Open Perspective*. Klicken Sie dann auf **Yes**.

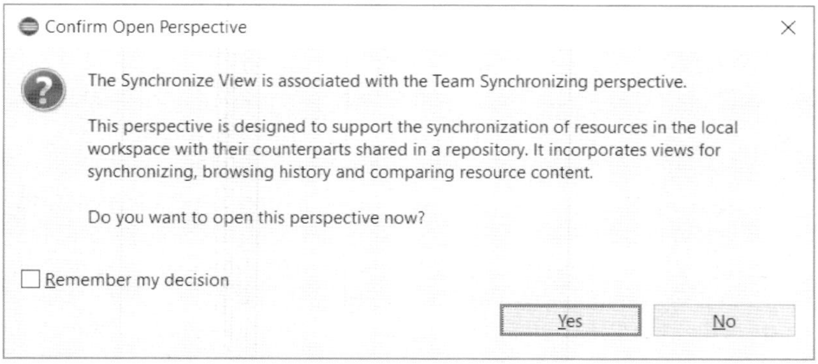

Bild 5.11 Rückfrage, ob die Perspektive „Team Synchronizing" geöffnet werden soll

Die Sicht *Synchronize*, die Sie in Bild 5.12 sehen, unterscheidet zwischen ein- und ausgehenden Änderungen sowie Konflikten. Eingehende Änderungen stammen von Teammitgliedern, die ihre Änderungen schon in das Repository eingecheckt haben. Ausgehende Änderungen hingegen haben Sie vorgenommen; sie werden wirksam, wenn Sie sie mit **Commit** in das Repository übernehmen. Konflikte entstehen, wenn Änderungen, die Sie vorgenommen haben, nicht zu Änderungen von anderen passen. In diesem Fall muss eine der Änderungen explizit „freigegeben" werden. Wie das funktioniert, zeige ich Ihnen etwas später.

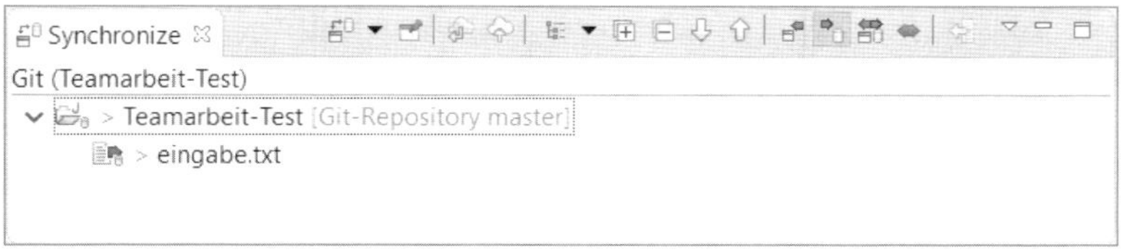

Bild 5.12 Die Sicht „Synchronize"

Falls Sie die Sicht *Synchronize* einmal geschlossen haben, können Sie sie mithilfe des Dialogs *Show View* wieder sichtbar machen. Sie erreichen ihn über **Window/Show View/Other**.

5.3.2 Compare Editor

Ein Doppelklick auf den Namen einer Datei in der Sicht *Synchronize* zeigt die Unterschiede zwischen der lokalen Version und der im Repository abgelegten an. Hierzu wird der Compare Editor geöffnet, den Sie in Bild 5.13 sehen.

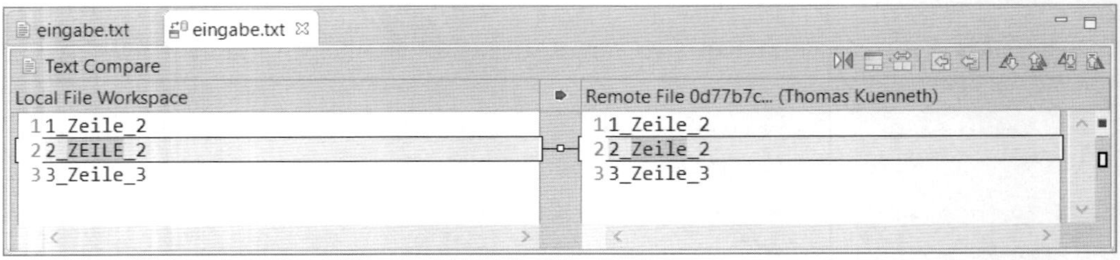

Bild 5.13 Der Compare Editor

Er visualisiert Unterschiede zwischen zwei Versionen einer Datei. Mit den Symbolen (**Next Change** und **Previous Change**) bzw. (**Next Difference** und **Previous Difference**) können Sie zwischen diesen navigieren. Möchten Sie eine Änderung der Version im Repository in Ihre lokale Kopie übernehmen, klicken Sie auf das Symbol (**Copy Current Change from Right to Left**). Ein Change ist ein veränderter Textbereich innerhalb einer Zeile. Eine Difference hingegen bezieht sich auf einen geänderten Abschnitt einer Datei, der sich über mehrere Zeilen erstrecken und viele Changes enthalten kann.

HINWEIS: Alle Änderungen, die keine Konflikte verursachen, können mit dem Symbol (**Copy All Non-Conflicting Changes from Right to Left**) von rechts nach links übernommen werden. Bitte achten Sie darauf, dass auf der linken Seite die richtige Version der Datei angezeigt wird. Falls nötig, können Sie die Seiten mit dem Symbol (**Swap Left and Right View**) tauschen.

Übertragen Sie Ihre Änderung (die groß geschriebene Zeile 2) nun in das Repository. Nutzen Sie hierfür wie gewohnt den Kontextmenü-Eintrag **Team/Commit**. Nachdem Eclipse den Eincheckvorgang abgeschlossen hat, werfen Sie einen Blick auf den Eintrag im Package Explorer. Ist Ihnen aufgefallen, dass sich das Symbol ein wenig verändert hat? Ein kleiner schwarzer Pfeil, der ausgehende Änderungen kennzeichnet, ist verschwunden. Ihre Kopie und die Version im Repository sind absolut identisch.

Branching

In Git werden Änderungen üblicherweise in eigenen Entwicklungszweigen vollzogen. Um einen solchen Branch anzulegen, öffnen Sie mit dem Package Explorer-Kontextmenüeintrag **Team/Switch To/New Branch** den in Bild 5.14 gezeigten Dialog *Create Branch*. Geben Sie einen Namen für den anzulegenden Branch ein und schließen Sie den Dialog mit **Finish**. Der Name des neuen Branches wird im Package Explorer rechts neben dem Projektnamen und dem Repository angezeigt.

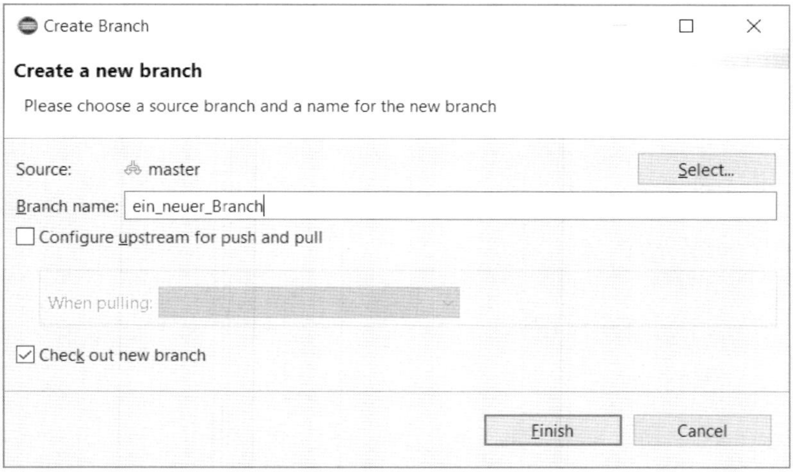

Bild 5.14 Der Dialog „Create Branch“

Ändern Sie die Datei eingabe.txt nun folgendermaßen ab.

Listing 5.3 Geänderte Version der Datei „eingabe.txt“

```
1_Zeile_1
1_ZEILE_1
1_Zeile_1
```

Speichern Sie Ihre Änderungen, und übernehmen Sie sie mit **Commit** in das Repository. Sicher fragen Sie sich, wie Sie Ihre Modifikationen in den Hauptentwicklungszweig übernehmen können. Git kennt die beiden Strategien merge und rebase. Bei Letzterem wechseln Sie zunächst mit **Team/Switch To/Master** in den Hauptzweig. Danach öffnen Sie mit **Team/Rebase** den in Bild 5.15 gezeigten gleichnamigen Dialog.

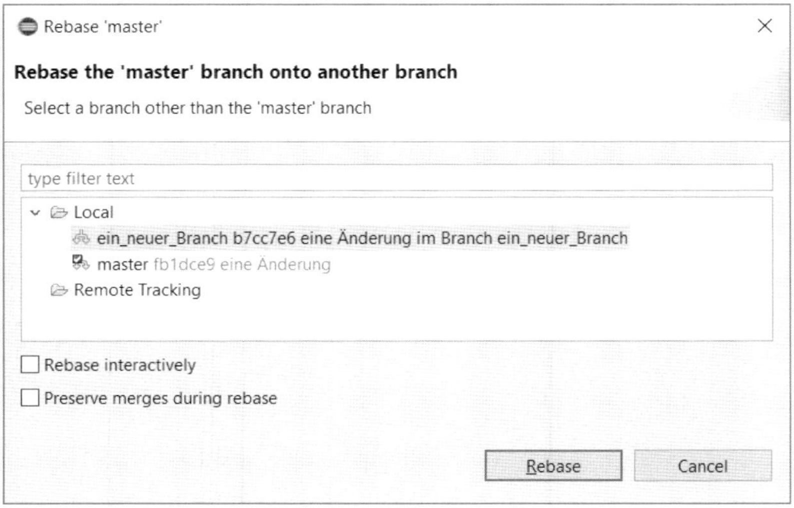

Bild 5.15 Der Dialog „Rebase“

Wählen Sie Ihren zuletzt angelegten Entwicklungs-Branch aus, zum Beispiel „ein_neuer_Branch“, und klicken Sie danach auf **Rebase**. Das Ergebnis des Vorgangs wird in dem in Bild 5.16 dargestellten Dialog *Rebase Result* angezeigt.

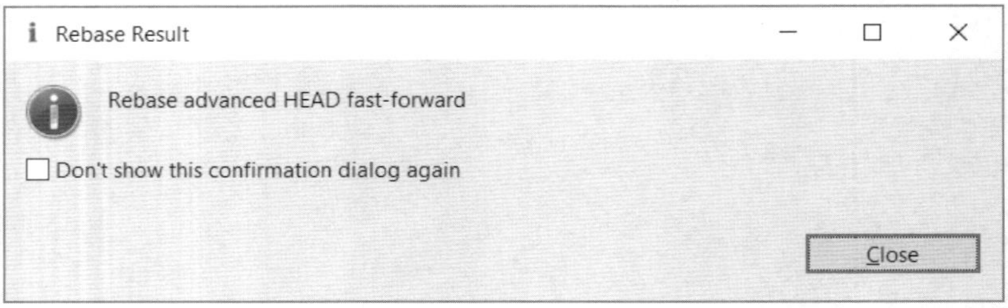

Bild 5.16 Der Dialog „Rebase Result“

Die zweite Strategie zum Zusammenführen von Änderungen, das Mergen, funktioniert aus Toolsicht recht ähnlich. Um sie auszuprobieren, legen Sie mit **Team/Switch To/New Branch** den neuen Branch „merge_test“ an und ändern die Datei eingabe.txt abermals ab.

Listing 5.4 Eine weitere Version der Datei „eingabe.txt“

```
*-------*
*=======*
*-------*
```

Speichern Sie Ihre Änderungen und fügen Sie sie dem Repository mit dem Befehl **Team/Commit** des Texteditor-Kontextmenüs hinzu. Wechseln Sie nun mit **Team/Switch To/Master** (dieses Mal ist es wieder das Kontextmenü des Package Explorers) in den Hauptzweig. Bevor Sie die Änderungen des Zweigs „merge_test“ übernehmen, ändern Sie die Datei eingabe.txt auch im Master und (das ist wichtig) übernehmen Sie sie in das Repository.

Listing 5.5 Änderung im Hauptzweig

```
*********
* Hallo *
*********
```

Mit **Team/Merge** starten Sie nun das Übernehmen der Änderungen. Sie sehen den in Bild 5.17 gezeigten Dialog *Merge 'master'*. Markieren Sie **merge_test** und klicken Sie dann auf **Merge**.

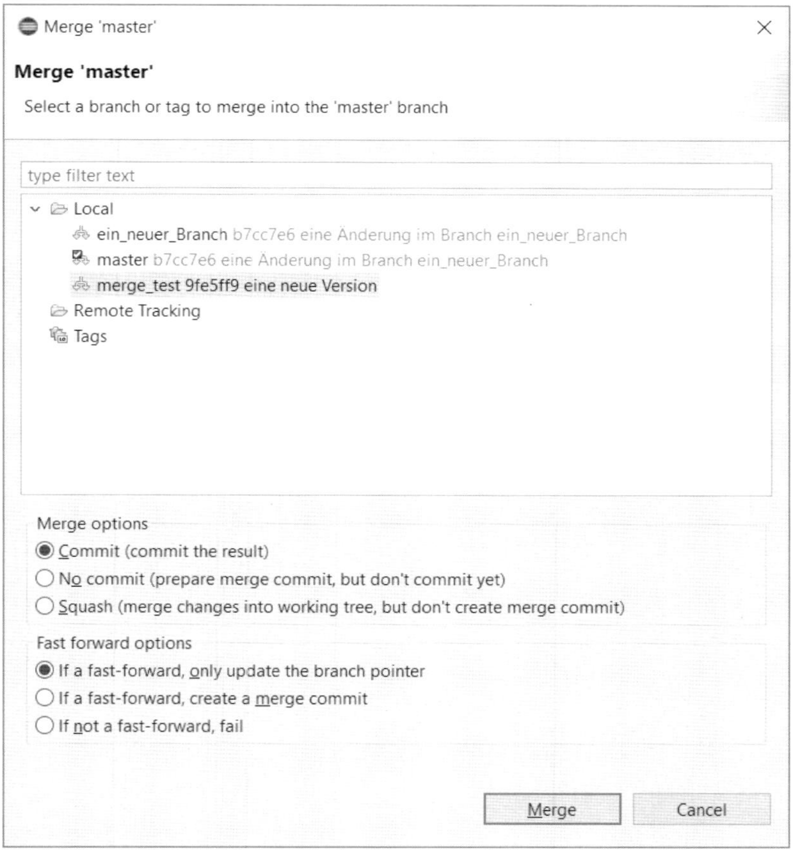

Bild 5.17 Der Dialog „Merge“

Da beide Zweige Änderungen an gleichen Positionen innerhalb einer Datei enthalten, kann Git nicht entscheiden, welches die „richtigen“ sind. Der in Bild 5.18 gezeigte Dialog *Merge Result* macht Sie auf die Situation aufmerksam.

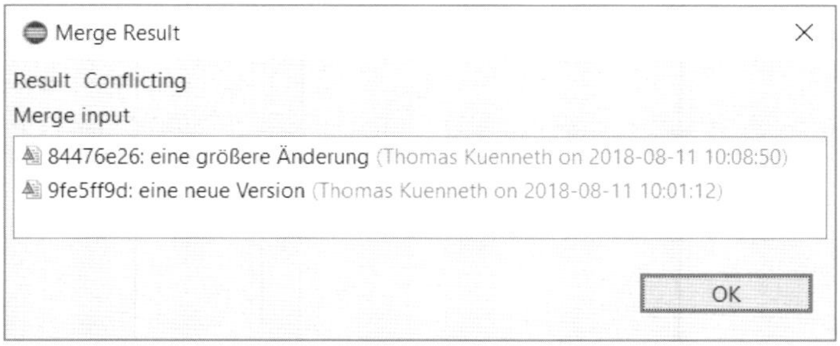

Bild 5.18 Der Dialog „Merge Result“

Um den Konflikt zu beheben, nutzen Sie die Funktionen der Sicht *Synchronize*. Sie ist in Bild 5.19 zu sehen.

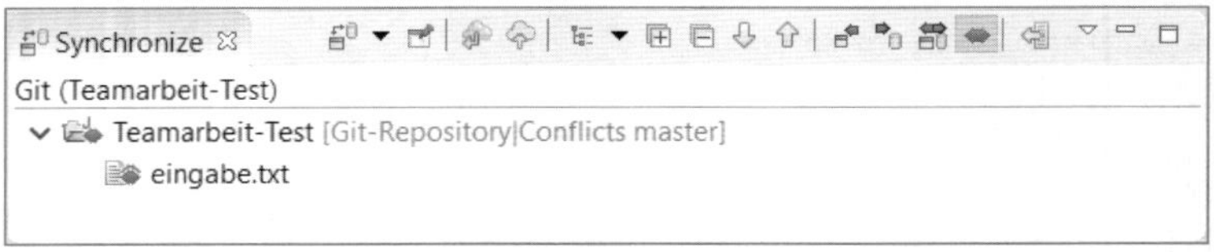

Bild 5.19 Synchronize meldet einen Konflikt

Klicken Sie die Datei eingabe.txt mit der rechten Maustaste an und wählen Sie den in Bild 5.20 dargestellten Befehl **Merge Tool**.

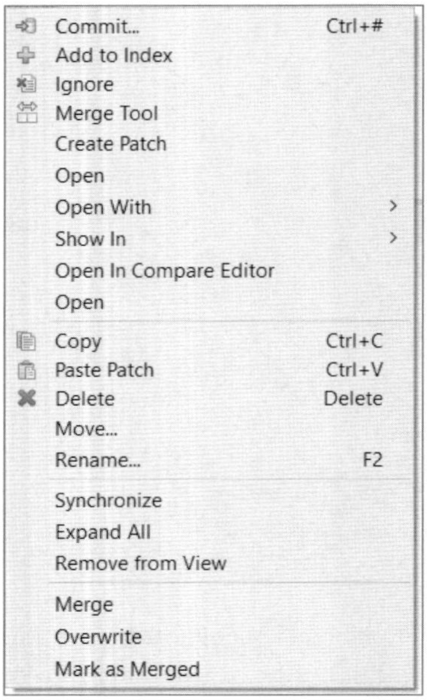

Bild 5.20 Das Kontextmenü einer Datei in der Sicht „Synchronize"

Eclipse öffnet den Ihnen bereits bekannten Compare Editor. Er stellt die Änderungen der beiden Dateiversionen gegenüber und erlaubt Ihnen, die „richtigen" auszuwählen (siehe Bild 5.21). Als kleine Übung können Sie das Wort „Hallo" durch fünf Leerzeichen ersetzen.

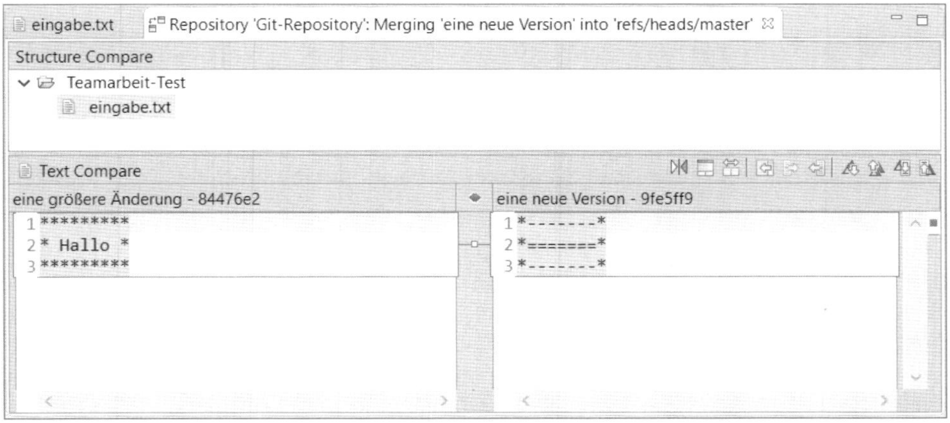

Bild 5.21 Der Compare Editor

Nachdem Sie den Konflikt (durch die kleine Übung) beseitigt und die Änderungen gespeichert haben, öffnen Sie erneut das Kontextmenü der Sicht *Synchronize* und klicken auf **Mark as Merged**. Nun können Sie die bereinigte Version mit **Commit** in das Repository übernehmen.

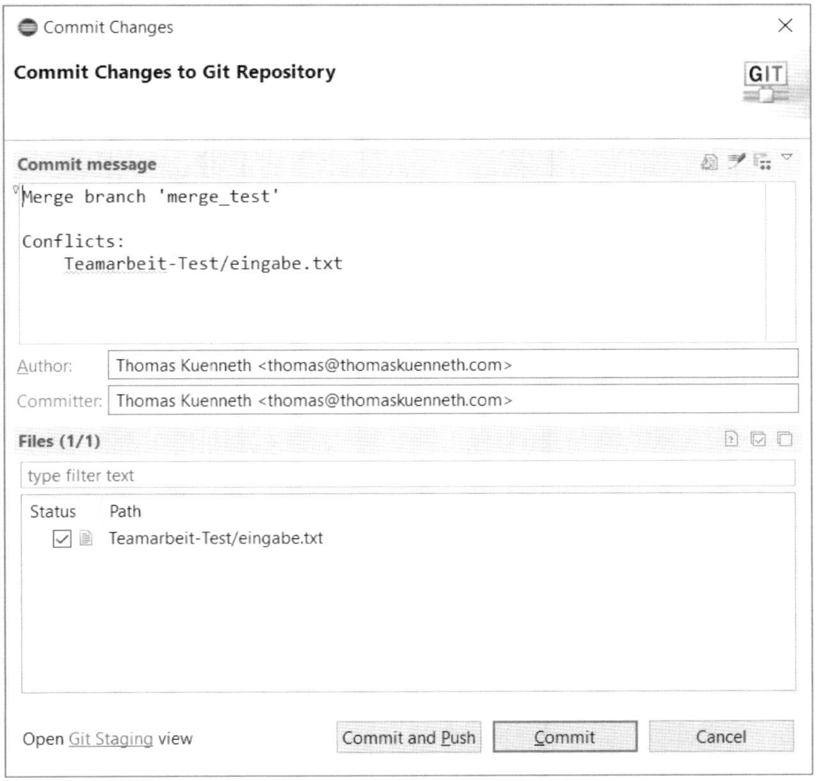

Bild 5.22 Der Dialog „Commit Changes“

Wie Sie in Bild 5.22 sehen, schlägt Eclipse im Dialog *Commit Changes* eine passende Bemerkung vor.

HINWEIS: Welche Dateien und Verzeichnisse in der Sicht *Synchronize* dargestellt werden, steuern Sie mit den Symbolen (**Incoming Mode, Outgoing Mode, Incoming/Outgoing Mode** und **Conflicts Mode**).

Üblicherweise werden alle quellcode- und dokumentationsrelevanten Dateien und Verzeichnisse eines Projekts versioniert. Gelegentlich möchten Sie aber vielleicht Code schreiben, der nicht weitergegeben werden soll. Denken Sie an die Scrapbook-Seiten, die ich Ihnen in Abschnitt 2.2.4, „Komfortabel arbeiten", vorgestellt habe. Oder vielleicht pflegen Sie eine kleine To-do-Liste, in der Sie die nächsten zu erledigenden Programmierarbeiten festhalten. Besonders kritisch sind API-Schlüssel oder Zugangsdaten für Webservices. Wie Sie Dateien oder Verzeichnisse vom Ablegen in Repositories ausnehmen, zeige ich Ihnen im nächsten Abschnitt.

5.4 Weitere Repository-bezogene Funktionen

Sie können Dateien, aber auch ganze Verzeichnisse, sehr einfach von der Versionierung ausnehmen. Klicken Sie die Datei oder das Verzeichnis im Package Explorer mit der rechten Maustaste an und wählen Sie dann **Team/Ignore**. Die Ausschlussliste wird in den Datei .gitignore gepflegt. Diese wiederum ist Teil des Projekts und muss nach Änderungen mit **Team/Commit** in das Repository übernommen werden. Allerdings zeigt der Package Explorer standardmäßig mit einem Punkt beginnende Dateien nicht an. Sie könnten den Commit-Vorgang über die Sicht *Navigator* starten. Oder Sie deaktivieren den entsprechenden Filter im Package Explorer. Öffnen Sie hierzu mit einem Klick auf das Symbol (**View Menu**) das View-Menü und klicken Sie dann auf **Filters**. Sie sehen den in Bild 5.23 dargestellten Dialog *Java Element Filters*. Entfernen Sie das Häkchen vor **.* resources** und beenden Sie den Dialog mit **OK**. Dateien, die mit einem Punkt beginnen, werden jetzt im Package Explorer angezeigt.

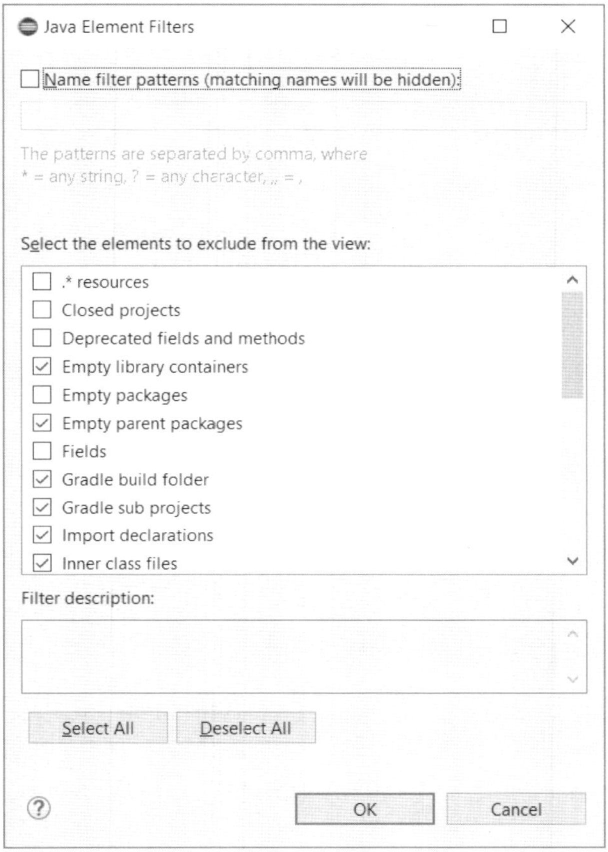

Bild 5.23 Der Dialog „Java Element Filters"

5.4.1 Informationen zu einem Repository

Die Projekteigenschaften (**Project/Properties**) enthalten eine Seite mit einigen Git-bezogenen Informationen. Sie ist in Bild 5.24 zu sehen. Dort kann beispielsweise das Verzeichnis, in dem Dateien und Verzeichnisse abgelegt werden, überprüft werden (Working tree).

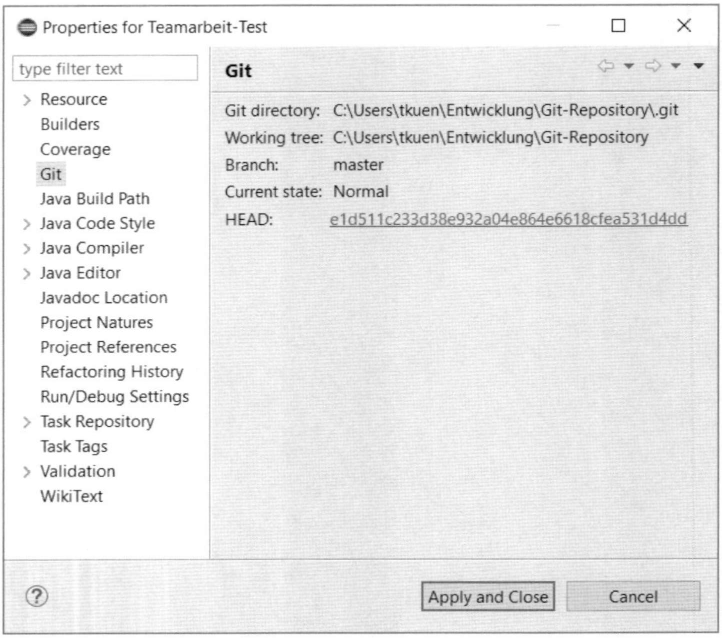

Bild 5.24 Die Seite „Git“ der Projekteigenschaften

Ein Klick auf den Link neben HEAD zeigt Informationen zum letzten Commit. Wie das aussehen kann, ist in Bild 5.25 zu sehen.

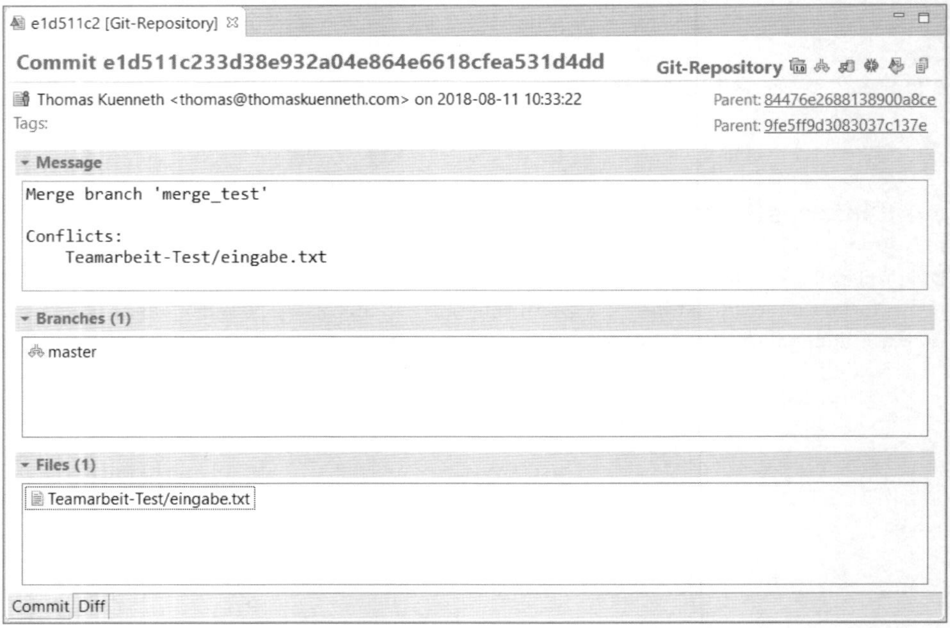

Bild 5.25 Informationen zu einem Commit

Für frühere Commits erhalten Sie diese Informationen übrigens mit einem Doppelklick auf eine Zeile der Sicht *Git Reflog* (Bild 5.26). Sie zeigt alle Änderungen an einem Repository.

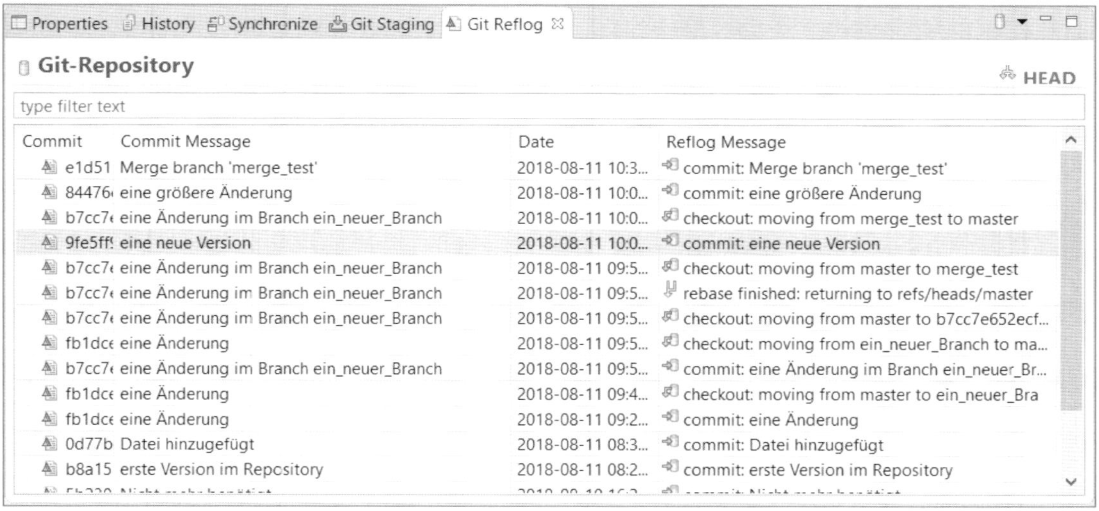

Bild 5.26 Die Sicht „Git Reflog"

5.4.2 Verbindung zu einem Repository trennen

Falls Sie Änderungen an Ihrem Projekt nicht länger in einem Repository verwalten möchten, können Sie die Verbindung dauerhaft trennen. Klicken Sie hierzu im Package Explorer die Projektwurzel mit der rechten Maustaste an und wählen Sie **Team/Disconnect**. Dabei werden im Verzeichnis .metadata einige Dateien gelöscht. Auf das Projekt selbst hat dies aber keine Auswirkungen.

Um ein Repository zu löschen, klicken Sie in der Sicht *Git Repositories* das betreffende Repository mit der rechten Maustaste an und wählen **Delete Repository**. Daraufhin wird der gleichnamige Dialog geöffnet (Bild 5.27).

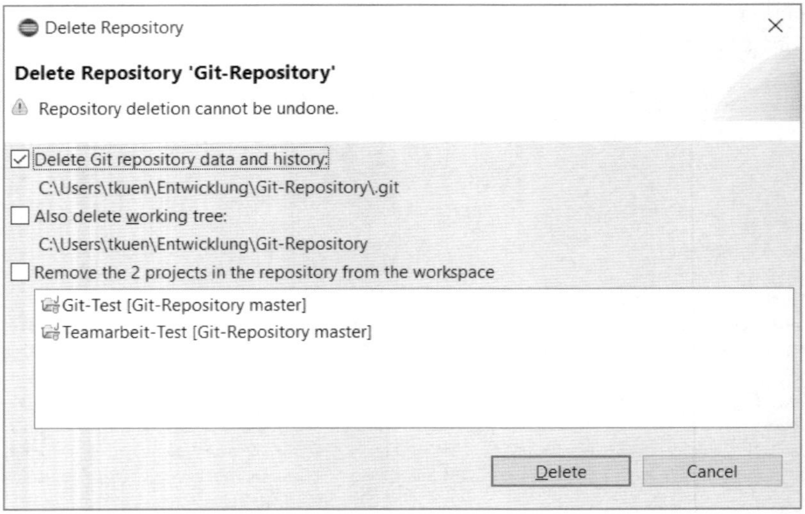

Bild 5.27 Der Dialog „Delete Repository“

In ihm können Sie auswählen, ob Sie nur die Verwaltungsdaten löschen möchten (**Delete Git repository data and history**) oder auch das Arbeitsverzeichnis (**Also delete working tree**). Schließlich können Sie die Projekte auch aus dem Arbeitsbereich entfernen.

HINWEIS: Die Löschoperation kann nicht rückgängig gemacht werden. Sie müssen ggf. ein Backup einspielen oder das Repository erneut klonen.

5.5 Zusammenfassung

Git ist ein sehr leistungsfähiges und mächtiges Werkzeug. Um es souverän einsetzen zu können, müssen Sie ein paar wichtige Grundkonzepte kennen. Diese zu vermitteln, ist nicht Gegenstand dieses Buchs. Ausführliche Informationen zu Git finden Sie unter anderem im Buch „Git: Dezentrale Versionsverwaltung im Team – Grundlagen und Workflows“ von René Preißel und Bjørn Stachmann. Die vollständigen bibliografischen Angaben entnehmen Sie bitte der Literaturliste im Anhang.

6 Webservices mit Spring Boot

In den vorangehenden Kapiteln habe ich Ihnen eine Fülle von Funktionen vorgestellt, die Eclipse in der von Ihnen verwendeten Variante *Eclipse for Java Developers* schon mitbringt. Die Git-Unterstützung oder M2Eclipse sind aber nicht fest mit der IDE verwoben, sondern werden als sogenannte Plugins bei Bedarf geladen. Plugins bilden eines der Fundamente von Eclipse. Fast alles, mit dem Sie als Entwickler in Berührung kommen, ist Teil eines oder mehrerer Plugins. Sie sind der Hauptgrund für die vielfältige Erweiterbarkeit. Wenn eine Eclipse-Distribution eine von Ihnen benötigte Funktion nicht von Haus aus an Bord hat, können Sie sie im Handumdrehen nachinstallieren.

In diesem Kapitel stelle ich Ihnen die *Spring Tool Suite* (*STS*) von Pivotal Software vor, die es als neben einer allein lauffähigen Version auch als Sammlung von Eclipse-Plugins gibt. STS hilft Ihnen beim Schreiben, Testen und Deployen von Anwendungen und Webservices auf der Basis von Spring und Spring Boot. Ich werde Spring Boot verwenden, um Ihnen zu zeigen, wie Sie mit Spring und Eclipse einen einfachen Webservice implementieren. Abschnitt 6.1, „Benötigte Pakete installieren", beschreibt die Installation der Spring Tool Suite. In Abschnitt 6.2, „Einen Webservice entwickeln", setzen wir das Projekt auf und bauen den Webservice. Schließlich erfahren Sie in Abschnitt 6.3, „Den Webservice testen", wie Sie ihn aufrufen und testen.

6.1 Benötigte Pakete installieren

Um Ihrer Eclipse-Installation neue Funktionen hinzuzufügen, können Sie entweder mit *Help/Eclipse Marketplace* den Marktplatz für Plugins besuchen oder die Funktionen über sogenannte Update Sites herunterladen.

6.1.1 Eclipse Marketplace

Der Eclipse Marketplace Client wird als separates Fenster geöffnet (Bild 6.1). Auf der Registerkarte **Popular** finden Sie beliebte, häufig installierte Plugins. **Installed** zeigt installierte Komponenten. Welchen Marktplatz Sie verwenden möchten, steuern Sie über Icons im unteren Bereich des Fensters (*Marketplaces*). Auf der Registerkarte **Search** befindet sich ein Suchfeld, sowie zwei Klapplisten, mit denen Sie die Suche beeinflussen. Sie legen fest, in welchen Marktplätzen und Kategorien Sie suchen möchten.

HINWEIS: Einige Eclipse-Photon-Versionen haben einen Bug, der das Öffnen des Marketplace verhindert. Wenn Sie von dem Problem betroffen sind, kopieren Sie das Wurzelverzeichnis Ihrer Eclipse-Installation bitte an eine Stelle, deren Pfad keine Leerzeichen enthält. Unter Windows ist dies zum Beispiel das Wurzelverzeichnis von Laufwerk C:.

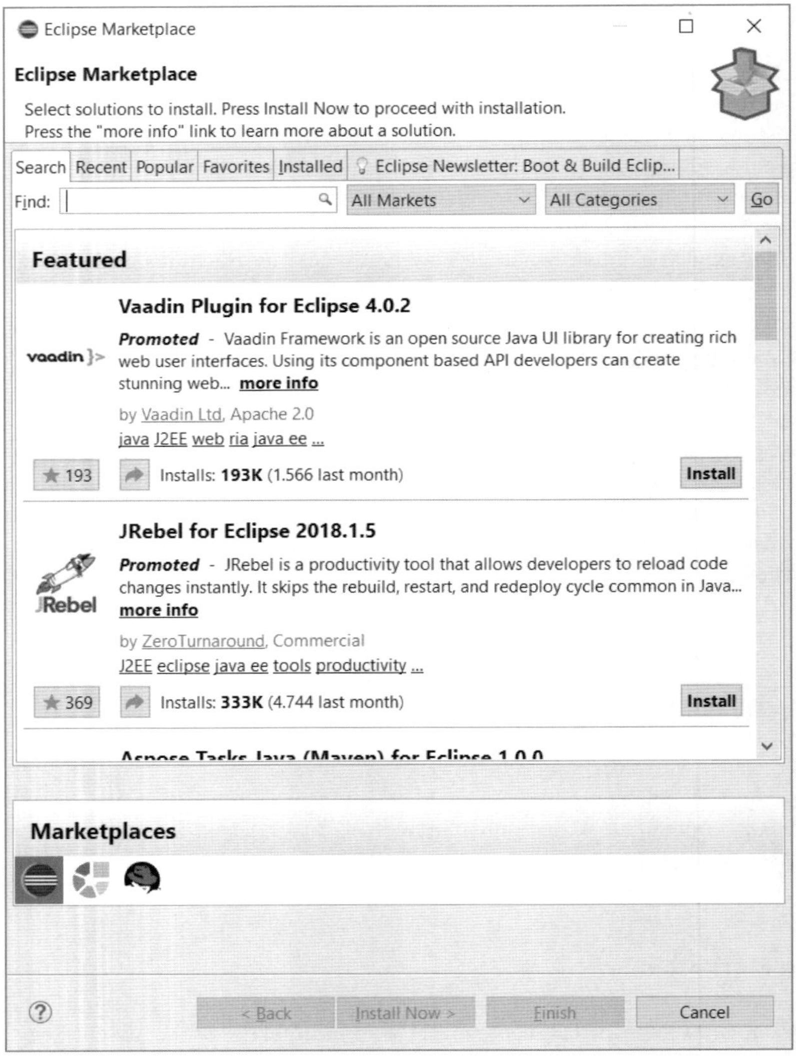

Bild 6.1 Der Eclipse Marketplace

Geben Sie im Suchfeld bitte sts ein und wählen Sie **All Markets** und **All Categories**. Ein Klick auf **Go** startet die Suche. Wie das Ergebnis dieser Suche aussehen kann, ist in Bild 6.2 zu sehen.

Bild 6.2 Ein Suchergebnis

Klicken Sie auf **Install**, um die Installation zu starten. Sie sehen daraufhin die in Bild 6.3 dargestellte Seite *Confirm Selected Features*.

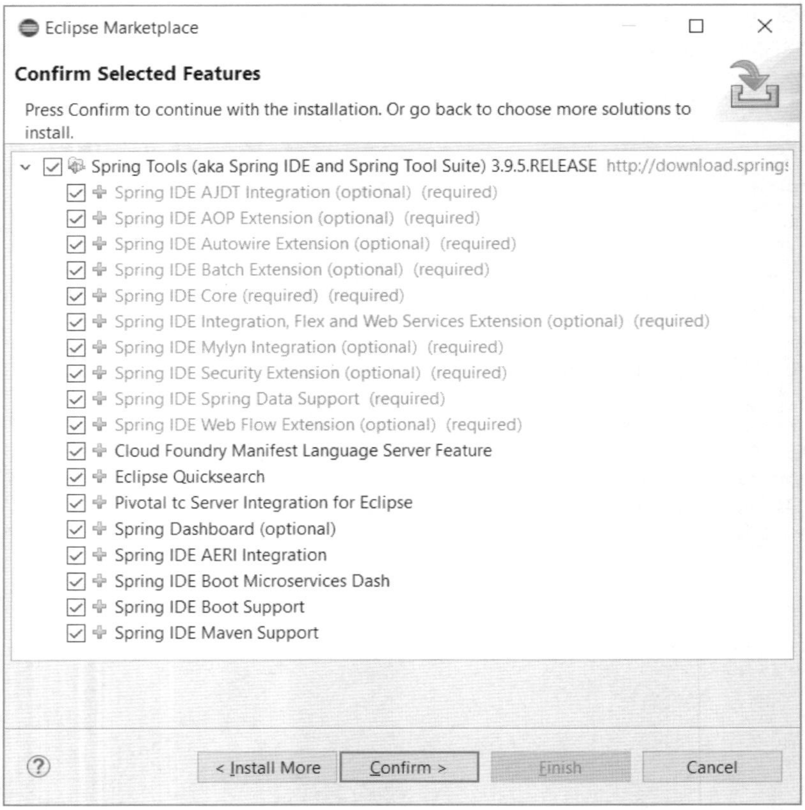

Bild 6.3 Die Seite „Confirm Selected Features“

Übernehmen Sie die Einstellungen und klicken Sie dann auf **Confirm**. Sofern sich nach Drucklegung des Buchs die Liste der Features ändert, kann es passieren, dass Sie eine geringfügig andere Darstellung sehen. In diesem Fall ist es das Beste, alle zur Verfügung stehenden Einträge zu selektieren.

Sie sehen nun eine Seite mit Lizenzbestimmungen. Wenn Sie mit diesen einverstanden sind, vergewissern Sie sich, dass **I accept the terms of the license agreement** selektiert ist, und klicken dann auf **Finish**. Eclipse lädt die Software herunter. Der Fortschritt wird in der Statuszeile angezeigt. Wenn ein Hinweis bzgl. nicht signierter Inhalte (Bild 6.4) erscheint, müssen Sie auf **Install anyway** klicken, um mit der Installation fortzufahren.

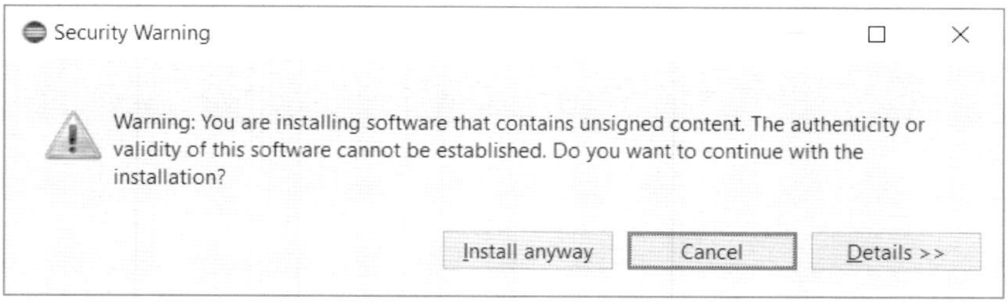

Bild 6.4 Hinweis auf nicht signierte Inhalte

Ggf. müssen Sie in einem weiteren Dialog (Bild 6.5) diejenigen Zertifikate auswählen, denen Sie vertrauen möchten. Um die Installation erfolgreich abschließen zu können, ist dies erforderlich.

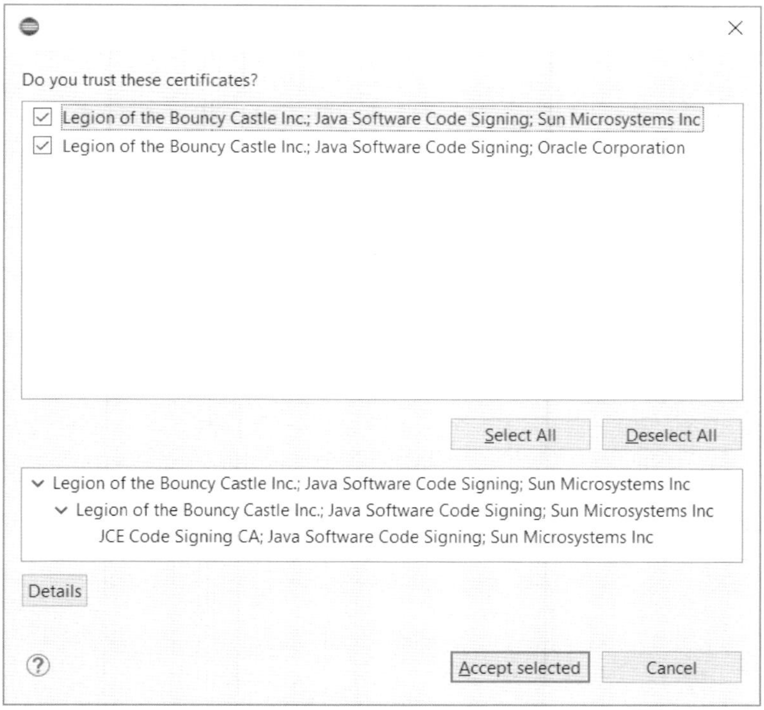

Bild 6.5 Zu vertrauende Zertifikate auswählen

Nach dem Ende der Installation möchte Eclipse neu gestartet werden. Bestätigen Sie dies durch Klick auf **Restart Now**. Sie sehen den in Bild 6.6 gezeigten Willkommensbildschirm.

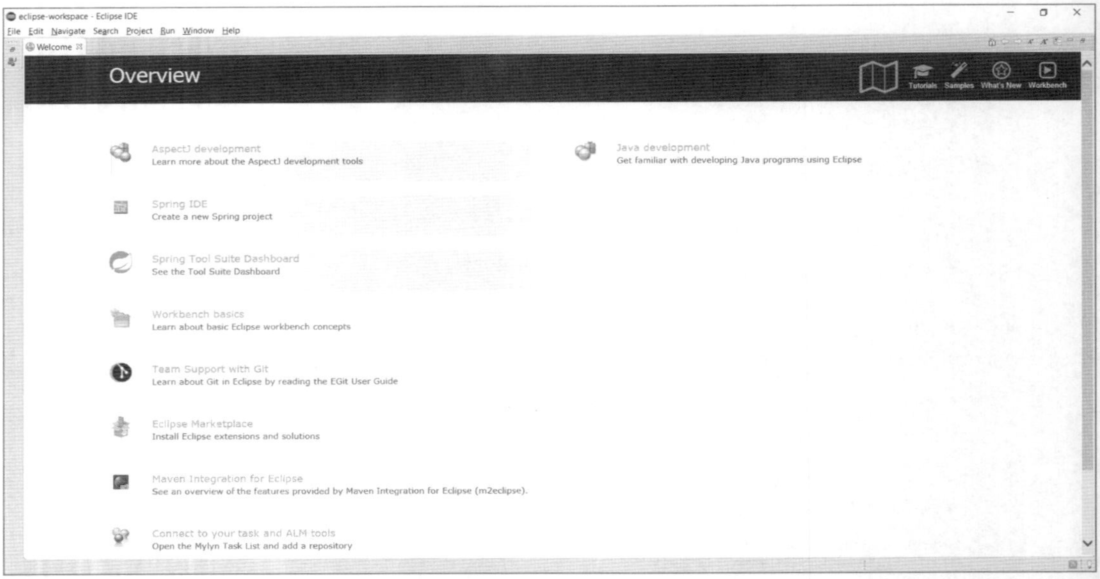

Bild 6.6 Willkommensbildschirm

Klicken Sie auf **Spring IDE**, um ein neues Projekt anzulegen. Das Anlegen eines Spring-Projekts ist in Abschnitt 6.2, „Einen Webservice entwickeln“, beschrieben.

6.1.2 Neue Software mit „Install New Software“

Wenn Sie neue Funktionen nicht über den Marketplace installieren möchten oder das von Ihnen benötigte Plugin dort nicht zur Verfügung steht, Sie aber die Adresse einer sogenannten Update Site kennen, ist der Menübefehl **Help/Install New Software** genau das Richtige. Wenn Sie diesen aufrufen, sehen Sie den in Bild 6.7 gezeigten Dialog *Install*.

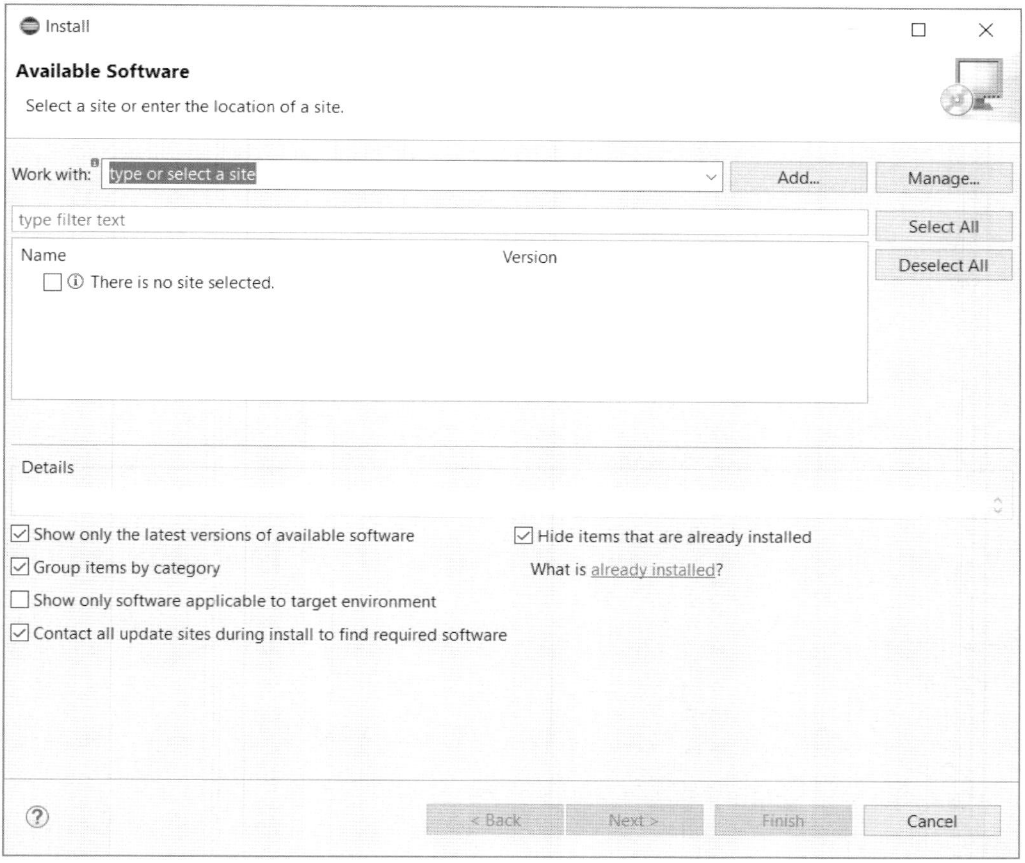

Bild 6.7 Der Dialog „Install“

Geben Sie im Eingabefeld Work with die Adresse *https://download.springsource.com/release/TOOLS/update/e4.8/* ein und drücken Sie die **Enter**-Taste. Der Dialog *Install* lädt nun eine Liste der über die Update Site beziehbaren Komponenten. Bitte versehen Sie alle angebotenen Bestandteile mit einem Häkchen. Dies sollte in etwa Bild 6.8 entsprechen.

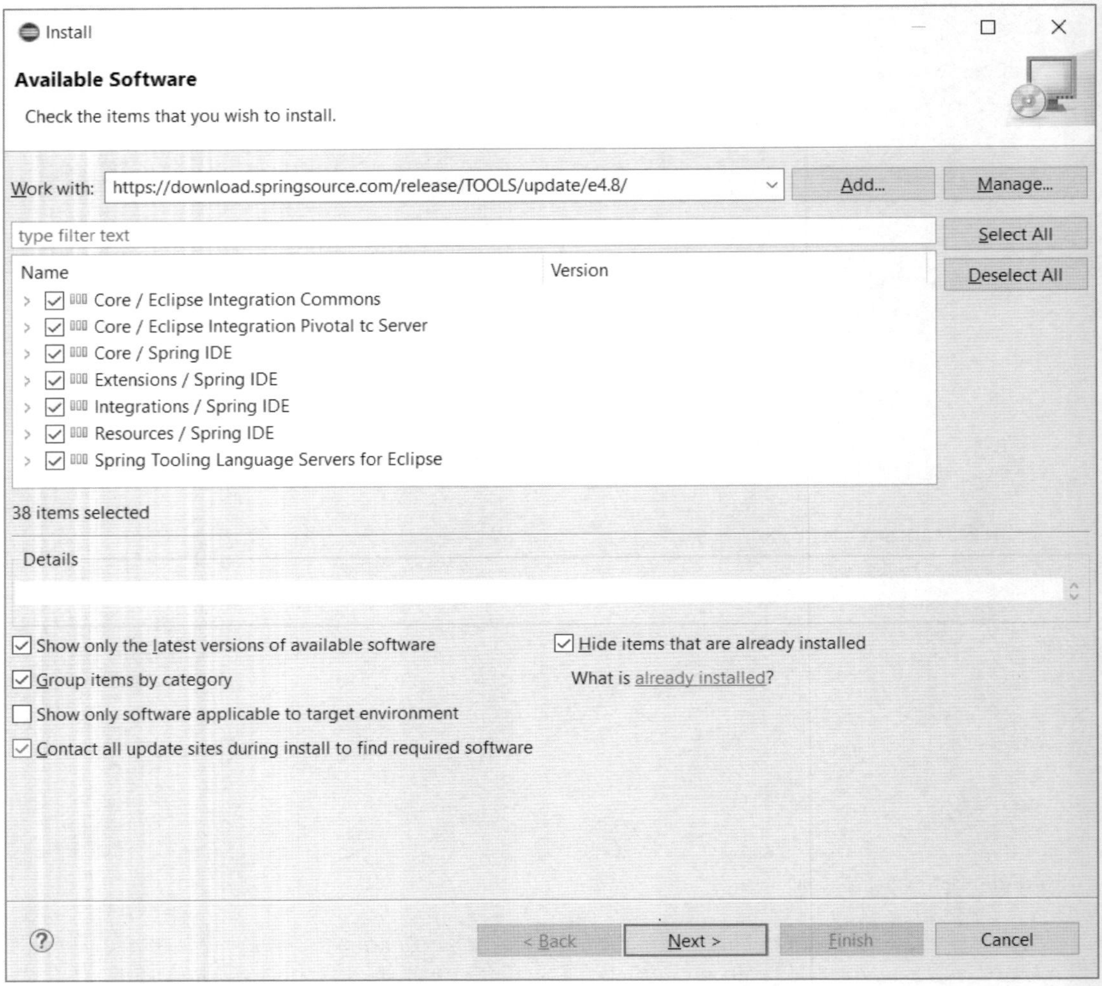

Bild 6.8 Der Dialog „Install" mit ausgewählten Komponenten

Ein Klick auf **Next** bringt Sie zur Seite *Install Details*. Sie ist in Bild 6.9 zu sehen.

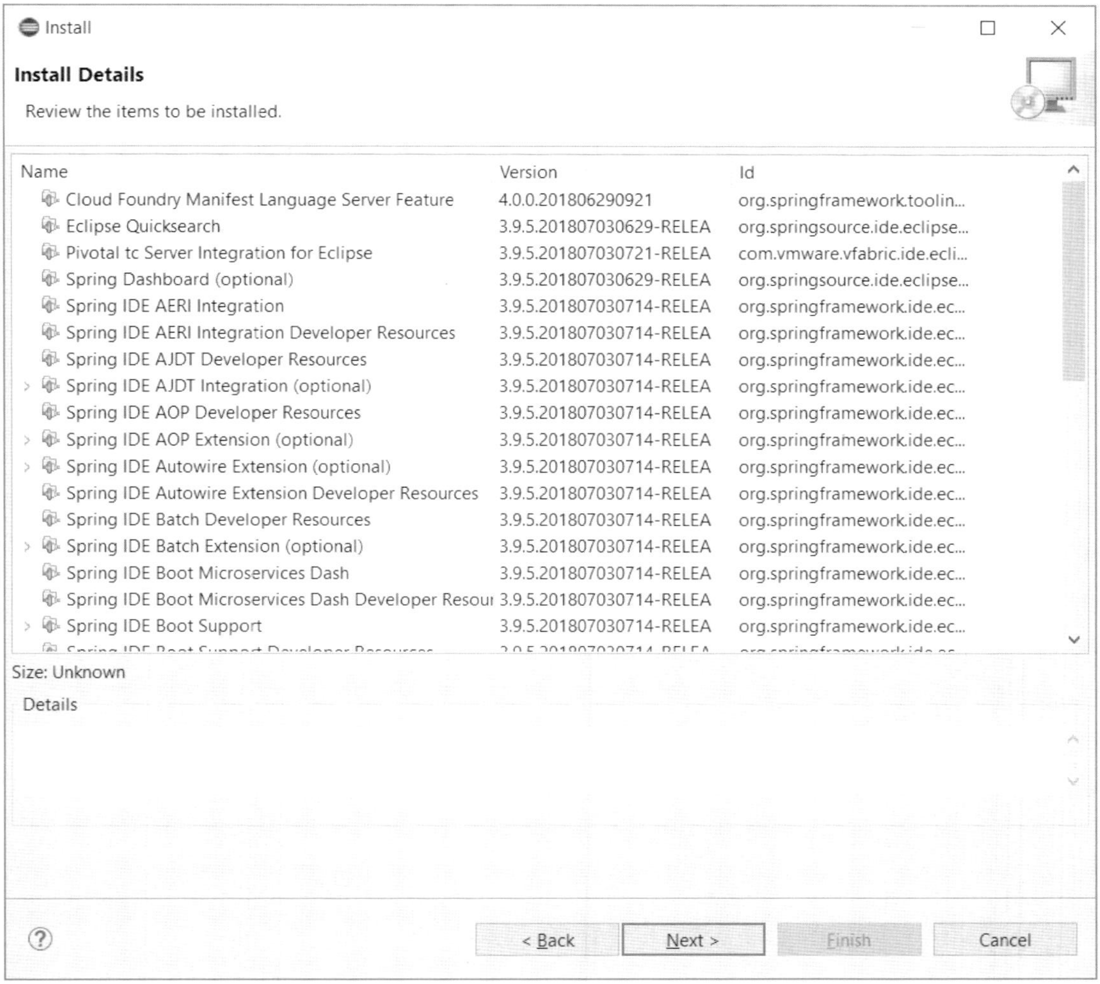

Bild 6.9 Die Seite „Install Details“

Ein erneuter Klick auf **Next** zeigt eine Seite, auf der Sie Lizenzbestimmungen akzeptieren müssen. Bitte selektieren Sie **I accept the terms of the license agreements**, sofern Sie diesen zustimmen. Ohne Ihre Zustimmung ist die Installation der Software leider nicht möglich. Nach einem Klick auf **Finish** beginnt der Installationsvorgang. Während der Durchführung werden Sie möglicherweise darauf hingewiesen, dass die Software nicht signierte Inhalte enthält (Bild 6.4). Sie müssen auf **Install anyway** klicken, um mit der Installation fortzufahren. Darüber hinaus ist es ggf. erforderlich, mehreren Zertifikaten zu vertrauen. Wie das aussehen kann, ist in Bild 6.5 zu sehen.

Nachdem Eclipse die Installation abgeschlossen hat, möchte die IDE neu gestartet werden. Bitte bestätigen Sie dies durch einen Klick auf **Restart Now**. Nach dem Neustart zeigt Eclipse eine Willkommensseite an. Sie ist in Bild 6.6 dargestellt. Bitte klicken Sie auf **Spring IDE**, um ein neues Projekt anzulegen.

6.2 Einen Webservice entwickeln

Falls Sie, wie in den Abschnitten 6.1.1 und 6.1.2 beschrieben, auf **Spring IDE** geklickt haben, hat sich der Dialog *New Project* geöffnet. Sie erreichen ihn auch über **File/New/Project**.

6.2.1 Ein Spring-Starter-Projekt anlegen

Klicken Sie, wie in Bild 6.10 zu sehen, im Knoten **Spring Boot** bitte auf **Spring Starter Project** und wechseln Sie dann mit **Next** auf die zweite Seite des Assistenten.

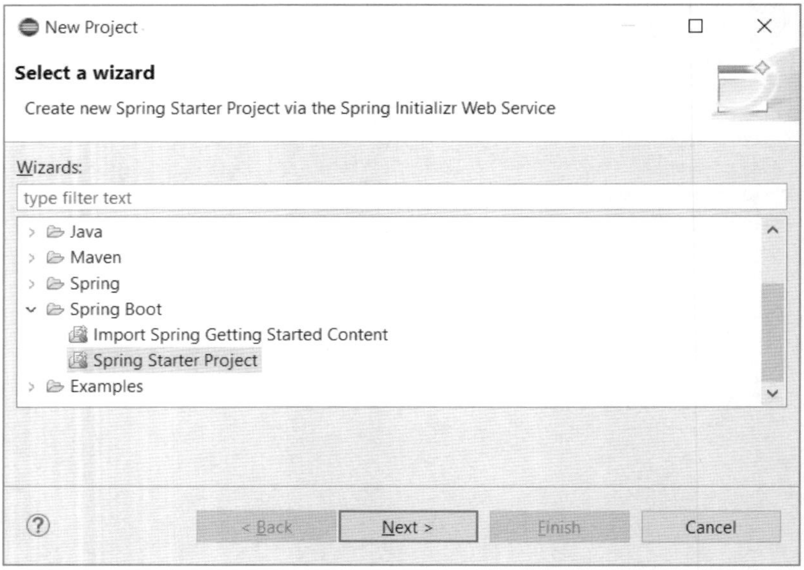

Bild 6.10 Der Dialog „New Project“

Auf dieser und den folgenden Seiten konfigurieren Sie Ihr neues Spring-Starter-Projekt. Hierzu werden Konfigurationsdaten aus dem Netz geladen. Achten Sie deshalb bitte darauf, dass Sie die Service-URL auf dem voreingestellten Wert *https://start.spring.io* belassen. Als Namen geben Sie bitte zahlenraten ein. Den Typ sollten Sie auf **Maven** belassen, ebenso die Werte für Packaging (**Jar**) und Language (**Java**). Als Java-Version selektieren Sie bitte **10**. Übernehmen Sie die übrigen Werte aus Bild 6.11 und klicken Sie anschließend auf **Next**.

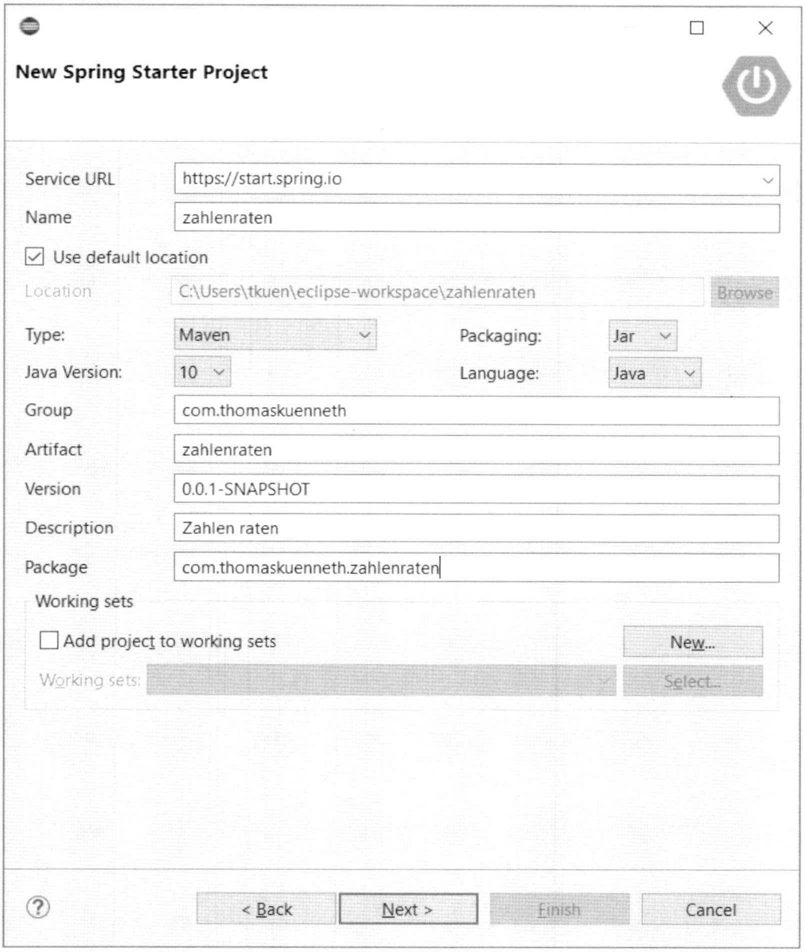

Bild 6.11 Spring-Starter-Projekt konfigurieren

Auf dieser Seite wählen Sie Projektabhängigkeiten aus. Diese werden durch den Assistenten in die Datei pom.xml eingetragen. Selektieren Sie als Spring-Boot-Version bitte eine aus dem 2.1-Zweig, z. B. **2.1.0 M1**. Welche Versionen Ihnen hier angeboten werden, ist vom Veröffentlichungstermin der Release-Version abhängig. Bei der Verwendung von 2.0-Versionen kommt es beim Start der Anwendung zu Warnungen aufgrund eines seit Java 9 nicht mehr zulässigen Reflection-Zugriffs. Klappen Sie dann den Knoten **Web** auf und setzen Sie ein Häkchen vor **Web**. Der Assistent sollte in etwa Bild 6.12 entsprechen.

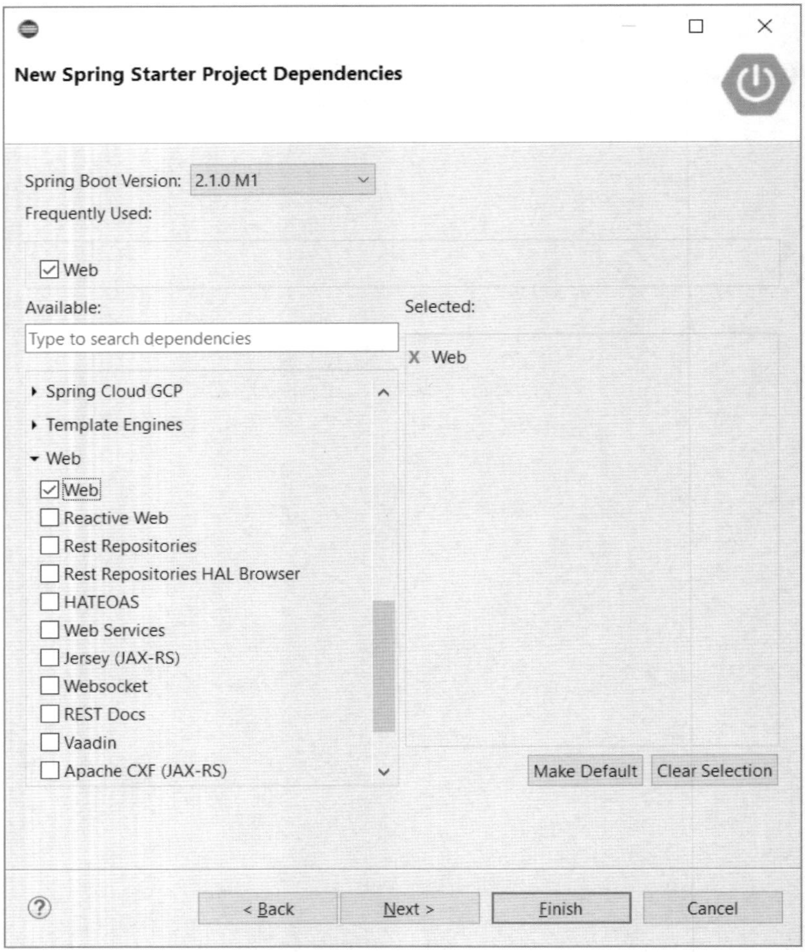

Bild 6.12 Projektabhängigkeiten festlegen

HINWEIS: Der Dialog-Abschnitt *Frequently Used* erscheint erst nach wiederholten Aufrufen des Assistenten, ist bei Ihnen also möglicherweise noch nicht zu sehen.

Mit **Finish** beenden Sie den Assistenten. Eclipse bereitet jetzt Ihr neues Projekt vor. Hierbei werden eine ganze Reihe von Daten heruntergeladen. Wie auch beim Installieren von Plugins wird währenddessen in der Statuszeile ein kleiner Fortschrittsbalken angezeigt. Mit einem Doppelklick darauf können Sie die Sicht *Progress* (Bild 6.13) öffnen. Sie gibt detailliert Auskunft, welche Aktionen noch ausstehen bzw. wie weit Sie schon fortgeschritten sind.

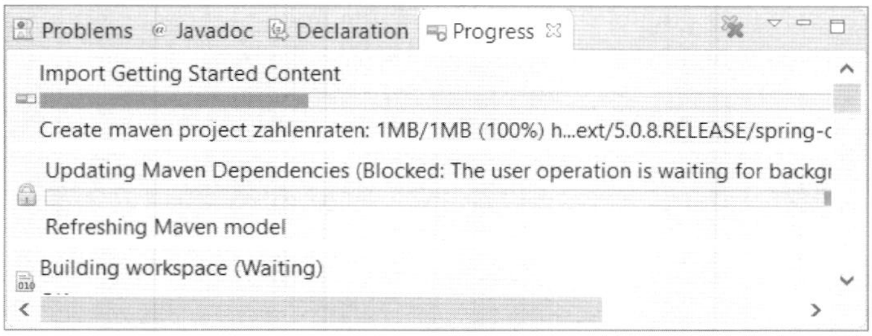

Bild 6.13
Die Sicht „Progress“

Nachdem alle Vorbereitungen abgeschlossen sind, wird das Spring-Starter-Projekt im Package Explorer angezeigt. Klicken Sie mit der rechten Maustaste auf die Projektwurzel und öffnen Sie das Untermenü **Run As**. Wie in Bild 6.14 zu sehen, finden Sie dort den neuen Befehl **Spring Boot App**. Bitte wählen Sie ihn aus.

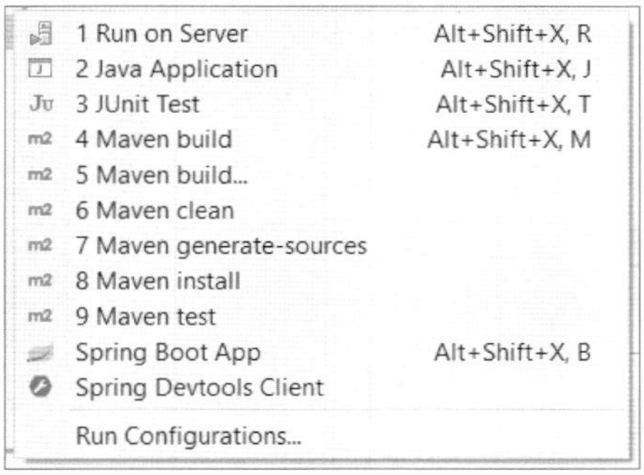

Bild 6.14
Das Untermenü „Run As“

Der Start und die Ausführung des Projekts werden in der Sicht *Console* protokolliert. Wie das aussehen kann, ist in Bild 6.15 dargestellt. Um sie zu beenden, klicken Sie auf das Toolbar-Symbol (**Stop**). Mit (**Relaunch**) beenden Sie die Anwendung und starten sie danach neu.

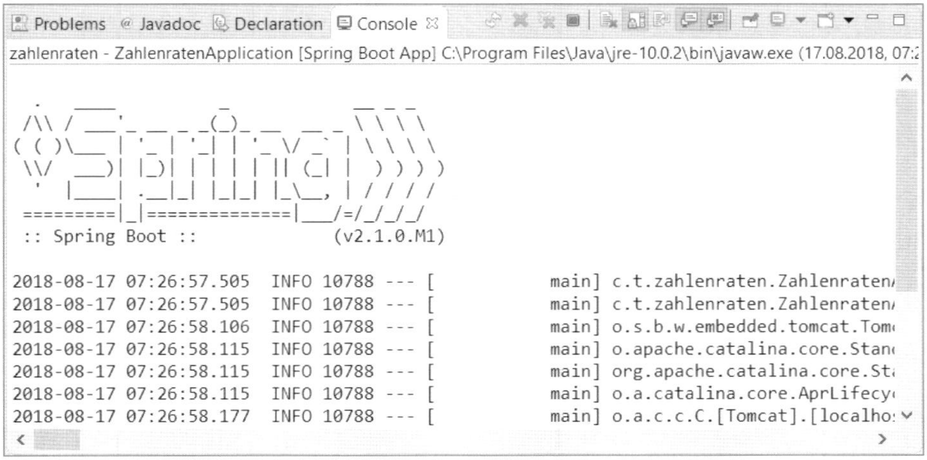

Bild 6.15 Die Sicht „Console“

Bitte beachten Sie, dass Sie vor einem neuen Start **STOP** aufrufen müssen. Sonst kommt es beim erneuten Start zu einer Fehlermeldung. In der Sicht *Console* wird dann

```
***************************
APPLICATION FAILED TO START
***************************
```

ausgegeben.

Eine Startseite hinzufügen

Legen Sie bitte mit **File/New/File** eine neue Datei an. Der Dialog *New File* ist in Bild 6.16 zu sehen. Wählen Sie als parent folder zahlenraten/src/main/resources/static und geben Sie ihr den Namen index.html. Schließen Sie den Dialog mit **Finish**. Wenn Eclipse die leere Datei in einem Browserfenster im Editor-Bereich anzeigt, schließen Sie es bitte.

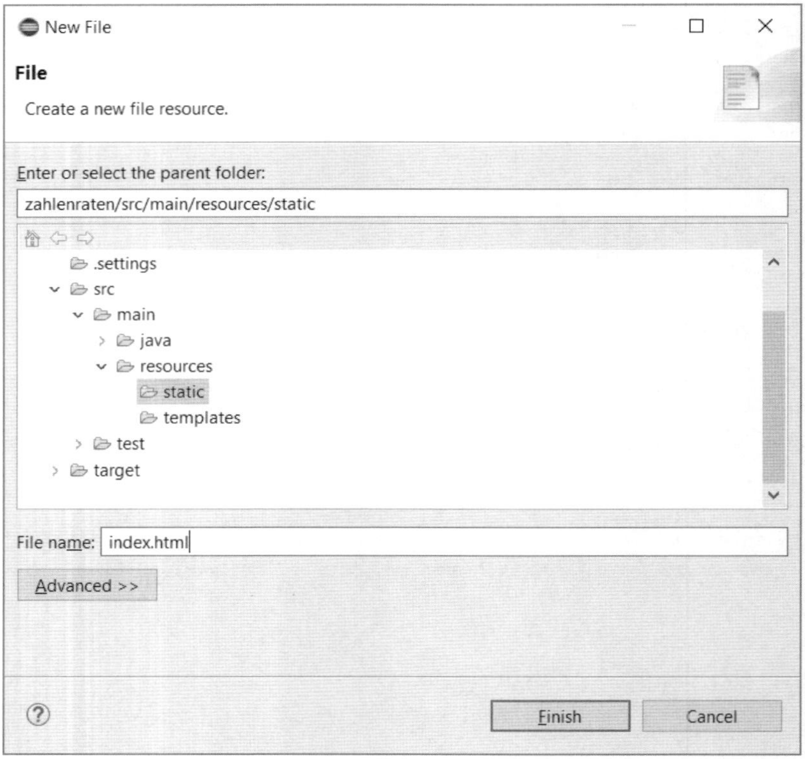

Bild 6.16 Eine Startseite anlegen

Klicken Sie sie im Package Explorer mit der rechten Maustaste an und wählen Sie **Open With/Text Editor**. Übernehmen Sie danach bitte den Code aus dem folgenden Listing.

Listing 6.1 Die Datei index.html

```
<!DOCTYPE HTML>
<html>
```

```
  <head>
    <title>Hallo Eclipse</title>
    <meta http-equiv="Content-Type" content="text/html; charset=UTF-8" />
  </head>
  <body>
    <p>Hallo Eclipse</p>
  </body>
</html>
```

Speichern Sie Ihre Eingaben und starten Sie danach die Spring-Starter-App neu. Öffnen Sie nun außerhalb von Eclipse einen Webbrowser und rufen Sie die Adresse *http://localhost:8080/index.html* auf. Ihre Startseite wird durch Ihr Projekt serviert.

Im nächsten Abschnitt zeige ich Ihnen, wie Sie Ihrem Projekt einen Webservice hinzufügen.

6.2.2 Den Webservice implementieren

Unter Spring werden Webservices, die das Programmierparadigma Representational State Transfer (REST) umsetzen, durch sogenannte Controller bedient. Controller sind Java-Klassen, die mit der Annotation `@RestController` versehen werden. Über welche Teil-URL der Service erreichbar ist, steuern Sie mit der Annotation `@RequestMapping`. `@RequestParam` schließlich kennzeichnet Request-Parameter, also Werte, die dem Service übergeben werden. Bitte legen Sie nun eine neue Java-Klasse an, die dem folgenden Listing entspricht. Sie wird als Rückgabeparameter für unseren Webservice dienen.

TIPP: Eclipse kann Ihnen beim Eingeben der folgenden Klasse mit den Menüfunktionen **Source/Generate Getters and Setters** und **Source/Generate Constructor using Fields** viel Arbeit abnehmen.

Listing 6.2 Die Klasse com.thomaskuenneth.zahlenraten.Result

```
package com.thomaskuenneth.zahlenraten;

public class Result {

  private final int min;
  private final int max;
  private final int guess;
  private final int rnd;
  private final boolean correct;

  public Result(int min, int max, int guess, int rnd, boolean correct) {
    this.min = min;
    this.max = max;
    this.guess = guess;
    this.rnd = rnd;
    this.correct = correct;
  }

  public int getMin() {
    return min;
```

```
  }

  public int getMax() {
    return max;
  }

  public int getGuess() {
    return guess;
  }
  public int getRnd() {
    return rnd;
  }

  public boolean isCorrect() {
    return correct;
  }
}
```

Wie Sie sehen, handelt es sich um ein klassisches Plain Old Java Object (POJO). Es enthält keine Setter, weil alle Werte bei der Objekterzeugung gesetzt werden und anschließend nicht mehr verändert werden müssen (weil die Klasse das Ergebnis des Webservice-Aufrufs repräsentiert). Das folgende Listing zeigt die Implementierung des Webservices und die Verwendung der Klasse `Result`.

Listing 6.3 Die Klasse com.thomaskuenneth.zahlenraten.GuessController

```
package com.thomaskuenneth.zahlenraten;

import org.springframework.web.bind.annotation.RequestMapping;
import org.springframework.web.bind.annotation.RequestParam;
import org.springframework.web.bind.annotation.RestController;

@RestController
public class GuessController {

  @RequestMapping("/guess")
  public Result guess(@RequestParam(value = "min", defaultValue = "0") int min,
      @RequestParam(value = "max", defaultValue = "10") int max,
      @RequestParam(value = "guess") int guess) {
    double range = max - min + 1;
    int rnd = min + (int) (Math.random() * range);
    return new Result(min, max, guess, rnd, rnd == guess);
  }
}
```

Die Methode `guess()` ist mit `@RequestMapping` annotiert. Es handelt sich also um die Implementierung einer Serviceoperation. Sie wird später von Clients mit der Teil-URL */guess* aufgerufen. Ihr werden drei Parameter übergeben. Die ersten beiden, `min` und `max`, haben Standardwerte, können beim Webserviceaufruf also weggelassen werden. Dies hätte beim Parameter `guess` (das ist die geratene Zahl) natürlich keinen Sinn.

Bitte speichern Sie die beiden Klassen und starten Sie dann die Anwendung.

6.3 Den Webservice testen

Sicherlich fragen Sie sich nun, wie Sie Ihren Webservice eigentlich aufrufen können. Die Implementierung eines Clients in JavaFX ist Gegenstand des folgenden Kapitels 7, „Eine JavaFX-Anwendung entwickeln“. Das abschließende Kapitel 8, „Webanwendungen mit Angular“, demonstriert den Bau einer einfachen Angular-Anwendung. In diesem Abschnitt zeige ich Ihnen, wie Sie den Webservice testen können.

6.3.1 Einfache Browser-Aufrufe

Nachdem Sie die Anwendung gestartet haben, rufen Sie bitte in einem externen Webbrowser die Adresse *http://localhost:8080/guess* auf. Sie sehen die in Bild 6.17 dargestellte Fehlermeldung, dass ein benötigter Parameter nicht übergeben wurde.

Bild 6.17 Webserviceaufruf mit einem fehlenden Parameter

Bitte wiederholen Sie den Aufruf, diesmal aber mit der Adresse *http://localhost:8080/guess?min=1&max=1&guess=1*. Wie Sie in Bild 6.18 sehen, ist die Anfrage erfolgreich. Der Webservice antwortet mit einer JSON-Struktur, die den Eigenschaften der Klasse `Result` entspricht.

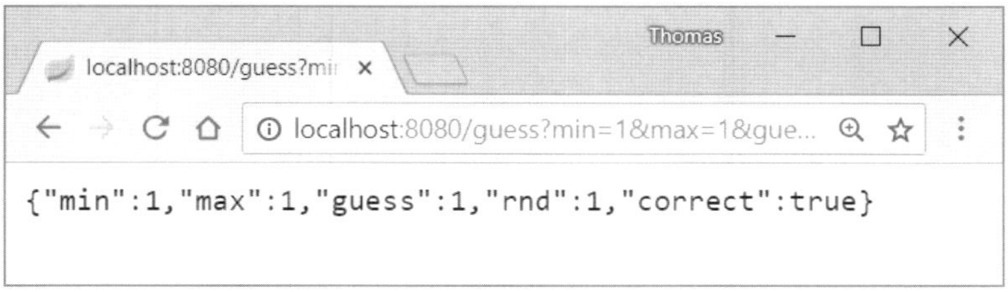

Bild 6.18 Das Ergebnis des Aufrufs als JSON-Struktur

Die Sicht „Boot Dashboard"

Sie können Ihre Spring-Starter-Anwendung auch in einem Eclipse-Browserfenster ausprobieren. Öffnen Sie hierzu bitte mit **Window/Show View/Other** den Dialog *Show View* (Bild 6.19). Geben Sie in seiner Filter-Zeile boot dash ein, selektieren Sie **Boot Dashboard** und klicken Sie anschließend auf **Open**.

Bild 6.19 Der gefilterte Dialog „Show View"

Die Sicht *Boot Dashboard* ist in Bild 6.20 zu sehen. Mit den Symbolen der Sicht oder nach einem Klick mit der rechten Maustaste können Sie die Anwendung starten, beenden oder erneut starten. Auch Konfigurationsänderungen sind von hier aus bequem möglich. Probieren Sie es am besten aus, um sich mit der Sicht vertraut zu machen.

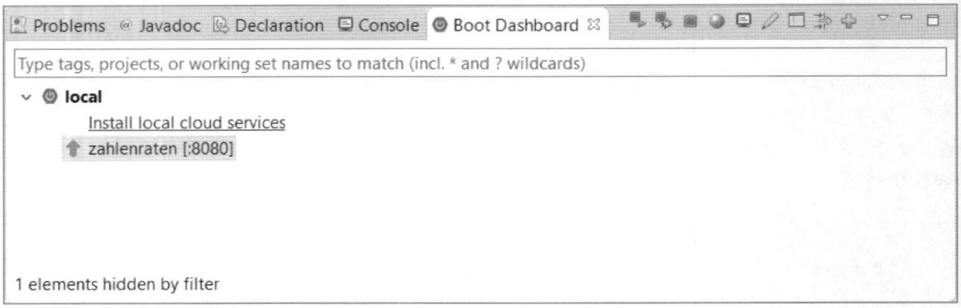

Bild 6.20 Die Sicht „Boot Dashboard"

Mit dem Symbol (**Open a Web Browser on the default URL**) öffnen Sie einen in Eclipse eingebetteten Webbrowser. Allerdings sehen Sie auf diese Weise nur die Startseite, also die Datei index.html. Um den Webservice zu testen, könnten Sie diese mit entsprechenden Links versehen:

Listing 6.4 Änderungsvorschlag für die Datei index.html

```
...
<p>Hallo Eclipse</p>
<p>
<a href="http://localhost:8080/guess?guess=3">Ich rate die Zahl 3</a>
</p>
...
```

Bitte denken Sie daran, die Datei zu speichern, danach die Anwendung zu beenden, neu zu starten und ggf. die Browsersicht zu aktualisieren.

HINWEIS: Unter Windows zeigt der eingebettete Browser die gelieferte JSON-Struktur leider nicht direkt an, sondern er bietet nur den Download an. Dies liegt daran, dass Spring Boot zwar völlig korrekt application/json als Mimetype setzt, dies vom Internet Explorer aber mit einem Dateidownload quittiert wird. Eine Umgehungslösung wäre, die Methode `guess()` so umzubauen, dass sie einen `String` zurückgibt. Hierzu müssen Sie nur den Rückgabewert auf `String` ändern und eine `return`-Anweisung in der Form `return String.format(...);` schreiben. Eine weitere Möglichkeit ist, für den Test das Kommandozeilentool curl zu verwenden. Wie das geht, zeige ich Ihnen im Folgenden. ■

Webservices mit curl testen

Das Kommandozeilentool curl (eigentlich cURL) dient dazu, Dateien zu senden und zu empfangen. Der Name bedeutet „Client URL". Es wurde von dem schwedischen Programmierer Daniel Stenberg entwickelt. Die dem Tool zu Grunde liegende Bibliothek libcurl wurde auf viele Betriebssysteme portiert. Unter macOS, Windows 10 (ab Version 1803[1]) und Linux steht curl automatisch zur Verfügung. In der einfachsten Aufrufvariante übergeben Sie curl nur die gewünschte URL. Das Ergebnis unter Windows ist in Bild 6.21 zu sehen. Um unter macOS und Linux eine vergleichbare Ausgabe zu erhalten, verwenden Sie bitte die Kommandozeilenoption -v. Bei Bedarf können Sie auch Header-Einträge setzen, einen Body übergeben oder einen Proxy konfigurieren. Hinweise hierzu finden Sie in den Hilfsseiten zu curl (man curl unter Linux und macOS bzw. Get-Help Invoke-WebRequest-Online in der Windows-Powershell). Da dies für meinen Beispiel-Service nicht erforderlich ist, sollen komplexere Aufrufvarianten hier nicht vertieft werden.

[1] *https://blogs.msdn.microsoft.com/commandline/2018/03/07/windows10v1803/*

Bild 6.21 Aufruf des Tools curl in der Windows-Powershell

Wenn Sie für den Aufruf von curl die IDE nicht verlassen möchten, bietet es sich an, ein Plugin zu installieren, das die Shell oder Eingabeaufforderung in Eclipse integriert. Öffnen Sie mit **Help/Eclipse Marketplace** den Marktplatz für Plugins und suchen Sie nach shell. Wie ein Suchergebnis aussehen kann, ist in Bild 6.22 dargestellt.

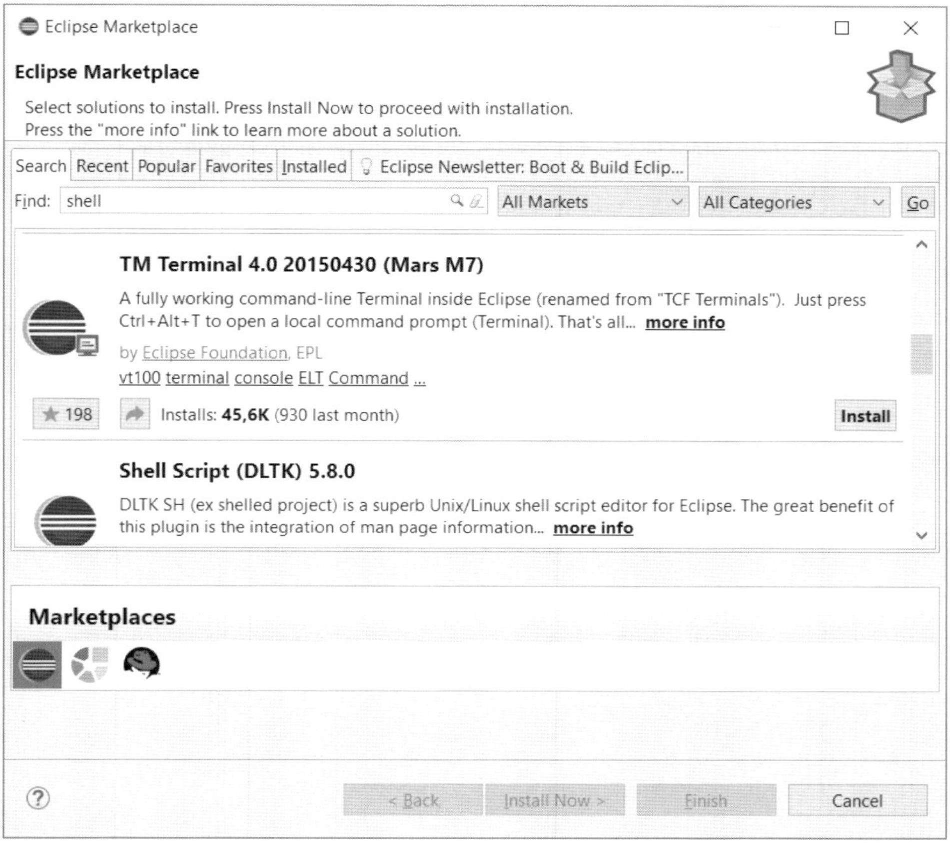

Bild 6.22 Suche nach „shell" im Eclipse Marketplace

Nach der Installation öffnen Sie die Shells üblicherweise über **Window/Show View/Other**. Je nach Plugin finden sich auch im Kontextmenü des Package Explorers entsprechende Einträge. Bild 6.23 zeigt die Sicht *Terminal* des Plugins TM Terminal, in der gerade eine Windows-Eingabeaufforderung ausgeführt wird.

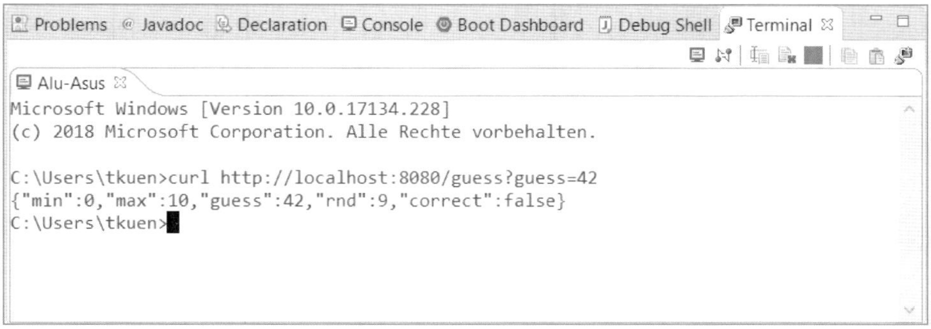

Bild 6.23 Die Sicht „Terminal" des Plugins TM Terminal

Software deinstallieren

Plugins, die Sie über den Eclipse Marketplace installiert haben, können Sie komfortabel über dessen Registerkarte **Installed** (Bild 6.24) entfernen. Je nach Komponente sehen Sie entweder die Schaltfläche **Uninstall** oder **Change** mit einem zusätzlichen, nach unten weisenden Pfeil. Klicken Sie direkt auf **Change**, erscheint die Seite *Confirm Selected Features* des Marketplace Clients, die in Bild 6.3 zu sehen ist. Ein Klick auf den Pfeil öffnet ein Popup, in dem Sie **Change** oder **Uninstall** auswählen können.

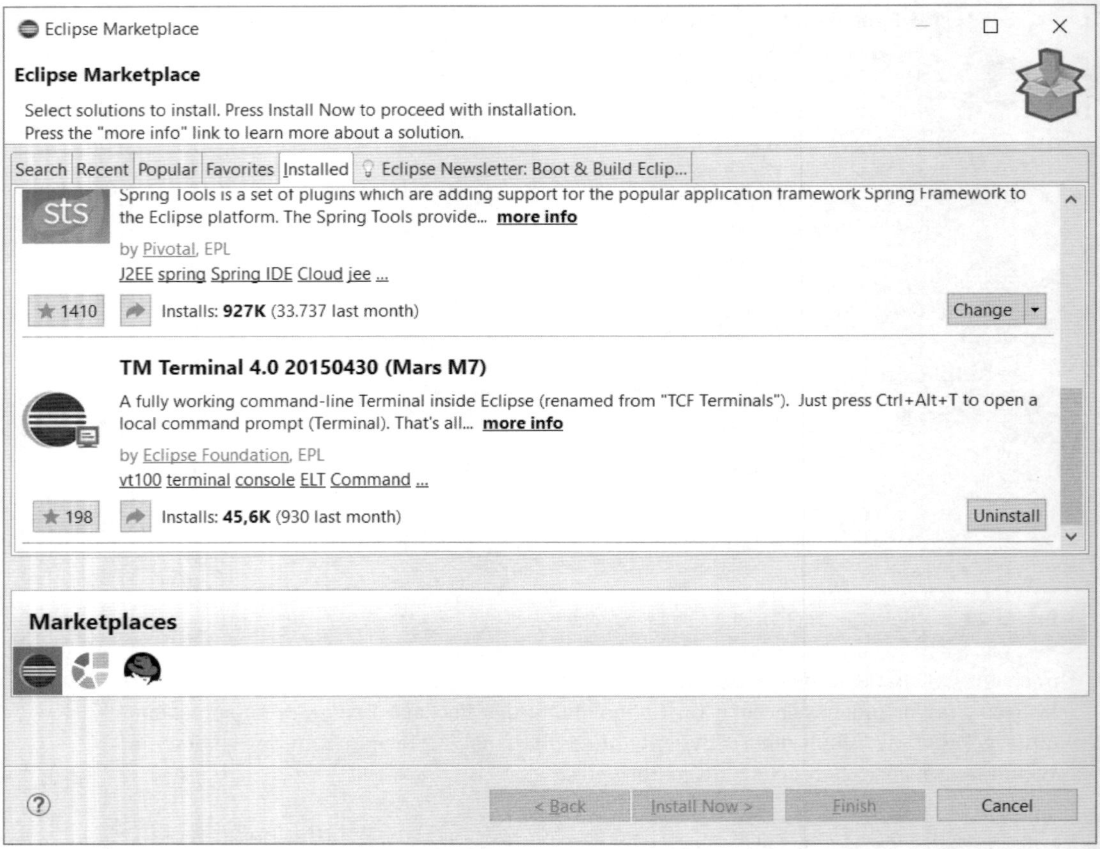

Bild 6.24 Die Registerkarte „Installed" des Eclipse Marketplace

Ein anderer Weg, nicht mehr benötigte Eclipse-Komponenten zu entfernen, führt über den Menübefehl **Help/About Eclipse IDE**. Der Dialog *About Eclipse IDE* (Bild 6.25) zeigt nicht nur die Version der IDE sowie die installierten Features (die Icons im unteren Bereich des Dialogs), sondern bietet mit der Schaltfläche **Installation Details** auch eine ausführliche Liste aller installierten Plugins. Hierzu gleich mehr.

Bild 6.25 Der Dialog „About Eclipse IDE"

Features sind ein grundlegendes Architekturmerkmal von Eclipse. Eclipse als IDE ist ja eigentlich „nur" ein Produkt, das auf der Eclipse-Plattform basiert. Eclipse-Produkte (und damit auch die IDE) bestehen aus vielen Plugins, die bei Bedarf (zur Laufzeit bzw. bei Nutzung) aktiviert werden. Plugins können zu Features gebündelt werden. Indem ein Feature installiert oder entfernt wird, werden automatisch die korrespondierenden (einem Feature zugeordneten) Plugins hinzugefügt oder deinstalliert.

Der Dialog *Eclipse IDE Installation Details* ist in Bild 6.26 zu sehen. Er zeigt ausführlich, wann welche Software installiert wurde, welche Features und Plugins vorhanden sind und wie die aktuelle Konfiguration aussieht. Um eine Komponente zu aktualisieren oder zu deinstallieren, klicken Sie sie auf der Registerkarte **Installed Software** an und wählen dann **Update** oder **Uninstall**.

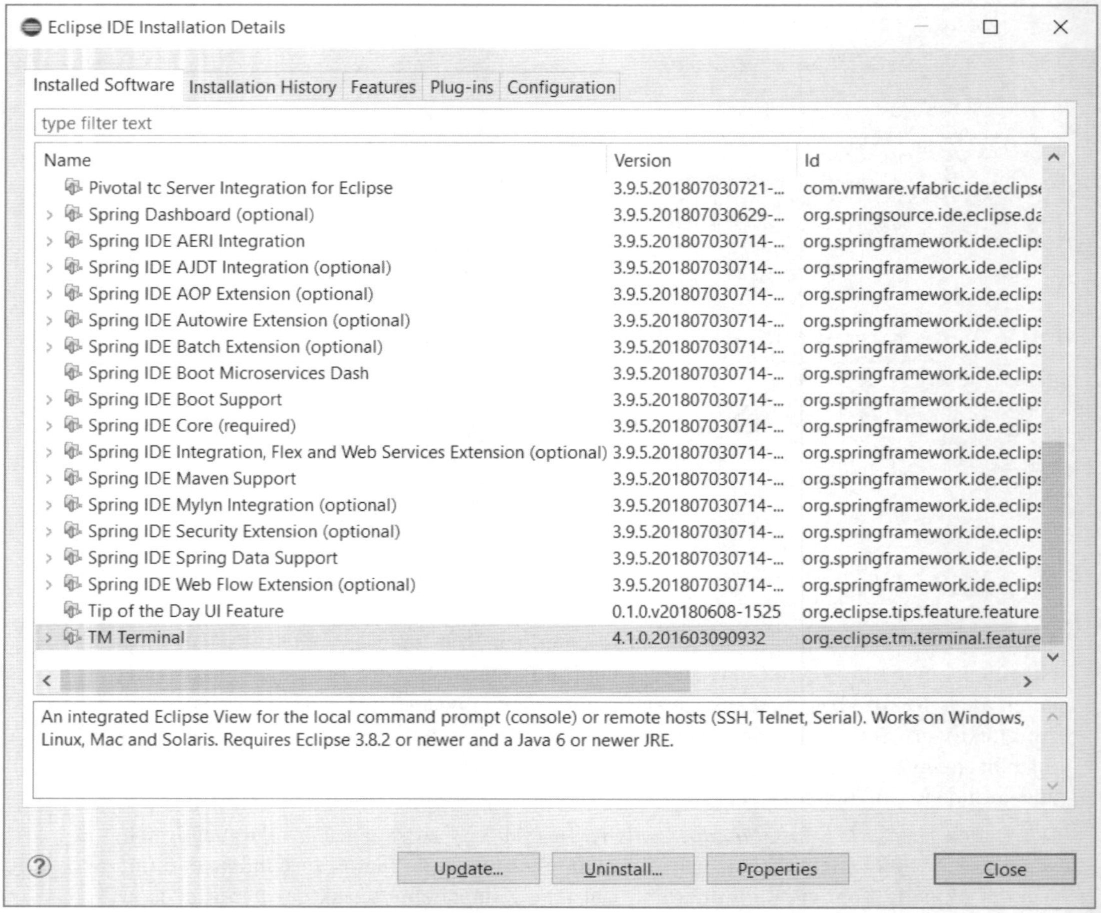

Bild 6.26 Der Dialog „Eclipse IDE Installation Details“

Im folgenden Abschnitt möchte ich Ihnen ein weiteres Plugin vorstellen. Mit ihm können Sie unseren Webservice noch komfortabler testen.

6.3.2 Webservices mit HTTP4e testen

Mithilfe des Open-Source-Plugins HTTP4e[2] können Sie in Eclipse komfortabel http(s)-Aufrufe machen. Um es zu installieren, öffnen Sie mit **Help/Install New Software** den Dialog *Install* und geben bei Work with die Adresse *http://nextinterfaces.com/http4e/install/* als Update Site ein. Nach einem Druck auf die **Enter**-Taste wird die Liste der zur Verfügung stehenden Komponenten geladen. Bitte selektieren Sie alle Einträge der Liste. Der Dialog *Install* sollte danach in etwa Bild 6.27 entsprechen. Klicken Sie zuerst auf **Next**, dann auf

[2] *http://www.nextinterfaces.com/http4e-eclipse/*

Finish. Falls Eclipse nach der Installation keinen Neustart anbietet, lösen Sie diesen bitte von Hand aus mit **File/Restart**.

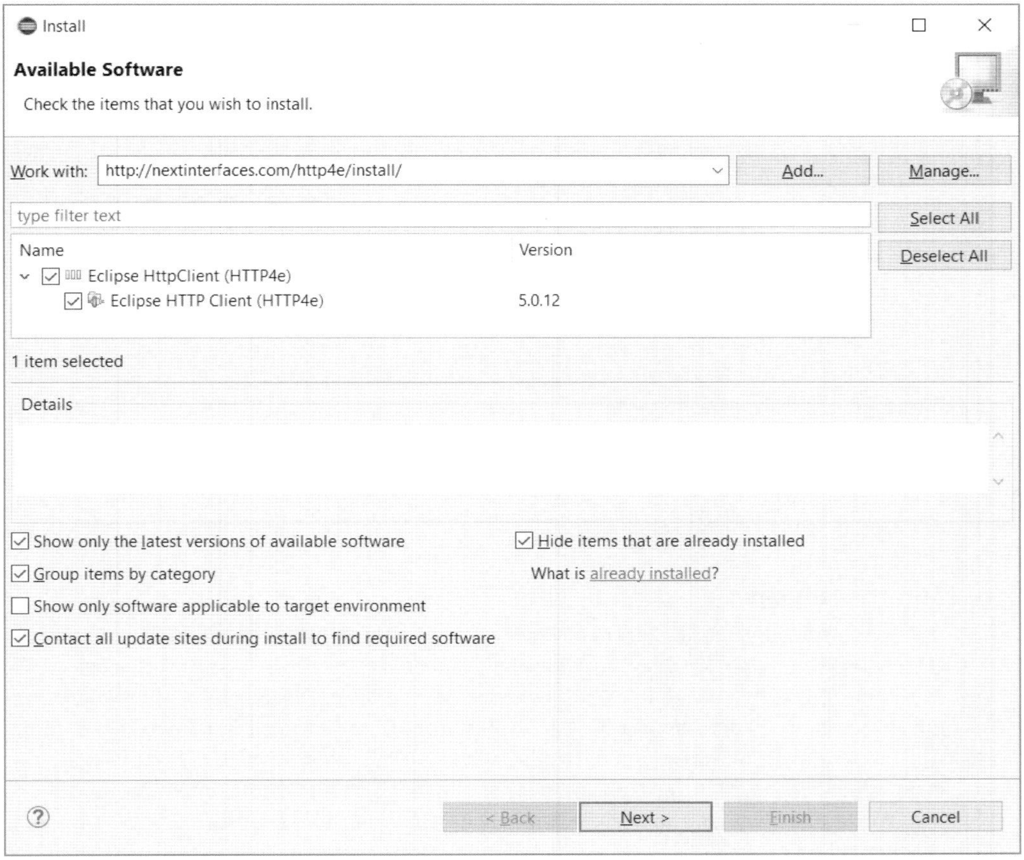

Bild 6.27 Der Dialog „Install"

Bitte starten Sie nun die Spring-Boot-Anwendung zahlenraten. Danach öffnen Sie mit **Window/Show View/Other** den Dialog *Show View* und geben in dessen Filterzeile http4e ein. Wählen Sie **HTTP4E Client** und klicken Sie dann auf **Open**. Tragen Sie in die Adresszeile der Sicht bitte *http://localhost:8080/guess?guess=42&max=50* ein und drücken Sie die **Enter**-Taste. Die Sicht *HTTP4e* sollte in etwa Bild 6.28 entsprechen. Mit den Symbolen  können Sie die Darstellung von Request und Response jeweils zwischen einfacher und hübscher Darstellung, Anzeige als JSON-Struktur sowie in hexadezimaler Form umschalten. Das zu verwendende http-Verb stellen Sie über die Klappliste links neben der Adresszeile ein. Was als Body gesendet wird, können Sie in den entsprechenden Textfeldern eintragen. Dies gilt auch für etwaige zusätzliche Header-Einträge.

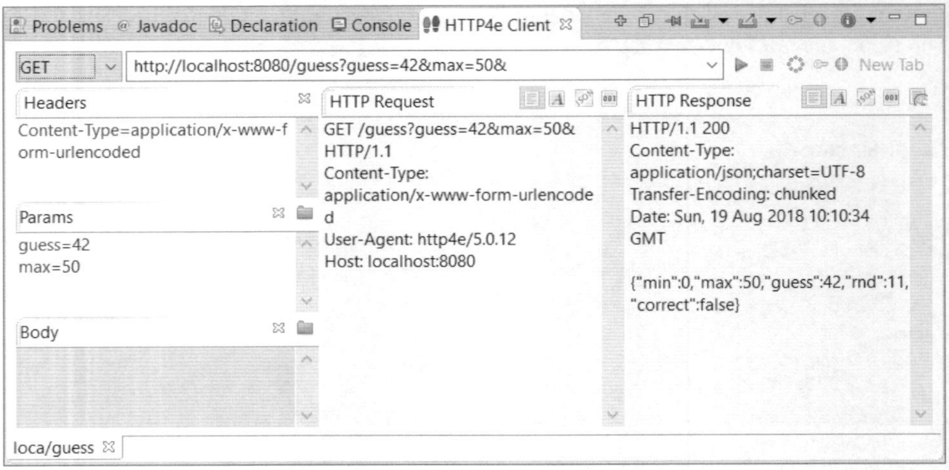

Bild 6.28 Die Sicht „HTTP4e Client“

Welche Auswirkungen die Eingaben in der Sicht *HTTP4e Client* auf unseren Webservice haben, sehen wir uns im nächsten Abschnitt an. Wir werden hierzu die Methode `guess()` der Klasse `GuessController` debuggen.

Aufrufe debuggen

Bitte öffnen Sie die Klasse `GuessController` durch Doppelklick im Package Explorer und setzen Sie einen Line Breakpoint in der Zeile `double range = max - min + 1;`. Sofern die Anwendung gerade ausgeführt wird, beenden Sie sie bitte. Klicken Sie die Projektwurzel mit der rechten Maustaste an und wählen Sie **Debug As/Spring Boot App**. Nachdem die App gestartet wurde, setzen Sie bitte eine neue Anfrage in der Sicht *HTTP4e Client* ab. Der Programmablauf wird in der Zeile mit dem Breakpoint gestoppt. Nun können Sie nach Belieben Werte einsehen und ändern. Ausführliche Hinweise hierzu finden Sie in Kapitel 4, „Fehlersuche und Test“

6.4 Zusammenfassung

Sie haben in diesem Kapitel die Spring Tool Suite kennengelernt und einen einfachen RESTful-Webservice mit Spring Boot erstellt. Mehr als ein Appetithappen kann an dieser Stelle freilich nicht geboten werden. Ausführliche Hinweise zur Programmierung mit Spring Boot finden Sie beispielsweise im Buch „Spring Boot 2: Moderne Softwareentwicklung mit Spring 5“ von Michael Simons. Die vollständigen bibliografischen Angaben enthält die Lektüreliste im Anhang.

7 Eine JavaFX-Anwendung entwickeln

In Kapitel 6, „Webservices mit Spring Boot", zeige ich Ihnen, wie leicht sich mit Spring Boot ein einfacher Webservice realisieren lässt. In diesem Zusammenhang lernen Sie, wie Sie den RESTful Webservice aufrufen und testen. Was nicht thematisiert wird, ist die Integration in eine Anwendung mit Benutzeroberfläche. Das ist Gegenstand dieses Kapitels sowie des abschließenden Kapitels 8, „Webanwendungen mit Angular".

Die Geschichte von JavaFX ist lang und keineswegs geradlinig. Entstanden ist die Technologie ursprünglich zu einer Zeit, in der sogenannte Rich Internet Applications (RIA) zumeist mit Flex von Adobe realisiert wurden. JavaFX-Anwendungen entstanden nicht in Java, sondern mit JavaFX Script – einer Scriptsprache. Dieser Version war (nach dem obligatorischen Hype) kein Erfolg beschieden. Dabei hat die Technologie hinter JavaFX sehr viel zu bieten. Die Beschreibung von Oberflächen durch einen Szenegraphen bietet Möglichkeiten, die weit über die Fähigkeiten von Swing hinausgehen. Als Beispiel sei an dieser Stelle nur die einfache Integration von Animationen und Übergängen genannt. Seit JavaFX Version 2 wird die Oberflächentechnologie über eine Java-Programmierschnittstelle angesprochen. Bis einschließlich 2.2.7 war JavaFX als separater Download erhältlich. Mit Java SE 7 Update 6 wurde es integraler Bestandteil von Oracles Java-SE-Implementierung. Mit der allgemeinen Verfügbarkeit von Java 11 soll sich dies wieder ändern. Dann soll die Weiterentwicklung von JavaFX durch die Entwicklergemeinschaft erfolgen.

Im folgenden ersten Abschnitt, „e(fx)clipse", stelle ich Ihnen die Integration von JavaFX in Eclipse vor. Wir installieren die benötigten Pakete und legen ein einfaches JavaFX-Projekt an. Abschnitt 7.2, „Die Benutzeroberfläche", thematisiert den Bau einer einfachen Benutzeroberfläche unter Verwendung der Auszeichnungssprache FXML. Abschnitt 7.3, „Die Teile verbinden", fügt diese bzw. den Controller und eine Klasse für den Zugriff auf den Webservice zu einer voll funktionsfähigen App zusammen.

7.1 e(fx)clipse

JavaFX ist (noch) integraler Bestandteil des Java Development Kits, wie es von Oracle ausgeliefert wird. Grundsätzlich ist deshalb das Schreiben von Programmen, die JavaFX nutzen, ohne weitere Downloads möglich. Dennoch ist es empfehlenswert, Eclipse um die Plugin-

Sammlung e(fx)clipse zu erweitern. Das Projekt ist Teil des jährlichen Sammel-Releases. Es erweitert die IDE um eine Reihe von Assistenten (Tooling) sowie eine Ausführungsplattform (Runtime). Dazu später mehr.

7.1.1 Benötigte Pakete installieren

Um e(fx)clipse zu installieren, rufen Sie bitte mit **Help/Install New Software** den Dialog *Install* auf. Wählen Sie in der Klappliste neben Work with den Eintrag **–All Available Sites–** aus, geben in der Filterzeile darunter e(fx)clipse ein und drücken dann die **Enter**-Taste. Der Dialog *Install* sollte nun in etwa Bild 7.1 entsprechen.

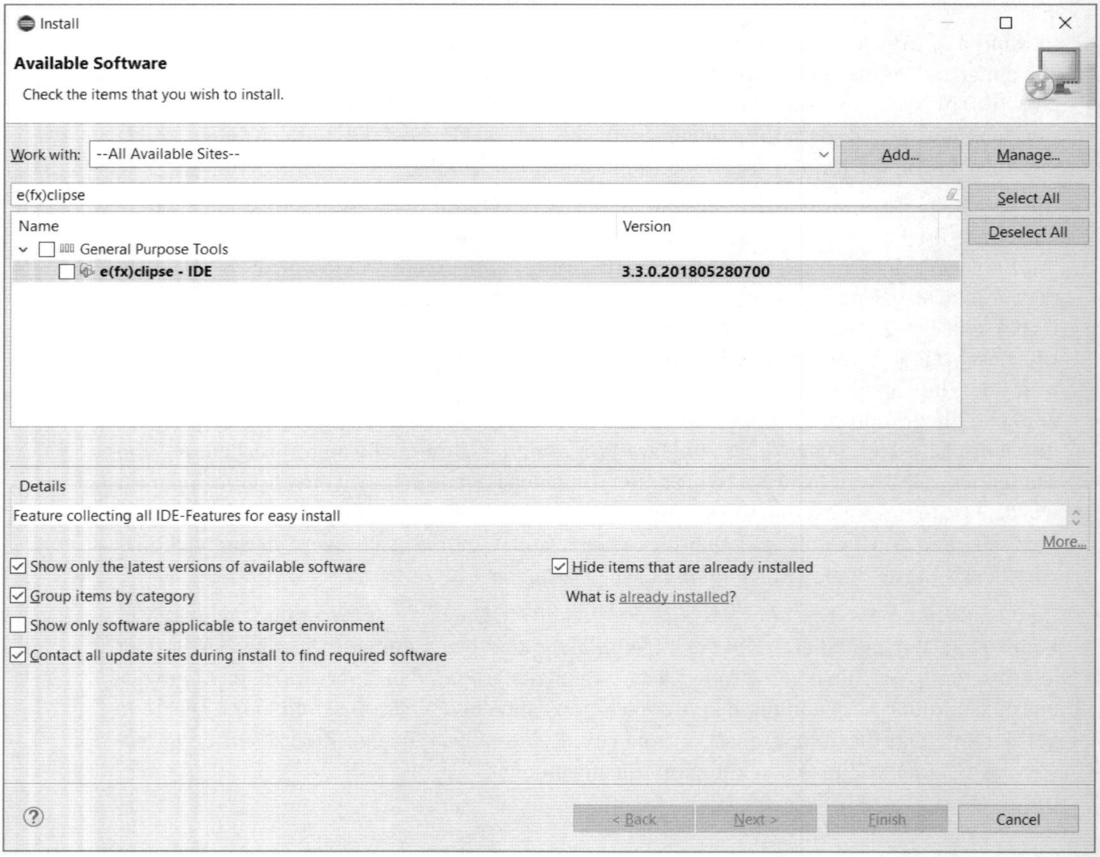

Bild 7.1 Der Dialog „Install“

Setzen Sie ein Häkchen vor **e(fx)clipse - IDE**, und klicken Sie dann auf **Next**. Die Seite *Install Details* listet die zu installierenden Komponenten auf (Bild 7.2). Ein Klick auf **Next** bringt Sie zu der Ihnen schon bekannten Seite *Review Licenses*. Sie müssen den Lizenzbestimmungen zustimmen, um die Installation fortsetzen zu können. **Finish** startet den Installationsvorgang.

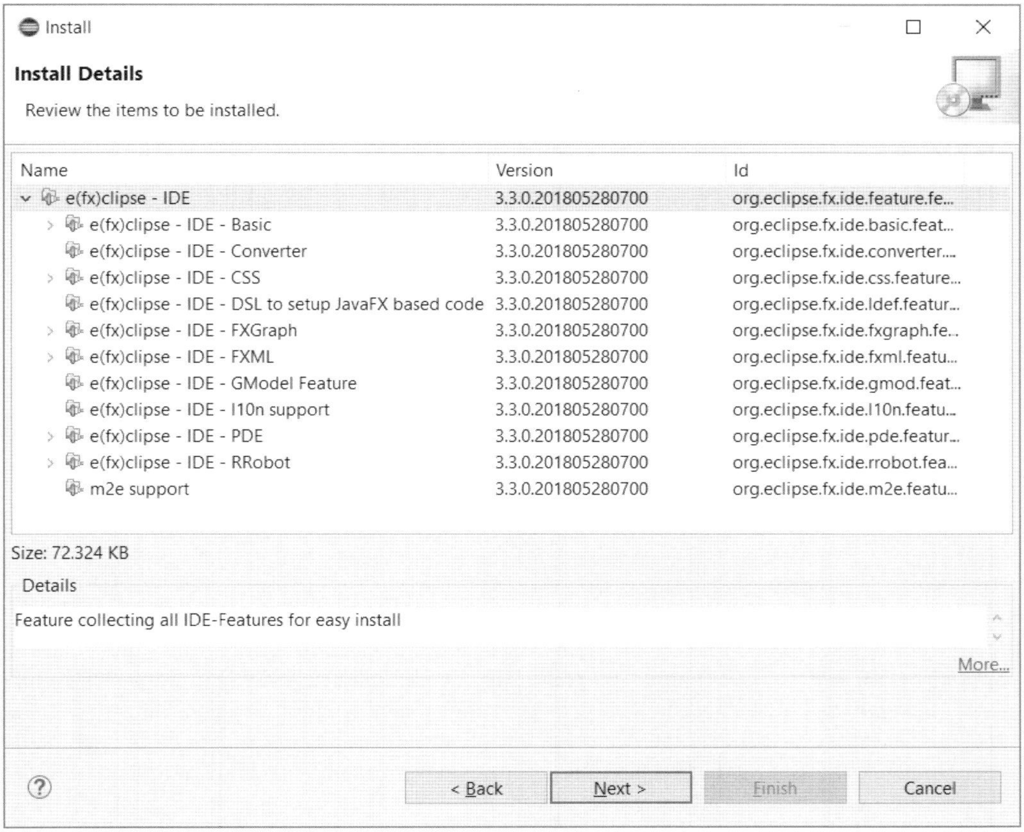

Bild 7.2 Installationsdetails

Nachdem alle Komponenten heruntergeladen und installiert wurden, möchte Eclipse neu gestartet werden. Bestätigen Sie dies durch einen Klick auf **Restart Now**. Nach dem Neustart sehen Sie den Willkommensbildschirm. Falls es noch gesetzt ist, entfernen Sie das Häkchen vor **Allways show Welcome at startup** und schließen dann die Sicht *Welcome*.

7.1.2 Ein JavaFX-Projekt anlegen

Bitte öffnen Sie mit **File/New/Project** den Assistenten zum Anlegen neuer Projekte. Klappen Sie den Knoten **JavaFX** auf und selektieren Sie dann **JavaFX Project** (Bild 7.3). Nach einem Klick auf **Next** können Sie dem Projekt einen Namen geben, z. B. JavaFXZahlenraten. Die übrigen Einstellungen können Sie unverändert übernehmen. Klicken Sie erneut auf **Next**.

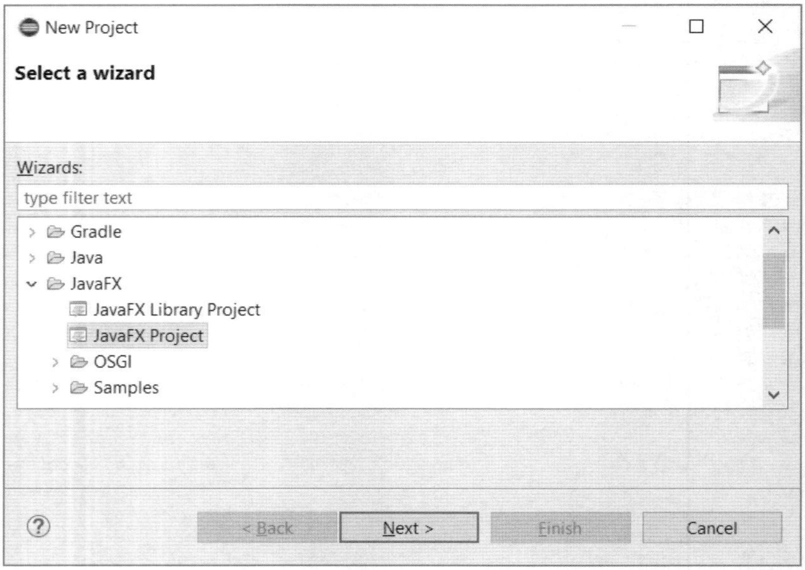

Bild 7.3 Der Dialog „New Project“

Auch auf der jetzt dargestellten Seite *Java Settings* müssen Sie keine Änderungen vornehmen. Klicken Sie noch einmal auf **Next**. Auf der nun dargestellten Seite wählen Sie einen Anwendungstyp aus und vergeben einen Paketnamen. Außerdem legen Sie fest, wie die Dateien für die Benutzeroberfläche heißen sollen. Bitte übernehmen Sie die Angaben aus Bild 7.4. Klicken Sie auf **Finish**, um den Projektassistenten zu schließen und das Projekt anzulegen.

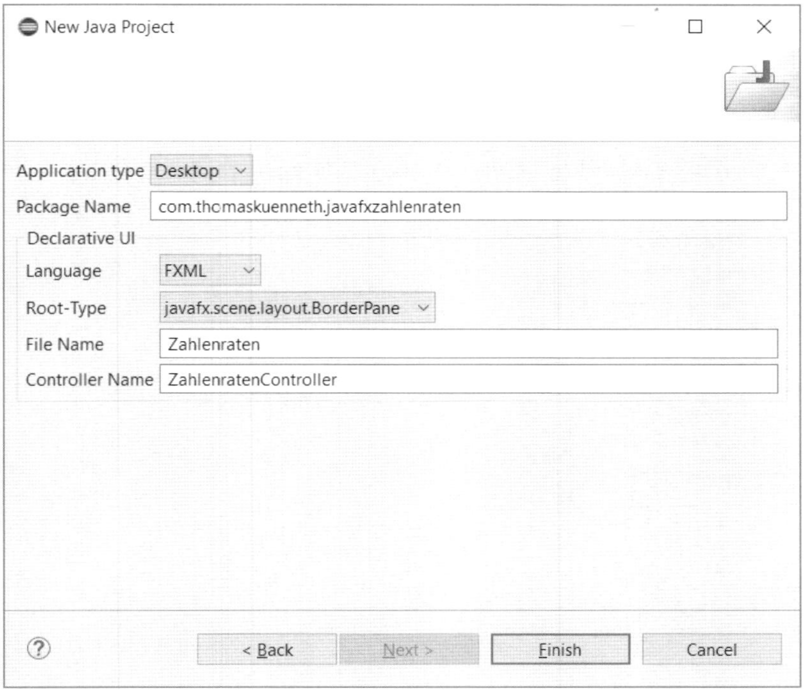

Bild 7.4 Anwendungstyp und Paket festlegen

Bitte werfen Sie im Package Explorer einen Blick auf die Dateien und Verzeichnisse des Projekts JavaFXZahlenraten (Bild 7.5). Neben der `Main`-Klasse gibt es einen Controller (`ZahlenratenController`). Um ihn kümmern wir uns etwas später. Im folgenden Abschnitt füllen wir die Datei Zahlenraten.fxml mit Leben. Sie wird die Beschreibung der Benutzeroberfläche enthalten.

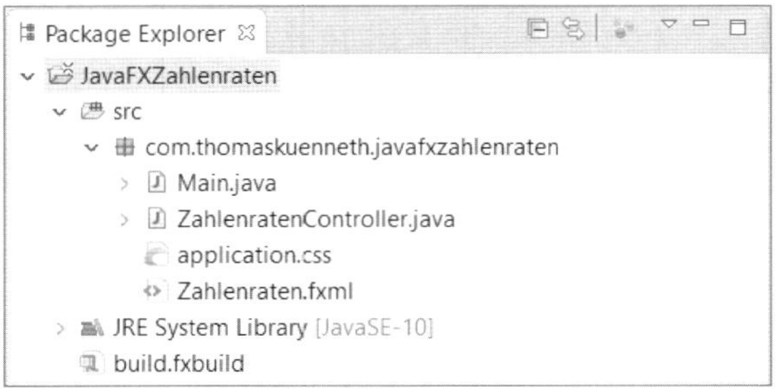

Bild 7.5 Vom Projektassistenten angelegte Dateien und Verzeichnisse

Klicken Sie im Package Explorer die Projektwurzel mit der rechten Maustaste an und wählen Sie dann **Run As/Java Application**. Sie sehen ein leeres Fenster ohne Titelzeile. Zugegeben, das wirkt wenig beeindruckend. Schon bald wird sich das allerdings ändern. Schließen Sie das Fenster, indem Sie den Close-Button anklicken.

7.2 Die Benutzeroberfläche

Der Webservice aus Kapitel 6, „Webservices mit Spring Boot“, erwartet zwei optionale Parameter (die kleinste und die größte Zahl des Bereichs, aus dem eine Zufallszahl ermittelt wird) sowie die geratene Zahl. Die sich daraus ergebende einfache Benutzeroberfläche sehen Sie als sogenanntes Wireframe in Bild 7.6.

Bild 7.6 Benutzeroberfläche als Wireframe

Bitte öffnen Sie die Datei Zahlenraten.fxml mittels Doppelklick im Package Explorer. Sie wird in einem Texteditor geöffnet (Bild 7.7). e(fx)clipse sieht derzeit keine Reißbrett-ähnliche Erstellung der Benutzeroberfläche vor. Wenn Sie auf eine Konstruktion mittels Drag and Drop Wert legen, bietet sich der Scene Builder an. Schon seit geraumer Zeit bietet Oracle keine installierbaren Pakete dieses Produkts mehr an. In die Bresche springt die Firma Gluon, die seit vielen Jahren in JavaFX und Open Source investiert. Sie können den Scene Builder für Windows, Linux und macOS unter der Adresse *https://gluonhq.com/products/scene-builder/* herunterladen.

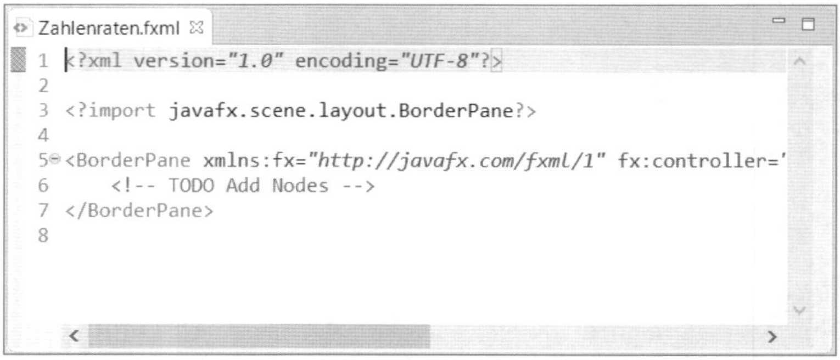

Bild 7.7 Eine FXML-Datei im Editor

Nach der Installation des Scene Builders öffnen Sie den Einstellungsdialog von Eclipse und klicken den Knoten **JavaFX** an. Die Seite *JavaFX* ist in Bild 7.8 zu sehen.

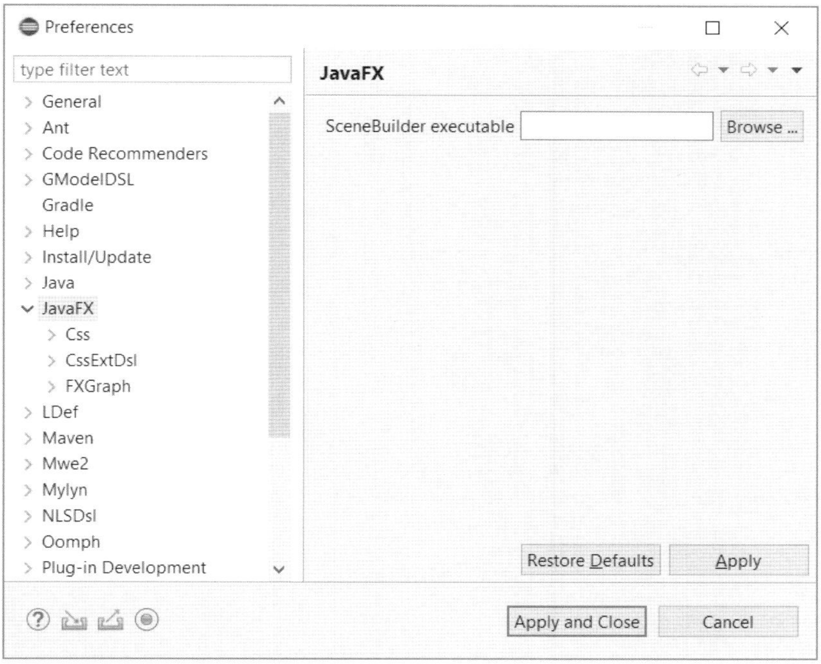

Bild 7.8 Die Seite „JavaFX“ des Eclipse-Einstellungsdialogs

Tragen Sie hier den absoluten Pfad auf den ausführbaren Scene Builder ein und schließen Sie danach den Einstellungsdialog mit **Apply and Close**. Um eine FXML-Datei mit dem Scene Builder zu bearbeiten, klicken Sie sie mit der rechten Maustaste an und wählen **Open with SceneBuilder**.

7.2.1 Eine FXML-Datei erstellen und bearbeiten

Für formularartige Benutzeroberflächen stellt JavaFX die Klasse `GridPane` zur Verfügung. Sie ordnet Kindelemente in einem flexiblen Gitter aus Zeilen und Spalten an. Wir werden die Bezeichnungen und Eingabefelder jeweils in denselben Spalten positionieren. Die Schaltfläche **Raten** sowie die Ergebnisanzeige wandern ebenfalls in ein `GridPane`. Ein `BorderPane` bildet die Wurzel des Komponentenbaums. Bitte übernehmen Sie nun das folgende Listing. Sie finden es in den Begleitmaterialien unter *https://github.com/tkuenneth/eclipse_book*.

Listing 7.1 Die Datei Zahlenraten.fxml

```
<?xml version="1.0" encoding="UTF-8"?>

<?import javafx.geometry.Insets?>
```

```
<?import javafx.scene.control.Button?>
<?import javafx.scene.control.Label?>
<?import javafx.scene.control.TextField?>
<?import javafx.scene.layout.BorderPane?>
<?import javafx.scene.layout.ColumnConstraints?>
<?import javafx.scene.layout.GridPane?>
<?import javafx.scene.layout.RowConstraints?>
<?import javafx.scene.text.Font?>

<BorderPane xmlns="http://javafx.com/javafx/10.0.1"
    xmlns:fx="http://javafx.com/fxml/1"
    fx:controller="com.thomaskuenneth.javafxzahlenraten.ZahlenratenController">
   <center>
      <GridPane hgap="12.0" vgap="4.0" BorderPane.alignment="CENTER">
        <columnConstraints>
          <ColumnConstraints fillWidth="false"
                             hgrow="NEVER" minWidth="10.0" />
          <ColumnConstraints hgrow="SOMETIMES" minWidth="60.0"
                             prefWidth="200.0" />
        </columnConstraints>
        <rowConstraints>
          <RowConstraints fillHeight="false" valignment="BASELINE"
                          vgrow="SOMETIMES" />
          <RowConstraints fillHeight="false" valignment="BASELINE"
                          vgrow="SOMETIMES" />
          <RowConstraints fillHeight="false"
                          valignment="BASELINE"
                          vgrow="SOMETIMES" />
        </rowConstraints>
         <children>
            <Label text="Kleinste Zahl" GridPane.rowIndex="0" />
            <Label text="Größte Zahl" GridPane.rowIndex="1" />
            <Label text="Geratene Zahl" GridPane.rowIndex="2" />
            <TextField GridPane.columnIndex="1" GridPane.rowIndex="0" />
            <TextField GridPane.columnIndex="1" GridPane.rowIndex="1" />
            <TextField GridPane.columnIndex="1" GridPane.rowIndex="2" />
         </children>
      </GridPane>
   </center>
   <bottom>
      <GridPane BorderPane.alignment="CENTER">
        <columnConstraints>
          <ColumnConstraints halignment="CENTER"
                             hgrow="SOMETIMES" minWidth="10.0"
                             prefWidth="100.0" />
        </columnConstraints>
        <rowConstraints>
          <RowConstraints />
          <RowConstraints vgrow="SOMETIMES" />
        </rowConstraints>
         <children>
            <Button mnemonicParsing="false" text="Raten" />
            <Label text="Label" GridPane.rowIndex="1">
               <font>
                  <Font size="64.0" />
               </font></Label>
         </children>
         <padding>
```

```
            <Insets top="16.0" />
         </padding>
      </GridPane>
   </bottom>
   <padding>
      <Insets bottom="16.0" left="16.0" right="16.0" top="16.0" />
   </padding>
</BorderPane>
```

Bitte starten Sie nun die App. Das Ergebnis ist in Bild 7.9 zu sehen. Für einen ersten Wurf sieht das doch schon recht passabel aus, oder? Schade ist nur, dass der Abstand zwischen den Zeilen zu groß ist. Dies lässt sich aber zum Glück schnell beheben.

Bild 7.9 Erste Version der App „Zahlenraten"

Öffnen Sie hierzu die Klasse `Main` und entfernen Sie in der Zeile `Scene scene = new Scene(root` die durch Kommata getrennten Zahlen. Vielleicht ist Ihnen auch aufgefallen, dass Sie die Größe des Fensters verändern können. Wenn Ihnen das nicht gefällt, können Sie in der Zeile oberhalb von `primaryStage.show();` die Zeile `primaryStage.setResizable(false);` einfügen. Und weil wir gerade bei Verschönerungsaktionen sind – mit `primaryStage.setTitle("Zahlenraten");` vergeben Sie einen Fenstertitel. Was noch nicht funktioniert, ist das Raten an sich. Dazu müssen die Werte aus den Eingabefeldern aufgesammelt und nach einem Klick auf **Raten** an den Webservice übermittelt werden. Den hierfür notwendigen Controller sehen wir uns im folgenden Abschnitt an.

7.2.2 Einen Controller implementieren

Bitte öffnen Sie die Klasse ZahlenratenController. Übernehmen Sie dann das folgende Listing.

Listing 7.2 Die Klasse ZahlenratenController

```
package com.thomaskuenneth.javafxzahlenraten;

import javafx.event.ActionEvent;
import javafx.fxml.FXML;
import javafx.scene.control.Label;
import javafx.scene.control.TextField;

public class ZahlenratenController {

  @FXML
  private TextField min;

  @FXML
  private TextField max;

  @FXML
  private TextField guess;

  @FXML
  private Label result;

  @FXML
  protected void handleGuessButtonAction(ActionEvent event) {
  }
}
```

Damit die mit @FXML annotierten Variablen an UI-Controls gebunden werden, müssen Sie diese in der FXML-Datei entsprechend erweitern. Gleiches gilt für die Schaltfläche **Raten**. Fügen Sie in der Datei Zahlenraten.fxml dem Tag <Button … /> das Attribut onAction= "#handleGuessButtonAction" hinzu. Die drei Eingabefelder erhalten die Attribute fx:id="min", fx:id="max" bzw. fx:id="guess". Das Label (mit der großen Schrift) bekommt das Attribut fx:id="result". Bitte speichern Sie beide Dateien und setzen Sie dann einen Breakpoint in der (leeren) Methode handleGuessButtonAction() der Klasse ZahlenratenController. Starten Sie nun mit **Run/Debug** den Debugvorgang. Tragen Sie in die drei Eingabefelder beliebige Werte ein und klicken Sie dann auf **Raten**. Die Programmausführung wird in der Methode handleGuessButtonAction() angehalten. Wenn Sie mit der Maus auf eine der Instanzvariablen fahren, sehen Sie zwar eine Reihe von Informationen, aber nicht so ohne Weiteres den von Ihnen eingegebenen Wert. Hier hilft uns die Sicht *Expressions*, mit der ich mich auch in Kapitel 4, „Fehlersuche und Test“, beschäftige. Klicken Sie auf **Add new expression** und geben Sie dann z. B. min.getText() ein. Nach einem Druck auf die **Enter**-Taste wird das Ergebnis in der Spalte Value ausgegeben. Wie das aussehen kann, ist in Bild 7.10 zu sehen. Bitte beenden Sie nun unseren kleinen Ausflug in das Debugging mit **Run/Terminate**.

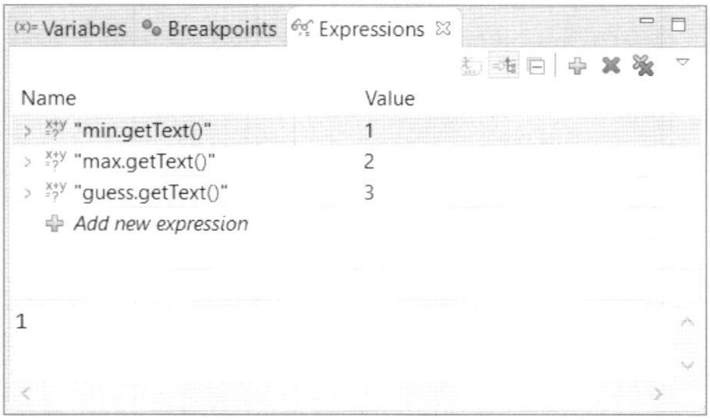

Bild 7.10 Die Sicht „Expressions“

Im nächsten Abschnitt übergeben wir die Eingaben an den Rate-Webservice und holen uns das Ergebnis (richtig oder falsch geraten) ab. Da stets ganze Zahlen geraten werden, ist das Eingeben von Kommazahlen oder gar Buchstaben unsinnig. Deshalb zeige ich Ihnen jetzt noch, wie Sie falsche Eingaben schon während des Tippens verhindern können. Bitte fügen Sie das folgende Listing der Klasse `ZahlenratenController` hinzu. Nach der Eingabe müssen Sie noch die fehlenden Importe der Klassen `javafx.scene.control.TextFormatter` und `java.util.function.UnaryOperator` ergänzen. Am schnellsten geht das mit dem Menübefehl **Source/Organize Imports**.

Listing 7.3 Falsche Eingaben filtern

```
@FXML
public void initialize() {
  UnaryOperator<TextFormatter.Change> filter = change -> {
    String text = change.getControlNewText();
    if (text.matches("-?[0-9]*")) {
      return change;
    }
    return null;
  };
  min.setTextFormatter(new TextFormatter<>(filter));
  max.setTextFormatter(new TextFormatter<>(filter));
  guess.setTextFormatter(new TextFormatter<>(filter));
}
```

Der für die Prüfung verwendete reguläre Ausdruck ist recht einfach gestrickt. Am Anfang kann ein Minuszeichen stehen. Danach folgen beliebig oft Zahlen zwischen 0 und 9. Das bedeutet, dass sowohl ein leeres Feld als auch eine nur aus dem Minuszeichen bestehende Eingabe erst einmal als richtig angesehen werden. Beides ergibt aber keine gültige Zahl. Die eigentliche Prüfung soll aber auch später erfolgen, hier geht es ja primär um das Aussortieren offensichtlich falscher Zeichen.

HINWEIS: Vielleicht fragen Sie sich, warum den drei Variablen `min`, `max` und `guess` jeweils eine neue `TextFormatter`-Instanz zugewiesen wird. Da deren Implementierung immer dasselbe tut, läge es doch eigentlich nahe, ein gemeinsames Objekt zu verwenden. In diesem Fall würde aber eine `IllegalStateException` (Formatter is already used in other control) geworfen.

7.3 Die Teile verbinden

Für die Kommunikation mit dem RESTful Webservice aus Kapitel 6, „Webservices mit Spring Boot“, müssen wir JSON-Datenstrukturen lesen und in Java-Objekte umwandeln. Da es auch in Java SE 10 keinen Standard-JSON-Parser gibt, verwende ich hierfür die sehr leichtgewichtige und seit vielen Jahren bewährte Bibliothek JSON-Java. Sie wurde ursprünglich von Douglas Crockford entwickelt. Mittlerweile kümmert sich Sean Leary um die Pflege. Sie finden das Repository unter *https://github.com/stleary/JSON-java*.

Wenn Sie externe Bibliotheken in Ihrem Projekt verwenden möchten, können Sie diese auf verschiedene Arten integrieren. Die erste Variante ist, Ihr Projekt in ein Maven-Projekt umzuwandeln. Dann brauchen Sie die Artefakte nur als Abhängigkeiten in der POM einzutragen. Dies ist ausführlich in Abschnitt 3.4, „Maven und externe Tools“, beschrieben. Allerdings bildet Maven einen nicht ganz einfachen Lebenszyklus ab. Projekte durchlaufen mehrere Phasen (build, install, deploy). Da wir uns in diesem Kapitel auf die Arbeit mit JavaFX und e(fx)clipse konzentrieren wollen, habe ich mich für die leichtgewichtigere Alternative entschieden. Hierbei laden Sie nur eine .jar-Datei herunter und fügen sie dem Build Path hinzu. Dies ist ausführlich in Abschnitt 3.3.2, „Bibliotheken“, beschrieben.

Sicher fragen Sie sich nun, welches Archiv Sie herunterladen müssen. Wir machen uns hier zunutze, dass Maven-Artefakte in einem zentralen Repository vorgehalten werden. Auf der Seite *https://mvnrepository.com/artifact/org.json/json* finden Sie eine Aufstellung der in einer POM nutzbaren Versionen. Wie das aussehen kann, ist in Bild 7.11 zu sehen. Klicken Sie im Bereich **Central** eine Version an, z. B. **20180813**.

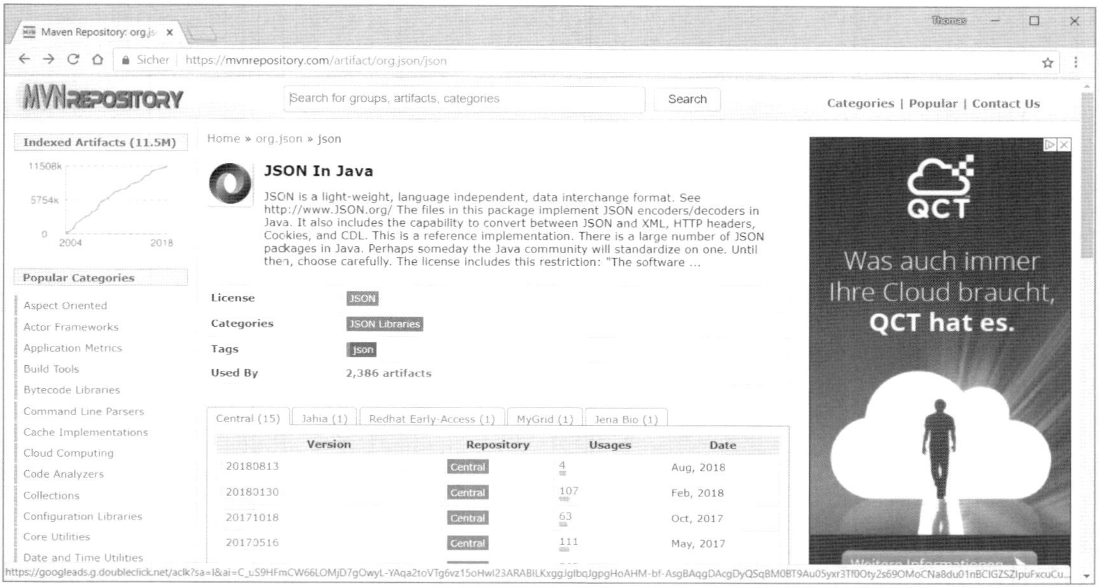

Bild 7.11 Übersicht der JSON-Java-Versionen

Auf der nun angezeigten Detailseite (Bild 7.12) finden Sie ein XML-Fragment, das Sie in Ihre pom.xml integrieren könnten. Uns interessiert aber der Link **bundle (63 KB)**. Klicken Sie ihn an, um JSON-Java herunterzuladen.

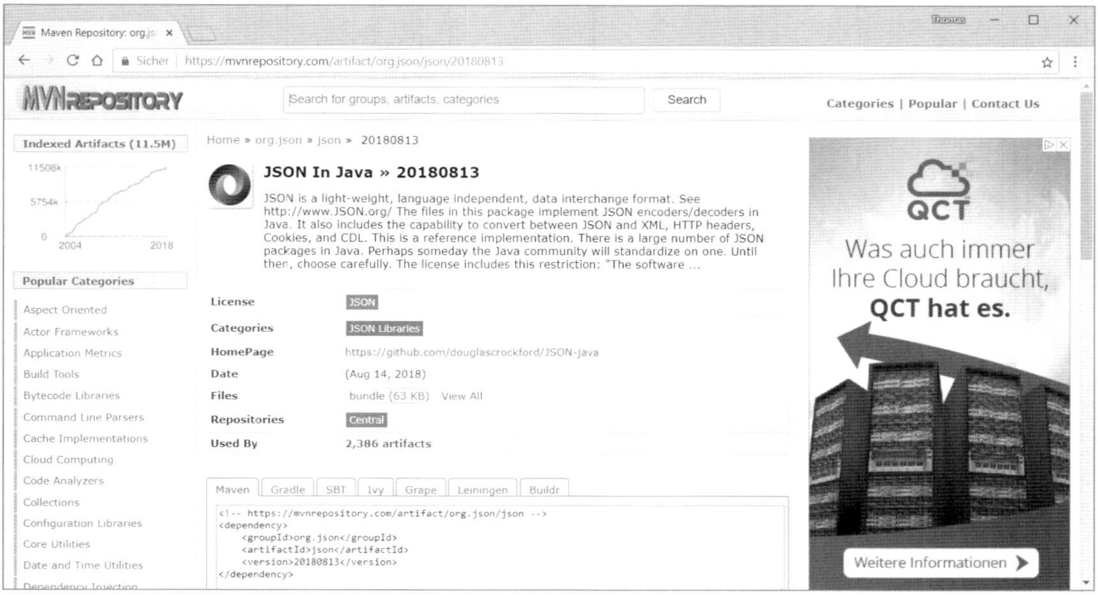

Bild 7.12 Detailseite zu einem Maven-Artefakt

Klicken Sie nun im Package Explorer das Projekt JavaFXZahlenraten mit der rechten Maustaste an und wählen Sie dann **Build Path/Add External Archives**. Navigieren Sie in der Dateiauswahl in das Verzeichnis mit der heruntergeladenen Datei und wählen Sie sie aus. In meinem Fall ist dies json-20180813.jar im Downloads-Ordner. Wie Sie die Bibliothek nutzen, zeige ich Ihnen im folgenden Abschnitt.

7.3.1 Einen Webservice aufrufen

Seit Java 9 gibt es mit dem HTTP Client eine moderne Alternative zur Klasse `java.net.HttpURLConnection`. Der HTTP Client unterstützt den Protokollstandard http2, synchrone und asynchrone Kommunikation sowie auf Wunsch reaktive Programmierung. Allerdings sieht Oracle die Programmierschnittstelle nicht als final an. Deshalb liegen die beteiligten Klassen im Paket `jdk.incubator.http`. Bevor wir sie nutzen können, müssen wir allerdings eine Datei module-info.java anlegen, da dies der Assistent zum Anlegen von JavaFX-Projekten derzeit nicht automatisch tut. Klicken Sie im Package Explorer mit der rechten Maustaste auf den Knoten src und wählen Sie dann **New/File**. Geben Sie als Dateinamen module-info.java ein (Bild 7.13) und klicken Sie dann auf **Finish**.

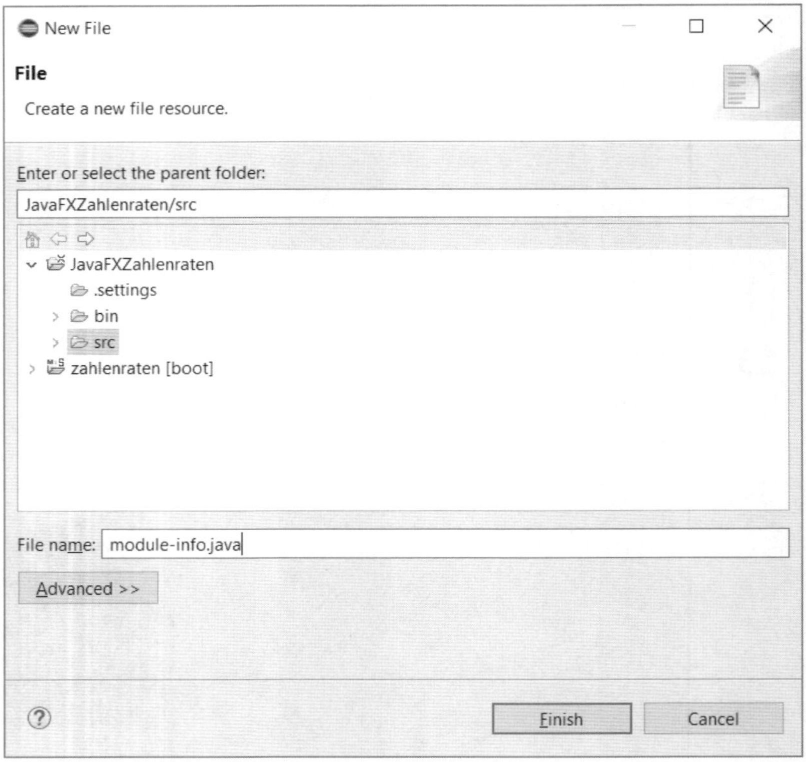

Bild 7.13 Eine neue Datei anlegen

Bitte übernehmen Sie nun das folgende Listing. Damit konfigurieren Sie den Java-Modulpfad für die Verwendung von JavaFX, HTTP Client und JSON-Java.

Listing 7.4 Die Datei module-info.java

```
module javafxzahlenraten {
  opens com.thomaskuenneth.javafxzahlenraten;
  requires jdk.incubator.httpclient;
  requires javafx.base;
  requires javafx.fxml;
  requires javafx.controls;
  requires org.json;
}
```

Allerdings müssen wir jetzt noch eine kleine Änderung am Build Path des Projekts vornehmen, damit JSON-Java gefunden wird. Bitte öffnen Sie hierzu die Projekteigenschaften (**Project/Properties**) und wechseln Sie auf der Seite **Java Build Path** auf die Registerkarte **Libraries**. Schieben Sie nun JSON-Java mittels Drag and Drop vom Knoten **Classpath** nach **Modulepath**. Das Ergebnis ist in Bild 7.14 zu sehen. Übernehmen Sie Ihre Änderung mit **Apply and Close**.

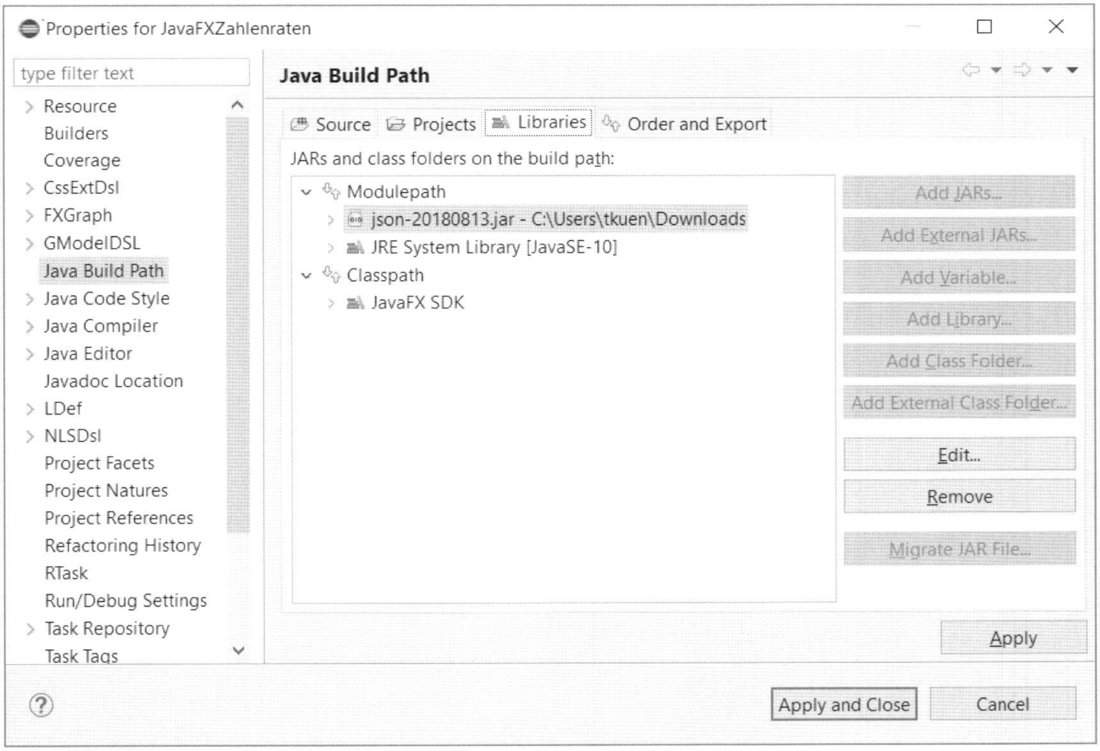

Bild 7.14 Die Projekteigenschaften von JavaFXZahlenraten

HINWEIS: Falls in der Datei module-info.java `requires org.json;` weiterhin als Fehler moniert wird, bauen Sie nach dem Speichern der Datei das Projekt bitte neu. Setzen Sie ggf. ein Häkchen vor **Project/Build Automatically**.

Um den Webservice-Zugriff soll sich eine eigene Klasse `ZahlenratenService` kümmern. Legen Sie diese bitte mit dem Assistenten zum Anlegen von Klassen (`File/New/Class`) an. Achten Sie dabei darauf, dass sie zum Paket `com.thomaskuenneth.javafxzahlenraten` gehört. Anschließend übernehmen Sie bitte den Code aus dem folgenden Listing.

Listing 7.5 Die Klasse ZahlenratenService

```
package com.thomaskuenneth.javafxzahlenraten;

import java.io.IOException;
import java.net.URI;
import org.json.JSONObject;
import jdk.incubator.http.HttpClient;
import jdk.incubator.http.HttpRequest;
import jdk.incubator.http.HttpResponse;
import jdk.incubator.http.HttpResponse.BodyHandler;

public class ZahlenratenService {

  private final HttpClient client;

  public ZahlenratenService() {
    client = HttpClient.newHttpClient();
  }

  public String rate(int min, int max, int guess) {
    String result = null;
    String url = "http://localhost:8080/guess?min=%d&max=%d&guess=%d";
    url = String.format(url, min, max, guess);
    HttpRequest request = HttpRequest.newBuilder()
        .uri(URI.create(url)).build();
    try {
      HttpResponse<String> response = client.send(request,
          BodyHandler.asString());
      if (response.statusCode() == 200) {
        JSONObject jo = new JSONObject(response.body());
        boolean correct = jo.getBoolean("correct");
        result = correct ? "Richtig" : "Falsch";
      }
    } catch (IOException | InterruptedException e) {
      // TODO Auto-generated catch block
      e.printStackTrace();
    }
    return result;
  }
}
```

Der HTTP Client setzt intensiv auf Builder. Zentrale Objekte bei der Nutzung sind Instanzen der Typen `HttpRequest` (`client.send(...)`) und `HttpResponse`. Sofern beim Aufruf des Webservice alles in Ordnung war (`response.statusCode() == 200`), wird mit `new JSONObject(response.body())` ein Objekt erzeugt, mit dem auf die gelieferte JSON-Struktur zugegriffen werden kann. Der Ausdruck `getBoolean("correct")` wertet aus, ob die richtige Zahl geraten wurde. Lassen Sie uns zum Abschluss die Klasse `ZahlenratenService` in den `ZahlenratenController` integrieren. Bitte ändern Sie die Methode `handleGuessButtonAction()` ab, wie im folgenden Listing zu sehen.

Listing 7.6 Die neue Methode handleGuessButtonAction()

```
@FXML
protected void handleGuessButtonAction(ActionEvent event) {
   try {
      int _min = Integer.parseInt(min.getText());
      int _max = Integer.parseInt(max.getText());
      int _guess = Integer.parseInt(guess.getText());
      result.setText(service.rate(_min, _max, _guess));
   } catch (NumberFormatException e) {
      result.setText("falsches Format");
   }
}
```

Damit sie funktioniert, müssen Sie in der Klasse `ZahlenratenController` die private Instanzvariable `service` deklarieren:

```
private ZahlenratenService service;
```

Es bietet sich an, sie dann in der Methode `initialize()` zu initialisieren:

```
service = new ZahlenratenService();
```

Damit ist die Implementierung unseres JavaFX-Frontends abgeschlossen. Um es ausprobieren zu können, müssen Sie das Projekt zahlenraten aus Kapitel 6, „Webservices mit Spring Boot", starten. Falls Sie es geschlossen haben, öffnen Sie es bitte. Sofern Sie es aus dem Arbeitsbereich entfernt haben, müssen Sie es mit dem Assistenten zum Importieren von Projekten wieder hinzufügen. Beachten Sie hierbei bitte die folgenden Hinweise.

HINWEIS: Wählen Sie auf der ersten Seite des Import-Assistenten **MAVEN/EXISTING MAVEN PROJECTS** und folgen Sie dann den Anweisungen. Nach dem Importieren des Projekts klicken Sie bitte die Projektwurzel mit der rechten Maustaste an und wählen dann **RUN AS/MAVEN INSTALL**. Als letzten Schritt öffnen Sie erneut das Kontextmenü und klicken auf **Maven/Update Project**. ■

Sie können in Eclipse mehrere Projekte gleichzeitig ausführen und debuggen. Wichtig ist nur, den nach unten weisenden Pfeil der betreffenden Toolbar-Symbole anzuklicken  und dann das gewünschte Projekt im sich öffnenden Popup auszuwählen.

7.3.2 Das fertige Programm paketieren

Ist Ihnen im Package Explorer die Datei build.fxbuild aufgefallen? Sie erweist sich als äußerst nützlich, wenn Sie Ihre fertige JavaFX-App paketieren möchten. Bevor wir uns genauer ansehen, wie das funktioniert, müssen wir im zentralen Einstellungsdialog auf der Seite *Installed JREs* (Bild 7.15) möglicherweise ein JDK hinzufügen. Ist dort kein JDK vorhanden (alle Namen beginnen mit jre-), klicken Sie auf **Add**.

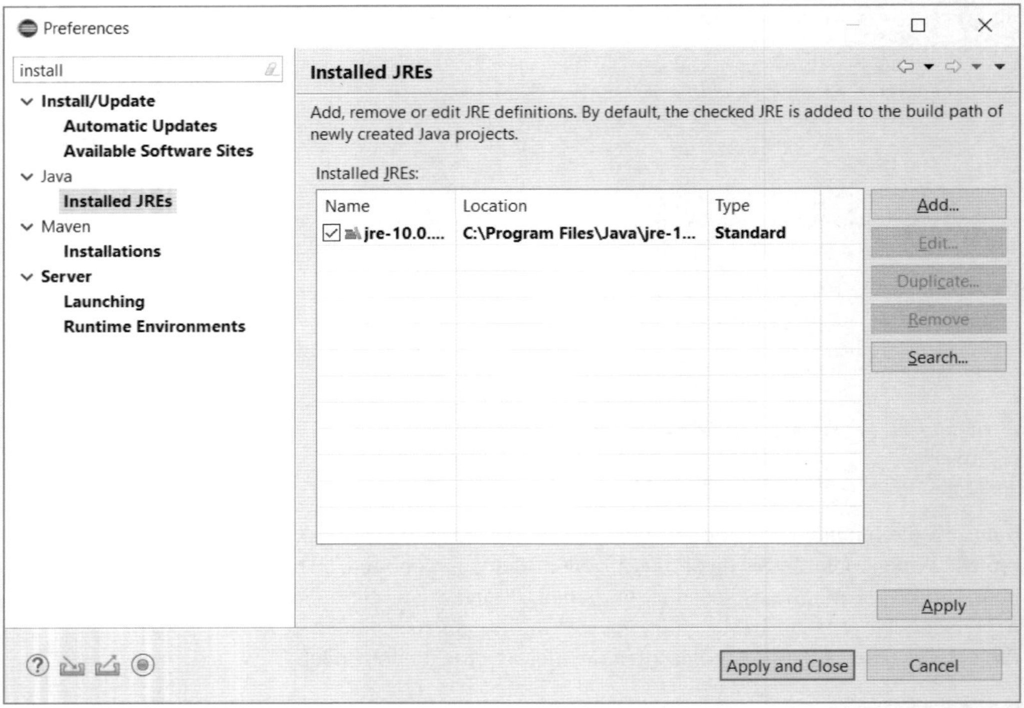

Bild 7.15 Die Seite „Installed JREs" des Einstellungsdialogs

Sie sehen nun den Dialog *Add JRE* (Bild 7.16). Klicken Sie zuerst auf **Standard VM**, danach auf **Next**.

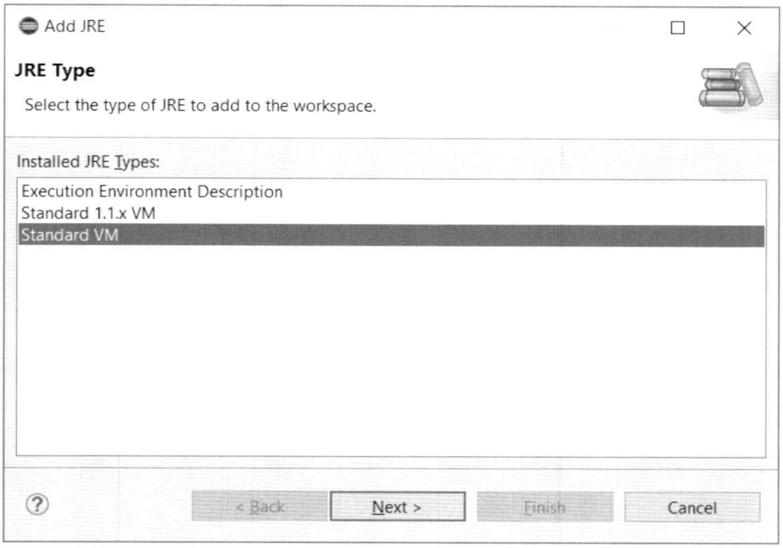

Bild 7.16 Die Seite „JRE Type“ des Dialogs „Add JRE“

Auf der nun dargestellten Seite *JRE Definition* klicken Sie bitte auf **Directory**, navigieren zum Basisverzeichnis eines JDKs und wählen dieses aus. Danach sollte der Dialog *Add JRE* in etwa Bild 7.17 entsprechen. Schließen Sie ihn durch einen Klick auf **Finish**.

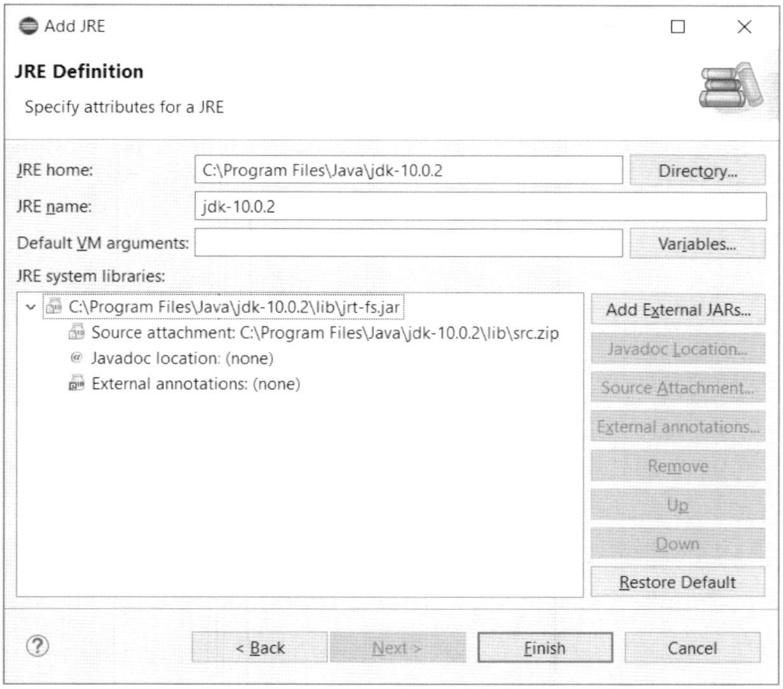

Bild 7.17 Die Seite „JRE Definition“ des Dialogs „Add JRE“

Das JDK ist nun auf der Seite *Installed JREs* des Einstellungsdialogs zu sehen (Bild 7.18). Bitte schließen Sie diesen mit **Apply and Close**.

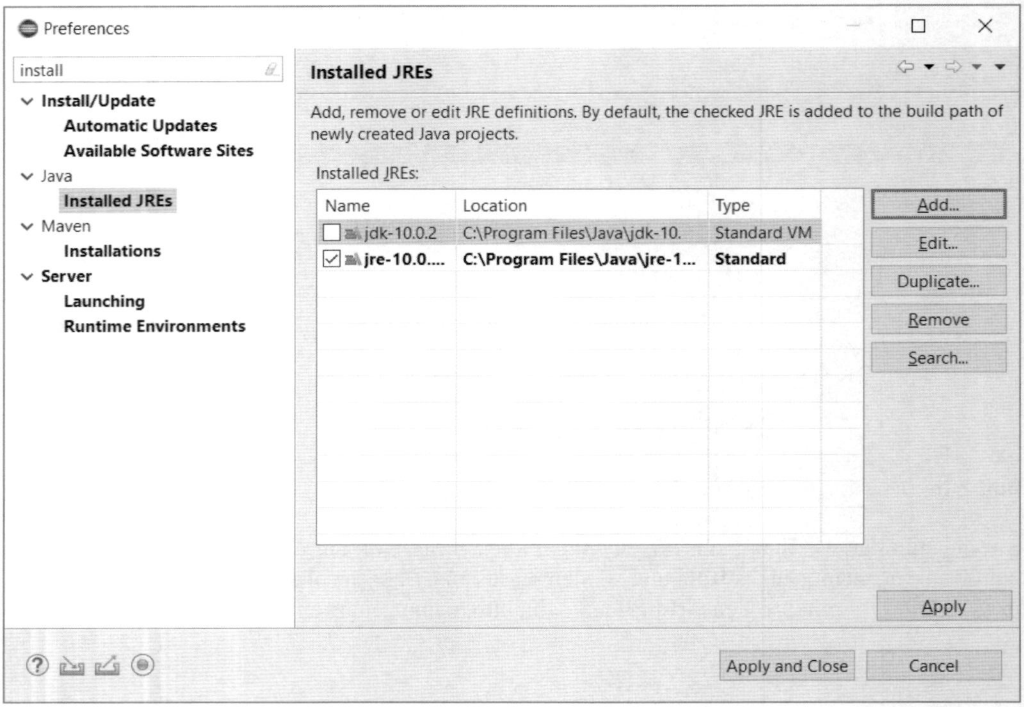

Bild 7.18 Das hinzugefügte JDK im Einstellungsdialog

Öffnen Sie nun die Datei build.fxbuild mit einem Doppelklick. Sie wird in einem Editorfenster dargestellt, das in Bild 7.19 zu sehen ist.

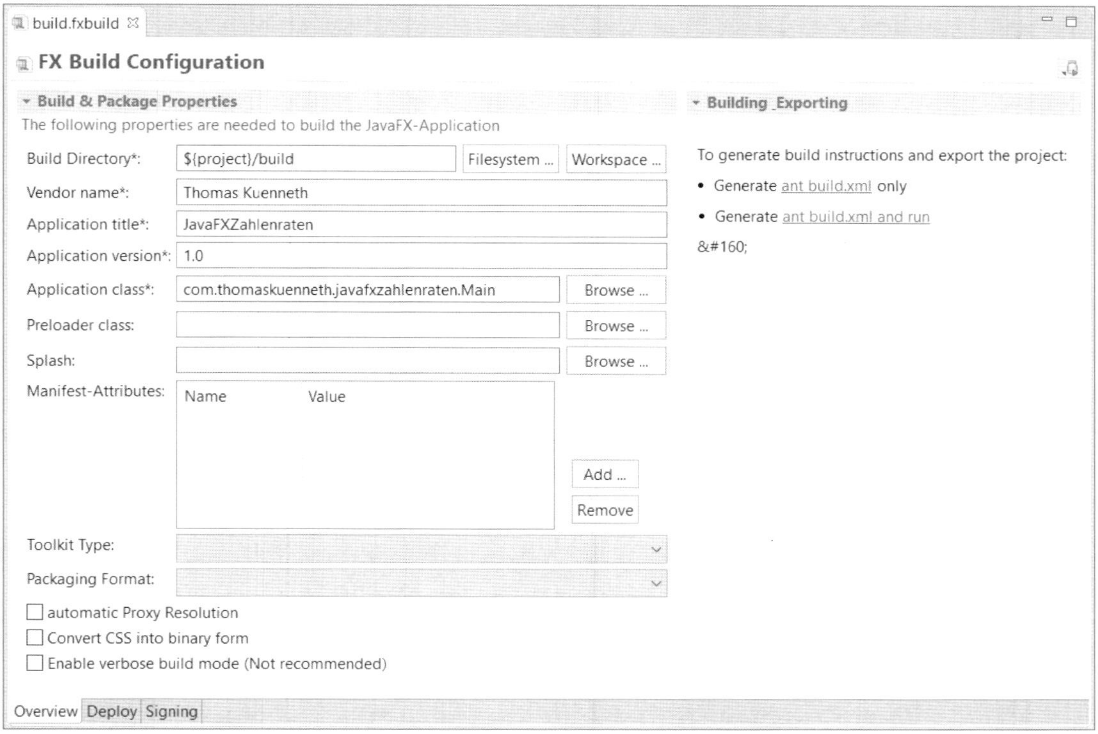

Bild 7.19 Die Datei build.fxbuild im geöffneten Editor

Im Editor geben Sie Information zu Ihrer App ein, beispielsweise Name, Versionsnummer und Hauptklasse. Den eigentlichen Bauvorgang übernimmt Ant. Dieses Build-Tool erhält seine Anweisungen aus der Datei build.xml, die Sie durch Anklicken des Links **ant build only** erzeugen. Hierbei werden Ihre Eingaben im Editor in die generierte Datei übernommen. Bitte speichern Sie deshalb Ihre Änderungen, bevor Sie die Generierung starten. Möglicherweise sehen Sie den in Bild 7.20 dargestellten Hinweis, dass Ihrem Projekt kein JDK, sondern nur ein JRE zugewiesen ist. Klicken Sie in diesem Fall auf **Yes** und wählen Sie Ihr gerade hinzugefügtes JDK aus.

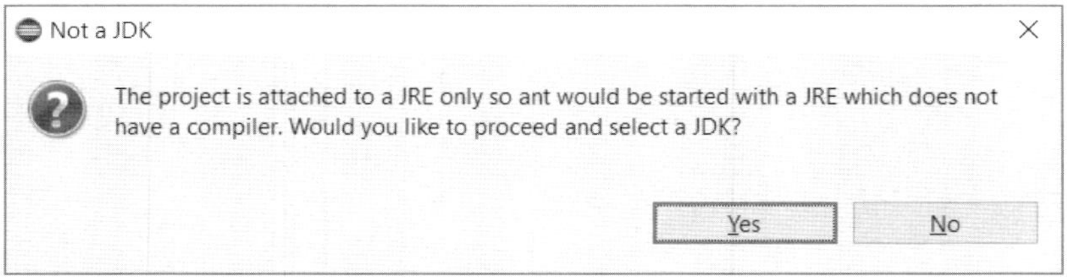

Bild 7.20 Hinweis, dass die Projektlaufzeitumgebung kein JDK ist

Die generierte XML-Datei befindet sich im Verzeichnis build. Öffnen Sie sie bitte mit einem Doppelklick im Package Explorer. Bitte suchen Sie nach diesen Zeilen:

```
<path id="fxant">
  <filelist>
    <file name="${java.home}\..\lib\ant-javafx.jar"/>
```

Ändern Sie die letzte Zeile folgendermaßen um:

```
<file name="${java.home}\lib\ant-javafx.jar"/>
```

Suchen Sie nun nach den folgenden Zeilen:

```
<!-- Copy project sources itself -->
<copy todir="build/src">
  <fileset dir="project/src">
    <include name="**/*"/>
```

Fügen Sie unter der letzten Zeile die folgende ein:

```
<exclude name="module-info.java" />
```

Als Letztes suchen Sie bitte die folgenden Zeilen:

```
<javac includeantruntime="false" source="10"
       target="10" srcdir="build/src" destdir="build/classes"
       encoding="Cp1252">
  <classpath>
    <fileset dir="build/libs">
      <include name="*"/>
    </fileset>
  </classpath>
```

Fügen Sie nach der letzten Zeile die folgende ein:

```
<compilerarg value="--add-modules=jdk.incubator.httpclient" />
```

Nun können Sie die Paketierung starten. Klicken Sie hierzu im Package Explorer die Datei build.xml mit der rechten Maustaste an und wählen Sie dann **Run As/Ant Build**. Die paketierten Dateien befinden sich im Unterverzeichnis dist des build-Ordners. Unter Umständen müssen Sie das Projekt im Package Explorer mit **File/Refresh** aktualisieren.

Der Aufruf der paketierten Anwendung könnte folgendermaßen aussehen:

> java –add-modules="jdk.incubator.httpclient" -jar C:\Users\tkuen\eclipse-workspace\JavaFXZahlenraten\build\dist\JavaFXZahlenraten.jar

7.4 Zusammenfassung

Sie haben in diesem Kapitel gesehen, dass Sie mit wenig Aufwand eine JavaFX-Anwendung in Eclipse erstellen und paketieren können. Natürlich habe ich sehr wenig zu JavaFX an sich geschrieben, schließlich möchten Sie sich ja vor allem in Eclipse einarbeiten. Falls Sie sich intensiver mit JavaFX befassen möchten, finden Sie in dem englischsprachigen Buch „Introducing JavaFX 8 Programming" von Herbert Schildt einen leichten Einstieg. Die ausführlichen bibliografischen Angaben entnehmen Sie bitte der Lektüreliste im Anhang.

8 Webanwendungen mit JavaScript

Es gab eine Zeit, in der Entwickler die Nase gerümpft haben, wenn jemand in JavaScript oder mit auf JavaScript basierenden Sprachen programmiert hat. Dies ist schon lange Vergangenheit. In den letzten Jahren haben sich JavaScript und TypeScript zu den mit am häufigsten verwendeten Programmiersprachen gemausert, insbesondere für den Bau von Frontends. Meistens wird die Benutzeroberfläche von Anwendungen mit modernen Webtechnologien umgesetzt, also HTML5, CSS und eben JavaScript oder TypeScript. Selbst wenn also die Geschäftslogik (das Backend) mit Java geschrieben wird, kommen Entwickler zuweilen mit den beiden genannten Sprachen in Berührung. Natürlich gibt es Entwicklungsumgebungen speziell für die Webentwicklung. Aber wenn Sie sich ohnehin in Eclipse einarbeiten, warum dann nicht das erworbene Wissen für die Web-Programmierung nutzen?

In diesem Kapitel sehen wir uns als Erstes die Web Developer Tools genauer an. Wir werden diese Plugin-Sammlung dazu verwenden, eine einfache HTML-Seite mit JavaScript-Code zu verbinden. In Abschnitt 8.1, „Web Developer Tools“, installieren wir die Plugins, legen ein neues Projekt an und fügen dann HTML und JavaScript hinzu. Abschnitt 8.2, „Angular“ zeigt, wie Sie eine Benutzeroberfläche für den Webservice aus Kapitel 6, „Webservices mit Spring Boot“, unter Verwendung des modern Webframeworks Angular erstellen.

8.1 Web Developer Tools

Die Web Developer Tools sind ein mächtiges Paket, das neben JavaScript-Unterstützung unter anderem Autovervollständigung bei der Eingabe von HTML und CSS, sowie eine Reihe von Sichten, Assistenten, Editoren und Buildern beinhaltet. Speziell für Webentwickler gibt es sogar eine eigene Distribution: Eclipse IDE for JavaScript and Web Developers. Sie basiert auf den Eclipse Web Developer Tools. Sie müssen diese aber natürlich nicht zusätzlich nutzen. Im Folgenden zeige ich Ihnen, wie Sie Ihre vorhandene Eclipse-Installation entsprechend erweitern.

8.1.1 Installation

Bitte öffnen Sie mit **Help/Install New Software** den Assistenten zum Installieren neuer Software. Wählen Sie bei Work with **–All Available Sites–** und geben Sie in der Filterzeile darunter javascript ein. Selektieren Sie im Knoten **Web, XML, Java EE and ISGi Enterprise Development** (Bild 8.1) **Eclipse Web Developer Tools** und klicken dann auf **Next**. Übrigens können Sie durch Setzen oder Entfernen des Häkchens vor **Hide items that are already installed** steuern, ob bereits installierte Komponenten in diesem Dialog angezeigt werden.

HINWEIS: Die als separate Komponente angebotenen JavaScript Development Tools (JSDT) sind Bestandteil der Web Developer Tools. Sie machen Eclipse fit für die Entwicklung mit JavaScript. Wenn Sie sich nur für JavaScript interessieren, ist prinzipiell diese Komponente ausreichend. Allerdings fehlen Ihnen dann die Unterstützung bei der Eingabe von HTML und CSS sowie eine Reihe von praktischen Assistenten und Sichten. Die folgenden Abschnitte sind auf die Verwendung der Web Developer Tools ausgelegt.

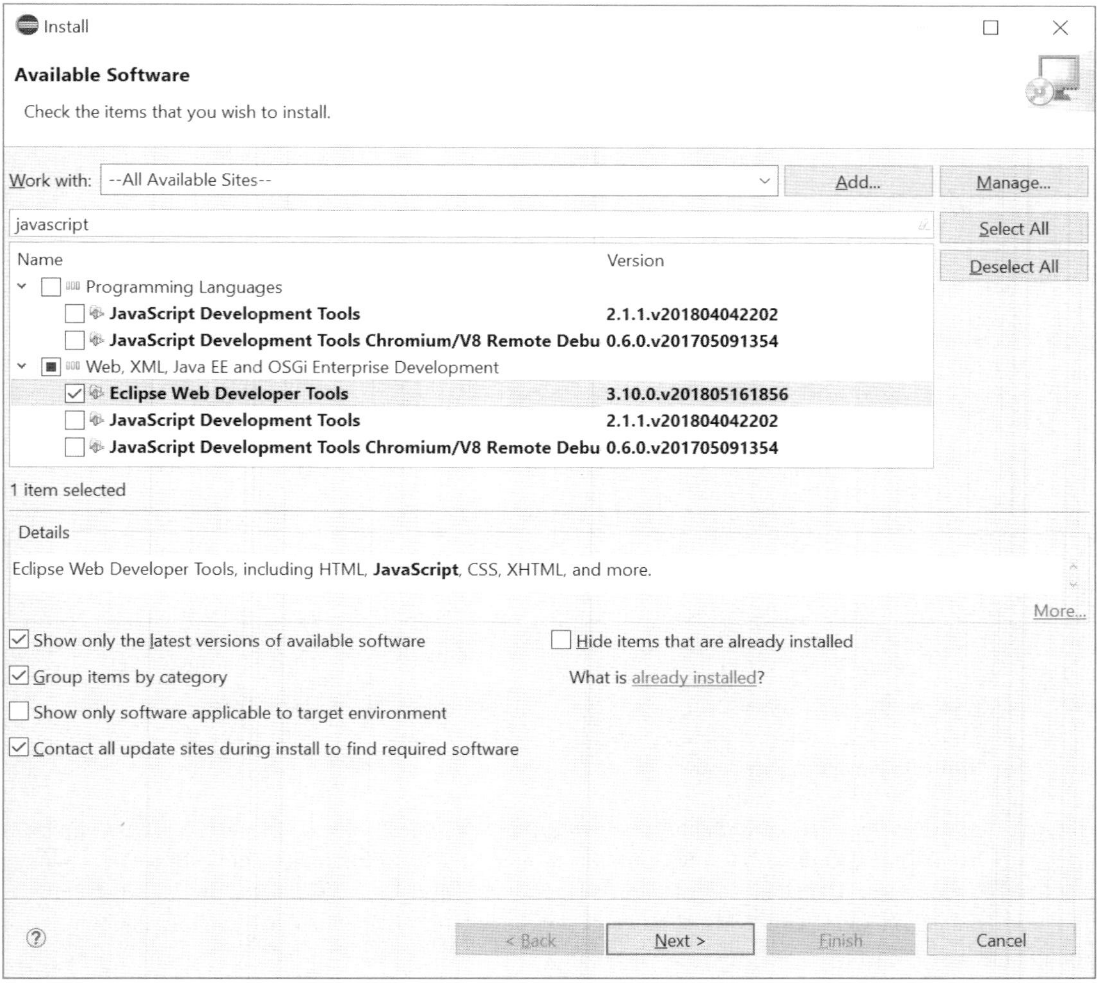

Bild 8.1 Assistent zum Installieren neuer Software

Sie befinden sich auf der Seite *Install Details*. Sie zeigt die zu installierenden Komponenten an. Klicken Sie erneut auf **Next**. Auf der nun dargestellten Seite *Review Licenses* müssen Sie den Lizenzbestimmungen zustimmen. Selektieren Sie bitte **I accept the terms of the license agreement**, wenn Sie die Installation fortsetzen möchten. Andernfalls ist die Nutzung der Plugins nicht möglich. Um die Installation zu beginnen, klicken Sie auf **Finish**. **Cancel** bricht den Vorgang ab. Nachdem Eclipse alle benötigten Komponenten heruntergeladen hat, möchte die IDE neu gestartet werden. Bitte bestätigen Sie dies mit einem Klick auf **Restart Now**.

8.1.2 Ein Projekt anlegen

Um ein JavaScript-Projekt anzulegen, rufen Sie bitte mit **File/New/Project** den Assistenten zum Anlegen neuer Projekte auf und tippen in der Filterzeile javascript ein. Selektieren Sie **JavaScript/JavaScript Project** (Bild 8.2) und klicken dann auf **Next**.

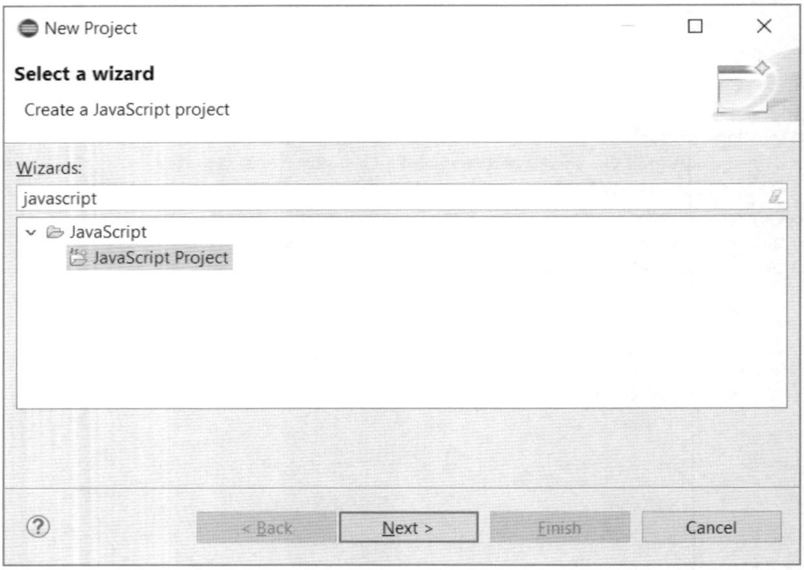

Bild 8.2 Projektart auswählen

Auf der nun angezeigten Seite *Create a JavaScript project* (Bild 8.3) tragen Sie bitte einen Projektnamen ein, z. B. JavaScriptDemo. Achten Sie bitte darauf, dass im Bereich Web Page Support die Häkchen vor *Include Web Browser Library* und *Use Window as the default SuperType* gesetzt sind. Mit **Next** gelangen Sie auf die letzte Seite des Projektassistenten.

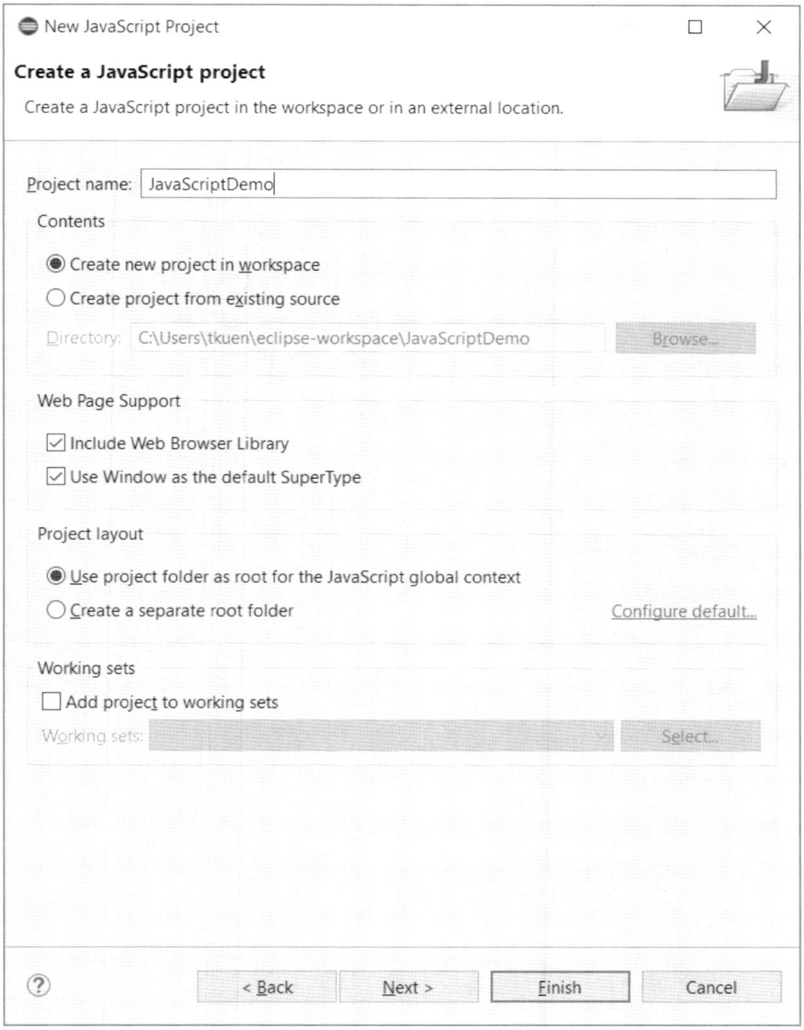

Bild 8.3 Die Seite „Create a JavaScript project"

Auf der Seite *JavaScript Settings* (Bild 8.4) sehen Sie auf der Registerkarte **Libraries** die durch die gerade eben gesetzten Häkchen eingebundenen Bibliotheken. Bitte lassen Sie alle Einstellungen unverändert und klicken Sie auf **Finish**, um den Assistenten zu beenden.

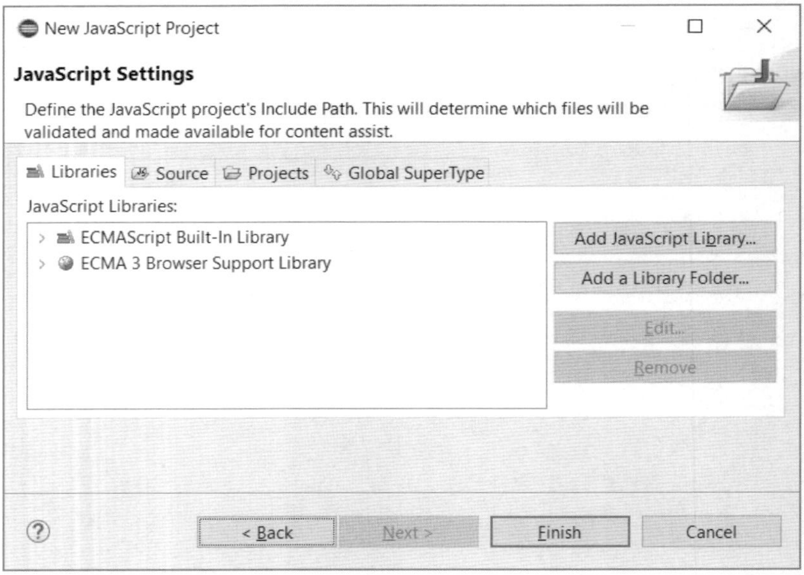

Bild 8.4 Die Seite „JavaScript Settings"

Eclipse wird nun Ihr JavaScript-Projekt anlegen und Ihnen anbieten, in die Perspektive *JavaScript* zu wechseln (Bild 8.5). Bitte bestätigen Sie dies durch einen Klick auf **Open Perspective**.

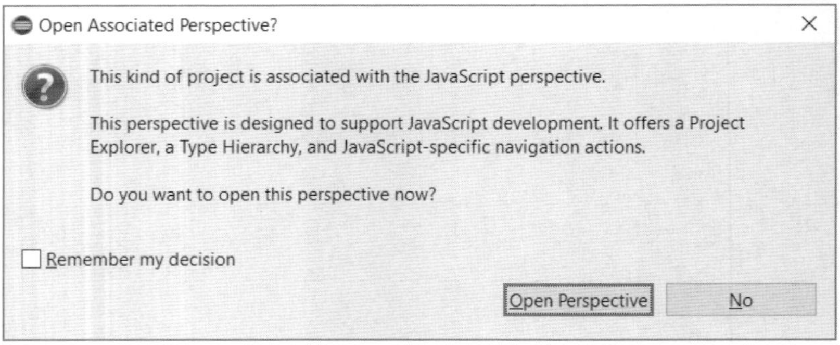

Bild 8.5 Rückfrage vor dem Wechsel in die Perspektive „JavaScript"

Wenn Sie die Rückfrage nicht erneut beantworten möchten, setzen Sie ein Häkchen vor **Remember my decision**.

Klicken Sie im Package Explorer das neu angelegte Projekt mit der rechten Maustaste an und wählen Sie dann **New/OTHER**. Sie sehen den Assistenten zum Anlegen neuer Artefakte. Geben Sie in der Filterzeile html ein und selektieren Sie dann **Web/HTML File** (Bild 8.6). Klicken Sie anschließend auf **Next**.

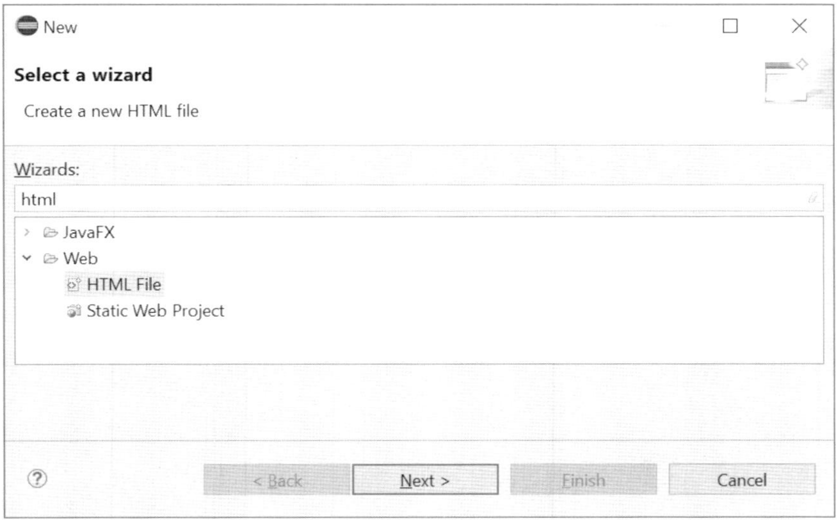

Bild 8.6 Eine HTML-Seite anlegen

Legen Sie nun, wie in Bild 8.7 dargestellt, im Projekt JavaScriptDemo die Datei Hallo.html an. Klicken Sie aber bitte nicht auf **Finish**, sondern auf **Next**. Sie können die neu anzulegende Datei nämlich aus mehreren Vorlagen auswählen.

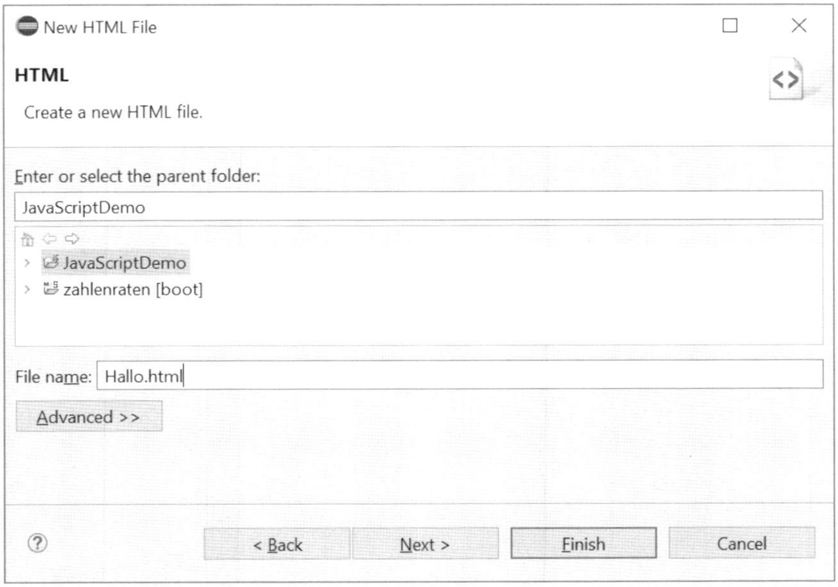

Bild 8.7 Der Dialog „New File“

Selektieren Sie bitte, wie in Bild 8.8 dargestellt, **New HTML File (5)**. Anschließend können Sie den Assistenten mit **Finish** beenden.

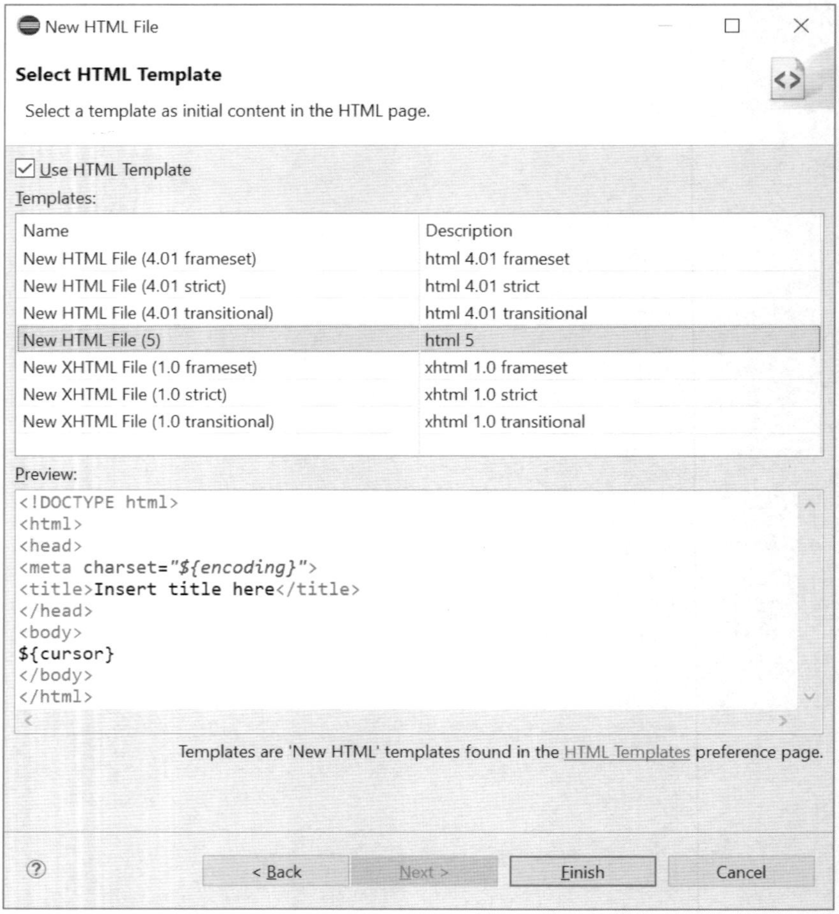

Bild 8.8 Eine HTML-Vorlage auswählen

Eclipse legt die Datei Hallo.html an und öffnet sie in einem HTML-Editor mit Syntaxhervorhebung (Bild 8.9).

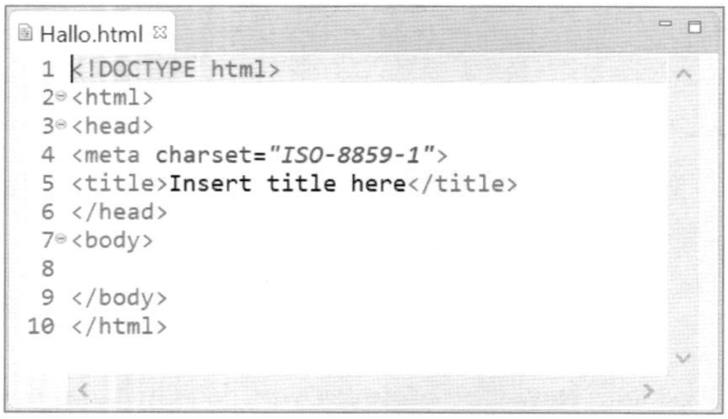

Bild 8.9 Die neu angelegte HTML-Datei im Editor

Bitte erweitern Sie die Datei Hallo.html, sodass sie dem folgenden Listing entspricht. Nach dem Speichern klicken Sie sie im Package Explorer mit der rechten Maustaste an und wählen **Open With/Web Browser**. Die HTML-Seite wird in einem Browserfenster im Editorbereich angezeigt, wobei der eingebettete JavaScript-Code ausgeführt wird.

Listing 8.1 Die Datei Hallo.html

```
<!DOCTYPE html>
<html>
<head>
<meta charset="ISO-8859-1">
<title>Hallo Eclipse</title>
</head>
<body>
  <script type="text/javascript">
    document.writeln("Hallo Eclipse");
  </script>
</body>
</html>
```

Anstatt den JavaScript-Code in die Seite einzubetten, können Sie ihn auch in eine separate Datei auslagern. Klicken Sie bitte die Projektwurzel mit der rechten Maustaste an und wählen Sie anschließend **New/JavaScript Source File**. Tragen Sie, wie in Bild 8.10 zu sehen, als Namen Hallo.js ein und schließen Sie den Dialog mit **Finish**.

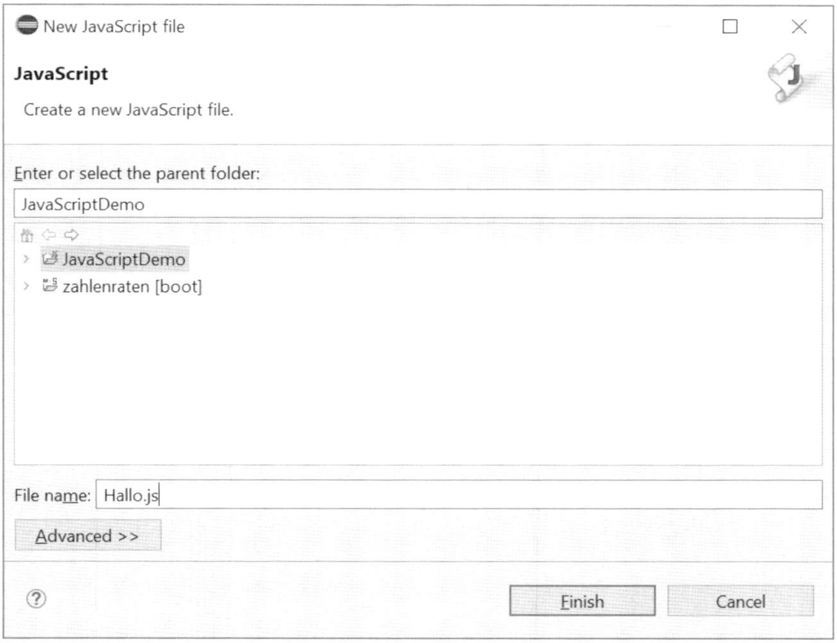

Bild 8.10 Eine neue JavaScript-Datei anlegen

Daraufhin öffnet sich ein Editorfenster, das mit einem mehrzeiligen Kommentar vorausgefüllt ist. Geben Sie unterhalb des Kommentars die Zeile

```
alert("Hallo Eclipse!");
```

ein und speichern Sie dann die Datei. Ändern Sie nun bitte die Datei Hallo.html so ab, dass sie dem folgenden Listing entspricht. Bitte denken Sie daran, am Schluss Ihre Eingaben zu speichern.

Listing 8.2 Die Datei Hallo.html mit Zugriff auf externen JavaScript-Code

```
<!DOCTYPE html>
<html>
<head>
<meta charset="ISO-8859-1">
<title>Hallo Eclipse</title>
</head>
<body>
<!--
  <script type="text/javascript">
    document.writeln("Hallo Eclipse");
  </script>
-->
  <script src="Hallo.js"></script>
</body>
</html>
```

Wenn Sie das Editorfenster mit Webbrowser noch geöffnet haben, können Sie es mit dem Symbol (**Refresh the current page**) aktualisieren. Andernfalls öffnen Sie die HTML-Datei wie gewohnt mit **Open With/Web Browser**. In beiden Fällen wird eine Ausgabe in einem eigenen Fenster angezeigt (Bild 8.11).

Bild 8.11 Im Fenster ausgegebene Meldung

Wenn Sie anstelle des Eclipse-eigenen Browsers beispielsweise Chrome verwenden möchten, können Sie auf der Seite **General/Web Browser** des Einstellungsdialogs (Bild 8.12) die Option **Use external web browser** aktivieren und anschließend ein Häkchen vor **Chrome** setzen. Dazu muss der Browser natürlich auf Ihrem Rechner installiert sein.

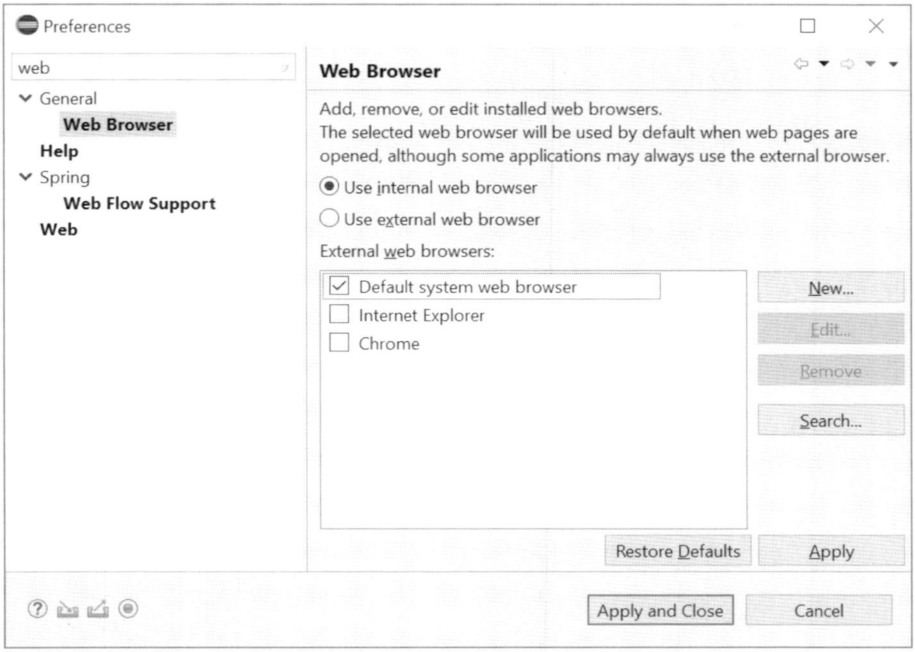

Bild 8.12 Den zu verwendenden Browser ändern

Wenn Sie JavaScript-Anwendungen außerhalb des Browsers betreiben möchten, bietet Node.js Ihnen die hierfür nötigen Rahmenbedingungen. Hierbei handelt es sich um eine asynchrone, ereignisbasierte JavaScript-Laufzeitumgebung. Wie Sie diese in Verbindung mit Eclipse nutzen, zeige ich Ihnen im folgenden Abschnitt.

8.1.3 Node.js

Sofern Node.js noch nicht auf Ihrem Entwicklungsrechner installiert ist, finden Sie unter *https://nodejs.org/en/download/* Installationsdateien für alle gängigen Plattformen. Um zu überprüfen, ob eine Installation erforderlich ist, öffnen Sie bitte die Eingabeaufforderung oder PowerShell unter Windows, das Terminal unter macOS bzw. eine shell unter Linux. Geben Sie dann bitte folgenden Befehl ein:

```
node –version
```

Wenn eine Versionsnummer ausgegeben wird, haben Sie Node.js schon auf Ihrem Rechner. Andernfalls laden Sie bitte einen geeigneten Installer herunter, starten ihn und folgen seinen Anweisungen. Wichtig ist, dass der Pfad auf das node-Kommando der Umgebungsvariable `PATH` hinzugefügt wird. Bitte aktivieren Sie deshalb während der Installation die entsprechende Option.

Nach der Installation können Sie in Eclipse die Datei Hallo.js im Package Explorer mit der rechten Maustaste anklicken und **Run As/Node js Application** auswählen. Der entsprechende Menüpunkt war schon vor der Installation von Node.js vorhanden, hätte beim Ausführen aber zu einer Fehlermeldung geführt. Deshalb ist es auch wichtig, dass das node-Kommando dem Systempfad zugefügt wird, sodass es von Eclipse gefunden wird.

Nach dem Ausführen des Befehls wird in der Sicht *Console* eine Fehlermeldung angezeigt, die Sie in Bild 8.13 sehen. Mein Beispiel ruft die Funktion `alert()` auf, die zu der Klasse `Window` gehört. Entsprechende Objekte werden zur Laufzeit vom Browser zur Verfügung gestellt, sind unter Node.js aber nicht vorhanden. Kommentieren Sie die Zeile mit // aus und fügen Sie in der Zeile darunter das folgende Codefragment hinzu:

```
console.log("Hallo Eclipse!");
```

Nach dem Speichern und erneuten Ausführen von Hallo.js wird der Text „Hallo Eclipse!“ in der Sicht *Console* ausgegeben.

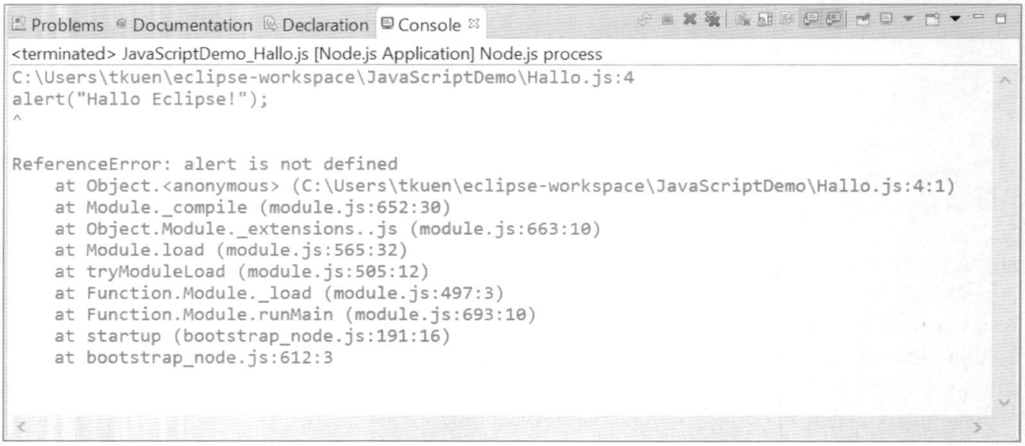

Bild 8.13 Von Node.js ausgegebene Fehlermeldung

Die Funktionalität von Node.js lässt sich durch sogenannte Module erweitern. Hierzu wird ein Modul mit dem Node Package Manager (npm) installiert und im JavaScript-Code mit `require()` zur Laufzeit geladen. Lassen Sie uns das anhand eines kleinen Beispiels ausprobieren. Das Modul node-notifier (*https://github.com/mikaelbr/node-notifier*) kann unter Windows, Linux und macOS Systembenachrichtigungen anzeigen. Um es zu installieren, geben Sie in der Eingabeaufforderung, PowerShell, dem Terminal oder einer Shell den Befehl

npm install –save node-notifier

ein. Wie das unter Windows aussehen kann, ist in Bild 8.14 zu sehen.

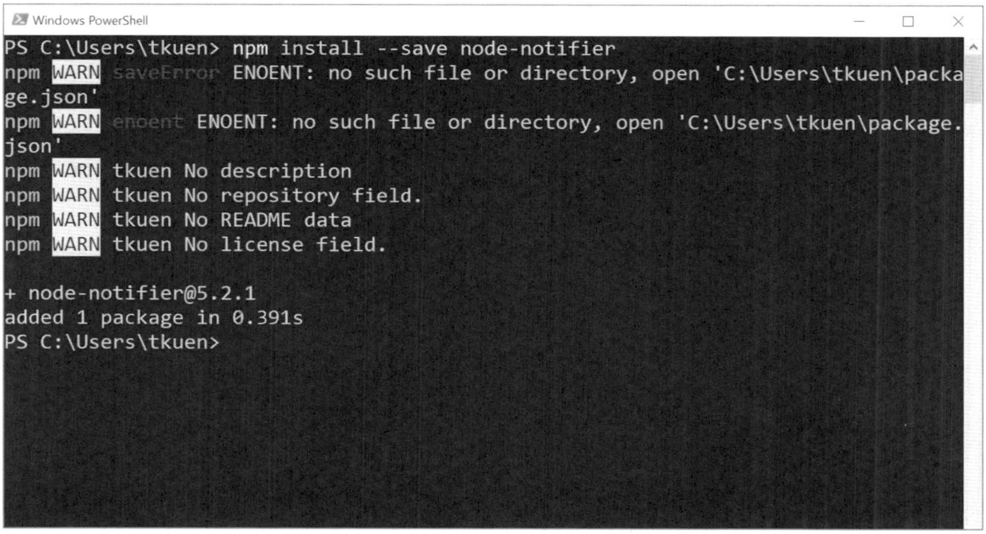

Bild 8.14 Installation des Moduls node-notifier

Legen Sie in Eclipse mit **File/New/JavaScript Source File** eine neue JavaScript-Datei an und nennen Sie diese node-notifier-demo.js. Fügen Sie ihr unterhalb des mehrzeiligen Kommentars das folgende Listing hinzu.

Listing 8.3 Die Datei node-notifier-demo.js

```
const notifier = require('node-notifier');
notifier.notify({
  title: 'Meine erste Benachrichtigung',
  message: 'Hallo Welt'
});
```

Nach dem Start mit **Run As/Node.js Application** wird eine Systembenachrichtigung angezeigt (Bild 8.15).

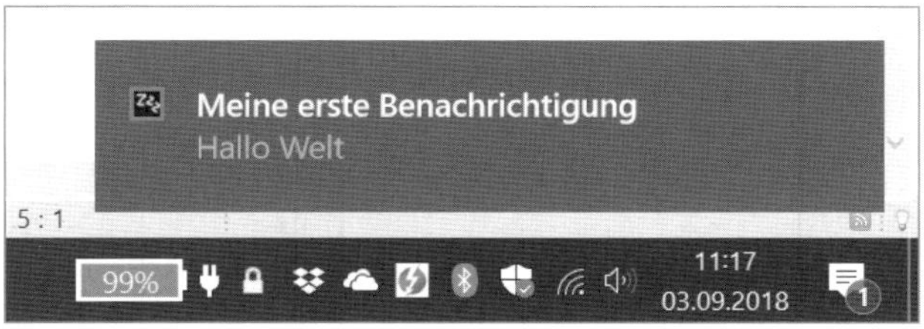

Bild 8.15 Eine Systembenachrichtigung unter Windows

Nach diesem ersten kleinen Ausflug in die Welt von JavaScript wenden wir uns im nächsten Abschnitt einer der aktuell bedeutendsten Plattformen zur Entwicklung von Webanwendungen zu, Angular. Wenn Sie sich intensiver mit der Programmierung in JavaScript beschäftigen möchten, finden Sie in der Zusammenfassung am Ende dieses Kapitels entsprechende Literaturhinweise.

8.2 Angular

Angular ist quelloffen. Die Plattform wird federführend von Google entwickelt und von einer riesigen Community unterstützt. Für die Programmierung von Angular-Apps wird TypeScript verwendet, eine Obermenge von ECMAScript 6. Die Programmiersprache ist ebenfalls Open Source. Sie wird von Microsoft gepflegt. TypeScript fügt JavaScript eine optionale statische Typbindung hinzu. Während des Bauvorgangs findet eine Transpilierung nach JavaScript statt.

Um Angular in Eclipse zu nutzen, können Sie über den Eclipse Marketplace die Plugin-Sammlung Angular IDE (*https://www.genuitec.com/products/angular-ide/*) herunterladen. Hierbei handelt es sich um ein äußerst mächtiges Produkt der Firma Genuitec, das auch als separat installierbare Anwendung verfügbar ist. Sie erhalten eine mächtige Entwicklungsumgebung für die Entwicklung von Angular-Apps. Allerdings ist die IDE kommerziell und mit monatlichen oder jährlichen Kosten verbunden. Für einen ersten Einstieg schlage ich Ihnen Angular Eclipse von Angelo Zerr vor. Das Open-Source-Projekt ist auf GitHub unter der Adresse *https://github.com/angelozerr/angular-eclipse* verfügbar.

8.2.1 Angular Eclipse installieren

Um Angular Eclipse zu installieren, öffnen Sie bitte mit **Help/Install New Software** den Assistenten zum Installieren neuer Software. Tragen Sie neben Work with die Adresse *http://oss.opensagres.fr/angular-eclipse/snapshot/* ein und drücken Sie dann die **Enter**-Taste. Selektieren Sie dann alle angebotenen Komponenten. Wie das aussehen kann, ist in Bild 8.16 zu sehen. Klicken Sie auf **Next** und folgen Sie den Anweisungen des Installationsassistenten. Um die Installation mit **Finish** beginnen zu können, müssen Sie wie üblich den Lizenzbestimmungen zustimmen. Während der Installation werden Sie von Eclipse darauf hingewiesen, dass Sie Software mit nicht signierten Inhalten herunterladen. Diese Warnung müssen Sie mit **Install anyway** bestätigen. Andernfalls ist die Nutzung von Angular Eclipse nicht möglich. Nachdem alle Komponenten eingerichtet wurden, möchte die IDE neu gestartet werden. Klicken Sie hierzu auf **Restart Now**.

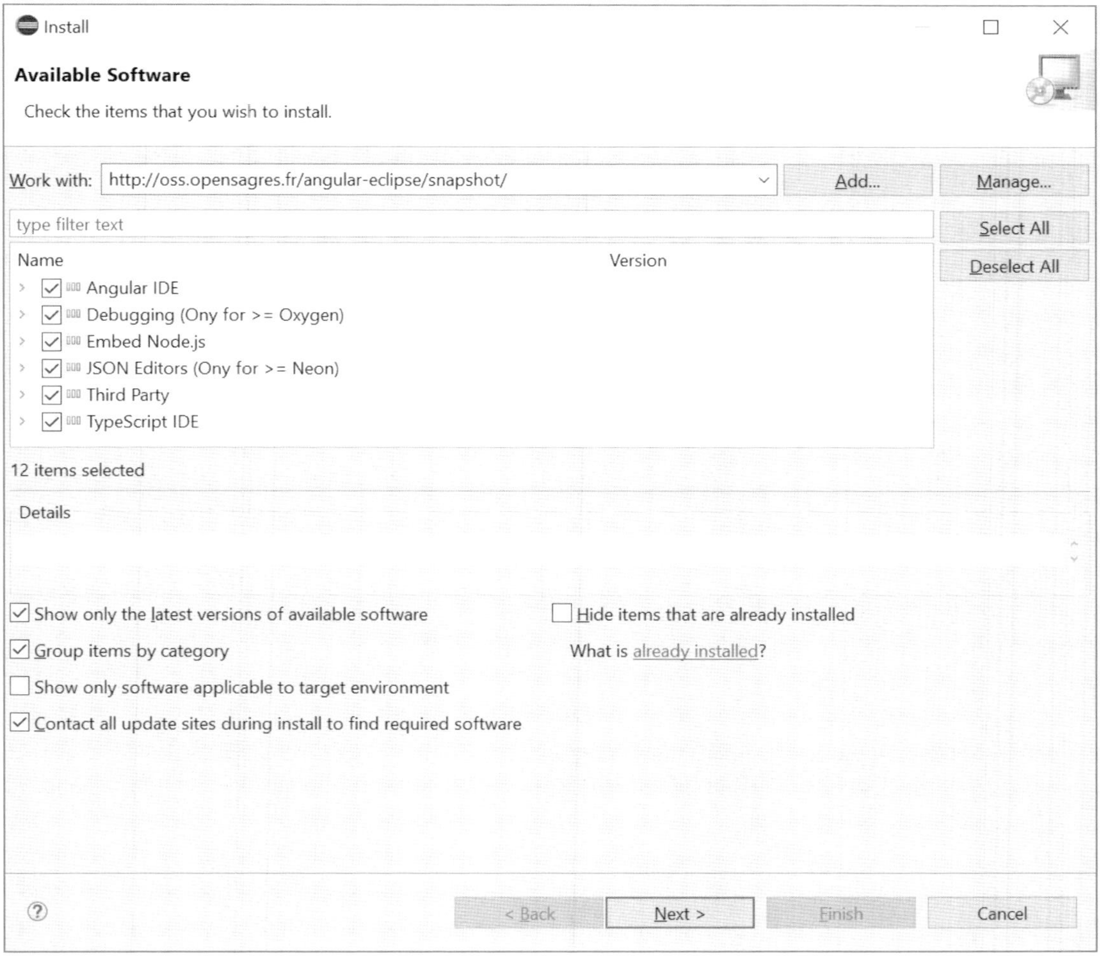

Bild 8.16 Angular Eclipse installieren

Bei der Programmierung von Angular-Apps spielt die sogenannte Angular CLI (https://cli.angular.io/) eine wichtige Rolle. Dieses Kommandozeilentool wird nicht nur dazu verwendet, neue Angular-Projekte anzulegen, sondern auch, um Anwendungen zu starten. Angular CLI wird über den Node Package Manager installiert. Öffnen Sie hierzu bitte eine Shell und geben Sie anschließend folgendes Kommando ein:

```
npm install -g @angular/cli
```

Bitte öffnen Sie nun den Eclipse-Einstellungsdialog und navigieren Sie dort zur Seite *Node.js* (Bild 8.17). Hier müssen Sie die ausführbare Datei Ihrer Node.js-Installation auswählen. Selektieren Sie hierzu als Erstes **Installed node.js** und klicken Sie dann auf **Browse FileSystem**. Ihre Einstellungen übernehmen Sie mit **Apply**.

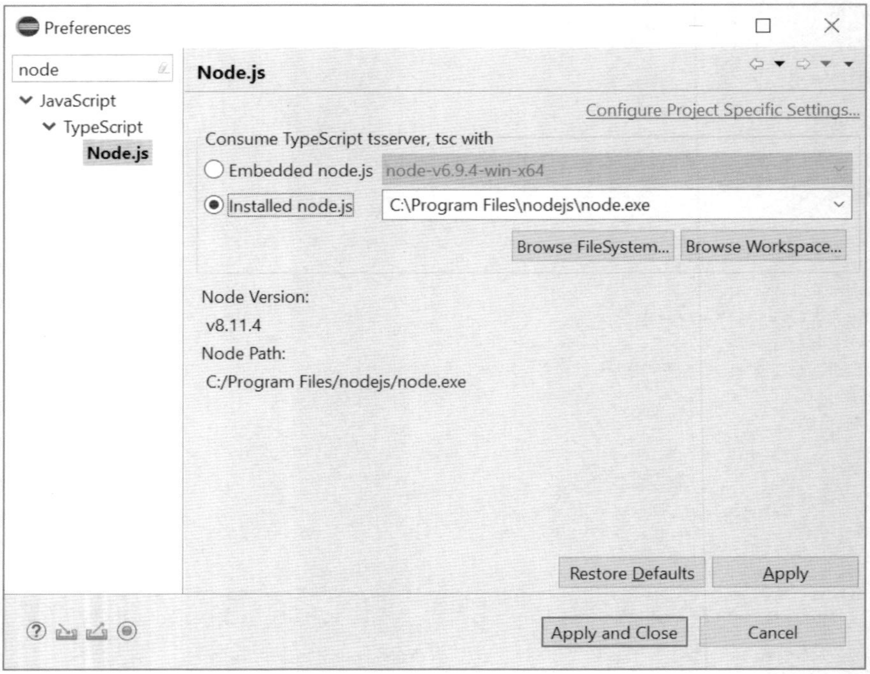

Bild 8.17 Node.js-Installation auswählen

Navigieren Sie nun zum Knoten **JavaScript/TypeScript/Angular/CLI** und selektieren Sie **Use ng global installation** (Bild 8.18). Schließen Sie den Einstellungsdialog mit **Apply and Close**.

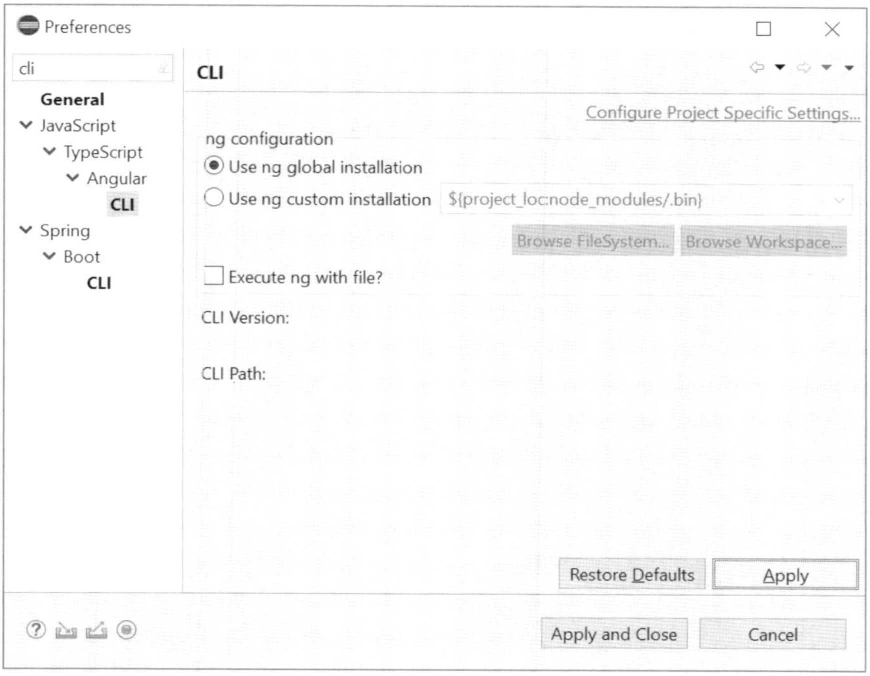

Bild 8.18 Angular CLI auswählen

Öffnen Sie mit **File/New Project** den Assistenten zum Anlegen neuer Projekte. Geben Sie in seiner Filterzeile angular ein, selektieren Sie dann **Angular/Angular Project** (Bild 8.19) und klicken Sie anschließend auf **Next**. Sie sehen nun die Seite *Create an Angular Project*.

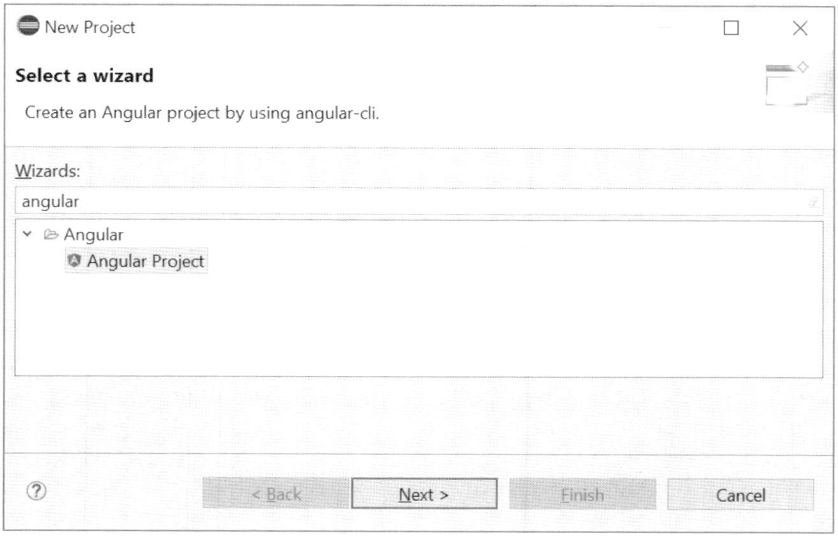

Bild 8.19 Assistent zum Anlegen neuer Projekte

Geben Sie dem anzulegenden Projekt einen Namen, z.B. AngularZahlenraten. Selektieren Sie im Bereich Node.js die Option **Use installed** und klicken Sie dann auf **Browse FileSystem**. Jetzt müssen Sie die ausführbare Datei Ihrer Node.js-Installation auswählen. Klicken Sie nun im Bereich Angular CLI auf **Install** und tragen Sie dann eine Version ein, z.B. 6.1.5. Welche Version Sie hier eintragen sollten, ermitteln Sie in einer Shell. Geben Sie dort das folgende Kommando ein:

```
ng version
```

Bevor Sie mit **Next** auf die folgende Seite wechseln, überprüfen Sie, ob Ihre Einstellungen in etwa Bild 8.20 entsprechen.

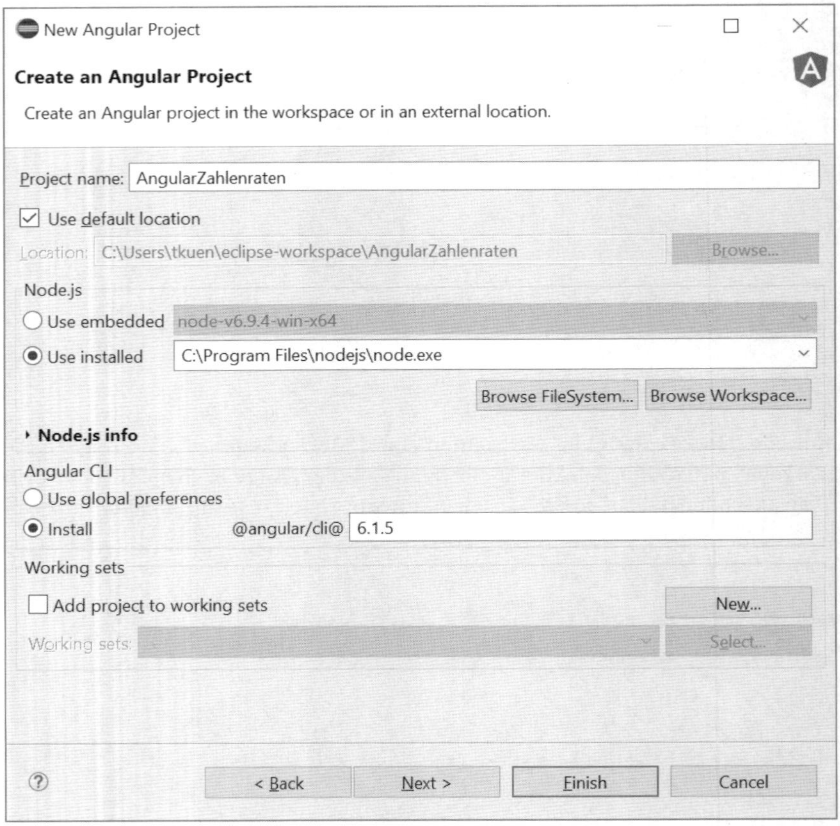

Bild 8.20 Angular-Projekt konfigurieren

Die abschließende Seite des Assistenten zum Anlegen von Angular-Projekten, *Optional Params*, bietet Ihnen die Möglichkeit, weiterführende Einstellungen an Ihrem Projekt vorzunehmen. Bitte lassen Sie die Voreinstellungen unverändert, sodass die Seite in etwa Bild 8.21 entspricht. **Finish** beendet den Assistenten und legt das Angular-Projekt an. Eclipse bietet Ihnen nun an, in die Perspektive *Angular* zu wechseln. Bestätigen Sie dies mit **Yes**.

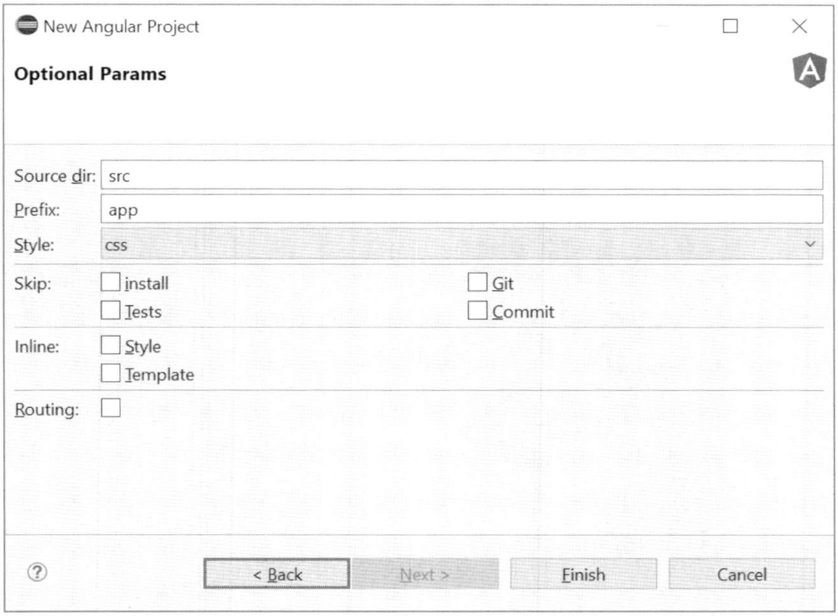

Bild 8.21 Optionale Einstellungen an einem Angular-Projekt vornehmen

Um die App zu starten, geben Sie in einer Shell den folgenden Befehl ein. Damit wird ein Entwicklungsserver gestartet.

```
ng serve
```

Anschließend öffnen Sie einen Browser und rufen die lokale Adresse *http://localhost:4200/* auf. Dies ist in Bild 8.22 zu sehen.

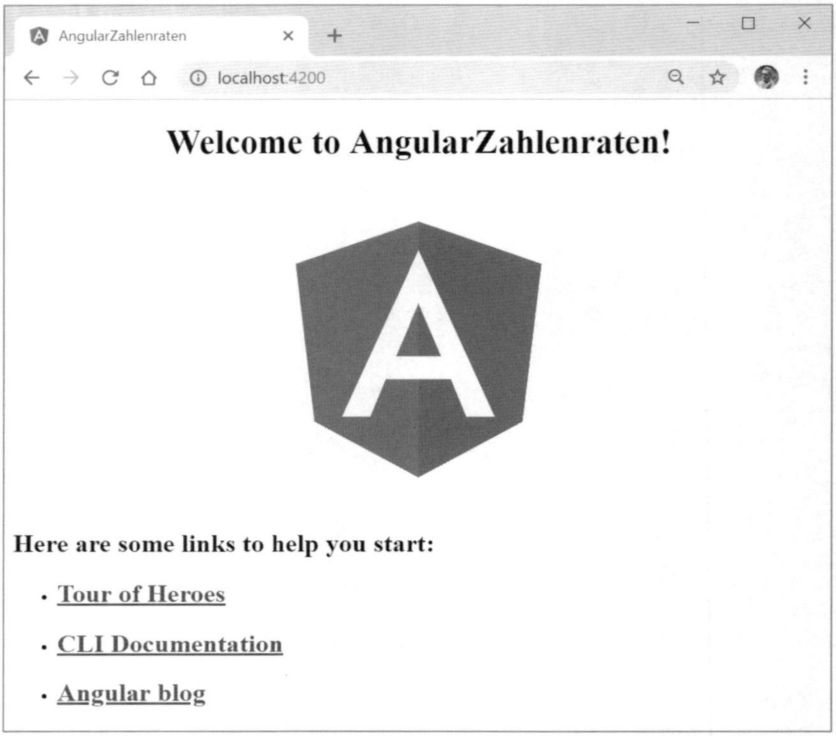

Bild 8.22 Das Angular-Projekt im Browser

Im folgenden Abschnitt zeige ich Ihnen, wie Sie den Zahlenraten-Service aus Kapitel 6, „Webservices mit Spring Boot“, aufrufen. Hierzu werden wir das vom Projektassistenten erstellte Gerüst an ein paar Stellen ändern bzw. erweitern.

8.2.2 Zahlenraten mit Angular

Angular ist ein Framework für den Bau von Client-Anwendungen in HTML und TypeScript. Die grundlegenden Bausteine einer Angular-App sind Module und Komponenten. Jede App besteht aus mindestens einem, üblicherweise aber mehreren Modulen. Komponenten strukturieren die Anwendung. Sie definieren Views (Zusammenstellungen von UI-Komponenten) und rufen Services auf. Services stellen Funktionen zur Verfügung, die nicht direkt im Zusammenhang mit einem View stehen. Sogenannte Service Provider werden hierzu den Komponenten als Abhängigkeiten injiziert.

Komponenten und Services sind Klassen, die mit Dekorationen (als Java-Entwickler ist Ihnen das Synonym Annotation vertraut) versehen sind. Anhand dieser erkennt Angular, wozu eine Klasse dient. Ein Beispiel hierfür ist `@Component`. Damit wird eine Klasse als Komponente deklariert.

> **HINWEIS:** Der Angular-Code in diesem Abschnitt ist bewusst einfach gehalten. Ziel dieses Buchs ist ja, Ihnen die Verwendung von Eclipse nahezubringen. Der Bau einer konzeptionell wie architektonisch sauberen Angular-Anwendung wäre ein eigenes Buch wert. Hinweise hierzu finden Sie in der Zusammenfassung am Ende dieses Kapitels. ■

Bitte werfen Sie einen Blick auf die zu dem Angular-Projekt gehörenden Dateien. Bild 8.23 zeigt einen Ausschnitt. Um unsere Zahlenraten-App zu bauen, müssen wir app.component.html, app.component.ts und app.module.ts editieren.

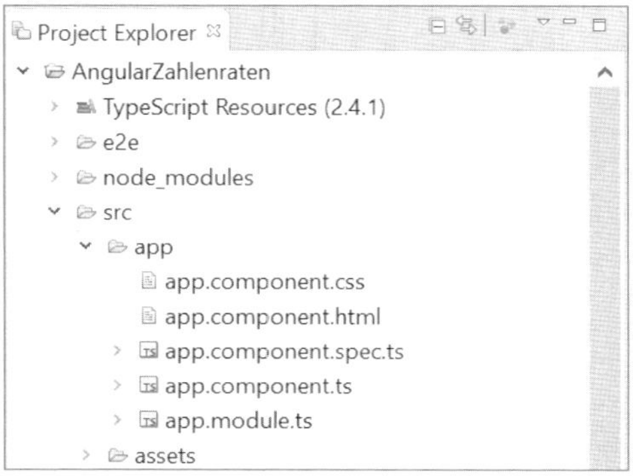

Bild 8.23
Angular-Projekt im „Project Explorer“

Öffnen Sie als Erstes die Datei app.module.ts. Ihr müssen wir ein paar Abhängigkeiten hinzufügen. Für die UI verwenden wir (in sehr einfacher Form) Angular Forms. Und um auf den Webservice zugreifen zu können, benötigen wir das HttpClient-Modul.

Listing 8.4 Die Datei „app.module.ts“

```
import { BrowserModule } from '@angular/platform-browser';
import { NgModule } from '@angular/core';

import { AppComponent } from './app.component';
import { HttpClientModule  } from '@angular/common/http';
import { FormsModule } from '@angular/forms';

@NgModule({
  declarations: [
    AppComponent
  ],
  imports: [
    HttpClientModule,
    BrowserModule,
    FormsModule
  ],
  providers: [],
  bootstrap: [AppComponent]
})
export class AppModule { }
```

Die Benutzeroberfläche wird in der Datei app.component.html definiert. Sie ist sehr einfach gehalten. Drei Eingabefelder nehmen die kleinste, größte und die geratene Zahl entgegen. Eine Schaltfläche ruft den Webservice auf und zeigt das Ergebnis an.

Listing 8.5 Die Datei „app.component.html“

```
<div style="text-align: center">
  <h1>{{ title }}</h1>
  <form>
    Kleinste Zahl:<br>
    <input type="number" name="min" [(ngModel)]="min"><br>
    Gr&ouml;&szlig;te Zahl:<br>
    <input type="number" name="max" [(ngModel)]="max"><br>
    Geratene Zahl:<br>
    <input type="number" name="guess" [(ngModel)]="guess">
  </form>
  <br>
  <button (click)="onClickMe()">Raten</button>
  <br>
  <h1>{{clickMessage}}</h1>
</div>
```

Mit `type="number"` können wir die Eingabe auf Zahlen mit und ohne Vorzeichen beschränken. Die beiden Attribute `name="..."` und `[(ngModel)]="..."` stellen die Datenbindung mit unserem TypeScript-Quelltext her. Der Ausdruck `(click)="onClickMe()"` sorgt dafür, dass beim Anklicken der Schaltfläche die Methode `onClickMe()` aufgerufen wird. Wie der korrespondierende TypeScript-Code aussieht, ist im folgenden Listing dargestellt.

Listing 8.6 Die Datei „app.component.ts“

```
import { Component } from '@angular/core';
import { HttpClient } from '@angular/common/http';

@Component({
  selector: 'app-root',
  templateUrl: './app.component.html',
  styleUrls: ['./app.component.css']
})

export class AppComponent {
  clickMessage = 'Noch kein Versuch';
  title = 'AngularZahlenraten';
  min = 1;
  max = 20;
  guess;

  constructor(private httpClient: HttpClient) {
  }

  onClickMe() {
      const url =
`http://localhost:8080/guess?guess=${this.guess}&min=${this.min}&max=${this.max}`;
      this.httpClient.get(url).subscribe((res: any[]) => {
          const correct = res['correct'];
          console.log(res);
          this.clickMessage = correct ? 'Richtig' : 'Falsch';
```

```
        });
    }
}
```

Die Datei ist mit `@Component` versehen, bildet also eine Komponente. Durch die Definition eines Konstruktors (`constructor ...`) wird ein Http-Client injiziert. Wir benötigen diesen für die Kommunikation mit unserem Zahlenrate-Service. Der entsprechende Code ist in der Methode `onClickMe()` zu sehen.

Wir hatten die Anwendung nach dem Aufsetzen und Konfigurieren des Projekts mit dem Befehl ng serve gestartet. Wenn Sie diesen nicht beendet haben, können Sie nun einen Blick in Ihr Browserfenster werfen (möglicherweise müssen Sie die Darstellung aktualisieren). Andernfalls geben Sie den Befehl erneut ein. Mit ng serve wird nicht nur ein Entwicklungsserver gestartet, sondern es werden auch Änderungen an Projektdateien überwacht und ggf. neu gebaut. Um die App aufzurufen, geben Sie in der Adresszeile des Browsers *http://localhost:4200/* ein. Die Anzeige sollte in etwa Bild 8.24 entsprechen.

Bild 8.24 Die Angular-App „AngularZahlenraten“

Bevor Sie eine Zahl raten, starten Sie bitte den Rateservice aus Kapitel 6, „Webservices mit Spring Boot“. Um zu prüfen, dass er ausgeführt wird, können Sie in der Adresszeile des Browsers z. B. *http://localhost:8080/guess?guess=2* eingeben. Nach dem Aufruf zeigt der Browser eine JSON-Datenstruktur an. Wenn Sie in der Angular-App auf **Raten** klicken, geschieht aber leider nichts. Um herauszufinden, was der Grund hierfür ist, können Sie die Console des Browsers anzeigen. Unter Chrome erreichen Sie diese über **Weitere Tools/Entwicklertools**. Die in Bild 8.25 dargestellte Fehlermeldung besagt (stark vereinfacht), dass sich zwei Anwendungen auf derselben Maschine nicht ohne Weiteres gegenseitig aufrufen dürfen. Sowohl der Webservice als auch die Angular-App laufen ja auf Ihrem Entwicklungsrechner, aber in unterschiedlichen Webservern.

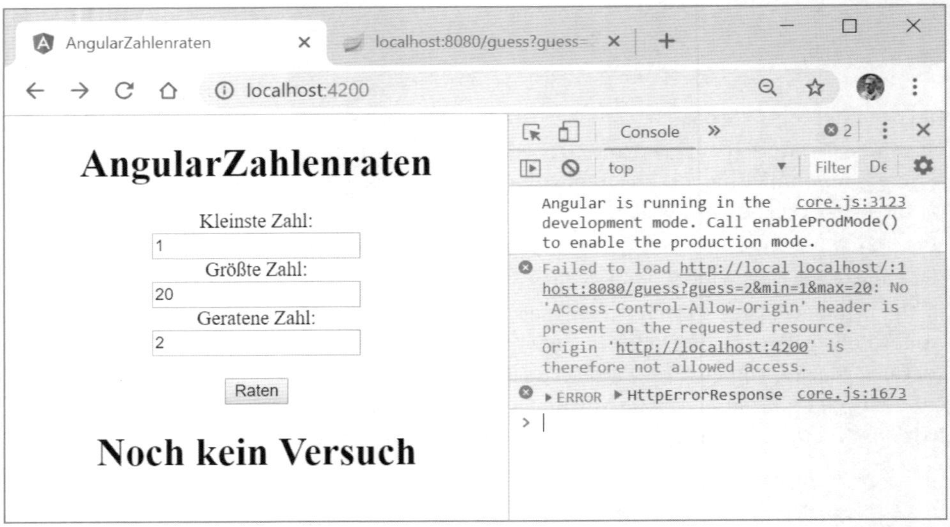

Bild 8.25 Anzeige der Console in den Chrome-Entwicklertools

Glücklicherweise können Sie dieses Problem mit sehr wenig Aufwand lösen. Erweitern Sie hierzu die Klasse `GuessController` des Spring-Boot-Rateservices um die Annotation `@CrossOrigin`. Das folgende Listing zeigt einen Auszug der Klasse.

Listing 8.7 Erweiterung der Klasse „GuessController“

```
...
import org.springframework.web.bind.annotation.CrossOrigin;
...

@RestController
public class GuessController {

  @CrossOrigin
  @RequestMapping("/guess")
  public Result guess(@RequestParam(value = "min", defaultValue = "0") int min,
      @RequestParam(value = "max", defaultValue = "10") int max,
      @RequestParam(value = "guess") int guess) {
...
```

Nach einem Neustart des Services können Sie auch mit der Angular-App Zahlen raten. Damit möchte ich meinen kurzen Ausflug in die spannende Welt von Angular beenden.

8.3 Zusammenfassung

Die in diesem Kapitel vorgestellte Angular-App kann maximal als kleiner Appetithappen dienen. Wenn Sie sich ausführlicher mit der Welt von JavaScript, TypeScript, HTML5 und Angular beschäftigen möchten, sollten Sie unbedingt einen Blick in weiterführende Literatur werfen. Mehr als nur einen Einstieg in JavaScript und HTML bietet „JavaScript. Die universelle Sprache zur Web-Programmierung“ von Ralph Steyer. Auch fortgeschrittene Techniken und Konzepte erläutert „Angular: Grundlagen, fortgeschrittene Techniken und Best Practices mit TypeScript“ von Gregor Woiwode et al. Die vollständigen bibliografischen Angaben finden Sie in der Lektüreliste im Anhang.

Literatur

Beck, Kent: JUnit Pocket Guide. Quick Lookup and Advice. O'Reilly Media 2004

Fowler, Martin: Refactoring: Improving the Design of Existing Code. Addison-Wesley Longman 1999

Gulati, Shekhar; Sharma, Rahul: Java Unit Testing with JUnit 5: Test Driven Development with JUnit 5. Apress 2017

Martin, Robert C.: Clean Code – Refactoring, Patterns, Testen und Techniken für sauberen Code. mitp 2009

Preißel, René; Stachmann, Bjørn: Git. Dezentrale Versionverwaltung im Team – Grundlagen und Workflows. dpunkt.verlag 2017

Schildt, Herbert: Introducing JavaFX 8 Programming. McGraw-Hill 2015

Simons, Michael: Spring Boot 2: Moderne Softwareentwicklung mit Spring 5. dpunkt.verlag 2018

Spiller, Martin: Maven 3: Konfigurationsmanagement mit Java. mitp Verlag 2011

Wake, William C.: Refactoring Workbook. Addison-Wesley Longman 2003

Index

Symbole

A

B

C